徐家俊·著

上海监狱的旧闻往事

上海社会科学院出版社
SHANGHAI ACADEMY OF SOCIAL SCIENCES PRESS

目　录

旧狱寻踪

003 | 租界、清末民国时期的上海监所
015 | 提篮桥监狱的建筑及设施特点
027 | 提篮桥监狱正门的4个门牌号
030 | "风波亭"与"橡皮监"
033 | 华德路童犯感化院
046 | 大场机场囚犯伤亡事故
048 | 提篮桥监狱炊场发生的工伤死亡事故
050 | 捉襟见肘的解放前夕旧提篮桥监狱
054 | 旧提篮桥监狱管理人员的丑闻劣迹
058 | 《申报》与提篮桥监狱
070 | 建在广慈医院里的监狱
072 | 上海战犯拘留所及国防部战犯监狱
079 | 民国时期上海华界地区的女犯管理
095 | 上海市监狱总医院的前尘往事
104 | 上海警察医院小史
107 | 在提篮桥监狱审判的三起涉台日本战犯案

112 | 上海滩几个与监狱有关的地名

革命志士在狱中

117 | 革命志士狱中斗争纪实
126 | 曹荻秋同志在狱中
132 | 吴亮平同志在狱中
136 | 彭康同志在狱中
139 | 熊瑾玎同志在狱中
143 | 革命人士在上海的就义地

新监过往

151 | 砍断"地下航线"——记解放初期的反"跑条子"活动
154 | 解放初期上海地区的女犯改造
167 | 1950—2000年的上海跨省调犯
177 | 五角场监狱的风雨之路
185 | 上海解放后对犯人的三次特赦
191 | 上海解放后对犯人的四次宽大释放
199 | 一起不该发生的悲剧
201 | 回望大墙内的特殊舞台
205 | 《国歌》,我为您添上了一个小小的"音符"
208 | 一封男犯人写给女球星的信
210 | 苏州评弹进高墙
213 | 《上海监狱志》编纂始末
218 | 上海监狱工作70年的发展历程

案件追踪

- 243 | 上海租界洋人行凶案
- 247 | 抗战胜利后反腐处决第一案
- 251 | 两起冒名顶替的出狱案
- 254 | 华美药房同胞弟弑兄
- 258 | 国民党少将杀妻案
- 267 | 家暴引发的酱园弄杀夫案
- 270 | 于双戈杀人抢劫银行案

上海监狱亲历者访谈录

- 279 | 租界时期上海的司法机关——李恬耕访谈录
- 286 | 我所知道的厦门路监狱、华德路监狱——沈关荣访谈录
- 291 | 租界时期的提篮桥监狱管理——邓志君访谈录
- 294 | 提篮桥监狱外人监的二三事——卢瑞峰访谈录
- 296 | 500名犯人去浙江嵊泗为日军服劳役——宋绍长访谈录
- 298 | 我随末代典狱长王慕曾到监狱——钱仲华访谈录
- 300 | 回忆提篮桥监狱的囚禁生活——杨光明访谈录
- 302 | "敌人虽然摧残我的身体,但摧残不了我的心"——王兰亭访谈录
- 305 | 不屈的王孝和——忻玉英访谈录
- 308 | 提篮桥监狱女监的管理——李雪梅访谈录
- 310 | 提篮桥女监工作的点滴回忆——袁赛英访谈录
- 312 | 陈璧君在提篮桥监狱中——欧远兰访谈录
- 314 | 上海解放后的第二天,我率连队进驻提篮桥监狱——梁政魁访谈录

316 | 武装护监斗争及解放初期的监狱管理工作——翟云龙访谈录

318 | 上海籍犯人在治淮及其他水利工程中——宁模访谈录

322 | 服刑犯人也可以为社会主义大厦添砖加瓦——蒋惠霖访谈录

附　录

327 | 民国时期监狱及监舍的命名特点

333 | 新中国监狱名称特点初探

337 | 百年提篮桥监狱纵横谈——监狱史研究专家徐家俊接受《东方早报》专访/《东方早报》记者　徐潇

342 | 提篮桥历史的"活字典"——访上海市监狱管理局史志办原主任徐家俊/《人民法院报》记者　王珊珊

344 | 后　记

旧狱寻踪

租界、清末民国时期的上海监所

上海是中国最大的工商业大都市,位居神州大陆海岸线的中点。宋代设镇,元代设县,1843年开埠。其后英、美、法等西方列强相继在上海开辟租界,经过多次扩展,最后租界的面积和居住人口甚至超过华界。在长达一个世纪的时间里,近代上海城市就是一个由公共租界、法租界和华界三块各自相对独立而组成的区域,拥有三个政府、三套审判机构和三套监狱场所。1943年8月汪伪政权名义上收回租界,把原公共租界、法租界分别称之上海第一特区和上海第二特区。1945年8月抗战胜利后才真正统为一体,直到1949年5月上海解放。本文主要把旧上海各监狱看守所的历史沿革及建筑物的旧址遗址情况作一简述。

一、公共租界的监所

(一) 英国领事署看守所

位于今黄浦区中山东一路33号院内,建于1856年(清咸丰六年)。系一座独立的2层楼楼房,单独关押外国人犯的场所,也是外国人在上海建造使用的第一座监狱(看守所),主要关押短期的人犯。1870年12月英领事署和看守所一起被大火烧毁,1872年6月又在原地重建。重建的看守所仍是一幢2层楼楼房,共7间,楼下4间,楼上3间。当时关押犯人的数量很少。上海解放以后,这幢建筑改作他用,在20世纪70—90年代曾一度改为"老干部活动室",21世纪初上海修复"外滩源"时被拆除。

(二) 厦门路监狱

又称厦门路西牢、英国上海监狱等,位于今黄浦区厦门路,始建于1868年(清同治七年),启用于1870年,是上海出现的第一座隶属司法系统的外国监狱,占地面积25亩。监狱坐北朝南,前门是厦门路,背后是苏州河。进门是一个很大的花园,其主要建筑是一幢2层楼建筑,主楼呈"十"字形。共有监房72间,其中:特别监室4间,关押有相当身份的犯人;暗室(禁闭室)2间;绞刑室位于2楼东翼末端;礼拜堂位于2楼中部。1898年,上海公共租界工部局租用该监狱的北部,关押由会审公廨判决的 2—3 年以上的华籍犯人。1903 年,华德路监狱启用后,在押的华籍犯人全部调出。1925 年 4 月,工部局买下厦门路监狱的全部房地产,专押外国籍犯人,具体分两类:一是会审公廨判决的外国侨民(法国人、日本人除外);二是代押各领事法庭判决的外国侨民。厦门路监狱上层管理人员为英国人,看守人员为印度人,同时也有少数中国人充任翻译。1935 年 9 月厦门路监狱撤销,犯人移押华德路监狱,原建筑物后移交给工部局工务处使用。①上海解放后为上海环卫系统使用。后来原厦门路的绿化地被逐年蚕食直到消失,周围建起不少民居。监狱大门的门牌号由最初时的厦门路 4 号,到后来改为厦门路 180 号。20 世纪 90 年代原厦门路监狱的主体建筑基本被拆除,并建成一幢 20 层以上的高楼。

(三) 巡捕房拘押所

自 1854 年起,公共租界工部局在上海始建巡捕房,其主要职能是维护社会治安。随着公共租界面积的不断扩大,先后建立了 14 个巡捕房,形成一个庞大的巡捕房体系。初期主要是中央、老闸和虹口等 3 个巡捕房,分别建于 1855 年、1860 年、1861 年,后来曾有迁建和扩建。其他巡捕房有卡德路巡捕房(又名静安寺巡捕房)、汇司巡捕房、新闸路巡捕房、杨树浦巡捕房、汇山巡捕房(又名提篮桥巡捕房)、哈尔滨路巡捕房、戈登路巡捕房、北四川路巡捕房(后更名狄思威路巡捕房)、榆林路巡捕房、普陀路巡捕房,成都路巡捕房。从 19 世纪 60 年代起,这些巡捕房行使着拘禁未决犯和已决犯的职能。1916 年起各巡捕房停止收押已决犯,但仍关押未

公共租界老闸巡捕房旧址

---

① 史梅定主编:《上海租界志》,上海社会科学院出版社 2001 年版,第 303—304 页。

决犯。1943年汪伪政府收回上海租界后,上海各巡捕房全部撤销。原有的建筑大多改为市、区的公安局(警察局)。1949年5月,上海解放以后,这些建筑物大部分改为公安局、公安分局、公安派出所、消防队,也有的改为机关、学校。目前,这些老建筑尚存一部分,但也有一部分已被拆除,或在原地改建。①

英租界巡捕房的部分犯人

(四)华德路监狱

又名工部局监狱、提篮桥西牢、提篮桥监狱等,位于华德路(1943年8月更名为长阳路)。监狱始建于1901年,启用于1903年5月,最初,监狱主要有二幢4层楼,占地面积10亩左右,大门设在今长阳路111号处。1917年起,监狱陆续向北部和东部扩建,并开设了新大门(长阳路147号大门),直到1935年才形成如今规模。整个监狱为一个楼房型的建筑群,拥有5层楼监房9幢,4层楼和6层楼监房各一幢,共有监室近4 000间,其中:外国籍犯区,每间8平方米,室内有抽水马桶,固定的铁床、桌子、凳子;华籍犯区大多为水泥地,每间3.3—3.6平方米。狱中还有工场间、医院、"风波亭"(禁闭室)、绞刑房(室内刑场)、"橡皮监"(防暴监)等特种设施,占地面积60.4亩,建筑面积7万多平方米。由于监狱建筑规模宏大,设备精良,又大于印度的孟买监狱和日本的巢鸭监狱,而号称为远东第一大监狱。该监狱上层管理人员主要是英国人,看守主要是印度人,到30年代前后始有华人看守。华德路监狱长期关押华籍男犯,仅1905年1月—1906年关押过少量的华籍女犯;1905—1925年8月、1935年8月—1943年8月,两度关押外国籍犯。全监关押犯人数最高达8 000多人。1941年12月太平洋战争爆发后,日本侵略者管

---

① 史梅定主编:《上海租界志》,上海社会科学院出版社2001年版,第245—251页。

理监狱,并改名为上海公共租界华德路刑务所。1943年8月由中国人管理。

二、法租界的监所

(一)法领馆监狱

1849年法国在上海设立留居地,后称租界,在法国驻沪领馆内设立领事法庭附设监狱。1856年,法领馆迁往今延安东路外滩;1867年6月,在今金陵东路外滩,建造法领馆新署。1869年5月,法租界会审公廨在新署内设立后,使用领馆监狱,关押会审公廨判决的犯人。1911年10月,法租界会审公廨监狱启用后,法领馆监狱撤销。

(二)法租界巡捕房

法租界自1856年5月起设立巡捕房,有相当规模的牢房,长期行使着监狱和看守所的职能,执行法租界领事法庭和会审公廨判决犯人的行刑任务。即使在1911年法租界会审公廨监狱启用以后,法租界总数1/2判刑1月以内的短刑犯仍由各巡捕房关押。

法租界巡捕房还有:小东门巡捕房,位于今中山东二路,后曾翻建;大自鸣钟巡捕房位于今金陵东路174号,曾两次翻建,后改称北门巡捕房和麦兰巡捕房,1935年后有牢房32间;八仙桥巡捕房,曾迁址卢湾区淮海中路淡水路口,后撤销;卢家湾巡捕房,1918年迁到今建国中路22号,遂称中央巡捕房,又称卢家湾巡捕房。巡捕房拘留所设在办公楼底层,有牢房30多间,分布在阴暗潮湿的3条夹弄内,面积280多平方米,最多关押300—400人;顾家宅巡捕房,位于今复兴公园附近,后撤销;宝昌路巡捕房,后易名霞飞路巡捕房,位于今淮海中路,后

法租界贝当巡捕房

改称嵩山路巡捕房;贝当路巡捕房,位于今建国西路;徐家汇巡捕房(又称善钟路巡捕房),位于今宝庆路。①

(三)法租界会审公廨押所

1869年法租界成立会审公廨,附设押所,位于外滩公馆马路法国驻沪领馆内。1915年9月,会审公廨押所迁薛华立路(今建国中路)20号新署;1931年8月1日,会审公廨改成上海第二特区地方法院,会审公廨押所随之改为上海第二特区地方法院押所。

(四)法租界会审公廨监狱

位于马斯南路285号(今思南路99号)。监狱始建于1910年7月,1911年10月8日启用,1930年监狱扩建;占地面积7亩多,分设男、女监各一幢。男监为4层楼监房,每层有监房85间,共计340间;女监有2层楼监房,每层有监室17间,共计34间。此外,还有病监和外籍犯监若干。监狱共有400间监室,每间监室面积仅2.8平方米,共可关押犯人1 000名左右。监狱四周有围墙,围墙内有巡逻道,围墙东西隅各有瞭望楼一座,中有教诲堂,整个监狱成一四方形。监狱最初称"上海法租界会审公廨监狱",由法国人出任典狱长,安南(越南)人任看守。1931年8月1日,由中国人接管,成立上海第二特区监狱。

三、华界内的监所

(一)改过所

又称改过局,1894年(光绪二十年),上海道于上海县城北门"九亩地"(今露香园路大境路一带)建"改过所",关押犯人,占地6.23亩。有牢房18间,关押犯人200人左右。此处地势低洼,潮湿异常。在押犯人多次集体脱逃,1912年改过所撤销。

(二)上海县监狱

位于今黄浦区光启路、学院路附近。清代县监狱不是一个独立部门,它附属于县衙,大多位于县衙的西南角。1907年时,上海县监占地2亩余,分为内、外两监。外监4间,关押军、流刑犯;内监5间,关押斩、绞刑犯,手脚皆钉镣铐。1910年,上海县将县监狱规模扩大为115间。1911年10月推翻清朝以后,上海执政当局成立沪军都督府和司法署。次年1月,司法署改为上海地方审判厅和

---

① 史梅定主编:《上海租界志》,上海社会科学院出版社2001年版,第256—257页。

上海地方检察厅,原上海县监狱改为"上海地方检察厅监狱"。1914年9月,监狱地域扩大,计有平房监舍200余间。1917年,改称"上海监狱"及"上海模范监狱"。1919年监狱撤销,押犯移押新建启用的江苏第二监狱,原用的监舍拆除,在原地兴建民宅。①

(三)罪犯习艺所

位于今黄浦区露香园路大境路,原系清末上海县"改过局"旧址,1913年3月建,同年6月撤销。

(四)上海地方厅分监

位于今黄浦区蓬莱路学前街口,背后是文庙路。该处原是慈善机构普育堂旧址,普育堂迁往新址后被司法当局租赁,略加改建后于1913年10月成立上海地方厅分监。首任分监长周公鼎(江苏无锡人)。1920年8月更名为江苏第二监狱分监。分监规模较小,均为平房,坐南朝北,分东前、东后、西前、西后四排。全部关押男犯,一般在200人左右。②由于此处地势低洼潮湿,犯人死亡率很高,社会舆论强烈,为此上海司法当局决定在江苏第二监狱内扩建监房。1924年1月28日将200余犯人移押漕河泾江苏第二监狱,江苏第二分监撤销。③后在原址建造新式三层石库门房子多幢,形成新式里弄,名为"普育里",弄堂正门为今蓬莱路303弄,弄堂边门为学前街。

(五)淞沪警察厅南市分厅看守所

位于今黄浦区金坛路。1914年7月设立,平房。1927年改为上海特别市公安局看守所,有监房9间,其中3间特别室、1间优待室。20世纪40年代,看守所撤销,改为民居。

(六)江苏第二监狱

位于漕河泾镇弼教路(今徐汇区康健路),又称"漕河泾监狱"。1917年5月兴建,1919年7月启用。首任典狱长敖振翔(河南光山人)。监狱最初面积88亩,整座监狱除瞭望台外,全是平房,有牢房300多间,分前后两部分,前部为行政办公区域,后部为男监区;呈扇面形分布,取自《论语》中的"仁、义、礼、智、信"5

---

① 徐家俊:《旧时上海各监狱探秘》,《民国春秋》1995年第5期。
② 北洋政府法权讨论委员会秘书处编印:《考查司法记》,1924年版。
③ 《分监人犯昨移漕河泾》,《申报》1924年1月29日。

个字为各监之代号;监狱的西南角为女监,系一独立小院,有监舍三翼。1924 年经扩建,增加东南和西南二翼,各监舍重新以甲、乙、丙、丁、戊、己、庚 7 个字命名;1926 年又增建可容 500 人的教诲堂;到 1930 年代监狱占地 120 亩,上海陆根记营造厂参与建造。①1937 年"七七"事变后,上海形势紧张,江苏第二监狱奉令解散,在押犯人分别被移押或保释。监狱建筑被日军炸毁成为一片废址。上海解放后,这里曾成为上海人民法院监狱漕河泾农场;1958 年起建立了上海市少年犯管教所,1969 年撤销,1974 年少年犯管教所在此处恢复使用。20 世纪末该处建筑拆除土地批租,其中部分地块现为上海华夏宾馆、光大会展中心。

位于中央位置的漕河泾监狱瞭望楼

（七）上海地方厅看守所

俗称南车站路看守所、南市看守所,位于今黄浦区南车站路,1917 年 12 月启用。初期有监舍 20 余间,1922 年增建部分监舍,后又经过改建和扩建,汪森记营造厂参与承建。汪伪时一度为上海监狱第二分监;抗战胜利后曾被国民党军统使用,1947 年 6 月被上海地方法院接收,改称"上海地方法院第二看守所"。上海解放后,改为"南市看守所""上海市第一看守所";20 世纪末,看守所迁址浦东新区北蔡,原址曾改为上海市公安局公交分局。

（八）上海第二特区监狱

位于黄浦区马斯南路 285 号（今思南路 99 号）,紧靠薛华立路（今建国中

---

① 姚文楠、秦锡田编纂:《上海县志》卷十一,1936 年版;屠诗聘:《上海市大观》上海中国图书杂志公司 1948 年版。

路)。前身为法租界会审公廨监狱,俗称马斯南路监狱、薛华立路监狱。1931年8月改制为上海第二特区监狱,男犯、女犯、幼年犯、外国籍犯和未决犯兼收,收押人数最高达3 000人。首任典狱长谢福慈(广西桂林人)。1943年8月,第二特区监狱撤销,先后改称为上海地方检察署看守所、上海监狱第一分监、上海地方法院看守所、上海地方法院第一看守所。1949年5月上海解放后被市军管会派员接管,时称上海第一看所,后改称为上海第二看守所;1985年6月看守所撤销,原建筑物改为上海市公安局下属单位的办公场所。21世纪初原建筑拆除,在原地已重建新楼。

(九)江苏第二监狱分监

又称上海第一特区女监,位于今静安区浙江北路191号,与上海地方法院同处一个大院内。首任分监长赵凤贤。该分监建于1930年4月,关押者均是女犯,1936年7月部辖第二监狱启用后,女犯全部移押新建的部辖二监,江苏第二分监撤销。1939年6月,在原址复设江苏第二监狱分监。1943年8月,提篮桥监狱恢复收押女犯后,该分监第二次撤销,改为上海地方检察署看守所;1948年改为上海地方法院第三看守所。1949年5月,由上海市军管会派员接收。上海解放初期,该看守所旧址及国民政府上海市高等法院、地方法院的建筑物均由上海市人民法院使用,从1958年起法院迁出,改为上海某医药器械厂使用。

(十)司法行政部直辖第二监狱

位于上海今长宁区北翟路,俗称北新泾监狱。首任典狱长苏克友(福建人)。1936年7月启用,有监房4幢,工场4所,还有大礼堂、教诲堂等。犯人监舍为楼

司法行政部直辖第二监狱大门

房,排列成扇形,共有140间,其中一幢为女监(单独出入与男监分隔)。监狱周围筑有几米高的围墙,监狱大门系宫殿式,开在今绥宁路上。1937年8月监狱撤销,其建筑后在战火中被毁。1949年11月,上海人民法院监狱派出干部接收该遗址,次年8月成立北新泾农场,几经发展,现为北新泾监狱和上海劳动钢管厂。

(十一)司法行政部直辖上海监狱

其前身是1903年启用的华德路监狱(提篮桥监狱)。1943年8月—1945年7月,又称上海第一特区监狱,位于今虹口区长阳路147号。1943年8月,由汪伪政府委派员接收。首任典狱长邢源堂(江苏江阴人)。抗战胜利后由国民政府派员接管。狱内关押过诸多汉奸犯,其中梁鸿志、傅式说、苏成德、常玉清等被枪决于狱内刑场。1945年12月起,监狱始押日本战犯。1946年1—9月,盟军美军军事法庭曾在狱中审判过日本驻香港地区总督等48名日本战犯和20多名德国纳粹战犯,是抗战胜利后中国境内最早审判日本战犯的场所,1946年4月—1948年9月,先后有20名日本战犯在狱内执行死刑。1949年5月28日,上海市军管会员派接管监狱,初称上海市人民法院监狱,1951年8月改称上海市监狱。1995年6月,更名为上海市提篮桥监狱。2013年4月被列为第七批全国重点文物保护单位。

提篮桥监狱早期办公楼

(十二)司法行政部直辖上海监狱第一分监

位于今虹口区长阳路111号,是一座独立建制的女子监狱。该处原是华德路监狱专押外国籍女犯的监楼。1943年7月—1945年8月被日本驻沪领事馆借用。1945年12月组建为上海监狱第一分监。首任分监长陈咏声(湖南长沙人)。管理人员全部为女性。建筑面积810平方米,高4层。1949年5月28日,由上海市军管会法院接收处派员接收,后加层,原建筑物现为上海监狱系统使用。

(十三)上海公安局看守所

位于今黄浦区蓬莱路 171 号,1935 年建造,系一独立小楼,有监房 17 间,近 500 平方米。1948 年 8 月—1949 年 2 月,此处曾为上海特刑庭看守所分部。上海解放后,此处先后作过上海市公安局蓬莱分局、南市分局、黄浦分局的看守所。

(十四)上海高等法院临时看守所

位于长阳路 147 号内。1947 年 3 月建立启用,原系华德路监狱的西人监男监(今称十字楼);抗战胜利后,被美军军事法庭所借用,关押、审判过日本战犯。1948 年,上海高等法院临时看守所改为上海地方法院第三看守所分部,关押大批汉奸犯。1949 年 5 月上海解放,被上海市军管会法院接收处派员接收。现址为提篮桥监狱的监舍和上海监狱陈列馆。

(十五)上海高等法院特刑庭看守所

位于今杨浦区平凉路 2049 号,1948 年设立。1949 年 2 月撤销,现址为上海市公安局杨浦分局。

四、非司法系统的监所

(一)淞沪护军使军法课拘留所

又称淞沪护军使军法课看守所、上海陆军监狱。位于今徐汇区龙华路,始建于 1916 年,1917 年启用。1918 年 12 月又经过扩建,次年竣工,计大小牢房 120 余间。1927 年 3 月,国民革命党北伐东路军占领龙华,看守所撤销。1917—1927 年为统治上海的军阀随意拘押各界人士的场所。[1]

(二)枫林桥监狱

又称枫林路监狱,位于今徐汇区大木桥路平江路附近。这是国民党右翼集团于 1927 年北伐军抵达上海镇压共产党人和革命进步人士而设立的一所特种监狱。牢房主要设在江苏特派交涉公署内和枫林路两侧被征用的一些民宅内。存续时间为 1 年左右,1928 年撤销。由于枫林桥监狱与龙华监狱相距较近,两座监狱性质相同,不少场合或在党史资料上往往把两者视为一体,严格地说两者有区别。[2]

---

[1] 薛峰主编:《英烈与纪念馆研究》第 16 辑,上海教育出版社 2019 年版,第 118—122 页。
[2] 朱济民主编:《旧监狱寻踪》,上海书店出版社 2014 年版,第 217—223 页。

(三) 淞沪警备司令部军法处看守所

俗称龙华看守所、龙华监狱。位于今徐汇区龙华路。1927年4月在原淞沪护军使军法课拘留所的原址上建立，以腰墙为界，看守所分为东西两院，西院为行政办公区；东院主要是监区，均为平房。男监房呈"川"字形并排三栋平房称作"天、地、人"监（又说连女监一起称作"天、地、玄、黄"四监）；女监位于西南角。出大门西侧便道为司令部军法处，向北过小河木桥至刑场。1937年看守所撤销。淞沪抗战后，此建筑遭到破坏。今上海烈士陵园中的原淞沪警备司令部军法处看守所，系1990—1991年重造。其建筑坐北朝南，周围有5米高的围墙，三栋男监房，一栋女牢房。同时还全面修缮了原警备司令部门楼，嗣后又修筑地下通道，把看守所和刑场，及后来增建的无名烈士墓相贯连，形成一条独特的参观瞻仰路线。上海龙华烈士陵园包括该看守所，1988年1月被列为国家重点文物保护单位。

复建后的龙华看守所

(四) 淞沪警备司令部侦查大队看守所

位于今黄浦区西林后路100弄8号白云观的邱祖殿。1927年淞沪警备司令部侦查大队（又称稽查队）占用，在相对独立的一幢2层小楼院内设牢房3间和刑讯室。1935年春划归军统系统，1937年"八一三"后被日本侵略军烧毁。

(五) "76号"汪伪特工总部看守所

位于极司非尔路76号（今静安区万航渡路435号），其全称为"中国国民党中央执行委员会特务委员会特工总部看守所"。此处原系国民政府安徽省主席陈调元的公馆，上海沦陷后，这幢花园洋房落入日本人手中，后由日方交给汪伪特务使用。院内花园里的大花棚改为羁押所,设牢房 20 多间。此外,还设天牢、地牢、水牢、优待室。该所于 1935 年 8 月撤销,现址为上海市静安区职业学校。①

(六) 大桥监狱

位于今虹口区四川北路崇明路口的大桥大楼内。日本军部于 1937 年 8 月设立,大楼底层以原商场改设看守所,关押中国人,英、美、俄等外国人,也关有"危险思想"的日本人。该狱原有牢房 6 间,1941 年 12 月增设 4 间,后来又建新牢房数间,总共约 15 间。各牢房均用碗口粗圆木做栅隔成。抗战胜利后大桥大楼为国民党军队接收。②

(七) 国防部战犯监狱

位于今宝山区殷高路 15 号。1947 年 8 月设立,次年 1 月又进行改建,专押各地军事法庭审判的侵华日军战犯,属国民政府国防部直辖。首任典狱长邹任之(江西鄱阳人)。1949 年 1 月国防部战犯监狱撤销,上海解放以后一度由部队使用,从 20 世纪 60 年代起曾为上海市精神病犯收容所、上海市劳动教养所,现为上海市高境戒毒所。原有建筑物无存,已作改建。

(八) 淞沪警备司令部稽查处看守所

位于江湾路 1 号(今虹口区四川北路 2123 号等),原建筑尚存,现为部队等单位使用。

(九) 淞沪警备司令部稽查大队看守所

位于今静安区威海路,原建筑已拆除,现建有高楼。

(十) 中统局上海办事处看守所

全称为国民党中央执行委员调查统计局上海办事处看守所,位于亚尔培路(今陕西南路)2 号。该处是一幢红砖结构的 3 层楼花园住宅,绕以围墙。四周岗哨密布,设有刑讯室、牢房、半地下水牢。

---

① 《上海文史资料选辑(静安卷)》,2004 年,第 93—100 页。
② 徐家俊:《大桥监狱》,《虹口文史》2014 年第 9 期。

提篮桥监狱的建筑及设施特点

提篮桥监狱,初称"上海工部局监狱"或"上海工部局警务处监狱",由于监狱位于华德路(1943年8月更名长阳路)上,又称华德路监狱。监狱于1901年建造,1903年5月18日启用,占地10亩左右,后经扩建、改建,到1935年才正式定型,占地60.4亩。它是西方列强侵犯中国司法主权的产物。先后由英国人、日本人、汪伪政府和国民政府的"四朝"统治,在押犯人最高达8 000多人。1949年5月被上海市军管会接管,经过改造、清理、整顿,使之成为人民民主专政的工具。目前仍然是上海地区现存历史最长、犯人关押量最大的一座监狱。1994年2月被列为上海市近代优秀建筑保护单位,2013年4月经国务院批准列为第七批全国重点文物保护单位。纵观百年历史的提篮桥监狱建筑和设施,具有几个鲜明特点。

一、建筑精良 布局合理

位于黄浦江畔的提篮桥监狱,南靠长阳路,北贴昆明路,西倚舟山路,东临上海巡捕医院(现为上海市虹口区公共卫生大楼)和居民里弄(昆明路284弄,又称乐安里)。监狱的地域基本上呈一长方形。上海土地资源紧缺,寸土寸金,监狱充分利用了土地,向立体发展。在5米多高的围墙内,拥有多幢楼房,拥有大小监室(牢房)近4 000间,是一个典型的大楼群的建筑体。提篮桥监狱建筑精良、坚固、厚重,在中国乃至远东地区十分有名。20世纪30年代曾号称"远东第一大监狱"。

1935年已扩建完工后的提篮桥监狱,分设华籍犯关押区和外籍犯关押区,两者有高墙隔开。监狱设3道大门。进入第一道门是监狱管理人员活动区域(内有饭厅、酒吧、宿舍楼等);进入第二道门是监狱行政办公区域,监狱的各科室和犯人新入监处、家属接见室均设置于此;进入第三道大门,才进入监狱的狱区,内有5层高的监楼9幢、5层高的生产工场、8层高的监狱医院和3层高的犯人的炊场(伙房)各1幢。外籍犯关押区位于监狱二大门的左侧,有专门的通道和大门,内有两幢大楼:1幢为4层高的外籍女犯监楼;另1幢为6层高的外籍男犯监楼(今称十字监)。狱区内犯人的生活区与作业区相分离。在租界时期,生产工场内犯人先后从事过印刷、装订、木工、藤作、铁工、皮鞋、服装、缝纫工种。大部分系来料加工,少部分为经营性生产。

整修后的提篮桥监狱监舍楼

监狱充分重视土地资源的利用,向楼顶发展。除了早期建造的监楼外,后建的各监楼的楼顶均为平台,用做犯人的放风场。放风场的四周建有2米多高的围墙(挡住犯人的向外视线),为了不让犯人攀爬,或跳楼,楼顶的围墙上面还建有1.5米左右的铁质带尖的防护栏,这些防护栏不是平直向上,而是带有向内弯曲的圆弧形,这种设计造型美观科学,能有效确保监管安全。监狱各监楼对犯人的关押,在不同时期也有一定的分类,如:1922年时,提篮桥监狱A、B、C、D监关押长刑犯,E监关押少年犯,F、G监关押判处2年以下的犯人,H、I监关押初次犯罪及短刑犯(几天至几个月)。

二、逐步征地 分步建造

一般来说,许多建筑群体是总体设计、总体施工、一步到位的,但是也有一些建筑群体由于资金、土地的限制和使用量的增长而分步扩建、多步到位的,提篮桥监狱属于后者。1903年5月,监狱正式启用接收上海公共租界会审公廨判决刑期在5个月及5个月以上的犯人,刑期5个月以下的犯人由各巡捕房关押;后来由于捕房收押人犯众多,扩大为监狱也收押判3个月以上的犯人;最后由于巡

表1　提篮桥监狱主要建筑综合情况表

名　称	建造时间	启用时间	主要特点	建筑面积（平方米）	承建单位	建筑费用	备　注
A、B监		1903年5月18日	4层，每层60间，共240间，南北向				1933年5月拆除
医院		1903年5月	3层，设病床36张				1933年拆除
工场		1903年5月	2层				
炊场		1903年	平房				1911年拆除
西籍看守住宅楼		1903年	3层				目前仍保留
印度看守住宅楼		1903年	3层				
C、D监		1903年8月28日	4层，每层60间，共240间，南北向				1933年5月拆除
E监		1904年11月	3层，每层12间，一边为走廊，共36间				
印度籍看守营房		1907年9月					目前仍保留
洗衣房		1910年夏					1929年重建扩建
炊场		1911年					
F、G监（仁监、三监）	1917年2月	1920年上半年	5层，东西向，每层92间，共460间	5 251.5			
H、I监（义监、四监）	1917年2月	1922年6月	5层，东西向，每层92间，共460间	5 251.5			位于F、G监北面，墙外是昆明路

(续表)

名称	建造时间	启用时间	主要特点	建筑面积（平方米）	承建单位	建筑费用	备注
J监	1924年	1925年5月	5层,110间				1933年拆除
贮藏室		1925年9月	3层,1—2楼为仓库,3楼为工场				
部分新围墙和岗楼		1928年10月				1.6万两白银	
L、M监（信监、五监）	1928年	1930年初	5层,每层92间,共460间,南北向	4 843.8		13万两白银	与六监、七监、八监平行排列
N、O监（义监、六监）	1928年	1930年初	5层,每层92间,共460间,南北向	4 843.8		13万两白银	
生产工场	1929年12月	1930年9月	5层,南北向	5 749.8	成泰营造厂		
（新）炊场	1929年12月		3层	2 210	成泰营造厂	2.5万两白银	
监狱医院	1929年	1933年11月20日	8层,东西向,另有地下1层	5 000		17万两白银	
P、Q监（和监、七监）	1930年	1931年	5层,每层92间,共460间,南北向	4 791.8	新明记营造厂	13万两白银	
R、S监（平监、八监）	1931年12月	1933年1月	5层,共456间,南北向	4 843.8			
少年犯监（感化院,九监）	1932年	1933年1月	5层,188间,呈"T"字形	3 150		8万两白银	

(续表)

名称	建造时间	启用时间	主要特点	建筑面积（平方米）	承建单位	建筑费用	备注
监狱办公楼	1932年	1933年11月	4层，呈"Π"形，另有地下1层	2 060	大宝工程建筑厂		
长阳路147号大门及车库	1932年	1933年			大宝工程建筑厂	10 913两白银	
爱尔考克路西籍宿舍	1932年		8层，底层为车库		新亨公司	5万两白银	
R、D监（忠监、一监）	1933年12月（重建）	1935年8月19日	5层，370间，南北向	4 209.8	建业营造厂	13万两白银	与二监平行
华人看守营房（七号公房）	1933年		6层	1 860			
西人监男监（十字楼）	1934年	1935年9月15日	6层，150间，呈"十"字形	6 560	三森营造厂		
新A、B监（孝监、二监）	1934年	1935年8月21日	5层，454间，南北向	4 773.3	成泰营造厂	13万两白银	
西人监女监	1934年	1935年9月15日	4层，12间，东西向	810	三森营造厂		
印度看守营房（8号公房）		1933年11月	8层	3 500	潘荣记营造厂		

资料来源：《上海公共租界工部局年报》(1903—1935年)；各监楼的名称，初期均用英文字母命名，从1943年8月起改用忠、孝、仁、爱、信、义、和、平8个字及感化院命名；1951年起改为1—9数字命名。

捕房的人犯日益增加,从 1916 年起无论刑期长短,一律送提篮桥监狱收押,如:1903 年年底提篮桥监狱共收押 548 人,1905 年收押 1 062 人,1912 年为 2 127 人,1916 年为 3 957 人。①所以,随着押犯的不断增长,工部局便陆续购买或征用与监狱相连的土地,予以扩建。据档案资料,1906 年 10 月工务局以 3 500 两银圆/亩购买土地 5.43 亩;1915 年 6 月以 4 500 两/亩,购买土地 2.429 亩;1921 年以 4 700 两/亩购买 1.828 亩;1923 年 7 月以 4 000 两/亩购买 1.892 亩;1924 年以 4 500 两/亩购买 4.079 亩,1924 年又以 4 858 两/亩购买 3.705 亩。几年内共计购买土地 19.363 亩。1928 年起,监狱向东面扩展,把紧贴监狱的一条马路圈进监狱,以后又购买了一些土地累计约 30 亩。总之,监狱的土地和范围是逐渐扩大的,监狱的建筑也是逐步建成的,而且时间拉得较长,从 1916 年扩建,到 1935 年定型,先后达 20 年,这在全国各监狱中也是少见的。其中,从 1928—1934 年,监狱初建时的部分建筑被拆除,新建近 10 幢大楼,工程进展很快,主要是利用了犯人的劳动力。

三、防范严密　壁垒森严

监狱是关押犯人的场所,坚固、安全、防逃,这是监狱建筑设计的基本要求。提篮桥监狱的设计和建造者,非常重视这些问题。具体来说主要体现在以下几方面:

提篮桥监狱内的一座岗亭

(1) 门多。大门有 3 道,大门实行人车分流,车行大门,人走小门。各幢监楼还有前后两扇大门,各层楼梯、各楼面还有腰门,各监室(牢房)还有牢门。监狱内各监楼、各楼面,随时可以隔离封闭,能有效防止犯人哄监闹事。

(2) 围墙厚高。监狱的围墙都在 5 米以上,墙体厚,用钢筋水泥浇铸。每隔一段围墙还建有多种式样的岗楼(岗亭),派人值班瞭望,岗楼设有各种不同角度、不同方位的枪孔,可抵御各类突发事件

---

① 《上海公共租界工部局年报》1903 年、1905 年、1912 年、1916 年。

的发生;距离围墙5米以内为空地,不准堆放杂物,保障视线清晰。

(3) 各监楼的监室呈"回"字状分布。一般来说,监狱各牢房的布局主要有两种形式:1.单列房式,即一边是走廊,另一边是一间间牢房;2.双列房式,即中间是走廊,两边是一间间牢房。但是提篮桥监狱的各监室的布局与众不同,从总体结构看,其监室呈"回"字式布局,即92间监室,正反两面各46间,位于整个楼面的中心部位,四周都是走廊,走廊的外面才是墙壁和窗户。这样的布局,如果从"得房率"、"房屋使用率"来看,是比较低的;但是它强化了监狱的管理和防逃功能,确保监管安全,有利于刑罚执行。这些监室的构造是三面钢筋水泥的墙壁,一面为比手指还粗的铁栅(铁门就开在铁栅内);而且这些监室面积仅3.3—3.6平方米,犹如口琴孔似的,"背靠背""肩并肩"地紧连在一起。犯人的一切活动都控制在管理人员的视线内,犯人无法通过挖洞掘墙的方式逃脱。最初监狱设计时,为独居制,每人关押1间,后来随着犯人增加,改为杂居制,每3人关押一间,但禁止2人关一间。

(4) 监室的外走廊是平行的双走廊。提篮桥监狱各监室外的走廊与众不同,它在3.3米的宽度内分设了内走廊和外走廊,两道走廊之间,布有铁丝网和1米多高的铁栏,同时,每隔一定距离,内走廊和外走廊又重合在一起,形成内外走廊分分合合的状况。为何要做这样的设计?内走廊和外走廊各有一定的功能,内走廊主要供管理人员开封(开门)、收封(关门),给犯人发饭、发水、倒水等;外走廊主要供管理人员巡查,他们在外走廊上视野广,可以同时看到3个层面的情况,除了看到本楼面的犯人,还能透过铁丝网可以看到上一层和下一层的楼面,而且夜间走外走廊巡查,能确保巡查人员人身安全。另外,是便于空气流通。一幢监楼5层楼面,460间监室,如孤岛状处于中间,1幢监楼一般关押犯人1 000人左右,监室离窗户有3.3米远,外走廊和内走廊之间用了铁丝网,就加快了整幢监楼空气的上下流通。

(5) 锁具坚固耐用。提篮桥监狱使用的各类锁具,包括监室的门锁和大门锁、腰门门锁,这些锁具坚固、耐磨,质量上乘。各监室(牢房)的门锁,体积大,长24.5厘米、高23厘米、厚7厘米,犹如一本精装的杂志。这一门锁,通过一组铆钉牢牢地与铁门(长1.90米、宽0.8米)铆牢在一起,锁舌牢牢地扣在锁床内。犯人是无法把门锁砸开或撬开的。门锁的锁舌长,锁舌可分三档(俗称收三道"封"),开足时长达4.5厘米、宽5.6厘米、厚1.8厘米。虽然锁舌看起来笨拙,但是十分灵巧,如果当铁门与门框轻轻地一碰,该门锁的锁舌就会跳出。这些门锁和钥匙均系英国伦敦霍勃·哈脱等公司用高级合金钢制作,钥匙长15厘米,分为匙头、匙柄和匙身等部位,掉在地上铮铮有声,匙身为圆弧形,宽7厘米,便于操作。每把钥匙上都有一个编号(主要利于管理,领用时需登记,归还时要注销）。监狱还有椭圆形的铜挂锁，该锁长 11 厘米、宽 7.5 厘米、厚 3 厘米。

提篮桥监狱使用的锁具

提篮桥监狱监室的门锁

尽管风雨沧桑，星转月移，但是提篮桥监狱这些锁具和钥匙仍然使用至今。100 多年以来，监狱从来没有发生过一起犯人砸开或撬开监室门锁的事件。

四、积极运用科学技术成果，实行管理

提篮桥监狱从建造开始，就注意把人类创造的科学技术成果运用到监狱的建筑和设施中，通过这些科技成果，强化监狱管理，确保刑罚的有效执行。

（1）电梯。电梯发明于西欧，提篮桥监狱也是中国各监狱内最早使用电梯的监狱之一。早在 20 世纪 30 年代，提篮桥监狱就在华人关押区的工场间、医院和西人关押区的十字楼，以及 8 层高的印度看守宿舍楼安装并使用了电梯，以提高工作效率。

（2）电话。上海是旧中国最早安装和使用电话的城市。提篮桥监狱也是中国各监狱内较早使用电话的监狱。20 世纪 30 年代，监狱设有电话总机，各科室、各监楼都有电话分机；出于安全需要，各监楼的电话分机只能打入，不能打出；白天监狱专门有接线员，下班后，电话总机接到监狱钥匙间（总值班室）。

（3）更表。从 20 世纪 20 年代起，监狱的上层管理人员为了让看守定时巡查楼面，事后还能进行检查考核，就运用西方的科技手段，建立巡更系统。规定次日，由主管人员进行考核检查。

（4）囚车。20 世纪 20 年代起，监狱顶住舆论压力（当时普遍认为犯人坐汽车是奢侈行为），把一辆福特汽车改装成囚车，不仅提高了犯人的收押效率，严防犯人逃跑，也节约了许多警力。

（5）地磅。监狱的囚粮、蔬菜、食品，以及锅炉房使用的煤炭等，由社会上的

供应商送货入监。对于运入监狱的各种物品，监狱要进行验收。为了提高效益，在二大门内的院子里建有地磅，进行过秤复核重量。

（6）监狱设有小铁轨。提篮桥监狱到 1935 年建筑规模定型后，在华人关押区就拥有 9 幢 5 层高的监楼，为了提高运送效率，就在距炊场较远的几幢监楼和医院的外面铺设了一段小铁轨用来运送犯人的饭菜和开水。此外，为保障监狱的用电，监狱设有 A、B 两条线路供电。

（7）煤气。煤气具有使用方便、火力旺等优点。提篮桥监狱早在 20 世纪 30 年代就在部分区域使用。

五、监狱设有刑场和防暴监等特种设施

（1）绞刑房。又称室内刑场，建于 1934 年，为目前国内保存完好、极为少见的行刑设施。绞刑房位于十字楼的 3 楼，面积 18 平方米，四面均是混凝土墙，一面开有气窗。地坪上有个 1.8 平方米大的方孔，方孔两侧各有一块活动地板。面对活动地板的楼顶上装有一根绞架。该绞刑房于 1936 年 8 月 31 日首次启用，到 1947 年 2 月起停止使用，一共执行过 5 次 9 人，其中印度人 2 人、中国人 1 人、日本战犯 6 人。上海解放后，这座绞刑房改为办公室及生产场所，地坪上又覆盖了一层地板，使它奇迹般地保存下来。1992 年在笔者提议下按原样修复，现为上海监狱陈列馆的一个参观亮点。

（2）室外刑场。建于 1946 年下半年，位于监狱的东面围墙外，长约 100 米、宽约 20 多米。该处原系工部局西籍警官的网球场，曾改为菜园，后来因无人管理而荒芜。抗战胜利后，提篮桥监狱关押了一批重要汉奸犯，为枪决犯人而开辟为刑场。1946 年 11 月 9 日刑场正式启用。曾任日伪南京维新政府行政院院长、汪伪政府立法院院长的梁鸿志是该刑场枪决的第一人；以后，汪伪政府浙江省省长傅式说、汪伪政府警察总监苏成德等人在此被枪决。从 1947 年 8 月 12 日至 1948 年 9 月 9 日，黑泽次男、芝原平三郎、大场金次等 14 名日本战犯在此被枪决。1948 年 9 月 30 日，共产党员、上海杨浦发电厂工人王孝和烈士也在这里就义。上海解放初期这里也一度做过刑场。

（3）防暴监（俗称橡皮监）和禁闭室（俗称橡皮监）。具体内容可参见本书《"风波亭"和"橡皮监"》一文。

提篮桥监狱的建筑设计，主要考虑对犯人的关押、防逃跑等方面，而对犯人的教育、感化方面考虑较少。所以，从目前的眼光来看，明显存在如下缺陷：①空间狭小，整座监狱每幢监楼之间的间距较小，使人有压抑感；②监狱室面积过小，除外籍犯监区外，一般每间只有 3.3—3.6 平方米，单位面积犯人的关押量过大；

③整座监狱除了1917年和1918年建造的两幢监楼的监室铺设地板外,其他的监楼都是水泥地,犯人只能睡在水泥地上有损犯人健康。直到抗战胜利后,部分监楼才安放了木板;④犯人的卫生条件较差,全监狱近4 000间监室,除了外籍犯的监室有抽水马桶外,其他的监室,都使用马桶,每天都要倾倒马桶;⑤监狱没有绿化。整座监狱没有一块绿地、没有一棵树木(目前监狱里的树木是1949年后,特别是近20年来,见缝插针地补种的);⑥监狱的监舍设施中外籍犯的关押条件大大优于华籍犯,歧视性明显。当然上述问题,有的是时代的特征,也有的系治狱理念在刑罚执行中的反映。

从舟山路口远眺提篮桥监狱十字楼

六、提篮桥监狱建筑中的启示和对老建筑思考

建筑是一种凝固的音乐,是人类文明的载体。监狱建筑是建筑中的特殊门类,是一定时期、一定地域的政治、经济、法律、文化、科技、建筑技术和行刑思想的综合反映。旧提篮桥监狱虽然是以英国人为首的公共租界工部局所建造,但是它的某些治狱理念和建筑构想,仍值得我们思考和借鉴。

(一)提篮桥监狱建造中有科学理念和做法,对我们进行监狱建设颇有启示

例如,监狱的建造采用公开招标的方式进行,1901年初建时的监狱,是由新

加坡一位工程师中标设计的;土木建筑也是通过公开招标方式进行。在规定时间内,让各营造厂(承建商)投标承揽,寄送到指定地点,经揭标筛选后选择信誉较好、报价较低的等营造厂承建。再如,在1928年9月,监狱有幢监楼需要建造,招标时收到10多家标书,建筑费用高低不一,上下差额近一倍。其中乔明记营造厂25.072万两、兴协作营造厂20.45万两、顾银记营造厂19.719万两、王明记营造厂19.4万两、辛和记营造厂19.3万两、孙祥记营造厂18.46万两、永昌泰营造厂17.835万两、新明记营造厂16.26万两、南洋兄弟建筑公司15.624万两、创新建筑厂15.325万两、成泰营造厂13.97万两。①最后工部局工务处货比几家,选定由成泰营造厂建造。在承建前,由监狱上级机构出面与承建方签订合同。为了保证质量,承包方营造厂要向发包方提交施工保证金(一般为总施工价款的1/10或双方商定的金额)。如果竣工后,工程不符合质量要求,则从保证金中扣除;如果工程符合质量标准,工部局不仅如数退还保证金,而且按当时银行利率,另支付利息。

当时监狱在基本建设方面基建做得比较好,值得借鉴的地方有:一是承建方和委托方的权利、义务对等,责任清楚,而且严禁转包、严禁偷工减料。二是承建中按专业划小承包施工范围,用其"精华",让营造厂负责土建,五金公司负责安装水电设备,各部门各司其职。例如,1934年外籍犯犯区的男监、女监均由三森营造厂建造,但是该两幢楼内的暖气和卫生设备却让谦泰洋行承建。三是法律意识较强。承建时都签订周密的书面合同,有些技术性、专业性强的项目另有附件;合同订立后还请有关部门鉴证,合同文句严密,同时有中英文两种文本,如果发生字义差别,规定以英文为准。四是工程完工后的结算方法和币种规定很严密。当时上海金融业发达,有多种货币流通,其间也涉及多种货币的兑换牌价问题。例如,1934年9月工部局工务处与一家外国银行签订的工程合同中,就写明该工程全部竣工后,工部局支付承包人29 180整圆上海通用银圆,即美元3 230元整,或2 039英镑整。这些做法既规范,又合情合理。

(二)加强文物意识,认真保护旧建筑、旧文物

监狱是国家的刑罚执行机关,监狱建筑物是刑罚执行的物质载体。监狱建筑无不体现了时代的烙印。目前世界上不少国家都注意对监狱旧址遗址的保护和开发,把旧监狱办成博物馆、纪念馆。提篮桥监狱的建筑是外国列强侵略下的中国监狱制度的历史见证和实物见证。它的历史文化积淀浓重,抗日战争胜利后,提篮桥监狱由于建筑精良、交通便捷,先后曾经关押过20多名德国纳粹战犯

---

① 上海工部局工务处收到的第28/34号招标书,上海市档案馆档案。

和几百名日本战犯,是中国境内最早审判日本战犯的场所,1946年1—9月,有48名日本战犯受到审判,1946—1948年有20名日本战犯在狱内被处决。1997年8月已被列为上海市政府立为"上海市抗日纪念地点"(市级文物保护单位)。1999年年底,监狱内的一幢十字楼已建为"上海监狱陈列馆",2014年被中共中央、国务院批准列为首批国家级抗战设施的遗址。①

当前各地正在大搞市政建设,大兴土木工程,各监狱也面临着移地改建、重建的大好机遇,但是一些具有历史价值、文化价值的老监狱、旧监狱应妥善保留、保护,有的还要修旧如旧。留下历史的文脉、留下历史的实物,有条件的还可以申报省(市)级,甚至国家级的重点文物保护单位。

(三) 严格落实部颁标准,注重监狱建筑的规范性

监狱的建筑必须突出监狱是国家机关的本质,突出监狱执行刑罚的职能。现在个别单位,在布局调整、新建或改建监狱时,不顾本地区的实际情况,片面强调豪华、先进、国内一流,你监狱占地400亩,我监狱占地500亩,要做到多少年不落后,这是不可取的。在监狱建造的过程中,我们可以借鉴参考中外历史上的典型监狱实例,按照《监狱建设标准》和《监管改造环境规范》为依据,还要注意各地监狱所处的地理位置(如沿海或内地、平原或山区、南方或北方),以及地质地貌、气象气候、民风习俗等情况综合考虑;还应该在安防系统、监控系统、门禁系统、电教系统、计算机系统等方面多下功夫,建造出理念超前、结构新型、功能齐全、安全牢固的绿色、智慧的现代化监狱。

---

① 《国务院关于公布第一批国家级抗战纪念设施、遗址名录的通知》,国发[2014]34号;国务院2014年8月24日。

提篮桥监狱正门的4个门牌号

门牌号一般由民政部门按照地名管理设置的城市法定标志和住址代码,是政府实施公共管理的一项基础工作。在人们对外交往、邮政通信、紧急救援、户籍管理、城市规划建设等方面起到重要作用。旧上海各门牌号的设立顺序也不统一,由从南往北、从东至西的,也有从北至南、从西往东的;长期以来,由于房屋的建造与撤除,或市政建设等原因,门牌号也有缺漏、重复及改动。

1903年5月启用的公共租界工部局监狱,俗称华德路监狱、华德路西牢、提篮桥监狱、上海监狱等,初期占地面积10亩左右,原处于上海的郊区。清末时期,附近除了有条下海浦的小河及下海庙外,民居很少。监狱前面的华德路马路既短又窄小,一边是马路;另一边是水沟,用以排水;后来逐渐开阔,并修建了下水管道。华德路刚开辟启用时没有门牌号,后来随着马路的开发,陆续建起房屋,公共租界城市公务管理部门才对华德路两边的住房编定门牌号。提篮桥监狱编为华德路59号,这是监狱的第一个门牌号。如1924年9月25日《申报》登载的《工部局布告》称:"本局招人投标西牢犯人所用之棉毯1 330条,计长80寸、宽48寸,连头在内计重五磅。投标之信及货样限于1924年10月3日上午11时以前送局总办处。详情可赴华德路59号工部局西牢管理员处询问。"1926年1月12日《申报》登载的《工部局布告》称:本局现欲招人包办犯人伙食,自1926年3月1号起,以6个月或12个月为限,每月应送到华德路西牢。各物列下:蔬菜17 000磅,洋葱8 500磅,……。投标之信及物样限于西历1926年正月28号上午11时或以前送至本局总办处。其详细情形可至华德路59号,向西牢管理员询问。

后来随着提篮桥地区的发展,拓宽了华德路路面,道路两边增添了一些房舍,所以,大约在1930年前后,提篮桥监狱的门牌号重编为华德路117号。如《申报》1931年5月11日登载的《工部局警务处招人投标承办罪犯食粮》一文记载:"兹欲招人投标承办米、麦、扁绿豆及牛庄豆等,为给应监狱及捕房之用,期限三个月或六个月,自1931年7月1日起,数量大约如下:糙米(每石200磅)每月1 060石、麦(每石133磅)每月72石,……须按指定之各监狱及捕房交货。凡投标者概须附具样品,如欲有所咨询,请向华德路117号工部局监狱,与监狱总巡接洽可也。投标截止期6月10日上午11时。"

随着监狱犯人的增多,牢房不够使用,为了扩大监狱的收押量,从1928年起,监狱陆续向东面扩建,大工场、4幢5层高的监楼和8层高的监狱医院分别于1930—1933年启用;同时,又拆除了监狱初期使用的大部分建筑物,新建了部分大楼,在监狱中形成了两个相对独立的外国籍犯人和中国籍犯人关押区域。整座监狱占地面积达60.4亩,建筑面积7万多平方米,号称"远东第一监狱"。从关押人数来说,在20世纪30年代曾一度为世界各国监狱之首。① 从1934年上半年起,开设了坚固的监狱新大门(正门);为了进出方便以及人、车分流,大门旁边另开有一个小门,供人员进出,大门专供车辆进出。监狱的门牌号编为华德路147号。如1937年2月1日《申报》登载的《工部局警务处招标,监狱42号》一文记载:"本处现欲招商投标承办华德路监狱华人囚犯所需下开各项食品。自1937年3月1日起,为期一年或半年,按月约需数量如下,但或须增加或减少百分之十五。投标截止日期为2月16日上午11时,投标须附货样,并须缴存保证金500元。欲知详情及索取标单者,可径向华德路147号工部局监狱典狱长接洽。物品名称:蔬菜、洋葱、咸鱼、牛肉、猪肉、盐、豆油、牛骨、猪油、茶叶、灯油(具体数量下略)。"

从1943年8月1日起,汪伪政府名义上接收了上海的公共租界和法租界,分别改为上海第一、第二特区(其背后仍为日本人当家),监狱始有中国人担任典狱长,监狱的正式名称为"司法行政部直辖上海监狱"。监狱前面的马路更名为长阳路(长阳系湖北省一个县),为此,原华德路147号也就改为长阳路147号;曾经的华德路117号大门(作为监狱的边门),也改为长阳路117号。

长阳路147号正门

---

① [荷兰]冯客:《近代中国的犯罪、惩罚与监狱》,江苏人民出版社2008年版,第291页。

1949年5月上海解放，市军管会派员接管监狱，曾经的长阳路117号大门（边门），经重新编号后改为长阳路111号。2013年4月，经国务院核准具有百年历史的提篮桥监狱列为第七批全国重点文物保护单位，成为黄浦江畔的一个地标性建筑。

　　总之，100多年来提篮桥监狱先后使用过"华德路59号、117号、147号，长阳路147号"等4个门牌号（边门不列入此范围）；有过4次变更。从门牌号的变迁这一特定角度看，也反映了一座监狱的扩建及变迁；从深层次来说，也反映了一条马路（华德路、长阳路）、一个地域（提篮桥地区）的发展及变迁，从100多年前偏僻的乡村到繁华的北外滩都市区。

"风波亭"与"橡皮监"

提篮桥监狱是一幢高楼型建筑群,20世纪30年代监狱经过扩建以后,拥有近4 000间监室。这是什么概念?打个不恰当的比方,一个被判10年有期徒刑的犯人,如果每天换一间牢房,10年下来监狱的牢房,他还没有轮流蹲过一个晚上,当然这是不可能的事情;不过这说明了提篮桥监狱的牢房特别多,可以说是中国监狱之最。狱内"华人区"的监室,每间仅3.3—3.6平方米,犯人大多睡在水泥地上(抗战胜利后,部分监室加铺木板);这些监室都有一个共同的特点,就是监室的内部结构均为"三墙一栅",即三面都是钢筋水泥墙,一面是由手指粗的铁栅;各监室的牢门与铁栅融为一体,各监室均是"肩靠肩,背靠背"地排列在一起。监室外是较宽阔的走廊。该布局主要的优点是防逃功能好,犯人无法挖壁洞、挖地道逃跑,犯人的投手举足都在看守的视野中。而"西人区"的监室,每间8平方米,设有铁床、固定的桌凳和抽水马桶,整幢大楼设有电梯。除此以外,监狱还建有禁闭室及防暴监房。

禁闭室位于监狱的"P.Q"监(今七号监)的5楼(顶层),分左右两边,共有92间。每间面积3.2平方米,比其他监室略小,牢房除了铁门以外,还多加了两扇厚厚的木门。牢房顶部开有一个窗口。夏天闷热难忍,霉臭死寂;冬天寒风刺骨,长驱直入,下雪天,雪花直接飘入,显得格外寒冷。犯人根据其可怕的功能,联想到南宋王朝在都城杭州残害忠良岳飞的"风波亭",就把该牢房称作"风波亭"。被关押在"风波亭"的犯人,不仅身体上受到折磨,而且精神上遭受摧残,更可恶的是监狱还使用其他手段虐待犯人。如1932年有一名贵州籍的革命志士谢凡生,以"危害民国紧急治罪法"被判处徒刑关押狱中,因在狱中开展合法斗争,得罪了狱中的头目,把他押到"风波亭"反省思过。其伙食标准比常规的明显减少,饥饿难熬,不得不用冷水充饥;印度看守每天带一名外役犯,手提铁筒,用橡皮管朝关押牢房的顶部和三面墙壁浇水,美其名曰"用药水消毒",实质是把黑牢弄得满地湿透,潮气弥漫,使人坐立不宁。谢凡生白天坐在灰毯上,晚上也睡在灰毯上,灰毯紧贴水泥地,一片潮气,阴冷入骨。这是监狱当局故意对犯人进行的肉体和精神上的摧残。①

---

① 《风波亭内确实寒冷》,《申报》1948年2月18日。

提篮桥监狱防暴监(橡皮监)外景　　监狱防暴监(橡皮监)内景

"橡皮监"是监狱防止犯人暴力行凶和自杀、自伤的一种特殊设施,它的正规名称叫"防暴监房"。在提篮桥监狱的历史上先后共建有7间。最早的防暴监于1905年在A、B监的1楼建有2间(1933年随着该监楼的拆除而拆除);1929年在监狱医院2楼建了2间;1934年又在外籍犯男监(十字楼)的6楼建了2间,外籍犯女监的2楼建了1间。这些防暴监房,呈八角形,墙壁和地坪都敷设橡皮,屋顶有透气孔和电灯。防暴监分别设置木门和铁门两套。20世纪80年代和90年代末,因扩大办公和安置大型医疗器材的需要,先后拆除了3间防暴监,目前监狱还保留了2间,位于"十字楼"的6楼。"橡皮监"内部结构呈八角形状,地坪及周围的墙壁都是橡胶制品,监舍面积约2个多平方米,房高3.2米,顶部开有气窗,房顶装有照明电灯,灯泡外还安装铁丝网罩,防止犯人接触电源,或故意损害电器设备。"橡皮监"设双重牢门,外层系两扇厚厚的木门,内层是铺垫橡胶的钢门,两层门之间,还有一个1.8平方米左右的小间,钢门距离里面1.3米左右的地方,有一个呈菱形状玻璃的小"窥视孔",便于看守人员观察被关押者的状况。犯人关押在"橡皮监"前,都要经过搜身检查,不许带入任何物品。犯人关押后,如果想撞墙自杀,由于监舍四周墙壁都是橡胶制品,则无济于事;如果想悬梁自尽,也没有勾吊绳索的地方;如果大声呼叫、发泄,则声音无法传出。在普通人的心目中,把犯人关在橡皮牢房里面看守人员可以高枕无忧了。其实不然,世界上没有绝对安全的地方,最好的金融保险箱有时也会被人盗窃。历史上提篮桥监狱"橡皮监"里也曾经发生过一起罕见的犯人自杀死亡的意外。事后经检查,事情就出在不显眼的玻璃"窥视孔"上。原来某犯人被关押"橡皮监"时,"窥视孔"已经破损,残留半块小玻璃在上面,看守人员没有注意到这一小小的细节。该犯人在"橡皮监"关了几天,看守按时送水送饭,让犯人倒马桶清理卫生。平时一直想自尽的人,就在这个监舍里也太平安稳了几天,当看管人员准备放出他时,发现这个人已经自杀死亡了。原来该人利用老式内裤带,勾住了窥视孔上碎玻璃脚,形成一个受力点,把内裤带子打成一个圈,套在自己的脖子上,把自己蹲卧起来,窒息而亡。这从法医学的角度上讲,是一种非典型自缢死亡(典型自缢死亡,大多上吊死亡,即人系直立状)。①

为了让后人了解旧提篮桥监狱的特殊建筑,让人知晓旧监狱犯人的狱中状况,在1999年12月建成的上海监狱陈列馆内,复制了历史文物般的"风波亭"与"橡皮监"的实物,供人参观。

---

① 徐家俊:《"风波亭"与"橡皮监"》,《法治周末》2018年11月29日。

华德路童犯感化院

少年犯，又称未成年犯，是犯人中一个特殊的群体。①早在 200 年前，圣·米歇尔少年监在西方出现，随着清末狱制改良，修监羁、教工艺、派专官，建立模范监狱，对少年犯的管理教育也受到关注。《大清监狱律草案》中就有关于设立少年监的条文，民国时期的监狱立法也作了相关的规定。《训政时期司法行政工作大纲》中提出要在全国建设 47 所少年监狱，解决少年犯的关押问题。但在旧中国直到 1934 年前后才在济南及武昌建起山东少年监、湖北少年监，在 1936 年建立察哈尔少年监，这三座少年监真正存在并管理少年犯的时间并不长。从司法实践看，民国时期设立最早、持续时间最长的少年犯关押场所是华德路童犯感化院，尽管该童犯感化院不是一个独立的单位，它是华德路监狱下属的一个部门（监区），但它开旧中国少年犯监之先河，从 1903 年启用直到 1949 年，连续存在了 40 多年，在中国近代监狱史上留下重要一页，其历史资料值得后人研究挖掘。依照感化院先后所处 3 个场所为界，大体可分为前期、中期及后期 3 个阶段。

一、前期的童犯感化院

华德路监狱，正规名称为"上海工部局监狱"，由于监狱由英国人建造及管理，位于华德路上，又俗称华德路监狱、外国牢监、西牢、提篮桥监狱等。监狱初期占地 10 亩左右，主要建筑有两幢 4 层楼高的监楼，分别称 A.B 监和 C.D 监，A.B 监启用于 5 月 18 日，C.D 监启用于 8 月 28 日。其中在 C.D 监的 4 楼

---

① 由于种种原因，100 年来对少年犯具体年龄的界定上有所区别。1906 年《上海英国监狱章程》第五章第 233 款规定："凡年在 16 岁以内之犯人当列为幼年犯。"1906 年《工部局华德路监狱章程》规定："中国籍受刑人，凡年龄在 15 岁者，不论男女当与成年犯分开。13—15 岁者为幼年犯，12 岁以下者为童犯，凡自言过 15 岁者，得按部狱吏或医官意见办理。"据《法律评论》1936 年第 15 期载《法部筹建少年监狱》一文称，少年犯为 20 岁以下之人。20 世纪 20—30 年代上海华界的漕河泾监狱收押的 20 岁以下的犯人均列为少年犯。新中国 1954 年 9 月实施的《劳动改造条例》第 21 条规定："少年犯管教所管教 13 周岁以上，未满 18 周岁的少年犯。"根据《刑法》《监狱法》等规定：少年犯管教所（未成年犯管教所）收押 14 周岁以上 18 周岁以下的犯罪少年。

（顶层）留出半边监室，共 30 间，作为少年犯监，时称"华籍少年犯感化院"，或"童犯感化院"等。1903 年年底华德路监狱共有押犯 430 名，其中少年犯 31 名。①

当时上海各界对华德路少年感化院比较关心。1903 年 10 月，华洋劝业会曾来信，并附上白银 300 两，这是中国部分士绅为关心慈善事业捐出的一年度捐款，此款将作为聘请工匠对少年犯传授手艺的经费。上海公共租界董事会决定接受这笔捐款，并向华人捐款者的热心公益精神致谢，同时说明这笔款项将按照他们所建议的方式使用，董事会将给予他们获得满意的结果。②同年 11 月，董事会收到典狱长的来信。信中指出由于犯人中间有人完全有资格教那些少年犯某些手艺，足以使他们在释放时能得到职业，所以华洋劝业会所捐助的 300 两白银可以用来为少年犯在出狱时制备衣服和找到职业前糊口的小额生活费，还可以给犯人教员一笔赏金。董事们同意这个建议，并指示要把上述情况通知华洋劝业会，要得到他们的同意。③根据华洋劝业会答复少年犯教员问题的来信，会议获悉基金的捐赠者不同意雇用合格犯人当教员的建议，认为这样的教员将会对少年犯的教育产生不良的影响。董事会同意这个观点。④同年 12 月，董事会宣读了典狱长继续讨论此一问题的来信。董事会批准信中的建议，即应该关心少年犯教育的保安善堂委派他们的技工师傅和教师去童犯感化院，再由典狱长指派工作。⑤总之，对这笔捐款的使用经过多次讨论后才做出妥善的使用。

1904 年 11 月，位于提篮桥监狱西北角的一幢 3 层高的新监楼竣工启用。该楼称 E 监，坐北朝南，向阳一边为走廊；朝北一边每层楼面 12 间囚室，共计 36 间囚室，该楼为专押少年犯的地方。E 监启用后，少年犯就有一幢独立的监楼，从 C.D 监移押到 E 监，这样少年犯不再与成年犯同处于一幢监楼中，关押条件有所改善。1904 年年底，监狱在押少年犯 53 人，占全监押犯总数的 15.3%。当时感化院由印度看守进行粗放式的管理，基本上没有适合少年犯的教育内容。自 1903 年至 1912 年，每年约有几十名少年犯新收入监及刑满出监。具体人数可见表 1、表 2、表 3。

---

① 《上海公共租界工部局年报》(1903 年)英文版。
② 《工部局董事会会议记录》1903 年 10 月 14 日，第 15 册，上海古籍出版社 2001 年版，第 624 页。
③ 《工部局董事会会议记录》，1903 年 11 月 18 日，第 15 册，上海古籍出版社 2001 年版，第 629 页。
④ 《工部局董事会会议记录》，1903 年 11 月 25 日，第 15 册，上海古籍出版社 2001 年版，第 630 页。
⑤ 《工部局董事会会议记录》，1903 年 12 月 9 日，第 15 册，上海古籍出版社 2001 年版，第 632 页。

表1　　　1903—1912年提篮桥监狱少年犯新收人数统计表

年份	人数	年份	人数	年份	人数	年份	人数	年份	人数
1903	31	1905	53	1907	82	1909	64	1911	74
1904	26	1906	40	1908	44	1910	65	1912	104

表2　　　1903—1912年提篮桥监狱少年犯监年末在押人数统计表

年份	人数	年份	人数	年份	人数	年份	人数	年份	人数
1903	27	1905	30	1907	34	1909	28	1911	19
1904	23	1906	21	1908	22	1910	21	1912	61

表3　　　1903—1912年提篮桥监狱少年犯刑满释放统计表

年份	人数	年份	人数	年份	人数	年份	人数	年份	人数
1903	4	1905	45	1907	68	1909	55	1911	70
1904	29	1906	46	1908	56	1910	55	1912	71

资料来源：以上3张表格系笔者根据英文版《上海公共租界年报》(1903—1910年)整理汇总。

二、中期的童犯感化院

1913年2月，上海公共租界工部局派员到提篮桥监狱巡察，认为少年犯与成年犯同押于一座监狱，不利于管理，提议把少年犯搬出提篮桥监狱，甚至提出购地新建一座少年犯监狱（但后来并没有真正落实）。那时在监狱后面，爱尔考克路（今安国路）近唐山路口，有一处闲置的空房，原是一家烟厂的厂房，烟厂已关闭，倒是一个较理想的场所。但是厂房设施较破旧，如果使用还需要进行一定的整修。经过实地调查，英国籍的公共租界工部局警务处第二助理督察长E.C.克里西向上级报告：该旧厂房全部窗门（外侧）需要油漆，落水管要修好，大门台阶铺好石板，还要更换很多块已破碎的窗玻璃；现有的篱笆破烂不堪无法使用，需要在房屋四周新建一圈装有大门而且更高些的斜撑篱笆，并按照工部局工程（M.C.R）界线所允许的范围尽可能地向外扩展。根据工务处每平方米2.20两白银价格计算，斜撑新篱笆费用为200—250两。按照当地样式在建筑物南端建造一大间披屋用做浴室和厨房，包括自来水设备、隔板、平整地面、配备排水沟、给披屋上方的一些窗子设置栏栅在内，约共需300两。上述工程应该加速进行，以便使感化院少年犯能早日使用新房。除此之外，还需要下列设备：70副床板架，160两；70块床垫，200两；70个枕头，43两；卧具，400两；篱笆，250两。

报经工部局董事会批准后,监狱决定租赁该旧厂房。经办人员与华阿洛夫·塔巴什(Aref·Tabbah)签订租赁协议,正式租用唐山路24号的房屋,租期初为2年。在经过整修后,该处占地面积大约有四五亩,四周围的外面用竹篱笆把空地围成一个独门独用的院落。楼下有大铁门,大门终日关闭。中央是一幢南北走向呈长方形的楼房,高3层。1913年4月28日,华德路童犯感化院迁入爱尔考克路新址(年底在押少年犯共72人)。当时童犯感化院在该楼各层面的布局为:底层储置物品,其东偏处设伙房;2层、3层一部分为童犯的寝室;一部分为教室。教室内除了教授文化知识外,还传授轻便的工艺技术。为了便于看守与少年犯的沟通,童犯感化院雇用了10名华籍看守,取代西籍(西欧诸国)看守和印度看守。但感化院的主要负责人和守门者仍为印度人。感化院根据少年犯的年龄进行分班编组,相同年龄段的人员相对集中;对他们进行一定的职业训练,项目有制鞋、木器、印刷等(各个时期以一两项为主),并组织少年犯烧饭、打扫卫生和缝纫自己衣服;1916年起,安装了一台印刷机,增加了排字、印刷习艺;次年,又聘请一名华籍教师为少年犯上文化课,开展扫盲,统一使用中国国民小学课本,并学习英语;1921年,增加了藤作制品习艺。

1913—1932年的华德路童犯感化院

感化院的设施及管理情况,正如当时《时事新报》记者参观后所述:感化院"兼以教养为事也。故一切规制在牢狱与学校之间,较之西牢,则不大侔矣"。[①]感化院3层的大楼,从1913年起的20多年间,各层的布局也有一定的调整。如1923年时,下层为运动场,第2层楼房,分作教室及工场,第3层楼房充作寝室,全院可容纳100余人,在院人数约50余人,其教育系用我国国民小学课本,英语课、运动时

---

① 《参观租界西牢记》,《东方杂志》第11卷,第6号。

口号亦用英语。寝室 2 间，内设床铺，15 岁以下者与 12 岁以下者寝室隔别。①

1915 年，感化院 2 年的租期届满，后来又续租 3 年，到 1918 年 2 月 28 日期满，租金每月为 300 两白银；②1918 年时，每月租金为 356 两；从 1925 年起每月租金为 500 两。在此期间，工部局董事会开会曾讨论拟买断该房产或另行建造固定感化院场所的问题。由于种种原因，意见不统一，或资金短缺，一直没有结果。

提篮桥监狱收押对象多年来变化较大，初期收押者为公共租界会审公廨判决、刑期在 5 个月及以上的华籍犯人，后来放宽到刑期 3 个月以上。从 1916 年起改为无论刑期长短一律收押。每天上午由管理西牢捕头派令中西印各捕，驾可容 20 余人的双马车一辆到廨，将判决刑事案犯，径解西牢禁锢。③所以，从 1916 年起提篮桥监狱的押犯数急增，从 1918 年起，监狱又陆续向北部及东部扩建，并新建若干监楼，监狱占地面积、建筑面积大为扩展。

1913—1932 年，感化院形成并积累了历年来完整的少年犯的新收、释放等数据资料。现经整理如表 4、表 5、表 6 所示：

表 4　　　　1913—1932 年感化院少年犯新收人数统计表

年份	人数	年份	人数	年份	人数	年份	人数	年份	人数
1913	98	1917	85	1921	49	1925	62	1929	116
1914	95	1918	64	1922	84	1926	109	1930	82
1915	94	1919	43	1923	95	1927	83	1931	60
1916	71	1920	40	1924	41	1928	138	1932	38

表 5　　　　1913—1932 年感化院少年犯刑满释放人数统计表

年份	人数	年份	人数	年份	人数	年份	人数	年份	人数
1913	57	1917	缺	1921	35	1925	37	1929	93
1914	85	1918	46	1922	缺	1926	44	1930	33
1915	92	1919	54	1923	144	1927	93	1931	35
1916	90	1920	33	1924	56	1928	82	1932	缺

表 6　　1929—1932 年感化院每月在院人数最多、最少人员统计表　　单位：人

年份		1 月	2 月	3 月	4 月	5 月	6 月	7 月	8 月	9 月	10 月	11 月	12 月
1929	最少	69	63	60	55	59	55	51	57	58	63	69	74
	最多	76	70	64	61	62	62	58	58	63	71	77	83

---

① 《法律评论》1923 年第 1 期。
② 《上海公共租界工部局年报》(1915 年)(英文版)。
③ 《刑事犯概押西牢》，《申报》1916 年 1 月 24 日。

(续表)

年份		1月	2月	3月	4月	5月	6月	7月	8月	9月	10月	11月	12月
1930	最少	83	88	87	86	77	77	67	66	62	58	67	69
	最多	95	91	95	91	86	79	77	71	68	80	73	82
1931	最少	77	81	72	71	81	83	84	76	70	65	59	55
	最多	82	85	84	82	87	86	90	85	77	70	66	60
1932	最少	43	39	34	28	27	35	32	30	30	30	32	34
	最多	54	42	39	34	34	36	37	35	32	35	35	38

资料来源:以上3张表格系笔者根据英文版《上海公共租界工部局年报》(1913—1932)整理汇总。

三、后期的童犯感化院

1933年,少年犯监又搬回提篮桥监狱内。当时关押少年犯的是一幢5层楼,平面呈T形,楼顶是平台,可供活动,楼下带一小院,底层一边是办公室;另一边是教室,2—5层为监舍区,共188间牢房,建筑面积大于爱尔考克路的感化院。另外,监狱选派了两名文化较高的华籍看守,专门为少年犯上文化课,每个少年犯发送一套商务印书馆出版的国民课本和一副石板石笔。管理人员全部穿便服,[1]少年犯不穿囚衣。关于少年犯的教育,抗战战前即聘有教员三五人担任这项工

1933—1949年4月的华德路童犯感化院监舍楼,铝质百叶窗及监控设备均为目前新装备的

---

[1] 麦林华主编:《上海监狱志》,上海社会科学院出版社2003年版,第414、429页。

作,除了教授他们阅读、写字及简单的算术外,另有教授木工、制鞋、成衣等技艺,以备出狱后有一门就业糊口的技能,立足社会。

1935年12月14日《申报》刊发消息《公共租界工部局聘任副典狱长》,截至1936年3月底,工部局警务处共收到应聘书74份,经过层层筛选,最后定格到2人;同年4月8日,经工部局董事会开会讨论,由法学家严景耀出任副典狱长。①严景耀到任后主要分管监狱的少年犯工作,使少年犯的教育和习艺、职业训练更见进步。

1937年8月13日,日本侵略军在上海发起事变,中国军队奋起抵抗,位于黄浦江畔的提篮桥监狱周围处于炮火前沿,监狱围墙和岗楼多次受到炮弹袭击,死伤不少犯人。②监狱采取应急措施,当月22日关闭童犯感化院,在押的少年犯258人(童犯179人、幼犯79人)全部释放。③战事平静后,次年1月28日监狱又恢复童犯感化院。④1939年日均有少年犯137名。《申报》1940年3月11日报道称:"童犯之教育工作,全年始终进行不断,每月并举行考试一次,择其成绩最优者给以小数奖金,以资鼓励,裁缝、匠工等项之职业教导亦均施行。"少年犯监还在社会团体的帮助下,开展一些辅助性教育和出狱人保护工作。例如,上海宗教团体救世军救助出狱囚犯部,除了每星期日早晨在院中举行一次简短的"礼拜"外,对于刑满释放的华籍少年犯予以援助。

感化院中的少年犯,按照年龄之大小分别被禁于各监室内,室内的清洁卫生工作由委派的人员担任。少年犯在早晨6点30分起床,沐浴后至屋顶作早操运动,然后用早餐,8点上课,11时离开教室,午餐后至下午1时为自由活动,可作台球及各人所喜的游戏,还有一些人则利用该段时间聊天闲谈,此后即须被分遣至各工场学习技艺,直至晚上6时,则又可得1小时休息,9时熄灯回到囚室休息,结束一天的生活。1933—1942年(不包括1937年)在押少年犯分别为61、52、83、158、127、172、129、83、45人,1937年8月底为179人。抗战胜利后,提篮桥监狱的管理人员还对在押1946年1月—1948年6月少年犯的家庭情况、刑期等进行一些调查统计工作,并形成了相关资料(见表7、表8)。

表7　　华德路监狱少年犯家庭情况调查表(1946年1月—1948年6月)

罪　名	人数	家庭经济状况				父/母			
		富有	普通	贫穷	极苦	俱全	俱无	无父	无母
窃　盗	254	0	6	91	157	18	86	82	68
抢　夺	103	0	3	32	68	9	38	30	26

① 《工部局董事会会议记录》第27册,上海古籍出版社2001年版,第473页。
② 《华德路西牢　晨被炮弹击中》,《华美晚报》1937年8月17日。
③ 《公共租界工部局年报(1937年)》(中文版)第272页。
④ 《公共租界工部局年报(1938年)》(中文版)第305页。

(续表)

罪　名	人数	家庭经济状况				父/母			
		富有	普通	贫穷	极苦	俱全	俱无	无父	无母
盗　匪	48	0	8	28	12	7	8	20	13
烟　毒	125	0	17	60	48	11	23	49	42
伤　害	10	1	5	3	1	3	2	4	1
贪　污	48	0	7	36	5	17	14	8	9
奸　匪	4	0	0	3	1	1	2	1	0
妨害家庭	21	2	15	4	0	12	1	3	5
公共危险	11	0	0	4	7	2	1	4	4
恐　吓	21	0	4	14	3	4	5	5	7
逃　亡	31	0	3	21	7	5	7	9	10
伪造文书	9	0	2	7	0	3	1	3	2
合　计	685	3	70	303	309	92	188	218	187

表8　华德路监狱少年犯刑期调查表(1946年1月—1948年6月)

罪　名	总数	有 期 徒 刑									拘役	感化教育
		2月未满	2月以上	6月以上	1年以上	3年以上	5年以上	7年以上	10年以上	15年以上		
盗　匪	254	15	131	78	19						7	4
夺　抢	103	4	46	37	16							
匪　盗	45				39	3	2	4				
烟　毒	125			6	114	1	2	1	1			
伤　害	10			3	7							
贪　污	47				43	2	1					1
奸　匪	4				4							
妨害家庭	21				6	5	10					
公共危险	11				8	3						
恐　吓	21				9	12						
逃　亡	30				8	22						
伪造文书	9				5	4						
合　计	680											

资料来源:表7、表8均系上海监狱管理局档案资料。

少年犯监还开办图书馆,增加购书数量,借书与表现行为挂钩,"品行良好者"可以多借书,被处罚者停止借书。后来,该图书馆与监狱教化课图书馆合为一体。据统计,至1949年5月,有各类图书、期刊9 425册。其中,中文图书7 816册,内有百科文库书1 899册、小学生文库书1 741册、哲学社会科学类136册、宗教类1 439册、教科书952册、地理历史类99册、文艺类1 267册、自然科学112册、辞典171册;外文版图书1 609册,包括英文版1 239册、俄文版256册、日文版52册、印度文版35册、德文版14册、法文版12册、世界语1册;还有各类期刊477册,包括中文版205册、外文版272册。[①]

四、各媒体对监狱感化院的部分报道

民国时期,上海各媒体对华德路监狱感化院的关注,曾对感化院进行过报道及介绍,这里选录若干,以窥一斑。

1914年,《东方杂志》第11卷第6号,发表了《时事新报》记者公鹤写的《参观租界西牢记》文章,全文分为六部分,其中第五部分为"参观感化院记"。文章写道:"……感化院者,吾人以意名之——未成年监狱也。上海普通称之曰小瘪三牢监。监离西牢百十余步,内以收容未成年之罪犯为目的。一方禁锢其自由,一方并代尽教养之责……"

1916年6月,《复旦杂志》第3期,刊登了复旦大学学生金国宝参观华德路监狱的感想,其中特别提及感化院:"余与同学十余人,随校长李师参观西牢。狱长某君,西人可爱可亲,导余等参观毕,复导余等至感化院。……狱长介绍余等至感化院。院为犯罪之儿童而设,其主旨在矫正不良儿童之癖性,余等来时儿童数人,方在煮饭菜,登楼则儿童三班,方上国文、算术等课,青年会会友数位担任教授,热心毅力良可嘉也。院长以此为难得之机会,即令散课,而示余等以种种之技能,初为工作实习,继为救火之演习,警钟室之后为病室。内有病儿数人,其左右各有一大室,儿童分居之,警钟一鸣,二室中儿童奔出数人下楼,数人奔入病室,抚病儿以去,更有十数童集警钟室。提水筒以待命,行动非常迅速,足见教练有方也。末又观其体操,步伐整齐,立卧各种姿势亦佳。"

1923年7月出版的《法律评论》创刊号上也刊登了《参观上海公共租界西牢记录》的文章,对童犯感化院作了详细描述:"对感化院既感新鲜,又倍觉先进。该牢附设感化院,专收幼年人犯,离该牢半里,为一字形三层楼房,建筑亦颇宏壮。下层为运动场,第二层楼房,分作教育室及工场,第三层楼房充作寝室,全院

[①] 上海市军事管制委员会接管提篮桥监狱时的接收登记表,1949年5月。

可容纳百余人,现时在院人数约五十余人,其教育系用我国国民小学课本,课英语,运动时口号亦用英语。寝室二间,内设床铺,十五岁以下者与十二岁以下者寝室隔别。"

《民心》第 12 期,发表了署名文章《战后之华德路监狱》:"……在狱内受感化之童年犯,彼等之年龄均在 9 岁至 14 岁之间,此一群羔羊因饥饿所迫,致犯偷窃等罪,然法律并无处置此辈童犯之条例,故送入该狱感化所内施以教诲,彼等并不服着狱中之囚衣。关于彼等之教育,战前即聘有教员三五人担任此职,除教以读、写及简单之算术外,另有教以木工、制鞋、成衣等技,以备出狱后用以糊口。"

上海《申报》对童犯感化院的情况时有报道,如:1940 年 3 月 11 日《工部局上年份监狱报告》中称:"童犯感化院内,在年初共有童犯 127 名,年终增至 172 名,此类童犯全年共收 248 名,经释放者共 198 名。童犯之教育工作,全年始终进行不断,每月并举行考试一次,择其成绩最优者给以小数奖金,以资鼓励。此外关于儿童之职业训练,如缝纫、木工等等,亦经照常进行。图书室经重新改建,惟全部童犯人数激增,本年势须加以扩大,并添购新书。全体童犯之康健均极良好。"

1948 年 2 月 5 日的《大公报》报道,上海监狱最近预备把感化院改为少年监,现在羁押在上海监狱未满 18 岁的少年犯只有 120 多名,每天早晨 7 时半开始由警卫课、教化课会同实施军事训练,并按时上课,着重感化教育。

此外,《上海公共租界工部局年报》(原稿系英文版,1931—1943 年除英文版外,还有中文版)从 1903—1943 年的 40 年中,每年均有对华德路监狱感化院的情况有记录,尽管文字不长,但其基本内容有:每年入狱的童犯(少年犯)的人数,年底人数,年最高、最低关押数,以及其他相关内容。

五、童犯感化院的其他统计调查表

自 1903 年 5 月华德路监狱童犯感化院建立以来,积累了不少数据资料,这些数据对我们研究感化院的少年犯构成、籍贯、进出,以及管理人员的工作等提供了详细情况。经汇总如表 9。

表 9　　1914—1929 年华德路监狱童犯感化院综合统计表

年份	年累计入监人数	当年最高关押数	当年最低关押数	月平均关押数	减刑	死亡
1914	95	69	38		15	2
1915	94				3	
1916	71				5	

(续表)

年份	年累计入监人数	当年最高关押数	当年最低关押数	月平均关押数	减刑	死亡
1917	85	72	38			
1918	64	122	72	105		
1919	109			94		
1920	106	70	45	59	16	
1921	49	53	40	47	20	
1922	84	58	38			
1923	95	86	47	66	11	
1924	41	84	59	69	7	
1925	62	59	35	44	29	
1926	54				11	
1927	83	58	47	53	9	
1928	71	50	26	41		
1929	73	83	51	64		

资料来源:《上海公共租界工部局年报》(1914—1929)英文版。

表10　监狱童犯感化院在押少年犯籍贯统计表(1912—1924)　　单位:人

年份	上海	江苏	浙江	安徽	广东	湖北	江西	河北	福建	其他	小计
1912	20	45	14	0	6	0	0	2	0	17	104
1913	22	38	25	2	2	1	1	0	0	9	100
1914	13	38	26	1	8	1	0	0	0	11	98
1915	11	55	10	0	2	0	0	0	1	14	93
1916	17	29	7	0	3	1	0	0	0	14	71
1917	13	38	11	1	1	0	0	1	1	19	85
1918	23	42	14	3	3	7	2	1	2	12	109
1919	5	25	6	0	1	1	0	0	0	0	38
1920	6	16	6	0	1	1	0	0	0		40
1921											49
1922	8	3	6	1	3	0	0	0	0	25	46
1923	10	8	12	1	9	0	0	1	0	13	54
1924	5	12	9	1	2	0	0	1	0	10	40

表 11　　　　童犯感化院 1929—1938 年最高、最低关押数统计表　　　　单位：人

年份		1月	2月	3月	4月	5月	6月	7月	8月	9月	10月	11月	12月
1929	最少	69	63	60	55	59	55	51	57	58	63	69	74
	最多	76	70	64	61	62	62	58	58	63	71	77	83
1930	最少	83	88	87	86	77	77	67	66	62	58	67	69
	最多	95	91	95	91	86	79	77	71	68	80	73	82
1931	最少	77	81	72	71	81	83	84	76	70	65	59	55
	最多	82	85	84	82	87	86	90	85	77	70	66	60
1932	最少	43	39	34	28	27	35	32	30	30	30	32	34
	最多	54	42	39	34	34	36	37	35	32	35	35	38
1933	最少	31	30	32	38	38	40	41	43	47	52	58	57
	最多	38	34	40	44	42	42	44	46	52	61	60	6
1934	最少	57	56	53	48	42	47	45	49	46	47	49	48
	最多	59	59	58	53	48	51	50	50	50	51	51	52
1935	最少	50	45	46	44	33	23	17	15	17	22	40	58
	最多	54	50	50	51	44	32	20	17	22	40	59	83
1936	最少	83	100	115	135	153	137	162	163	175	172	167	156
	最多	100	117	136	138	162	164	168	178	184	188	176	166
1937	最少	151	154	154	163	172	174	186	183	—	—	—	—
	最多	158	163	165	178	184	190	187	192	—	—	—	—
1938	最少	11	20	41	62	74	75	82	86	92	96	104	106
	最多	15	39	62	77	79	83	91	94	109	109	110	127

表 12　　　　1933—1942 年年底少年犯在押人数统计表

年份	人数	年份	人数	年份	人数	年份	人数	年份	人数
1933	61	1935	83	1937	258	1939	172	1941	83
1934	52	1936	158	1938	127	1940	129	1942	45

资料来源：表 10、表 11、表 12：《公共租界年报》1930 年报第 63 页、1931 年报第 19 页、1932 年报第 36 页、1933 年报第 19 页、1934 年报第 186 页、1935 年报第 233—234 页、1935 年报第 186 页、1936 年报第 241—242 页、1937 年报第 272—273 页、1937 年报第 306 页。

几句余话

早在北洋政府时期,就提出在新式监狱中设立"幼年监",专门监禁少年犯。京师模范监狱的施工蓝图中曾构造规划了幼年监,但终因经费短缺而未成型。据《司法部十四年份办事情形报告书》所列《各省区新监一览表》,1925年全国各省份共有新式监狱80所,而设立幼年监的仅有奉天第一监狱一所。①南京国民政府成立后,在《训政时期司法行政工作大纲》中也提出要在全国建设47所少年监狱,解决少年犯的关押问题,"先于省城、大商埠设立少年监狱一所,以资感化,俟经济充裕再行推广"。②但是建成并独立运作的只有山东、湖北、察哈尔少年监狱,可惜山东、察哈尔少年监狱在日本飞机的轰炸中夷为平地,抗战胜利后也未能恢复。勉强维持的湖北少年监狱在颠沛流离中度过8年,挂了少年监狱之名,收押的则是成年犯。以上3座少年犯监狱都没有华德路童犯感化院那样系统的统计数据。不可否认,外国人在中国境内设置监狱,是对中国主权的侵犯,是中华民族的奇耻大辱,但提篮桥少年监狱(童犯感化院)的出现,对我国民国时期狱制改良具有探索及促进作用。

上海解放后,1949年6月提篮桥监狱开始收押犯人,也收押少年犯(含未决犯),同年10月起将少年犯集中关押教育。1950年3月调遣220名少年犯到苏北大丰上海农场;同年6月监狱在押少年犯110名(女性8名)。1953年11月上海市少年犯管教所成立,提篮桥监狱男少年犯全部调出,女少年犯暂留提篮桥监狱,直至1956年30多名女少年犯才调离。可见,从1903—1956年,提篮桥监狱曾有50多年关押少年犯的历史。

---

① 《司法部十四年份办事情形报告》,《司法公报》1928年第247期增刊。
② 《法部令设少年监狱》,《申报》1935年12月27日。

大场机场囚犯伤亡事故

隶属于公共租界工部局的提篮桥监狱于1903年启用,狱中设有工场,组织部分犯人从事各种劳役。从1905年开始,监狱押解犯人外出修筑马路,从事敲击三合土、填埋路基、挖埋下水道、搬运杂物和建筑材料等。作业地点有华德路(今长阳路)、兰路(今兰州路)、四川北路等。1930年前后押解犯人去黄浦江边的汇山码头一带做小工,修筑码头。1942年在日本人管理下的提篮桥监狱还与日本统治当局签订协议,由日方雇用100多名监狱犯人外出修建江湾机场、大场机场,从事土建工程及各类杂活。

大场机场位于上海市宝山区大场镇。1937年"八一三"侵华日军出动飞机150余架次向大场地区投弹160多吨,整个大场成为一片焦土。上海沦陷后,1938年日军在大场镇东北强行圈地,毁村庄17个,建造大场机场。当时占地面积4 136亩,机场周围开挖有长11 000米的护场河。1943年8月汪伪政府虽然表面上接管了租界,也更改一些带有殖民主义色彩的路名,但骨子仍然是日本人当家,许多国防军事重地,如大场机场及不少港口码头仍然由日本人控制。

当时汪伪政府名义上接管了提篮桥监狱,有中国人自主管理监狱,但是其背后还是日本人在操纵指挥,提篮桥监狱与日本人控制下的大场机场继续履行协作关系,监狱仍然押解犯人到机场从事劳务活动,并派出日籍警务官藤田保一、华籍警务官朱德标等作为常驻机场的人员。为了防止犯人脱逃,外出作业时每两个犯人的腰间用1米多长小铁链条串联在一起,这样既控制犯人的行动步伐,还可以让两人之间互相制约。1943年11月16日,提篮桥监狱194名犯人在日籍看守长吉满的带押下来到大场机场,分头去机场的各处服劳役。下午1时许,其中10名犯人在4号、308号监狱看守带领下,坐在日本军用卡车上,为日本驻沪的海军第一设施部"戊基地"(编号86号)处装运水泥。当汽车开到大场机场西南角,距离工作场地(材料栈)大约1 300米的时候,卡车突然倾覆。10名犯人及押车的2名看守全部受伤被甩出车外,摔倒在地上。其中4920、3836、4286、4427号4名犯人腰部受伤,3933、3889号两名犯人胸部受伤,3916、2279号两名犯人脚部受伤,还有1179、3730号两名犯人头部、口腔、腰胸部多处受伤。4号、308号监狱看守也受伤。不久,2名看守及10名犯人,几经挣扎才陆续爬起身体，坐在地上等候救治。

常驻机场工作的提篮桥监狱244号看守发现卡车倾覆事故后，首先报告给驻守大场机场作业场的监狱三等刑务官朱德标；朱德标马上转报监狱驻机场的日籍一等刑务官藤田保一；藤田保一与朱德标一起前往出事地点。经查造成该车祸的主要原因是日方雇用的卡车驾驶员周林根（时年25岁，家住杨浦杭州路）驾驶技术不高，在刚到材料栈前，没有放慢驾驶速度，急转弯时又没有把准方向盘，致使卡车倾覆翻车。藤田保一急忙召集机场的另一辆军用卡车，由朱德标负责把这些受伤的犯人及看守送回提篮桥监狱医院医治。

经过医务人员的救治，送回监狱医院受伤较轻的2名看守和9名犯人病愈出院，但是其中4286号犯人万永仁，病情危重，头部颅骨骨折。当时的提篮桥监狱医院虽然楼高8层，有360只病床，但是医疗设备简单，药品稀缺，医术低下，虽经医务人员尽力抢救，因医治无效，万永仁于19日下午3时死亡。监狱医院鄞仲恩医生开出犯人"死亡证明书"报告典狱长。监狱按照常规流程，把该死亡者送往沪西胶州路验尸所验尸。同时，一方面函告出事地点的大场机场有关部门；另一方面通知死亡犯人万永仁的家属，告知工伤发生的经过情况。经查该犯人家住上海南市城厢露香园路131号，已婚，留下女儿一人，年满9岁；妻子万张氏25岁；父亲万春生59岁，母亲万王氏。时任提篮桥监狱典狱长邢源堂分别向上海地方法院检察署以及日本驻沪的海军第一设施部部长揭山常治写了有关事故报告。事后，死亡犯人万永仁家属也象征性拿到一点抚恤金，该工伤死亡事故的处理也就终结。

在旧提篮桥监狱除了1943年11月大场机场犯人万永仁死亡外，犯人外出作业没有安全保障，工伤事故经常发生。最典型的是1945年初，监狱奉汪伪上海市市长兼警察局局长陈公博的指令，征调500名身体较好、年纪较轻的犯人在三浦增荣等5名日籍看守和几十名华籍看守押解下，去浙江嵊泗服苦役，在海岛上修建鱼雷洞、汽车洞、炮台等军事设施。住的是芦席棚，伙食很差，干的都是重活苦活，进行超体力劳动，直到当年8月日本投降后才押回上海，死亡和双目失明的有几十人，留下严重后遗症。

提篮桥监狱炊场发生的工伤死亡事故

炊场，即伙房，系按照日语翻译过来的名称。提篮桥监狱的炊场是伴随着1903年监狱的启用而启用的。长期以来，监狱管理人员与犯人的用餐是分开管理的。最初犯人炊场是一座平房位于今"十"字楼与今3号监附近；后来随着押犯的增多，监狱也多次扩建，炊场也曾重建。新建的炊场系一幢单体的建筑物，位居监狱的中心，其对面分别是今3、4号监和大工场，由上海成泰营造厂建造。为便于向距离较远的今5、6、7、8、9号监及医院运送饭菜及开水，炊场的外面设有一条小铁轨（20世纪80年代后期撤除）。炊场1层的楼层很高，2层建有全监犯人洗澡的大浴室及仓库。地下埋有各种污水管道。地面上设有各种自来水管道。还有多口容量很大、尺寸很深的大铁锅，每口可烧煮几百斤米饭，每只大铁锅靠墙壁的地方置有自来水龙头，烧水或煮饭时，打开水龙头就可以向大铁锅里放水，不像旧式监狱的伙房需要人工挑水、倒水。炊场是监狱的重要部门，担负了全监狱犯人的伙食、饮水等任务。

1935年8月22日，炊场内有个大铁锅边上的一个水龙头忽然损坏而无法取水，将影响到全监狱犯人的伙食供应。在监狱总务科的要求下，工部局工程处派出水电工带好工具在约定的时间内来到监狱。前来的青年水电工叫冯孟福，广东人，从事水电维修业务已经多年，技术较好。冯孟福经监狱管理人员办好手续，在一位看守的带领下来到炊场拟报修的水龙头边上。经判断确认该龙头损坏，冯孟福关闭阀门，拟更换一个新龙头。由于炊场各大铁锅之间排列位置比较紧凑，空闲的地方比较小，水电工落脚的地方几乎没有，冯孟福也忽视了安全，他就站在大铁锅的锅盖上进行操作。在场的一位看守正好有人叫他，便离开了片刻，也没有提醒水电工其脚下站立的大铁锅正烧有开水。冯孟福踏在大铁锅锅盖的一个侧面，由于锅盖重心不稳，致使锅盖倾覆，电工随即掉入滚烫的一锅开水之中，他惨叫一声，被沸腾的开水烫伤。尽管他身穿衣裤，脚穿皮鞋，也无法躲避这一锅开水的折腾，特别是他裸露的面部及双手更是惨不忍睹。

这情况正好被炊场的第13号看守（当时每个看守都有一个警号，并且该警号标在警服的领章上）看到，他急忙叫来几个现场劳役的犯人，一起马上关掉大锅的开关使之熄火。大家合力把冯孟福从大锅里救起，同时紧急报告典狱长。

英国籍典狱长 D.R.韦华德立即赶到出事现场,迅速派车把烫伤的电工送到监狱隔壁的上海巡捕医院抢救,同时向负责提篮桥地区社会治安的汇山巡捕房报告,巡捕房派出探员赵永清前往监狱调查。

由于电工冯孟福受伤过重,再加上当时医疗条件的限制,拖延了10多天以后,在9月4日上午10时许不幸殒命,年仅29岁,尸体送入斐伦路(今九龙路)验尸所。9月5日上午,由第一特区地方法院委派郭炜检察官偕同法医张炎、书记官王祖翼等前往该验尸所,复验尸体。冯孟福家住虹口武昌路成志里。英国巡捕的头目飞利浦禀明前情经过情况,郭炜检察官也确认冯孟福因跌入沸水锅,造成烫伤而身亡。由于时值盛夏,天气炎热,遗体很难保存,再加上其妻子远在广东农村,短期内无法赶来,经联系,冯孟福有位婶母冯黄氏居住在上海,所以冯孟福的遗体由其婶母具结领回棺殓。考虑到冯孟福属于工伤死亡,工部局工程处和提篮桥监狱也给冯孟福的家属一定的抚恤金。消息灵通的新闻记者也把发生在监狱的工伤死亡事故作为社会新闻发布到媒体①。事后,典狱长韦华德也召集监狱各科室的头目及各监舍的看守长开会,要大家吸取教训,举一反三,注意安全,严防事故的发生。

安全,无小事,无时空界限;监狱的监管安全、食品安全、劳动安全、用电安全,处处值得注意,决不能掉以轻心。

---

① 《修自来水堕入沸水釜中,冯孟福烫伤身死》,《申报》1935年9月6日。

捉襟见肘的解放前夕旧提篮桥监狱

提篮桥监狱在公共租界时期属工部局警务处管辖,多年来对监狱的扩建投入了大量经费,购买土地、扩充管理人员,行政经费较充足,但是1943年8月起的汪伪政府和1945年8月以后国民政府管理期间,特别是1948—1949年4月,监狱经费严重不足,寅吃卯粮,捉襟见肘,甚至影响到监狱日常工作的运行。

1. 缺经费

如1943年8月—1945年7月,监狱的原关押外籍女犯的监楼,被日本领事馆借用;抗战胜利后,日本人撤走遗留一些零星的物品,监狱为了有所收益,专门组织人员于1946年6月15日下午2时在长阳路117号大门处拍卖。拍卖物品有饼干、白糖、菜油、细盐等。拍卖时除了饼干日久霉坏,无人承买外,共售卖白糖44.5斤,每斤800元,计35 600元;细盐25斤,每斤200元,计5 000元;酱油8瓶,每瓶1 000元,计8 000元;合计得价48 600元。到场人有上海高等法院监视委员朱教照、监狱会计室办事员朱毓群、庶务科丁子安。

提篮桥监狱因经费不足,对法警的薪金迄今未规定。此等法警于胜利时月薪约伪币10余万元,而胜利后至今4月多,仅陆续领到法币2万元左右。他们值勤工作时监狱不免费供应伙食,须自理膳食,所以生活条件较清苦,对此情况媒体曾有报道。[①]1948年由于行政经费紧张,监狱为了减少开支费用,不顾安全措施,甚至撤掉了监狱原先设在围墙四周各岗亭上的警卫人员,一幢8层高的医院大楼晚上只有1人值勤。最后导致犯人获悉这些情况,利用监狱管理上薄弱环节进行越狱。当年8月24日凌晨,盗窃中央银行金砖被判处无期徒刑的陈元盛,作了密谋准备,串通其他两名犯人,用工具撬开岗亭铁门,爬上岗亭,翻越5米高围墙逃脱而震惊沪上。也由于经费短缺及囚粮不足等原因,再加上国民党军队在战场上节节败退,从1948年起提篮桥大批疏散犯人,监狱押犯大量减少。据《申报》公开报道的消息称,2月8—10日,监狱疏散犯人分别为132人、129人、72人;2月12—19日,先后疏散犯人37人、69人、50余人、86人。到1949年5月27日,上海解放军管会接管监狱时,原有犯人几千人的监狱仅有650人,

---

① 《文汇报》1946年1月9日。

其中政治犯（革命者）50人，监狱的行政经费只有50多元。

2. 缺囚粮

囚粮是维持监狱犯人基本生活的保障，特别对一个拥有几千犯人的特大型监狱来说，保证囚粮供应极其重要。1945年8月国民政府司法行政部电令规定：囚粮一律按日计算，每犯每日给米20两（16两制，下同）。但是多年来提篮桥监狱犯人的囚粮供应一直没有到达部颁标准，监狱囚粮均未发足，实际每犯每日只发17两，而且以高粱、黄豆等杂粮充数。由于监狱缺囚粮，导致犯人饥饿、疾病。1947年8月9日司法行政部通报，提篮桥监狱病犯有全身发肿者，多系营养不良所致，并附病犯照片。9月3日《罗宾汉报》头版报道：监狱长有克扣囚粮、贪污舞弊行为。囚犯口粮按规定每日两餐，每餐为熟饭20两，实际仅发12两，短少8两，外加菜4两；菜则无油盐，淡而无味。1947年11月4日监狱当局克扣囚粮，发生了上海监狱历史上罕见的犯人骚乱事件，轰动上海。

自1948年3月，上海连日来米价高涨，提篮桥监狱中有囚犯5 200余人，每日需食米30余担，监狱原有预算已不敷应用，典狱长孔祥霖曾向上海地方法院借得3亿元，购米储用。① 当时的媒体对监狱缺粮也纷纷刊发消息，予以报道，如：1948年3月9日《申报》标题为："典狱长借款买米"；6月24日《大晚报》标题为："监狱典狱长为囚犯乞粮"；1948年11月23日《大公报》一篇文章称："上海地方法院院长查良鉴，要求上海各界协助法院解决囚粮问题，中央因为经费关系下令疏散囚犯，但习惯性罪犯如窃盗囚犯释放后影响治安甚大……今后仍盼各界对此多家帮忙。"12月下旬，上海地方法院院长查良鉴再次为囚粮呼吁，"今后仍盼各界对此多加帮忙"。② 1949年2月24日《大公报》文章中称："上海监狱囚犯囚粮，因米价上升而发生恐慌，典狱长孔祥霖目前曾访吴市长借粮……"

3. 缺囚衣

1928年10月国民政府司法部公布的《监狱规则》，第52条规定："对于在监者，须斟酌

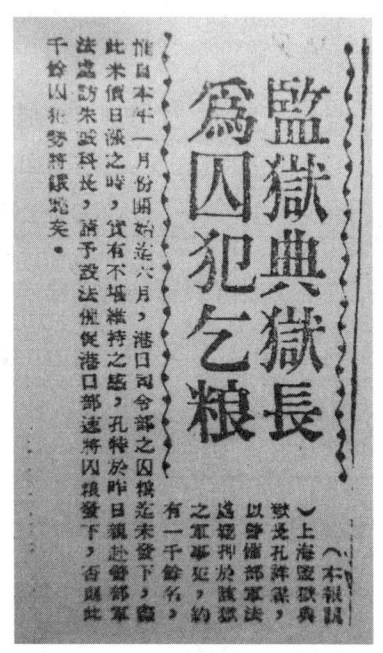

典狱长乞求囚粮（剪报）

---

① 《五千二百名囚徒粮食问题严重》，《立报》1948年3月9日。
② 《查良鉴为囚粮呼吁》，《新闻报》1948年12月28日。

其体质、年龄、劳役及地方气候等项,给予必要之饮食、衣类及其他用具。"第53条规定:"在监者给予灰色狱衣。除一定狱衣外,所有衣服苟无妨害于纪律及卫生者,得许在监者自备。"上海华界各监狱由于经费拮据,官吏克扣,未能按规定发给,在押犯人由于家中贫苦,犯人缺衣少被到处可见,寒病致死时有发生。提篮桥监狱只得通过报纸、电台向社会各界呼吁捐助棉衣裤,并在律师、文艺、实业等各界帮助下,以渡难关。例如,上海律师公会1946年11月27日下午在中国大戏院演唱义务戏一天,所有当日票资统捐给看守所、监狱犯人以资救济①;筱快乐剧团应提篮桥监狱邀请于1948年1月17日在电台广播滑稽节目,为提篮桥监狱劝募病犯棉衣。②

表1　1946年11月—1948年10月上海各界提篮桥监狱捐助囚服的部分情况③

时　间	单位或个人	捐助物品名称及数量
1946年11月19日	淞沪警备司令部	旧棉军衣500套、旧军毯500条
1947年1月11日	上海冬令救济会	棉衣裤300套
1947年1月12日	陈醒民律师	棉衣裤400套
1947年12月1日	上海联合凯旋电台	棉衣裤100套
1947年12月6日	淞沪警备司令部	旧棉军服300套、旧军毯200条
1948年1月5日	港口司令部	旧棉衣裤1 000套、棉被1 000条
1948年1月20日	筱快乐剧团义演募捐	棉衣裤143套、棉被110条
1948年1月21日	久大企业公司总经理邵景惠	棉衣裤100套
1948年2月4日	大中华橡胶厂	回力鞋1 140双、双钱牌鞋1 144双
1948年3月1日	华侨陈奔士、严向培	棉衣裤50套、棉被50条
1948年3月26日	筱快乐剧团义演募捐	棉衣裤105套、棉被61条
1948年3月27日	中美烟厂等单位	棉被50条
1948年10月13日	淞沪警备司令部	旧棉军服400套
1948年10月21日	上海供电局	旧棉服500套、旧毯200条

4. 缺餐具

提篮桥监狱内除了关押外籍犯的监楼外,大部分监舍都是3.3—3.6平方米大小,它三面是墙,一面为8根手指粗的铁栏,牢房的铁门与铁栏连在一起。犯

---

① 《救济犯人律师公会筹演义务戏》,《大公报》1946年11月18日。
② 《监狱中寻笑料　滑稽戏艺人送犯人衣被》,《申报》1948年1月20日。
③ 麦林华主编:《上海监狱志》,上海社会科学院出版社2003年版,第288—289页。

人的饭罐（餐具）呈长腰形，平时开饭时，该饭罐就通过铁栏的空隙处塞进，餐后饭罐再从铁栏的空隙处取出，时间一长许多饭罐已经损坏。到 1946 年年初，押犯总数达 2 000 多人，但是提篮桥监狱现有犯人用餐的饭罐则仅 400 多只，且多已损坏，只让犯人分批吃饭，饭罐使用完毕，才能给下轮的犯人用餐，光犯人每餐发饭用餐就轮换了 4 次。由于犯人本身饥肠辘辘，不能同时进食时不断吼叫，而美军军事法庭寄押战犯管理人员亦来向监狱声称，这些饭罐使用日久铅铁锈烂有碍卫生，致押犯食后患病，当时提篮桥监狱添制饭罐已刻不容缓。时任典狱长江公亮盼咐下属核算须用经费 198 万元，先购铅铁皮 50 张，交由本监狱工场赶造饭罐 1 000 只，总计各种材料约需 226.18 万元，监狱每月办公费仅 6 000 万元，该款项支付每月水电两项开支费用还不够，现添制饭罐费用，委实无法支付。为此，江公亮于 1946 年 3 月 20 日向上海高等法院院长郭云观打报告请示，请求解决。①

  抗战胜利后，到上海解放前夕提篮桥监狱真是"积贫难返""捉襟见肘"。面对监狱这一经济上的烂摊子，再加上其他诸方面的原因，多任典狱长连连辞职。"名声在外"的提篮桥监狱真可借用一个俗语"绣花枕头一包草"来形容。

---

① 《上海监狱急需 1000 只饭罐》，上海档案馆档案，档号 Q177-1-145。

旧提篮桥监狱管理人员的丑闻劣迹

提篮桥监狱自启用以来历经公共租界工部局、日本侵略者、汪伪政府、国民政府的统治，先后有英国、俄国、捷克等西籍人员，以及印度人、日本人、中国人等担任上层及下层的管理人员，不少人员素质低下，除了互相钩心斗角、对犯人打骂敲诈勒索等外，还偷盗监狱各种设备、生产物质，生活不检点。

一、英籍高官自杀身亡

租界时期提篮桥监狱的上层管理者均是英国人，他们的生活待遇很好，工部局免费给他们提供住房，并配备家具和日用品。初期他们都住在今长阳路81—97号三幢3层楼的公房、霍山路霍山公园后面的一些小洋房里；对正副典狱长一级人员，住房相当宽敞，还由公家出资雇用保姆、厨师等。闲暇时带着家人去附近的霍山公园散步，生活悠闲自得。

20世纪30年代后，部分人员住在新落成的安国路公寓。该公寓位于监狱后面的安国路76号，当时是极为豪华的8层大楼，配有电梯专人负责启动。底层是杂物间、汽车库或供水供电设备房等。2—8层共有16套三间房单元和6套四间房单元。室内、房内大厅或走道皆是瘦条形的打蜡地板。1937年1月11日晚10点30分许，一监狱高官的房间内忽起响起枪声。当时寝室的值差岗捕与其邻室的典狱长华德闻枪声迅速来到，只见该高官长躺于地上，脑浆迸裂，惨不忍睹，身旁遗有一把公务手枪，一枚弹壳，尚有呻吟惨呼之声。典狱长急忙报告附近汇山巡捕房及医院。片刻间医院驶来一辆救护车，将他送往公济医院救治，何奈因伤在要害，不及救治，在救护车中殒命。尸身转送验尸所，待报英按察署复验。当出事后，汇山巡捕房的探长与典狱长亲自去死者室中调查，没有看到该人的遗书或字条。死者系提篮桥监狱的高级管理者，英国籍，时年29岁，并未结婚，担任该职刚满9个月。①据同事反映他平日寡言慎事，待人和蔼；在到提篮桥监狱工作之前，曾在工部局财政部监务署第三科警卫团中工作多年。后据各

---

① 《西牢职员英人自杀》，《申报》1937年1月12日。

方推测，死者主要原因是爱情失恋，而且其追求的女友，相貌漂亮，风姿绰约，但是该女子交际广泛、社会背景复杂，黑道白道都有涉及，追求者众多；该高官坠入情网而不能自拔，最后举枪自尽，结束自己年轻的生命。

二、看守偷盗监狱消防设施

1935年扩建后的提篮桥监狱内拥有5层高的监楼9幢，4层、6层高的监楼各1幢，每幢监楼前后有两个楼梯，在各监楼每层楼面的楼梯边上装有消防设备，配备一个消防使用的木箱，内有铜质的救火龙头、皮带嘴、帆布水带，如果万一发生火警可以及时施救。监狱设有专人负责消防器材的定期保养维护。1943年8月16日上午，一位印度看守发现狱中某监房内消防用具损坏，消防龙头被窃。他按工作程序立即报告华籍二等刑务官张荣光，再由主管层层逐级报告，最后负责监狱设施的一等看守长俄国籍的攀屈罗夫到该处调查证实报告无误，随后又去其他监房察看也存在同样情形。次日，他又详细视察狱内所有监房，发现全监狱总计铜质的救火龙头损坏29只，遗失1只；铜质的皮带嘴损坏19只，遗失1只；损坏联管1只，遗失6只。攀屈罗夫写出书面资料报告典狱长，他认为原有的消防器材不够坚牢，还提议将现有消防式样加以改装。

典狱长经调查，监狱的N.O及R.S两监房（今5号监、8号监）中失窃时间为当月16日上午10时—17日上午9时，16日值日勤主管或夜班看守，据查N.O监房日勤主管为38号看守、夜勤为19号看守及204号看守；R.S监房日勤主管4号看守、夜勤为154号看守及228号看守。监狱内关押来几千名犯人，万一狱中发生火警，消防用具不可缺少。典狱长便决定：一是吩咐有关职能机构与救火会联系，更换或修理被损坏的消防器材，恢复健全监狱的消防体系；二是向上级主管汇报事发情况；三是组织落实人员侦查失物下落，指派一等看守长朱某会同两名看守，前往各旧铜铁收卖店作秘密巡查，以觅得线索追寻偷盗者。当时上海滩各区域大大小小的收卖店铺众多，社会治安不好，几天工作下来毫无线索。事后典狱长考虑，看守偷盗监狱的消防设备性质严重，危害极大，但是经济损失并不大，所以事情不宜扩散，如果经过媒体的渲染，监狱也大失脸面；而且出事那天N.O、R.S两监房涉及人员较多，如果一一调查，投入工作量太大。最后，典狱长撤回几名外出秘密调查各铜铁收卖店的看守，草草收兵，大事化小，小事化了。

三、典狱长倒卖监狱物品

沈关泉，上海人，1903年生，早年在上海金陵路从事印刷业。1920年9月进上海公共租界工部局任职;1943年8月任上海提篮桥监狱副典狱长;次年10月任代理典狱长;1945年4—8月任典狱长。他在任内调用囚犯500名,押往舟山群岛泗礁山等处,为日本人修建鱼雷洞、汽车洞、炮台等军事设施,其中有50余人因不堪折磨而死亡,还有一部分人因病造成后遗症。此外,沈关泉还串通作业科长徐泉源盗卖狱中所存的生产资料,其中包括大批纸张、白布、废铁、紫铜等物。如1944年7月23—24日,沈盗走镍24块,计400磅,新铅皮41张、油漆11桶(每桶100磅);12月盗走监狱紫铜1500磅、黄铜600磅,盗走给市警察局制作制服的呢子料23匹、美国产的白纸10多车、囚犯衣料斜纹布74匹等。以上所得钱款除了少数用于监狱管理人员的福利外,大部分落到沈关泉的私人钱袋。沈关泉还利用职权克扣犯人囚粮,对犯人的释放、保外就医收取犯人家属的好处费。抗战胜利后,提篮桥监狱多名管理人员联名举报沈关泉的上述罪行。上海地方法院受理该案,于1946年4月23日初次开审,旁听席上座满监狱的职员和看守。在法庭上沈关泉还一味狡辩,推脱责任,并请来两位律师进行辩护。同年11月,沈关泉以汉奸罪被一审判处有期徒刑10年,徐泉源判处有期徒刑1年零6个月。①沈关泉后经上诉,被上海高等法院改判7年,徐泉源改判1年,两人都被关入提篮桥监狱,1948年12月沈保释出狱。上海解放后,沈关泉再度被人举报,于1952年4月收押,因汉奸罪被上海市中级人民法院判处有期徒刑8年,6月25日再次关押提篮桥监狱,同年7月10日上午自杀于3号监,走完他49年的人生之路。

四、变态自慰　导致死亡

1948年11月10日下午,提篮桥监狱第8号公房(今监狱办公楼1号楼)的厕所内,经当晚值夜科员周凤元、汤福钧等人发现监狱第26号看守金瑞良(40岁,浙江玉环人),仰卧便坑上,不省人事,没有裤子,下体赤裸,两股各有铁器烙痕一道,状如漕沟,生殖器被热器灼成焦炭,经送公济医院救治无效身死,后移送地检处剖验,确系被热铁烙毙。②上海地方法院检察处派检察官暨法医检验后,初步验明确系被人谋害死亡,但是他身上的钱款还在,并通知死者金瑞良在上海工作的弟弟将金瑞良尸体领取后送往市郊闵行安平公墓埋葬。认为报案人汤福钧及平时与金瑞良经常接近人员具有作案嫌疑予以侦讯。该离奇命案发生后,监狱还上报司法行政部,时任部长谢冠生也十分关注,曾下令详查。11月24

---

① 《为敌爪牙奴役监犯,沈关泉徐泉源各科徒刑》,《新闻报》1946年11月15日。
② 《上海监狱离奇命案,死者金瑞良验明被热铁烙毙命》,《申报》1948年11月23日。

日,时任提篮桥典狱长孔祥霖觉得该案离奇,又致函地检处,认为上次检验不够详细,请求另行开棺检验。地检处同意照办,定于 11 月 25 日上午派员赴闵行将金瑞良的棺木运至常德路验尸所,会同法医研究所、上海高等法院、上海地方法院、上海监狱、提篮桥警察分局等有关人员一起参加到场。①

在常德路验尸所,在多名人员在场的情况,法医撬开棺材盖,一股令人呕吐的气味扑鼻而来,原来尸体已经开始腐烂发臭,但是两个大腿之间的伤痕尚属显然,生殖器伤清晰可认。他们重行隔开胸部检视后,由法医研究所所长兼提篮桥监狱医院院长孙逵方将生殖器和心脏一并取下。他们一行又乘车来到监狱的发案现场,由孙逵方、孔祥霖典狱长、霍春生科长等详加勘察,并当场传唤涉嫌看守王某、丁某侦讯,发现两人供词互相矛盾,检察官认为大有嫌疑;次日上午有关人员再次到监狱找人询问侦查。几天来经过深入调查,经刑侦、医学、心理学等专家共同分析研究,并全面考察死者金瑞良的有关情况,认为离奇的死亡案发生在壁垒森严的监狱一大门内的集体宿舍,一般外人不能进入,金瑞良待人和善,不赌不嫖,社会上没有仇人宿怨,案发后金瑞良的物品完整无缺,这就排除了财杀、仇杀、情杀的可能性,但是他夫妻分居两地,性生活不正常,金瑞良为了满足性欲需求,采取了自慰方式进行变态的强烈刺激,最后导致死亡。

---

① 《上海监狱命案昨开棺复验》,《申报》1948 年 11 月 26 日。

《申报》与提篮桥监狱

晚清民国时期,上海的新闻和出版业在全国占有重要地位。上海开埠后出现的第一份报纸是1850年8月创办的英文周刊《北华捷报》,后更名为《字林西报》;最早的中文报纸是1861年11月创办的《上海新报》;后来较有影响的是《申报》《时报》《新闻报》《大公报》《民国日报》《立报》《文汇报》等。民国租界时期,上海"一市三治",即上海城区内,同时有公共租界、法租界和华界等3个统治区域,建有等3套司法、监狱系统,先后建有厦门路、提篮桥、漕河泾、马斯南路等监狱。当时的新闻媒体对司法、监狱系统有大量报道。本文选择了媒体中的"老字号"《申报》及监狱中的"老字号"提篮桥为典型进行研究和探讨。

"申"、"沪"均为上海的简称。用地名的简称作为报纸的报名,在民国时期十分常见,如江苏的《苏报》、北京的《京报》、上海的《申报》、广东的《粤报》、安徽的《皖报》、湖南的《湘报》等。《申报》是新中国成立以前在上海出版历时最久、影响最大的报纸。1872年4月30日(清同治十一年三月廿三日)由英国商人美查创办,1949年5月27日(上海解放后的次日)停刊。《申报》前后历时78年,共出版25 600期,记录了从清末到民国近80年间政治、军事、经济、文化、社会各方面的情况,具有很高的史料价值,被称为"中国近现代史的百科全书"。由此,在

《申报》实样

上海一带旧时的口语中,曾把各类报纸统称为"申报纸"。1987年10月,由上海书店出版社影印出版了《申报》影印本全套400册;为方便查阅,从1985年起,经过20年的努力,编辑出版了《申报索引》30册。

近半个世纪内,《申报》上曾经对提篮桥监狱进行过大量的各种形式的报道,如果按体裁分类,有消息、短讯、评论、访问记等。本文撷取其中部分资料,以若干内容分类阐述。原文的繁体字统一改为简体字,部分文字作了一定删节,用"……"标出,标题使用【 】,文后注明《申报》刊发的年月日。

一、《申报》对提篮桥监狱相关方面的报道

(一) 监狱的扩建

提篮桥监狱初建时面积10亩左右,后来随着关押犯人的增加,陆续购买土地,从1916年起分几次进行扩建,直到1935年才基本定型,占地面积60.4亩,建筑面积7万平方米。

【华德路新西牢落成有期】华德路西牢内监犯,近年已达3000余人,惟因老监旁所筑新监,工程进行颇为猛速,故监内拥挤情形,已稍减于前,新建房屋,尚系1928年奠基,预计建筑经费共须200万两(白银)以上。刻已造成大半,但全部竣工,尚须在一年半之后。其基地约30亩,共建筑监房四所,工场一所,青年囚徒监房一所,囚徒医院一所,巡捕医院一所,管理员办公室一所,印捕宿舍一所,即杂用房屋等。……纯用钢骨水泥建造。其余办公室及医院等各高五层至八层不等。(1931年6月20日)

【工部局工务处上年之工作】工部局各项公共建筑物,在本年内建造与完成者,有……保定路巡捕宿舍,华德路巡捕医院,华德路监狱扩充部,包括办公处、监舍、幼年监舍、工作场、洗衣所、犯人医院及看守员住所等……(1933年3月13日)

(二) 典狱长的聘用、任免

提篮桥监狱最初由英国人出任监狱的高层管理者,1935年年底登报招聘副典狱长,1941年12月太平洋战争以后,日本侵略者独占上海租界,由日本人出任刑务所长(日本人称监狱为刑务所);1943年8月起,开始由华人出任典狱长。

【公共租界工部局聘任副典狱长】公共租界工部局现拟聘用副典狱长一员,管理各监狱事宜。该员年龄须在28—40岁,最好尚未结婚,并须具有陆海军、警务或狱务之经验。惟年龄已在25岁以上者,非有特别资格,毋庸陈请。按此缺地位崇高,原由西籍人员充任。现则不拘国籍,我国人士倘学识优长,具有上列

之资格,并能操英语,自问能胜任愉快者,即可向该局陈请任用。欲知一切任用条件及服务详情者,可向福州路警务处代理处长询问一切,凡一切询问函件,亦可径致该代理处长云。(1935年12月14日)

【新任典狱长昨履新】上海监狱新任典狱长孔祥霖昨日履新,原任典狱长徐崇文则调任南京监狱典狱长。孔于抗战期间,任江西第一监狱典狱长。胜利后调任上海监狱典狱长,因江西不能走开,未及到差。首都派徐崇文充任。孔则改任南京监狱典狱长。此次奉命与上海对调。……(1947年10月19日)

(三)监狱管理人员的负面新闻

旧提篮桥监狱的上层管理人员以英国人为主,下层(看守)以印度人为主,从1930年开始中国人担任看守。监狱对管理人员管理较严格,尽管订立各种苛刻的制度,但是由于种种原因,那时在管理人员中也发生过各类违纪、违法事情。

【管狱官杀妻宣布死刑】提篮桥西牢管狱官李掰郎杀妻案曾志本报。是案由英国按察司审讯多次,已于日前讯结,由陪审员宣布该犯有意杀妻,堂上当即判处死刑,拟请英总领事定日施行绞刑。(1915年9月26日)

【西牢职员英人自杀】爱尔考克路76号内……昨晚10点30分许,该宿舍内忽起枪声一响,当时各职员循声往探。则见英籍职员斐氏倒于地上,血及脑浆迸流满地,身旁遗有手枪一柄,弹壳一枚,乃急报告捕房。……其自杀原因,正在详查中,并悉死者年方29岁。(1937年1月12日)

【监狱看守贪污　盛自强昨日受审】上海监狱看守员盛自强,住居北四川路北四川里39号,盛于去年十二月下旬,向监内2440号犯人费容昌及4762号犯人姚德云,索取年赏,但两犯均因身上无钱,乃写出便条至家中,嘱盛自到两犯家中取款,姚德云并要求盛至其家中随带606药水三针。便条书就后,盛即至两犯家中,除索取各一百万年赏费外,并带得606药水三针,讵盛得款后一并吞没。后经上海监狱当局获悉,乃将盛扣留,以贪污罪移送地院讯办。……(1948年2月1日)

(四)在押犯人的人数、刑期等

收押犯人是监狱的基础性工作,从犯人收押的数量、案由、刑期、年龄等情况,可以综合反映出监狱多方面的信息。

【华德路监牢囚满为患】华德路监牢这世界最大的监狱又打破纪录了。现在里面的囚犯总数不下7 377人,比较它历史上任何时期囚犯为多。5年来,这监狱的囚犯不出7 000人。……现在囚犯的总数里,包括有已处死刑,在等着处决的25人,无期徒刑的29人,徒刑15年以上的200人,10年以上的563人,7年以上的902人,5年以上的761人,3年以上的682人,2年以上的524人,1年以上的886人,半年以上的1 207人,3月以上的828人,2月以上的167人,1月以上的146人,7天以上的169人,还有1个因犯没有判决。(1939年7月6日)

【华德路西牢囚犯数额大增】华德路西牢为沪上最大之监狱,所禁囚犯激增,不久有容囚万名之可能,查华德路西牢中囚犯于两年来增加2 000余人,至去年11月,总数已逾8 000之多,而至年初达8 300余人……(1940年1月5日)

(五)犯人调押

在租界时期,公共租界巡捕房行使做监狱的功能,直到1916年停止关押犯人,其间各巡捕房的犯人也时常向西牢(提篮桥监狱)移送。

【党魁移禁】苏报馆革命党巨魁邹容、章炳麟,迭经上海县汪瑶庭大令命驾至英、美等国公共租界公廨,会同谳员邓鸣迁司马,应总领事署翻译官瞿比南君讯明各情,拟科以永远监禁之罪。前日,捕头遂命将章、邹二犯送入提篮桥畔西狱收禁。(1903年12月26日)

【押解重犯之危机】福州路总巡捕房,昨日上午将判押西牢之各犯用双马犯人车载往提篮桥西牢禁锢。讵行至北京路黄浦滩转角,适工部局电灯材料汽车迎面疾驰而来马忽惊跃,撞于路侧电杆上,致将电灯激碎,马亦折断前蹄。当经巡街捕奔诉捕房。捕头恐有疏虞,立饬中西各捕驱往,将各犯加上手铐护送入牢。(1910年5月13日)

(六)犯人刑满释放和保释、保外

刑满释放这是刑罚执行的正常工作,但是在上海解放前夕,监狱面临行政经费和囚粮奇缺等特殊的情况,监狱曾有大批犯人保释、保外,致使原有几千人的押犯,到上海解放时仅剩650人。

【已判合赦人犯　业已悉数释放】昨日为上海监狱释放适合大赦条例人犯之第6日,晨释出17名,下午释出51名,连前五次,总计释出适合大赦条例人犯1 098名,大多数为窃盗、吸毒、诈欺等罪。……(1947年1月31日)

【军事犯首批获释　昨释放八十二名】上海监狱昨日继续释放适合大赦条例犯人计106名。内普通犯人24名,军事犯82名。军事犯系由淞沪警备司令部派军法处法官主持释放,按此为大赦令公布后,军事犯之第一次开释。又连以前九次,上海监狱共计释出犯1 329名。(1947年1月31日)

【二批假释犯　名额近百人】上海监狱办理之第一批假释业已告竣。现正积极着手进行第二批假释,各种负责人连日正集议商讨假释犯名单。据悉,此次被

提出之假释名额（包括汉奸犯，盗窃犯）将近百人，预定此次手续，在本月内完成。（1947年12月9日）

（七）汉奸犯的收押与释放

抗战胜利以后提篮桥监狱关押了一大批社会上较有影响的汉奸犯，当时媒体对汉奸犯的服刑、管理、释放或保外就医特别关注。

【第三批巨奸起解　中有著名两富孀】提篮桥上海监狱，昨值汉奸家属送食物之期。当上午八时零五分，正人头济济之时，第三批巨奸80名，又在武装人员严密戒备下，分军用大型吉普篷车六辆解到。另有转载行李用车一辆。此80人中，有两名为女性，胜利以前有名之上海两富孀，即吴佘爱珍（伪特工恶魔吴世宝之妻）与李叶吉卿（七十六号首领伪江苏省长李士群之妻）。其余七十八人则为常玉清（伪安清会首领）、潘达（伪沪西特警署署长）、苏成德（伪上海市警局副局长）、汪曼云（伪清乡事务局长）、夏仲明（伪特工队长）、唐海安（伪江海关监督）、张松涛（伪江苏省副警务处长）……（1946年4月10日）

【汉奸出狱第二人　吴国志刑期届满】今日上海监狱有一小汉奸吴国志期满出狱，系泗阳人，曾充任伪新城分局警长，判处徒刑一年三个月，今日期满释出。按汉奸案中第一名徒刑期满出狱者为伪公使陈伯藩，吴国志为第二人。（1947年1月10日）

【在押汉奸不使坐食　分配翻译校对工作】高院近以监所羁押汉奸等人犯中，不乏熟谙外国语者，经呈准司法行政部，拟以译事代替其他作业，并已决定在监所内另辟场所，以便利工作。前日派员调查各犯学历，令填具表格，俾便于分配翻译校对工作。（1947年2月26日）

（八）犯人死亡

民国租界期间，媒体对监狱在押犯人死亡的情况也经常披露，文字有长有短，内容有详有略，具体原因各不相同，有的病亡、有的自杀；死亡者有普通民众，也有社会知名人士。

【邹容狱毙】前年，章、邹《革命军》一案，判定章监禁三年，邹监禁二年。兹闻邹容于昨日黎明四点钟时，病死狱中，由某君派人收殓，髀肉尽消，空存皮骨。生敬邹容者，当为惨然。（1905年4月4日）

【瘐毙押犯】提篮桥西牢昨又瘐毙押犯陈大富一名，年七十七岁，广东人。当传地保查明有无家属备棺收殓。（1908年3月21日）

【监犯病毙】甬人王阿寿前因犯案累累，经公共租界会审公廨判押提篮桥西牢二年在案。近因在押患病，送至工部局医院医治无效，昨早身死，当传到该犯

生母王沈氏,异回棺殓。(1915年8月10日)

【吸毒犯郭玉龙在狱缢死】华德路监狱囚犯郭玉龙,年二十六,前因吸食毒品,于本年3月30日,被戈登路捕房拘获,解送第一特区地方法院讯明,判处有期徒刑12年执行在案。讵于前晨零时20分,郭忽不堪禁锢之苦,遽萌厌世之念,突在狱中用布带一条,投缳自尽,及经监内之第264号印捕发觉,急设法将其解下奈已无及气绝殒命。……(1937年4月11日)

（九）狱中事故

监狱是一个小社会,犯人中三教九流、五行十作各色俱全。在旧监狱还存在牢头狱霸,监狱犹如一个火山口,几乎每天都有各种各样、或大或小的事情发生。

【提篮桥西狱押犯与看狱印捕冲突】由西捕枪毙范毛毛、张金和、蔡小根、周阿福四人。由县尉验各情,选详本报。兹悉此外尚有受伤之章阿四、朱宝山、陆老佛、狄仁山等十余人,惟章等四人伤势较重,故由捕房送请同仁医院求治。章于前晚因伤毙命,……(1906年5月8日)

【印捕住宅起火】前日下午,提篮桥华德路看守西牢之印捕住宅起火,由救火会到场救熄,焚毁楼面五间。(1912年2月8日)

【作场学徒惨遭跌毙】公共租界当局鉴于华德路监狱不敷囚犯居住,特拨款在附近舟山路口添设分监一所、由成泰营造厂承包。大兴土木,迄今尚未工竣。昨晨七时三十分许,有学徒王阿林,年十九岁、松江人。在三楼失足下坠,适大腹猛击于马桶上致伤及内部,流血过多旋即毙命。……(1934年6月8日)

【上海监狱三犯越狱　金砖案主角脱逃】上海监狱昨晨一时许,逃脱重要盗窃犯三名。其中一人,即为前年判处无期徒刑中央银行金砖案主角陈元盛,其余盗犯,一名姜吉祥,一名王海良,前者处徒刑七年,后者处徒刑四年。此至发觉,早已逃逸无踪。事后检获钢锯二把,老虎钳一把,锤击一把及铅丝一根,证明预谋逃狱蓄意已久。(1948年8月25日)

（十）对犯人的各类管理教育

犯人在服刑期间,涉及管理、教育、生活接见等许多实际事务,《申报》对此也一定报道。

【华德路监狱律师接见人犯办法】上海华德路监狱所禁人犯,每有律师前往接见。该监狱人员,以律师公会会员录为标准,如会员录中有者方许接见。此次律师贾敖西受当事人之委托,于前日至该监狱接见人犯。……(1935年8月3日)

【华德路监狱内传道改用佛教】公共租界华德路监狱内向有传道工作,主其事者以英美属之基督教会人员为主。现监狱当局为适应环境起见,传道事宜改

用佛教为本。业已聘请赫德路四一八号上海佛教同仁会会长范成法师主持说教。……(1943年6月8日)

【监狱中寻笑料　滑稽戏艺人送犯人衣被】筱快乐剧团为应上海监狱之邀请,曾于17日在电台广播滑稽节目,代上海监狱劝募病犯棉衣。久大企业公司总经理邵景惠独捐棉衣100套,其余募得100套、棉被10条。昨日下午将先收到之棉衣150套、棉被10条,现行送至上海监狱。滑稽界艺人筱快乐、程笑飞、杨笑峰、小刘春山、袁一灵、姚慕双、周柏春等一行13人,昨访上海监狱。……(1948年1月20日)

(十一) 对少年犯、外籍犯的管理

少年犯和外籍犯在旧提篮桥监狱押犯中,所占比例虽然不大,但是因其独特的身份和地位,在收押和管理上均有别于成年犯或华籍犯。

【工部局1938年监狱报告】……童犯感化院于上年1月26日重行开放。是日收童犯11名,至12月24日增至127名。教育上与职业上之训练经继续实行,结果甚为圆满。院内设备已更见改良。各童犯之生活与学校生活相似,以致若辈之品行易于改善,将来出狱以后觅业较宜。图书馆业经扩大,新增文学书籍多种。上年12月31日,西籍囚犯部分,有犯人123名,经保释出外服役者2名。(1939年2月5日)

【工部局上半年工作报告】……童犯感化院内,在年初共有童犯127名,年终增至172名,此类童犯全年共收248名,经释放者共198名。童犯之教育工作,全年始终进行不断,每月并举行考试一次,择其成绩最优者给以小数奖金,以资鼓励。此外关于儿童之职业训练,如缝纫、木工等等,亦经照常进行。……西籍犯人,年初共有男性121名,女性2名,年终共有男性120名,女性9名。犯人之康健与行动,均属良好。……(1940年3月11日)

【上海监狱罪犯有十七种国籍】上海监狱原羁押罪犯约3 800余名。自遵照大赦令释放犯人约1 600名之后,该狱内现尚有2 204名。兹探得该狱内囚犯统计附录于后:本国籍2 132名,日本17名,印度2名,苏联17名,美国1名,英国1名,韩国19名,意大利1名,法国2名,罗马尼亚1名,葡萄牙2名,匈牙利2名,奥地利1名,瑞士1名,立陶宛1名,西班牙1名,德国3名。共计2 204名。(1947年2月24日)

【六名日本浪人释放】……上海监狱昨晨释放了39名囚犯,其中有小山诚之、高木正、孝坂幸友、林忠春、松之真雄、胡汉清等6人是日籍浪人。因为他们合乎释放条例,一并开释,至于他们是否遣送回国,还未经当局决定。(1949年2月26日)

（十二）监狱的生产作业

旧提篮桥监狱也组织犯人生产作业，主要分为两大类，即狱内生产和监外作业，主要以狱内作业为主。品种有印刷、缝纫、铁木、洗涤、皮革等。

【工部局典狱长年度报告】……监狱工艺，平均在可任工作至2 080人中，每日工作者有1 597名，即67%。所制品，有沙袋、麻包、制服、靴子、黄包车捐牌、木器、藤器等，此外并为工务处任修理工作，兼为工部局印刷文件及装订书籍。新工作场11月完成，因之有较多监犯，得予以工作云。（1934年1月31日）

【工部局上半年工作报告】……上年犯人作工部分，始终忙碌异常，除应付监狱、警务处、本局以及外界所需要者外，复为工务处担任零星工作，成绩良佳，尤以印刷部分为最。有旧印刷机一座，不堪使用，故本年拟添置新机一座。……（1940年3月11日）

（十三）社会各界人士的视察参观

提篮桥监狱曾号称远东第一监狱，在民国租界时期，司法部门、上级单位或各界人士也经常到监狱视察或参观。

【禀陈察视西牢情况】公共公廨关谳员，前与工部局总巡麦高云军察视提篮桥西狱。关谳员饬员拟稿，将西狱一切管理工作亲程，禀语道宪，转禀南洋大医核夺。（1906年12月10日）

【京师第一监狱长参观华德路西牢】京师第一监狱监狱长王元增来沪公干，欲参观公共租界西牢之布置，昨晨到廨，即由会审官俞奠孙带同姚秘书陪往虹口华德路西牢，参观牢内之各工厂、饭室、浴室、卧室，……（1922年2月7日）

【中央参观监狱团昨日参观租界监狱】中央海陆空军监狱训练班学员，昨日上午九时，外部驻沪办事处复派缪办事员前往北站中华大旅社约会，……旋即由缪、董两君，与胡主任率学员柏羽生等12名，乘该院汽车，径往提篮桥监狱参观公共租界监狱，分为两组由该所总监督师密司及副监分任引导，参观狱犯之住所及内设之工厂，直至中午始辞出。……（1930年3月12日）

（十四）监狱医院医务工作

1903年提篮桥监狱启用之时，狱内就建有一座小型医院，医务人员均为男性，设病床36张。1930年代初监狱医院扩大，1934年建成设有电梯、8层高的医院，尽管设有病床350张，但医院缺医少药，犯人的死亡率比较高。

【工部局所立之华德路监狱医院】上年曾经大事改组，并研究该处医务之最善办法。监狱人犯数平均为6 244名，医院院屋内设床位350具，专用以应付重症，并将监舍一座改为医院附属部，以容纳较多之次重或痼疾。此外应行隔别之罪犯,则就其本监会予以诊治。……总计上年诊治数目:外诊总数为 60 357 件、入院者 10 445 件,死者 195 名,其中有 141 名系属肺痨。至诊治之数虽众,多系轻症,故监犯大体尚属健康。……(1935 年 2 月 18 日)

【公共租界 1935 年度卫生概况】关于监狱医院工作方面,西牢已迁入新所,卫生设备较前已大见进步,监犯所患者除需奏刀者 4 人外,余悉轻微小症,迁入隔离所 2 人,以上无死者。中牢方面情形亦较前进步,卫生方面之一大改革,即为废除以前之清洁夫役,而代以受有完备训练之护士 12 名云。……(1936 年 2 月 18 日)

(十五)各类招聘广告

广告是旧中国各报刊的重要内容,占据了报刊的相当篇幅。《申报》曾经刊登了有关提篮桥监狱招聘犯人伙食、建筑、劳动用品等各类广告,对于其物品规格、标准、价格、要求等有具体规定。

【工部局布告】本局招人投标西牢犯人所用之棉毯 1 330 条,计长 80 寸、宽 48 寸,连头在内计重 5 磅。投标之信及货样限于 1924 年 10 月 3 日上午 11 时以前送局总办处。详情可赴华德路 59 号本局西牢管理员处询问。(1924 年 9 月 25 日)

【工部局工程处招请投标】工部局布告第 2834 号。兹工程处招请投标、承办在华德路监狱扩充处建造狱屋。标信限于 9 月 10 号上午 11 时前交到本局总办处,至于投标时详细情形请向汉口路工程处询问可也。1928 年 8 月 27 日,代理总办麦基。(1928 年 8 月 31 日)

【工部局警务处招人投标承办罪犯食粮】兹欲招人投标承办米、麦、扁绿豆及牛庄豆等,为给应监狱及捕房之用。期限三个月或六个月,自 1931 年 7 月 1 日起。数量大约如下:糙米(每石 200 磅),每月 1 060 石,麦(每石 133 磅),每月 72 石,扁绿豆(每石 133 磅),每月 120 石,牛庄豆(每石 133 磅),每月 110 石,须按指定之各监狱及捕房交货。凡投标者概须附具样品,如欲有所咨询,请向华德路 117 号工部局监狱,与监狱总巡接洽可也。投标截止期 6 月 10 日上午 11 时。(1931 年 5 月 11 日)

(十六)日本战犯在狱中的关押、审判和执行

抗战胜利以后,提篮桥监狱先后关押过几百名日本战犯,是中国境内第一个审判日本战犯的场所。1946 年 1—9 月,盟军美军军事法庭在狱中审判了 48 名日本战犯,6 名日本战犯在监狱处以绞刑。1947 年 8 月—1948 年 8 月,先后有 14 名日本战犯被中国军警在监狱刑场执行枪决。

【前台湾总督安藤利吉狱中自杀】前日本台湾总督安藤利吉,于最近由台北解沪,押于华德路监牢。17日夜11时45分,等美军狱监正经常作15分钟之巡逻及检查时,忽发现安藤卧地呻吟,当即电告医治疗,一电方毕,反监见安藤已告殒命。当将其遗体积极搜查,旋经发觉安藤曾将强烈毒药,隐匿于其衣服之夹缝间。安藤遗体现已本送美军172医院检验,并将予以火葬。……(1946年4月21日)

【日战犯五名今午执行绞刑】在汉口杀害美飞行员三人之日战犯镝木正隆少将、藤井勉准尉、上等兵白川与三郎、曹长增井庄造、军曹松井耕一等五名,已由美军当局判决,今午在提篮桥监狱执行绞刑。由美宪兵司令部主理,禁止参观。(1946年4月22日)

【沈阳集中营日医官桑岛执行绞刑】前沈阳俘虏管理集中营医官桑岛大尉,因任职期间虐待英美俘虏,不久前经此间美军事法庭判处绞刑。日于昨晨八时三十分在华德路外人监内执行绞决。……(1947年2月2日)

【日战犯富田德今晨执行枪决】继枪决"杭州之狮"黑泽次男之后,国防部上海审判战犯军事法庭定今日上午十时,在上海监狱刑场执行第四名日本战犯富田德之死刑。该犯前为日本驻溧阳宪兵队之军曹,屡施酷刑,杀害我国人民。经上海军事法庭审判处死刑,呈报国防部核准执行。……(1947年8月14日)

【大场金次昨午执行枪决】日籍战犯大场金次,40岁,日本静冈人。抗战期间在宁波任日本大尉分队长,无故枪杀工人朱小毛,并焚毁民房40余间。胜利后由宁波蒙难同志会检举扣押,经军事法庭审讯终结判处死刑。21日奉蒋总统三十七年第228号已马代电核准。乃于昨日中午12时,在提篮桥上海监狱刑场执行死刑。……(1948年6月25日)

二、几点思考

(一)媒体要坚持新闻的客观公正,监狱也要全面客观提供情况

《申报》从发刊到终刊,历时78年,出版时间之长、影响之广泛,同时代的其他报纸难以企及,在中国新闻史和社会史研究上都占有重要地位。由于《申报》见证、记录晚清以来中国曲折复杂的发展历程,被人称为研究中国近现代史的"百科全书"。《申报》上,除了大量各类广告、评论以外,既有正面新闻,也有负面新闻;既有本地(上海)新闻,也有外地新闻。坚持新闻的客观公正是维持一个媒体地位最可靠的因素。作为旧上海和旧中国很有影响的提篮桥监狱,在一定时间内,相对比较开放,对监狱基本情况,如押犯数字、刑期、案由、释放、假释,甚至有些负面新闻等向外公布,或允许记者报道。当然,这由典狱长或总务科领导负责接待媒体,其他人员不允许接待。如1936年1月《工部局监狱华职员规例》第

6条第11款甚至规定:"将关于本监狱事务或职员及在监囚犯之消息,转告监狱职员以外之任何人,当以违犯纪律论罪,轻者处罚,重者斥革。"当前,我们要正确处理好保密与信息公开的关系。在依法治国、依法治监的新形势下,我们要坚持公开、公正、公平。我们既要防止警惕性不高、无密可保的倾向,又要防止自我封闭的倾向,对一些可以公开的监狱数据及情况视为保密资料,进行自我封闭,难免给人某种神秘感,尤其在当前互联网时代,更要坚持开放为新常态。

(二) 媒体与监狱两者关系密切

媒体宣传是一种开放性的新闻传播活动,新闻信息的采集与发布也是一项公开活动。过去的"新闻",就是今天的"历史";反之,今天的"历史"也是过去的"新闻"。旧时的新闻,记录着以往时代的足迹,映照着过去社会的侧影。我们可以窥见历史的脉络,知晓时情民风,便于我们深切地了解过去,思考未来。新闻报道带有深刻的时代烙印,反映了当时的思想观点。民国租界时期,上海的媒体数量庞大,品种多样,其中既有主流媒体,也有非主流媒体,既有外国人办的媒体,也有中国人开办的媒体,一度被人称为中国的半壁江山。对同一件事情由于立足点、观察点的不同,各媒体的报道往往有一定的区别,有时候也能起到互相补充、互相印证的作用。当时一般没有口径一致的"统发新闻稿",记者采访报道有一定的自由度,各报纸也追求自己的"独家报道"。所以,我们可以通过当时的《大公报》《新闻报》《民国日报》《华美晚报》《和平日报》《文汇报》等媒体,以及《上海公共租界工部局年报》《公共租界董事会会议记录》及各种档案资料等综合起来研究。当然,由于时代不同、观念不同,对《申报》的有些报道,有些溢美性或贬低性语言也要加以分析。

(三) 通过《申报》的资料,积极为编史修志服务

《申报》是近代中国历史的资料宝藏,为近代中国发行时间最久、具有广泛社会影响的报纸,在编史修志工作中以及撰写司法监狱类论文中,我们通过查阅《申报》及《大公报》《新闻报》《民国日报》等报刊及档案资料,挖掘了提篮桥监狱及漕河泾、厦门路、马斯南路等监狱许多有价值的史料,并结合旧监狱知情人的口述历史、档案馆的文献资料,经过综合提炼运用到《上海监狱志》《上海通志》中,丰富了志书的内容。事后经专家评审,前者获上海市第二届地方志优秀成果三等奖,后者获上海市地方志一等奖。

(四) 善对媒体、善用媒体;敢于宣传、善于宣传

租界时期,提篮桥监狱比较重视媒体的作用,并注意报刊资料的积累。多年

前，笔者曾在上海档案馆看到一本1940年代提篮桥监狱的剪报本，剪报的最前几页均是监狱接待过的各媒体的记者名片；后面均是各媒体上报道的文章，完好地粘贴起来，并注明报纸的名称、日期。该剪报本内容非常丰富，为监狱研究人员提供了许多有价值的资料。改革开放以来，我国的新闻事业有了长足发展，2 000多种报纸、9 000多种刊物，数以千计的广播频率、电视频道，以及风起云涌的互联网，构成了多姿多彩的传媒世界。面对新形势、新格局，我们要充分发挥电视、广播、报刊、互联网等传媒的作用，增强外宣工作的有效性和影响力，我们要关注舆情，加强舆情监控和引导工作；充分展示监狱机关在维护社会稳定中的重要作用和执法形象，让社会更好地了解、支持监狱工作，促进监狱工作的发展。对监狱中发生的犯人猝死、病亡、非正常死亡和重大事故，有可能引起社会关注的敏感事件不能采取消极的回避态度，而应该积极应对，化被动为主动，掌握话语权，尽可能把出现的负面影响降至最低限度。必要时，还可不定期地举行新闻发布会、新闻通气会，为记者提供新闻稿件。各监所也可建立网络评论员队伍，跟踪、搜集网上舆情，建立博客，解答敏感话题。

建在广慈医院里的监狱

广慈医院(今瑞金医院)是旧上海天主教创办的一所规模较大、在国内外都有知名度的综合性医院。医院创办人为天主教江南传教区(包括江苏、安徽、上海地区)主教法国人姚宗李(1846—1931)。他为了扩大天主教的影响,于20世纪初,在上海法租界马斯南路(今思南路)和金神父路(今瑞金二路)一带购地165亩创办了一所新式医院。该院1904年开始筹建,首先建造了4幢2层楼房子,其中2幢供病人使用,还有2幢分别供法国修女和医院职工使用。1907年10月13日医院举行落成典礼,医院的法文名称为"圣玛利亚医院",即"广为慈善"的意思,中文定名为"广慈医院"。广慈医院为中国人和西方人提供医疗服务,但其病房也是分等级的,分成四个等级,具体有特等病房、一等病房、二等病房、三等病房。其中法国人、有钱的中国人、教会人士住头等、一等病房,穷人住的是三等病房。①初建时医院规模较小,医院大门是开向马斯南路的。

广慈医院创办之初,仅设内、外两科,主要有两名法籍医生。后来随着医疗业务的发展,同时也为传播宗教、扩大影响,在法租界公董局和公益慈善基金会的不断资助下,1908年建起圣味增爵楼(贫苦男子病房),后来又陆续建起了多幢建筑,扩大了医院的规模。最初,中国病人来院就医的很少,后来医院收治了一名濒临死亡的病人,经过抢救后奇迹般生还,声名鹊起,许多中国人慕名而来。与此同时,由于法租界的扩张,居住人口的增加,关押在捕房内的犯人也日益增加,法租界警务处决定在租界内建立一座监狱。董事会于1909年12月开会讨论,最后以4票对1票的多数通过表决。经过具体准备,1910年7月15日正式动工,在广慈医院附近建造了"法租界会审公廨监狱"。次年7月24日竣工,10月8日启用,占地面积4 800平方米。1931年8月改称"上海第二特区监狱"。由于监狱位于马斯南路上,也俗称马斯南路监狱。这座监狱分设男监、女监,外籍犯监和病监。但该病监,只能处理一般的疾病,如果犯人患了重病或急症就无法治疗;而监狱马路斜对面的广慈医院,也在1910年建造了一所病院,专门收治法租界巡捕房和马斯南路监狱内的少数重病犯和急症人犯。这病院面积不大,

---

① 陆韵、陶祎珺:《走近上海医院的老建筑》,同济大学出版社2017年版,第44页。

收押病犯不多,为防止病犯脱逃,病院的窗户、大门均装有较粗的铁栏,外面还有巡捕巡逻站岗。据法文版的《上海法租界公董局年报》称,1913—1919年,病犯日均住院分别为10、15、12、13、11、14人;全年累计住院人次分别为130、222、138、136、176、112、164人。1922—1930年,全年累计住院人次分别为105、201、149、253、240、175、139、171、255人。这座病院成了名副其实的特种监狱,即病犯监狱。有的犯人就利用医院的特殊环境脱逃出狱。如1913年7月25日深夜,两名犯人在一间浴室中掘挖洞穴潜逃。① 以后随着收治病犯的不断增多,1930年,该病犯医院拆除旧建筑,重建了2层新楼。尽管那里也有铁栅,也有一定的防卫设施,但是相比监狱总是差了一截。

位于广慈医院内的病犯监狱　　　　　　电影《特高课在行动》海报

多年来,这座病犯监狱的建筑物一直存在,虽然后来有所改动,但基本上保留了原有的风貌。20世纪80年代这幢特殊的建筑成了瑞金医院(广慈医院)的动物解剖室。1981年,西安电影制片厂根据著名作家树棻的长篇小说《姑苏春》改编摄制了故事影片《特高课在行动》,电影的摄制人员就利用了医院里这座建筑,经巧妙布置后成为影片里一个重要的外景拍摄点,硝烟滚滚,枪声阵阵,在银幕上留下了扣人心弦的场景。

---

① 《上海法租界公董局年报》(法文版)1913年。

上海战犯拘留所及国防部战犯监狱

抗战胜利后，位于宝山高境庙（今殷高路）的上海战犯拘留所及国防部战犯监狱都关押日本战犯。1946—1949 年，其关押日本战犯的规模、管理者的级别和累计人数也超过了提篮桥监狱及各地拘留所、监狱，堪称中国之最。

一、所在地的前世今生

殷高路是一条位于今宝山区的东西向的马路，正式建于 1948 年；①东起国权北路，西至逸仙路。因附近有一座高境庙（现毁），这一带往往统称为高境庙。周围较荒僻，大多系农田。1942 年 12 月 6 日，日军在此建起江湾盟军战俘营，又称江湾集中营。地理坐标为北纬 31 度 18 分，东经 121 度 28 分。②1945 年 5 月 9 日，江湾集中营关闭。③

1946 年 6 月，国民政府在日军江湾集中营的原址上建立了上海战犯拘留所，上海军事法庭的军法官董悌庵上校任代理所长，后由姚开白任所长。该拘留所经过扩充整修以后，押犯规模增加，从 1947 年的 1 月 16 日起，把原关押在提篮桥监狱的 186 名日本战犯全部移押至此，实际在册人数为 189 人，其中 1 人保外就医，还有 2 人因病住在监狱院内。④若干年后，侵华日军中国派遣军总司令冈村宁次大将在其《回忆录》中也有记载："1947 年 1 月 16 日，上海的战犯及战犯嫌疑者，以前关押在上海监狱内，现移到北部的江湾集中营。"⑤

随着日本战犯审判工作的开展，各地把日本战犯陆续押往上海关押。经过国民政府军政部、外交部、司法行政部及行政院秘书处等部门联合组成的战犯处理委员会第 53 次常委会讨论，从 1947 年 8 月起，上海战犯拘留所升格为国防部

---

① 陈征琳、邹逸麟、刘君德主编：《上海地名志》，上海社会科学院出版社 1998 年版，第 416 页。
② 张帅、苏智良：《上海盟军战俘营考略》，《历史研究》2016 年第 1 期；李健、苏智良：《侵华日军在沪集中营考论》，《上海师范大学学报（哲学社会科学版）》2017 年第 3 期。
③ 张帅、苏智良：《上海盟军战俘营考略》，《历史研究》2016 年第 1 期。
④ 中国第二历史档案馆档案，591-101 卷宗。
⑤ ［日］稻叶正夫编：《冈村宁次回忆录》，中华书局 1981 年版，第 183 页。

战犯监狱,以便将全国各地战犯集中于此执行。①原拘留所的官兵,发一个月的薪金一律遣散,另行组织工作班子。由于国防部战犯监狱位于江湾高境庙附近,所以该监狱又称高境庙战犯监狱、江湾战犯监狱或江湾监狱,1949年2月撤销。上海解放后,所在地为解放军部队使用。从1965年2月起先后为上海市劳教收容站、上海市精神病犯收容所,现为上海市高境戒毒所的所在地。占地面积目前仅20 400平方米②,比原先大为缩小,原建筑荡然无存;其门牌原为殷高路5号,2004年起改为殷高路15号。

国防部战犯监狱大门

二、战犯的作息与管理

1946年初建时的上海战犯拘留所分为将佐级和一般战犯两个部分,被关押的战犯除了禁止出入以外,在里面享受着相当限度的自由,其食粮和补给都由中国政府供应,并且每个月将官级的日本战犯有800元、士兵级的日本战犯有200元的零用钱。战犯自己组织了一个生活互助会,互通有无,以解决临时性的困难。日本战犯每天以打网球和其他运动来消磨光阴。管理处每星期举行一次内务检查。此外,办了一个宣传三日刊,除转载简短的新闻外,大部分内容注重纠正他们的思想。战犯在这样的管理之下,不少人忏悔过去的行为,有自动学习中文的,也有自我检举的。③

---

① 《中华民国重要史料初编 对日抗战时期》第二编(四),第451页。
② 上海市戒毒局档案。
③ 《战犯生活不恶 打球消磨光阴》,《申报》1946年8月13日。

1947年启用的国防部战犯监狱四周建有电网,派士兵守卫,除办公楼外,主要有5幢监舍,均为平房,实际使用的4幢,称为"博"字监、"爱"字监、"和"字监、"平"字监,每幢监舍里又用木栅分隔成若干监室,日本战犯睡卧在日本式的榻榻米上。平时还从事印刷、缝补、翻译、工艺、理发、建筑等作业。监狱建有小型的畜牧场,饲养少量的猪鸡鸭,以改善狱中伙食。还有一座日文图书馆和医务室,具有医学知识的日本战犯从事医务劳作,如1948年,曾经留学德国的医学博士中原狮郎任医生(曾任河北井径煤矿病院院长,战败后被北平军事法庭判处15年徒刑)。

国防部战犯监狱首任典狱长邹任之,监狱下设3个科,第一、二、三科科长分别为陈惠元、沈志诚、刘芳。①1947年12月底继任典狱长孙介君(湖南常德人)、副典狱长王成荃。在国民政府"以德报怨""宽大宽容"的方针政策下,日本战犯在战犯监狱里过着优越的生活。特别是将官及校(佐)官的关押处门不上锁,监舍内还挂有绿色的窗帘,简直是日本式的小房间,房内陈设也别致,小几、小案,案上有瓶供的小花,笔墨纸砚文房四宝俱全,墙壁上还挂了几幅书画。几个日本战犯在榻榻米上看书,他们正悠闲地生活。②

1947年8月23日,一媒体记者到战犯监狱参观,看到日本战犯生活待遇与国军士兵相等,伙食很好,所以"战犯个个肥胖,如此优待日本战犯,一般士兵见之均感不平"。③1948年4月中旬《中华时报》一记者参观战犯监狱,在一篇文章中写道,看到战犯的"生活之优越自由,较任何国人罪犯所居之监狱为佳,狱室之设置宛如学校宿舍,日本战犯在指定时间内制作飞机、战车等儿童玩具作业,还有感化教育训练,每日并规定入浴时间,伙食方面由战犯自制日本式饭菜,加以该处环境清幽,管理清洁,故一般战犯具各来信监狱当局,表示万分感激";"据战犯等语称:即将彼等放出监外,如无典狱长之命令,彼等亦也决不逃开云。"1948年4月中旬,战犯监狱押有日本战犯310多名,其中已决犯190名,未决犯121名。④当时汉口、广东、北平等各地的战犯(含未决犯与已决犯)继续送来。如1948年4月26日北平军事法庭的41名日本战犯于自天津乘船,29日抵来沪,押送战犯监狱。41人中,已判处有期徒刑者19名,无期徒刑者9名,未结案者13名。其中职位较高者有处刑10年的师团长内田银之助中将、处无期徒刑的特务机关长茂川秀和少将。⑤

---

①② 《战犯监狱参观记》,《红绿灯》1948年第20期。
③ 《中华时报》1947年8月23日。
④ 《中华时报》1948年4月16日。
⑤ 《战犯四十一名自平押解抵沪》,《申报》1948年4月30日。

三、三名日本战犯脱逃

尽管属于军事系统的国防部战犯监狱的规格高,占地面积又超过了司法系统的提篮桥监狱,但是其监管设施及管理工作不及提篮桥。监狱四周没有高高的围墙,仅设一圈电网,多处布置哨兵站岗,加以看守。这硬件的先天不足,给监管工作带来了极大的漏洞。

1947年7月22日上午,监狱在押的两名未决待审时年27岁的池崎道成(战前曾任上海美丰洋行支店长、东亚贸易公司副经理),那天他身穿黄衬衫、蓝西装裤与杉山佐五郎偷越警戒电网越狱脱逃,时隔一星期后,即7月29日晚上在虹口捕获。[1]当时,战犯监狱的关押人员不穿囚服,也不剃光头,监狱四周的警戒是铁丝电网。两名在押的日本战俘脱逃后,国防部获悉战犯监狱监管设施存在漏洞,并拨发了一定经费,但是杯水车薪,无济于事。同年11月29日《申报》,曾刊发了一条短讯,题目为:《战犯监狱准备拨款修建》。但后来却未真正落实。

同年12月14日晚上10点多钟,一名日本战犯破坏监狱东北隅电网脱逃。经过媒体传播,震动朝野,国防部闻悉派员前来调查。监狱当局一面下令通缉,一面请警察局布控线索协助侦查。经查该人为前日本驻上海宪兵队新市街分队的宪兵,后又派充崇明县日本宪兵队特高课课长的中野久男,多年来驻防上海,对申城情况非常熟悉,还能讲上海话。抗战胜利后被拘捕,经军事法庭数次开审,基本结案。此人作恶多端,在崇明地区民愤极大,初拟判处极刑,不料在宣判前夕被越狱潜逃。民国政府闻之大为震怒,甚至怀疑该人买通狱官,所以下令对典狱长邹任之撤职,调往南京关押。中野久勇越狱后,先在上海北火车站的候车室内过夜,由于天冷感冒,他到药房买了一些散装的阿司匹林药粉后逃到嘉定县,化名王寿章。在嘉定城门口被卫兵查获身边的白色药粉,被怀疑为毒品白粉,关押在嘉定看守所20多天,后来该药粉经送检验而重获自由身。他也"因祸得福",逃过了一路上的设卡检查。此后,中野久男就混迹于苏州河边的乍浦路桥附近推车度日。1948年2月24日被捉拿归案,2月28日判处死刑,4月8日执行枪决。[2]由于战犯监狱半年内有池崎道成、中野久勇等3名战犯脱逃,出于监管安全,后来被上海军事法庭判处死刑的日本战犯仍关押在提篮桥监狱。

---

[1] 国防部上海战犯拘留所通缉表,上海市档案馆档案,档号 Q145-2-16。
[2] 《江湾越狱日战犯弋获》,《申报》1948年2月25日;《崇明两个日本战犯大庭中野枪决》,《大公报》1948年4月9日。

四、"百人斩"比赛主角关押监狱

向井敏明,山口县人,日本侵华派遣军第 16 师团下属的少尉军官。1937 年 9 月随日军入侵天津、塘沽,同年 11 月,由淞沪战场向南京进军的途中,25 岁的向井敏明向另一名同年的少尉军官野田毅提出进行灭绝人性的"砍杀百人大竞赛",以谁先杀满 100 人为胜利,奖品为一瓶葡萄酒。随之,他们两人一路上不断地杀人。据 1937 年 12 月 13 日《东京日日新闻》(今《每日新闻》)报道,连续刊登该报 4 名随军记者分别从常州、丹阳、句容、南京等地发回的现场报道,此两人在无锡横林、常州车站、丹阳奔牛、吕城、陵口、句容县城、南京紫金山等地刀劈 100 余人的经过,并配发了照片。最后,向井敏明与野田毅两人在 12 月 10 日中午持斩得豁口的军刀相会时,向井敏明屠杀了 106 个、野田毅屠杀了 105 个中国人,向井敏明获胜,获得一瓶葡萄酒。于是两人继续比赛,以先杀 150 人为胜。

日本投降后,参加东京远东国际军事法庭审判工作的高文彬无意间发现了这个报道,立即通知中国南京。经交涉,1947 年 9 月 2 日向井敏明、野田毅被驻日盟军最高司令官总司令部逮捕。俩人及原田清一中将等 4 名日本战犯乘"和顺号"轮船,于同年 11 月 3 日晚上 7 时抵达黄浦江畔,4 人上岸后送江湾战犯监狱羁押。①野田毅、向井敏明在江湾战犯监狱关押时间短短 3 天,当月 6 日早晨即由上海军事法庭书记官张体坤率宪兵移送南京。②12 月 4 日被南京军事法庭起诉。1947 年 12 月 18 日,国防部审判战犯军事法庭对向井敏明和野田毅进行终审宣判,处以极刑。次年 1 月 28 日,向井敏明和野田毅被押往雨花台刑场执行死刑。

两名"百人斩"曾关押战犯监狱

---

① 《南京大屠杀比赛主角日战犯押解抵沪》,《前线日报》1947 年 11 月 5 日;《日归还我国"和顺"轮抵沪运来日战犯四名》,《星洲日报》1947 年 11 月 6 日。
② 《南京大屠杀案主犯解京候审》,《申报》1947 年 11 月 7 日。

2017年是中国全面抗战80周年和南京大屠杀惨案发生80周年,《侵华日军在淞沪地区的暴行实物展》于12月23日在上海淞沪抗战纪念馆展出。其中井敏明和野田毅曾经使用、杀戮中国同胞的一把屠刀显得格外注目。它由上海军事法庭审判长石美瑜保存并带到台湾,经石的后人石南阳捐赠,这是记录侵华日军凶残的最强铁证,如今再现上海。

五、战犯监狱关押的其他日本战犯

国防部战犯监狱关押的日本战犯及战犯嫌疑人较多,既有上海军事法庭审判的,也有外地各军事法庭审判后移送到上海的。其中,既有一批直接残害人民群众、民愤很大的中下级军官,也有一些高级官员,除了南京大屠杀首犯、侵华日军第6师团长谷寿夫中将,日本驻香港总督矶谷廉介中将外,还有侵华日军派遣军总司令冈村宁次大将、日本海军中国舰队司令福田良三中将、第40师团长宫川清三中将、第60师团长落合松二郎中将、第64师团长船行正之中将、第69师团长三浦忠次郎中将、第118师团长内田银之助中将、第133师团长野地嘉平中将等。① 还有一些人是直接引渡来华抵达上海的,如:1947年7月15日,侵华日军第26师团长柴山兼四郎中将、第6师团长神田正种中将从东京引渡来华押入战犯监狱②;日军第6师团第45联队连长田中军吉上尉,在南京从中华门到水西门挥刀斩杀300中国军民,于1947年5月21日引渡乘"建国号"飞机自东京押解上海关押战犯监狱③,后移押南京。次年1月28日,田中军吉、井敏明和野田毅一起处决于南京雨花台。此外,为便于当地军事法庭收集证据及审判,战犯监狱也有少量日本战犯从上海转押到外地,如:1947年11月13日,曾任汉口派遣军司令奈良晃中将、侵华日军第34师团长伴健雄中将、远藤多喜熊中佐等6人押解汉口。④

抗战胜利后,我国北平、沈阳、太原、徐州、汉口、广州、南京、上海、济南、台北共10个城市分别成立军事法庭审判战犯,自1946年至1948年上半年基本告一段落,除判处死刑的战犯分别在各地执行外,对判处无期、有期徒刑战犯全部集中到上海在战犯监狱监禁。据1948年7月的资料,战犯监狱关押的日本战犯251名,其中无期徒刑75名、10年以上92名、5年以上55名、3年以上18名、

---

① 《上海监狱志》,上海社会科学院出版社2003年版,第705—706页。
② 《冈村宁次回忆录》第219页。
③ 《战犯田中军吉自日押解抵沪》,《力行日报》1947年5月21日。
④ 《日战犯六人解汉口审判》,《申报》1947年11月14日。

1年以上11名。这251名战犯中宪兵占117名,日侨占57名,其余77名为军人。①

1949年2月,位于上海江湾殷高路国防部战犯监狱撤销,监狱在押的包括日本前驻华派遣军司令冈村宁次等日本战犯由轮船被送往日本。1952年8月5日,台湾当局与日本签订的所谓《日华和约》正式生效,88名日本巢鸭监狱收押服刑的全部战犯,无论时间刑期长短,包括有期徒刑、无期徒刑的日本战犯全部释放。

六、建议增补国防部战犯监狱为上海抗战纪念地

目前,上海地区共有8处抗战纪念地,分别为:位于宝山庙行镇东南泗塘二中内无名英雄纪念墓,位于金山石化街道南安路金山卫城门侵华日军登陆地,位于宝山海滨街道塘后路吴淞炮台抗日遗址,位于宝山罗泾乡小川沙海塘小川沙侵华日军登陆地点,位于宝山罗店镇罗店中学内的罗店红十字纪念碑,位于金山城内横街的金山卫城侵华日军"杀人塘",位于静安光复路的八百壮士"四行仓库"纪念馆,位于虹口长阳路提篮桥监狱日本战犯关押、审判、执行处。目前上海有6处国家级抗战纪念设施遗址,首批为上海监狱陈列馆、上海淞沪抗战纪念馆;第二批为上海国歌展示馆、"四行仓库"抗日纪念地、金山卫城门侵华日军;第三批为侵华日军罗泾大烧杀遇难同胞纪念地。

鉴于上海战犯拘留所和国防部战犯监狱的重要作用及历史功能,对于其遗址,我们拟申报为"上海抗战纪念地"及"国家级抗战纪念设施遗址"。此外,由上海市文物保护研究中心、上海市测绘院、上海淞沪抗战纪念馆编制,中华地图学社于2015年出版的《上海抗战史迹图集》,图文并茂,内容翔实,可惜遗漏了上海战犯拘留所和国防部战犯监狱遗址,希望今后予以补正。

---

① 许中天:《日本人在上海》,《上海警察》第3卷第3期。

民国时期上海华界地区的女犯管理

自1843年开埠以来,上海"一市三治",相继形成公共租界、法租界、华界等3块统治区域,并有各自独立的3套司法监狱系统,女犯的关押分散各处,互有交叉重叠。其中,华界内有上海县监狱、江苏第二监狱①、上海第二特区监狱、司法行政部直辖第二监狱、江苏第二监狱分监②、上海监狱第一分监,公共租界内有会审公廨押所、厦门路监狱、华德路监狱(提篮桥监狱);法租界内有会审公廨监狱;还有非华非洋、中西混合的会审公廨女押所,非司法系统的龙华监狱等。以上各女监大多附属于某一个监狱内,极少数为独立的女子监狱。现将当时上海华界地区,有一定规模的4所监狱为例,即江苏第二监狱、上海第二特区监狱、江苏第二监狱分监、上海监狱第一分监的女犯管理情况作一梳理。

一、女犯的收押及构成

民国时期,各监狱对已决女犯的收押,大多凭法院的判决书,按捺指纹,编定番号,登记财物,填写相关表册,安排女犯卫生消毒、更换囚服等。女犯一般刑期较短,长刑期的较少,如江苏第二监狱1922年、1923年年底分别有女犯92人、72人。1924年女犯总计收押92人,按刑期统计为:无期徒刑3人;15年以下,10年以上4人;10年未满,5年以上19人;5年未满,3年以上22人;3年未满,1年以上15人;1年未满,5月以上20人;拘役6人;监禁3人。92人中,按罪名统计为:鸦片7人,奸匪及重婚4人,杀伤9人,略诱、和诱59人,妨害安全信用名誉及秘密2人,窃盗、强盗3人,诈欺取财1人,赃物1人,特别法犯6人。③江

---

① 民国时期,江苏曾先后有两座江苏第二监狱,其中上海在前,镇江在后,两者没有任何传承关系。本文所述的江苏第二监狱系位于上海漕河泾的监狱。
② 民国时期,上海曾有两座江苏第二监狱分监,一座位于蓬莱路,专押男犯,另一座位于浙江北路,专押女犯。本文所述的江苏第二监狱分监系专押女犯的监狱。
③ 麦林华主编:《上海监狱志》,上海社会科学出版社2003年版,第451—452页。

苏第二监狱1928年年底有女犯105人，1929年累计新收女犯259人。这259人中，按罪名统计，妨害公务2人，伪证及诬告1人，公共危险5人，妨害风化1人，妨害婚姻及家庭127人，鸦片76人，赌博6人，妨害自由3人，窃盗13人，抢夺1人，侵占1人，欺诈7人，赃物6人，毁弃损坏1人，掳人勒索1人，伤害8人。①1928年出入监女犯426人。1929年、1930年女犯平均关押人数为109人。②1931年年底在押女犯175人。1933年5月中旬180余人。③1935年6月在押女犯227人（其中刑事犯206人、军事犯21人）。④

表1　　　　　江苏第二监狱1929年新收女犯刑期、年龄统计表

年　龄	有　期　徒　刑						拘役	总计
	5年以上	3年以上，不满5年	1年以上，不满3年	6月以上，不满1年	2月以上，不满6月	2月以下		
15岁以上	0	0	0	0	1	1	0	2
16—20岁	0	0	1	1	6	2	2	12
21—24岁	1	2	7	7	32	4	4	57
25—29岁	1	1	14	12	51	6	5	89
30—34岁	1	1	3	4	27	12	3	51
35—39岁	0	0	3	3	14	2	2	24
40—49岁	0	1	2	1	8	1	3	16
50岁以上	0	0	0	1	4	1	2	8
小　计	3	5	30	29	143	29	20	259

资料来源：江苏省档案馆档案资料。

表2　　　　江苏第二监狱1931—1933年新收女犯刑期统计表　　　　单位：人

刑期	1931年	1932年	1933年	刑期	1931年	1932年	1933年
无期徒刑	0	0	1	3年以上、5年以下	4	8	6
15年以上，20年以下	0	1	0	1年以上、3年以下	25	23	30
10年以上、15年以下	0	2	0	6个月以上、1年以下	82	90	126

①②　江苏省档案馆档案资料。
③　《漕河泾监狱参观记》，《申报》1933年5月16日。
④　《视察江苏第二监狱报告单》，1935年5—6月。

(续表)

刑　期	1931年	1932年	1933年	刑　期	1931年	1932年	1933年
7年以上、10年以下	0	0	0	2个月以上、6个月以下	142	139	163
5年以上、7年以下	0	1	2	2个月以下	112	821	42
总　计					365	1 085	370

表3　　江苏第二分监1933—1934年新收女犯罪名统计表

罪　名	人数 1933年	人数 1934年	罪　名	人数 1933年	人数 1934年	罪　名	人数 1933年	人数 1934年
公共危险	10	6	妨害自由	4	2	赃　物	6	4
伪证及诬告	1	0	杀　人	1	1	危害民国	2	0
伪造文书印文	1	0	伤　害	34	14	盗　匪	2	0
伪造货币	7	5	鸦　片	180	179	侵　占	0	2
妨害公务	1	2	赌　博	71	23	侮　辱	0	1
妨害婚姻及家庭	40	23	窃　盗	79	86	湮灭证据	0	1
妨害农工商	1	0	强　盗	9	4	违　禁	5	13
妨害风化	19	25	欺诈及背信	6	1	恐　吓	2	3
妨害名誉及信用	1	0	堕　胎	4	2	总　计	486	397

表4　　江苏第二分监1933—1934年新收女犯年龄统计表

年　龄	1933年	1934年	年　龄	1933年	1934年	年　龄	1933年	1934年
13—15岁	1	4	31—40岁	151	143	61—70岁	21	14
16—20岁	19	29	41—50岁	110	69	71—80岁	1	0
21—30岁	123	99	51—60岁	60	39	总　计	486	397

表5　　江苏第二分监1934年7月—1935年6月月底在押女犯人数统计表

年　月	人　数	年　月	人　数	年　月	人　数	年　月	人　数
1934.7	251	1934.10	376	1935.1	261	1935.4	277
1934.8	267	1934.11	287	1935.2	228	1935.5	320
1934.9	254	1934.12	271	1935.3	271	1935.6	304

资料来源：表2—表5，上海市档案馆档案。

上海第二特区监狱 1936 年 12 月新收女犯 20 人,婚姻状况:有配偶 11 人,寡居 9 人;捕前职业:农业 1 人,工业 2 人,人事服务 2 人,无业 13 人。上海第二特区监狱 1937 年、1938 年、1939 年新收女犯分别为 220、94、345 人,其中初犯分别为 164、67、246 人,累犯 56、27、99 人;累犯中关押一次的 40、19、73 人,关押两次的 11、15、17 人,关押三次的 5、3、9 人。①

表 6　　　上海第二特区监狱 1937—1939 年新收女犯年龄统计表

年份	总数	14—16 岁	17—20 岁	21—30 岁	31—40 岁	41—50 岁	51—60 岁	61—70 岁
1937	220	1	6	74	73	42	18	6
1938	94	0	2	37	34	13	7	1
1939	345	0	5	107	140	72	20	1

表 7　　　上海第二特区监狱 1937—1939 年新收女犯入监前职业统计表

年份	总数	农业	工业	商业	自由职业	人事服务	无业
1937	220	2	43	5	1	41	128
1938	94	1	17	2	0	16	58
1939	345	4	52	7	2	45	235

表 8　　　上海第二特区监狱 1937—1939 年新收女犯刑期统计表

刑期	1937	1938	1939	刑期	1937	1938	1939
无期徒刑	1	0	0	7 年以上,不满 10 年	15	1	0
2 月未满	0	0	1	10 年以上,不满 15 年	33	1	0
2 月以上,不满 6 月	107	68	299	15 年以上	6	0	1
6 月以上,不满 1 年	8	10	19	拘役	9	5	8
1 年以上,不满 3 年	11	5	11	罚金易服劳役	6	2	2
3 年以上,不满 5 年	4	0	3	总计	220	94	345
5 年以上,不满 7 年	0	2	1				

---

① 孙雄:《上海第二特区监狱工作报告》,上海市档案馆档案。

表 9　　上海第二特区监狱 1937—1939 年新收女犯家庭情况统计表

家庭情况		1937	1938	1939	家庭情况		1937	1938	1939
已婚者	有父母	17	5	21	离婚者	有子女	0	0	2
	无父母	28	15	51		无子女	2	3	5
已婚者	有子女	40	15	54	寡居者	有子女	29	12	41
	无子女	64	27	92		无子女	40	17	79
总数							220	94	345

上海第一分监 1946 年 1—6 月女犯每日平均关押数分别为 88、87、83、84、85、104 人；下半年起，女犯人数大幅度提高，7—12 月分别为 152、181、206、198、200、224 人。

表 10　　　　上海第一分监 1948 年 1 月—12 月女犯统计表

月份	总数	已决犯	未决犯	平均押犯	月份	总数	已决犯	未决犯	平均押犯
1	249	239	10	244	7	241	237	4	239
2	252	242	10	249	8	237	237	4	241
3	253	243	10	245	9	234	231	3	237
4	248	244	4	250	10	232	229	3	231
5	244	240	4	244	11	219	217	2	218
6	245	241	4	244	12	209	207	2	214

资料来源：表 6—表 10，孙雄：《上海第二特区监狱工作报告》，上海市档案馆档案。

上海第一分监，截至 1946 年 5 月 1 日统计，共新收女犯 83 人，其中毒品犯 59 人，汉奸犯 10 人，杀人犯 4 人，盗窃犯 5 人，伤人致死犯 1 人，其他刑事罪犯 4 人。① 在监女犯中，20—40 岁占 62%，大多数女犯不识字，初小文化程度占 31%，高小文化程度占 9%，没有初中以上文化。当时女监允许收押怀孕的女犯，女犯在狱中生育婴儿可以请狱内医生接生，还允许女犯在狱中携带哺乳的孩童进监狱，1946 年 1 月女监共养育幼儿 8 人。整个监房十分拥挤，甚至监房走廊都住满人犯。当时，在押者有女明星袁美云、电影演员陈云裳、女画家李青萍等人。《申报》1946 年 6 月 27 日曾以"袁美云吸毒处徒刑"为标题发表了一篇短讯。文中写道："电影明星袁美云因吸食鸦片被地方法院判处徒刑六个月，已于上周解赴上海监狱第一分监（女监）执行，列为第 81 号女囚，开始苦寂之囹圄生活。"第

---

① 上海档案馆档案。

一分监 1946 年累计收押女犯 1 468 人;1948 年年底,第一分监在押女犯 209 人。截至 1947 年 1 月 29 日,上海第一分监狱开释合于赦免女犯 143 名,大部分系盗窃犯、烟犯及妨害秩序犯。①1949 年年初,上海第一分监释放 5 年以上、10 年以下的女犯,2 月 9 日共释放了 35 名,这批女囚大部分是烟毒犯。②此外,上海第一分监狱还关押少量的外籍犯,如 1946 年 9 月有苏联、朝鲜籍女犯各 1 人,10—12 月有苏联、朝鲜籍女犯 3 人。

据以上 4 所监狱女犯的情况分析,当时女犯共同的特点:(一)文化程度低,文盲占有很大比例。(二)大部分为短刑犯,女犯出入监频繁,如:江苏第二监狱于 1931—1933 年刑期 2 月以上,不满 6 月的分别占 38.90%、12.81%、44.05%;6 月以上,不满 1 年的占 22.47%、8.29%、34.05%;1 年以上,不满 3 年的占 11.58%。(三)押犯年龄以 20—40 岁为多,如:江苏第二分监于 1933 年、1934 年收押女犯中,21—30 岁的分别占 25.31%、24.94%;31—40 岁的分别占 31.07%、36.02%。第二特区监狱于 1937—1939 年收押女犯中,21—30 岁的分别占 33.64%、39.26%、31.01%;31—40 岁的分别占 33.18%、36.17%、40.58%。上海第一分监 1946 年 5 月,在押女犯中,20—40 岁的占 62%。(四)女犯中以毒品(鸦片)罪、妨害婚姻家庭罪为多,如:江苏第二分监于 1933 年、1934 年收押女犯中,毒品(鸦片)罪分别占 37.04%、45.09%;妨害婚姻家庭罪分别占 8.23%、5.79%。江苏第二监狱 1939 年收押的女犯中,毒品(鸦片)罪占 29.34%、妨害婚姻家庭罪占 49.03%。上海第一分监 1946 年 5 月,在押女犯中毒品犯占 71%。这里需要指出的是,卖淫、娼妓在当时的中国不算犯罪。由此也有人认为:"若以娼妓一项算入犯罪统计,则女子犯罪的数目,未必少于男子。据《时事新报》的调查,民国初期上海的妇女平均 137 人中有娼妓 1 人。"③而作为中国色情业中心的上海,妓院和娼妓的数量一度为全国之冠。

二、女犯的日常管理

(一)番号

民国时期上海女犯都编有一番号。看守对犯人一般不叫名字,而叫番号;还规定犯人之间互相不准叫名字,只能叫番号。例如,江苏第二监狱 20 世纪 30 年代前后,犯人的番号布用白竹布制成,长条形,用红色印油盖上去,正楷一、二、三

---

① 《军事性罪犯赦免办法,警备司令部正请示中》,《申报》1947 年 1 月 30 日。
② 《金潮案主角杨安仁昨出狱》,《大公报》1949 年 2 月 10 日。
③ 许鹏飞:《犯罪学大纲》,上海大学书店 1934 年版,第 199 页。

的数字为竖式排列,番号布缝订在犯人外衣的背后;上海第二特区监狱女犯的番号印在衣服的背后;上海第一分监的女犯背上缝有一块呈菱形状的"番号布",上面有一个阿拉伯数字。

(二) 囚服

民国时期名义上女犯的囚衣囚被由监狱提供,但实际无法做到,如:江苏第二监狱在1920年代左右,每100名犯人只能提供囚衣40套,由于贫困者居多,难以分配。①上海第二特区监狱女犯一律穿着灰色囚服。按规定每人3套单衣,冬天加给棉衣裤1套、棉被1条,夏令参加劳动者加给汗背心2件。病犯衣被概为白色。上海第一分监的女犯入监后必须穿大襟式的囚服,夏装为浅灰色,冬装为深灰色。但是当时经费紧张,物资缺乏,囚服紧缺,各监狱不得不向社会各界请求捐助。例如,第二特区监狱及江苏第二监狱,于1932年10月通过媒体向社会捐助。当时《申报》刊登消息:"近因冬季将至,囚犯孤居铁窗,不耐冬寒。故特代向各方请捐助冬季囚犯衣被。因各犯在狱中只穿囚衣一袭,别无御寒之物。每夜入睡,亦无蔽身之物,厥状颇为凄惨。每届隆冬,有各犯因争夺一被而互殴,情殊堪悯。现漕河泾牢狱中,有囚犯达二千余人,第二特区狱中亦有一、二千人,共领衣被约四千套左右,如有捐助者,可直送该狱云。"②江苏第二监狱分监分监长王宝三备函向上海的帮派人物黄金荣、杜月笙、陆连奎,以及社会知名人员陆伯鸿、虞洽卿等人处捐募。陆连奎于1936年1月中旬捐送女棉衣棉裤45套。③1948年初,上海第一分监曾通过上海文艺界的滑稽演员姚慕双、周柏春、笑嘻嘻、筱快乐等人联合"九九民声电台"于2月13日上午10时—午夜12时,为女犯发起"空中捐募寒衣棉被活动"。《申报》也刊登有关广告。④事后募集到寒衣105套、棉被61条。上海第一分监在上海久大企业公司总经理的赞助下,在媒体上刊登《鸣谢启事》并刊登捐募寒衣、棉被的单位、个人和物品数量。⑤

(三) 伙食

江苏第二监狱启用初期,犯人伙食实行三餐制。1924年以后,犯人实行两餐制,第一餐上午8点半左右,第二餐下午2点半—3点左右。饭分量不足,且是陈仓发霉的米,菜是市场收摊后的便宜货,如老冬瓜、菜皮、咸菜等。在

---

① 《江苏第二监狱改良报告》。
② 《特区及漕河泾监狱为囚犯募捐》,《申报》1932年10月13日。
③ 《江苏第二分监昨接陆连奎等捐棉衣》,《申报》1936年1月16日。
④ 《九九民声播音电台联合游艺界为上海监狱第一分监女犯请命》,《申报》1948年2月13日。
⑤ 《新闻报》1948年3月16日。

1929—1930年前后,监狱又恢复三餐制,但是因粮稀少,犯人饥饿难熬。1934年春,监狱按规定犯人名义上每月因粮3元,监狱当局扣除1元,剩下2元再层层克扣,实际只吃到1元。犯人餐具是蓝色搪瓷罐头,边上有两个小小搪瓷方鼻及圈,可以插筷子,另有白色搪瓷装菜碗,正好扣在罐口上,上面并有盖,有蓝色搪瓷饭碗1只。①

上海第二特区监狱女犯在20世纪30年代实行三餐制,1935—1939年,女犯的伙食标准是每天0.15元左右。1940年,每天伙食标准0.70元,每天供应3顿饭,13两(16两制)红糙米、蔬菜及油,不供应肉类,鱼类作为奖赏。1941年6月下旬,上海第二特区监狱因减少犯人因粮,并裁减一顿早餐,而且食料掺杂麦团、蚕豆等杂粮,犯人难以果腹,监狱全体犯人4 000余人,因狱中待遇及伙食苛刻,于6月27日中午12时起,举行绝食,要求监狱改善犯人待遇及伙食。②1941年7月,每人每天0.80元。但是,监狱的口粮经常因为经济来源不足、犯人数量增加而短缺。上海第一分监女犯的伙食为一天两餐。

(四)接见

江苏第二监狱在20世纪30年代规定,接见在押犯人限于本人家属,但有特别理由报经典狱长许可者,不在此限。酗酒或精神病人,虽属犯人家属,但不得接见。未满16岁的人员,一般不准接见,但是当女犯处于病危时,如果有父女、母女等至亲关系的允许接见。接见具体办法为:家属人员到监狱先向门卫领取接见牌,经收发处把其姓名、年龄、住址、职业和被接见者的关系、接见目的等项目填入接见簿,呈报典狱长批准后,方可入内接见。接见时,不得使用外国语(外国人除外)和隐语。接见时由看守监听,并将谈话要点记载于接见簿。接见时间除假日外,每天上午10—12时,下午1—3时。犯人接见每月一次,每次不得超过30分钟。接见时可送的食品有:面包、饼干、豆腐干、大头菜、萝卜干、酱瓜、茶叶、肉松、虾米;药品有:鱼肝油、帕勒托、补脑汁、牛奶粉、癫沙净、人丹、阿斯匹林、库阿可斯、六〇六药水、九一四药水。每次馈送物品以3种为限,面包、饼干每次不得过3磅。

上海第二特区监狱1933年7—12月,女犯月均在押110.7人,累计接见192人次,发信193封、受信237封;1934年全年女犯月均在押89.2人,累计接见373人次,发信375封、受信628封;1935年1—6月,女犯月均在押66.3人,累计接见406人次,发信193封、受信237封;1935年7—12月,女犯月均在押40.3

---

① 笔者对曾在漕河泾监狱囚禁的孙诗圃的采访记录。
② 《法租界囚犯绝食风潮平息》,《申报》1941年6月27日。

人,累计发信 260 封、受信 196 封。①上海监狱第一分监女犯每月可以向亲属发信一封;与家属会见一次,会见时允许家属带入少量食品。

民国期间上海地区的女犯大多在上海关押,20 世纪 30 年代有部分女犯调押江苏太仓监狱关押。例如,1932 年 10 月 8 日江苏第二监狱在押 30 名女犯在武装人员的押解下,乘火车到安亭站下车,再换乘小火轮开往太仓县监狱。②

三、教诲、教育

上海旧监狱对犯人的教诲,具体分为个人教诲、类别教诲、集合教诲等 3 种形式。上海第二特区监狱设教诲师一人,专职从事这项活动。在 20 世纪 30 年代时,除了对犯人灌输"三民主义"的党义外,还利用了旧中国的封建伦理道德,并夹杂了佛教的经典、耶稣基督的教义,进行"中西杂烩"式的说教。当时还邀请上海净业社、公教会、救世军等宗教团体,由其派出居士、牧师等神职人员轮流布道说教,以资感化。1933 年,上海洋泾浜天主堂妇女公教进行会对江苏第二分监的女犯布道传教。江苏第二监狱设有教诲师,是一个佛教徒,要犯人读佛经,宣传要行善不杀生,修炼来世。佛教徒每月有一碗素菜(黄花菜、木耳)。耶稣基督教牧师也来宣传天国上帝,对教者每月给吃几片面包,发送小点心。

上海第二特区监狱有一时期,根据司法行政部的规定,对犯人进行识字教育。在 1933 年,监狱曾开办两个小学教育班。因教室狭隘,加上符合入学标准的犯人少,采取变通办法,采用《三民主义平民千字课本》,把 1 000 个生字分为 250 组,每组生字 4 个,制成 250 块搪瓷牌,正面印 4 个生字,反面即把此项生字联缀为 2—3 个浅近语句,悬挂各监房门首。每日收监后,由教师督率辅助教育,看守就各监房教授。第一日初教,第二日复习。此项搪瓷牌每两日替换一次,并制有识字表一种,以资考核。

上海第一分监注重对女犯的感化,每日除出监及入监教诲外,还对女犯在丧失亲人、接见、生病等特殊情况进行一定教育。对女犯的教诲分为出入监教诲、个别教诲、集合教诲等项目。如 1947 年 9 月 8—28 日,管理人员对女犯实行工场教诲 549 人次,书信教诲 34 人次,类别教诲 265 人次,惩罚教诲 11 人次,入监教诲 23 人次,出监教诲 8 人次,临床教诲 81 人次,疾病教诲 71 人次,服役教诲 1 人次,接见教诲 121 人次,特别教诲 58 人次。上海第一分监针对女犯文化程度普遍很低、文盲为主的现状,对部分女犯进行文化教育,凡年龄在 20 岁以下,

---

① 孙雄:《上海第二特区监狱两年来工作报告书》,第 33—39 页。
② 《漕河泾监犯寄禁太仓》,《申报》1932 年 10 月 10 日。

刑期在 3 个月以上者编为幼年班,学期 6 个月。采用小学课本,如《平民千字课本》等,开设社会、常识、党义、公民、算术、习字、音乐等课程。成年女犯采用《三民主义千字课本》,开设算术、修身、公民、音乐等课程。其余未编入教育班的女犯,为求普及识字,在各监房、工场悬挂识字牌,每次书写 4 字于牌上,隔两日换一次,并在监房放置课本,便于各犯随时取阅。有一时期每日 2 小时,课本选用国文、算术、常识混合读本。1948 年 12 月,全监不识字女犯 19 人,经过参加文化班学习,出监时达到小学一二年级的 11 人,达到小学三四年级 8 人。

上海的一些宗教组织从 1946 年起,曾派人到上海第一分监,对部分女犯的家庭状况及将来出狱后的出路作过调查。在南市虹桥弄天佑里 1 号成立"上海妇女出监人保护会",并订立《章程》对出狱人开展一定工作。此外,上海基督教慕尔堂、福音会、仁济堂、佛教会等宗教组织到上海第一分监进行布道、传教。在圣诞节,耶稣教徒进监传教,并发给女犯少量食品。

四、女犯的作息及劳动作业

民国时期,上海第一分监女犯夏天每天早晨 5 点起床,冬天 6 点半起床,然后盥洗、打扫卫生,7 点开始劳动作业,10 点左右早餐,下午 3 点或 3 点半晚餐,5 点半收风(锁监舍门),冬天 4 点半收风,女犯每天一般作业 9 小时左右。其间还组织教诲、文化教育、放风(运动)等。上海华界各女监都组织女犯在有限的场地内进行生产作业,如江苏第二监狱女犯在 1933 年 5 月期间,大多做白竹布手帕、做童衣、花边。上海第二特区监狱在 1936 年女犯的作业人数一般在四五十人,具体项目有:女红、十字绣、扎绒球、织手巾、手套、绒衣帽等。①上海第一分监在 1946 年时,女犯劳动作业项目有缝纫、编织、鞋子、刺绣、糊盒、西装、牙刷、洗濯等;1947 年时,作业项目有缝纫、编织、粉扑、念珠、刺绣、糊盒、园艺等。对参加劳动的女犯,根据工作量完成的情况,有一定的奖励,其金额一般为劳动作业利润的 20% 左右。但是对于在上海有一定知名度的汉奸犯如吴世宝之妻佘爱珍、李士群之妻叶吉卿等人,和普通等囚犯待遇不同,不用做工劳作,还可以舒舒服服看小说。上海第一分监 1947 年年底女犯总数 204 人,参加劳作 188 人,按其作业项目分,其中糊盒 89 人、缝纫 28 人、编织 23 人、牙刷 18 人、炊事 12 人、洗濯 8 人、手套 5 人、鞋子 5 人;1948 年年底女犯总数 214 人,参加劳作 201 人,其中缝纫 74 人、编织 59 人、手套 25 人、牙刷 13 人、外役 8 人、炊事 7 人、洗濯 7 人、鞋子 6 人、刺绣 2 人。

---

① 《第二特区监狱特写》,《新闻报》1936 年 2 月 20 日。

提篮桥监狱女犯在狱中从事缝纫劳动

五、女犯的医疗卫生及死亡处理

1919年,江苏第二监狱启用时设有医务所并建有病监数间,虽然配有一名医生,但医德、医术很差,又缺少药品,治疗效果几乎为零。对于患重病奄奄一息者,送往位于今普育西路的慈善机构新普育堂。该堂曾划出一块地方设立病犯区,外有铁栅专收华界地区的监狱病犯,司法部门每月给普育堂很少的补贴。当时女犯死亡率很高。如1919年7月27—28日,江苏第二监狱时疫流行,2天内连续病亡女犯陆龚氏、杨周氏、沈龚氏、花王氏、张杨氏等11人,还有已染未毙只存一息者六七人已送普育堂,各女犯通宵哭泣呼号。典狱长迫于社会舆论压力,把狱医训斥;狱医辞职了事。① 当时的媒体上也有女犯病亡狱中的报道,如江苏第二监狱女犯陶昌氏于1922年12月31日在监瘐毙。经上海地方检察厅许检察官等验明,因无家属到监,判由善堂收殓。② 1924年10月22日,江苏第二监狱犯妇王张氏在狱倒毙,地方厅验明因病而死。③ 据官方统计,1929年江苏第二监狱女犯患病325人次,其中肺痨58人次、呼吸系统疾病31人次、白喉16人次、猩红热13人次、伤寒17人次、霍乱38人次、其他胃肠病22人次、心肾病18人次、痢疾及肠炎61人次、其他疹类12人次、其他热症21人次、其他疾病18人

---

① 《漕河泾"二监"时疫流行》,《申报》1919年7月29日。
② 《女囚倒毙狱中》,《申报》1923年1月2日。
③ 《女犯在狱倒毙》,《申报》1924年10月23日。

次。死亡 5 人,其中肺痨 2 人、下痢及肠炎 3 人。①

表 11　　　　　江苏第二监狱 1929 年女犯患病年龄统计表　　　单位:人次

年　龄	人数	年　龄	人数	年　龄	人数	年　龄	人数
15 岁以上,不满 20 岁	0	25 岁以上,不满 30 岁	40	35 岁以上,不满 40 岁	8	50 岁以上,不满 60 岁	3
20 岁以上,不满 25 岁	6	30 岁以上,不满 35 岁	31	40 岁以上,不满 50 岁	8	60 岁以上	0

资料来源:江苏省档案馆档案。

20 世纪 30 年代,江苏第二监狱关押 2 000 多名犯人,仅有 2 名医生,而且其中一人只挂个名,一个星期才来一两次。医生看病时由看守陪着,挨着牢房一个一个看过来,看病马虎。病人一般都吃汤药,除特殊重病以外,医生把大体相同的疾病所用的中药一起放在一个大锅子里煎熬,煎好了每人分一碗吃,犯人把这种汤药叫作"大锅汤"。这种大锅汤药效很低,基本上起不到什么作用。1932 年 12 月,监狱犯人中"坏血症"蔓延,病犯日益增多,死亡不断。事后,引起上级重视,监狱采取各项措施后,逐渐才制止。社会医疗机构和其他团体一度也关注监狱卫生。1934 年 6 月下旬,上海市卫生局先后派 2 名医生到江苏第二监狱,对犯人注射防疫针。上海第二特区监狱 1935 年在押女犯 90 人,年内累计死亡女犯 5 人。②1930 年、1931 年、1932 年、1933 年、1934 年、1935 年江苏第二分监女犯死亡分别为 13 人、19 人、28 人、21 人、7 人、6 人,1940 年、1941 年女犯死亡 30 人、29 人。③

表 12　1930—1935 年、1940—1941 年江苏第二分监女犯死亡者年龄统计表

年龄＼年份	1930	1931	1932	1933	1934	1935	1940	1941	合计
20 岁以下	1	0	0	1	1	0	0	2	5
21—30 岁	2	6	6	5	1	3	7	4	34
31—40 岁	5	8	12	6	2	2	10	9	54
41—50 岁	3	1	5	5	2	0	7	11	34
51—60 岁	2	3	3	1	1	1	4	2	17
61—70 岁	0	1	1	3	0	0	2	1	8
70—80 岁	0	0	1	0	0	0	0	0	1
合　计	13	19	28	21	7	6	30	29	153

---

① 江苏省档案馆档案。
② 《申报年鉴》,1935 年版。
③ 上海市档案馆档案,档号 Q181-1-958。

表13 1930—1935、1940—1941年江苏第二分监女犯死亡者籍贯统计表

年份 籍贯	1930	1931	1932	1933	1934	1935	1940	1941	合计
江 苏	6	8	18	15	5	3	13	22	90
浙 江	4	5	1	3	2	3	8	2	28
上 海	2	2	1	0	0	0	7	3	15
安 徽	0	2	2	2	0	0	1	0	7
广 东	0	2	3	0	0	0	0	0	5
山 东	1	0	1	0	0	0	0	0	2
湖 北	0	0	0	1	0	0	1	0	2
北 平	0	0	1	0	0	0	0	0	1
河 南	0	0	1	0	0	0	0	0	1
湖 南	0	0	0	0	0	0	0	1	1
福 建	0	0	0	0	0	0	0	1	1
合 计	13	19	28	21	7	6	30	29	153

资料来源：表12、表13，上海市档案馆档案。

1930年4月—1936年6月、1939年7月—1941年12月，江苏第二分监死亡女犯案由：鸦片42人、毒品27人、诱拐23人、盗窃19人、盗匪13人、伪币10人、掳赎9人、妨害家庭7人、杀人3人、赃物1人、协助强奸1人、赌博1人、诈骗1人、侵占1人、堕胎致死1人、持有枪弹1人，合计160人。同一时间段，这160人中，死亡女犯的疾病为：肺病61人、肠胃病21人、脚气病19人、心脏病19人、伤寒15人、梅毒4人、产后感染4人、气管炎症3人、赤痢腹泻2人、子宫出血2人、腹部疾病2人、浮肿1人、脑出血1人、难产1人、肾脏炎1人、骨痨1人、烟漏虚脱1人、精神病1人、结核病1人。其中各类因病致死人犯中，有93人系在入监之前已经患有各种严重的疾病。①

表14 上海第一分监1946年1—12月女犯疾病人数统计表

月份	人数	死亡	月份	人数	死亡	月份	人数	死亡	月份	人数	死亡
1	9	1	4	6	3	7	0	0	10	15	1
2	8	1	5	9	0	8	0	0	11	13	0
3	8	0	6	0	0	9	0	0	12	16	1

① 杨庆武：《民国时期上海女监人犯死亡问题述略》，《历史教学》2016年第16期。

表 15　　上海第一分监女犯死亡年龄、案由统计表(1946—1948 年)

年份	年龄						案由				合计
	20岁以下	21—30岁	31—40岁	41—50岁	51—60岁	61—70岁	71—80岁	毒品	鸦片	掳赎	汉奸	

年份	20岁以下	21—30岁	31—40岁	41—50岁	51—60岁	61—70岁	71—80岁	毒品	鸦片	掳赎	汉奸	合计
1946	0	3	2	2	0	0	0	5	1	1	0	7
1947	0	1	0	0	0	1	0	1	0	0	0	2
1948	0	2	2	2	0	1	1	4	3	0	1	8
合计	0	5	4	4	0	2	1	11	4	1	1	17

表 16　　上海第一分监女犯死亡疾病、籍贯统计表(1946—1948 年)

年份	疾病							籍贯				合计
	肠炎	心脏病	结核	伤寒	肺病	梅毒	气管炎	江苏	浙江	韩国	日本	
1946	0	3	2	2	0	0	0	5	1	1	0	7
1947	0	1	0	0	0	1	0	1	0	0	0	2
1948	0	2	2	2	0	1	1	4	3	0	1	8
合计	0	5	4	4	0	2	1	11	4	1	1	17

资料来源：表14—表16，提篮桥监狱档案资料。

六、几点思考

第一，女性犯罪与社会、文化、经济、政治都有着千丝万缕的联系，对女犯的关押、监管是监狱工作的重要组成部分。女犯尽管人数不多，她为人女、为人母、为人妻，涉及妇女的道德、婚姻、家庭、教育等一系列问题，具有广泛的社会性。民国时期，上海地区关于华籍女犯的关押，从深层次上讲还涉及司法主权问题。在历史上，上海曾发生过一场极大风波。光绪三十一年十一月十二日(1905年12月8日)，四川官眷广东籍妇人黎黄氏携带婢女15名，行李100余件，护丈夫灵柩从长江乘船回原籍广东，途经上海时，被公共租界巡捕房以"拐骗人口"罪名拘捕，带至会审公廨审理。审理中，华籍官员认为证据不足，拟先将黎黄氏押到会审公廨女押所候讯。陪审官英籍副领事德为门强行把黎黄氏押入西牢，事后引起上海市民罢市，外国巡捕开枪，造成血案，共有18名华人被打死，几十人受伤，社会影响极大。后来德为门调离。

第二，女犯的管理场所由分散逐步走向集中。随着城市的发展，政治、战争等原因而逐步整合。从上海县监狱、江苏第二监狱、上海第二特区监狱、江苏第二分监、部辖第二监狱、提篮桥监狱，直到1945年12月建立的上海第一分监，就数上海第一分监条件比较好，建筑牢固，锁具精良，防逃功能好（当然用现代眼光来看，此分监也存在许多问题，如场地狭小、监舍押犯拥挤等）。从监狱体制上看，纵观100多年来，上海的女犯关押场所，大多是综合性监狱的附属机构，无论是华界的江苏第二等监狱，还是公共租界的厦门路监狱、法租界的会审公廨押所、提篮桥监狱等女监大都附属于综合性的监狱内，是该监狱的一个下属机构。但是在20世纪的30年代位于浙江北路江苏第二分监在全国范围内系最早建立的独立建制的女子监狱，一线管理人员为女性，但历任分监长均为男性。抗战胜利后，于1945年12月建立独立编制的上海监狱第一分监，其无论从一线管理者到分监长均为女性，而且历任分监长大多是大学毕业，其中一人还是外国留学生，文化程度比较高。应该说随着社会的发展，上海华界地区监狱女犯的管理场所及管理体制也在发展进步，甚至走在全国各地区的前列。

第三，女性犯罪率的高低，体现了一个国家和民族的文明程度，同时女犯的案由，也反映出社会的进步及妇女地位的提高。清末，妇女的社会地位不高，经济上不独立，对家族及男人（丈夫）的依附性较强，在中国传统社会中，男主外、女主内，女性定位在家庭主妇这样的角色。上海被监禁的女犯主要为杀人、伤害及性犯罪，作案范围相对比较狭窄，一般在家族、邻里间，案由相对比较单一。后来随着时代的发展，出现新与旧、中与西、传统与现代的交锋与融合，女犯的犯罪种类也比较广泛，涉及社会、经济、烟毒等方面，呈现多元化、多类型的状况。特别在20世纪三四十年代，当时禁烟、禁毒比较严厉，所以女监中的烟毒犯的比例相当高。民国时期以来，上海女性由传统的母亲、妻子的角色向独立女性、由家庭人向社会人的转变，中国传统封建礼教中男尊女卑的旧风俗逐渐被打破，同时女性随着教育程度的提高，更多的女性走上各行业的职业化道路，增大了人口的流动，在犯罪案由上也有诸多反映。但是历年来，上海女犯的文化程度普遍低下，文盲、半文盲占有很大比例，初中以上的凤毛麟角。民国时期，女监还允许收容怀孕的女犯，并允许女犯在女监生产，并哺乳带养孩童，这不仅影响了女监的管理，而且也不利儿童的教育与健康。

第四，民国时期上海女犯的管理场所地方狭小，经费不足，人满为患。当时的媒体披露，江苏第二监狱分监"……凡已决、未决之女犯概羁禁该监，遂有满坑满谷之势，从前每室规定囚七人，兹已增至十人，总计在监女犯有二百二十余人之多"。① 而到1933年女犯更是大大超员。"全监只能押禁百数人。近年来罪案

---

① 《公共租界女监参观记》，《申报》1931年6月5日。

日形增加,罪犯遂亦见多,现该监所禁已达四百余人,较定额几超三倍"。①就连条件相对较好的上海监狱第一分监,女犯也一度超额关押,监舍没法容纳,女犯只能睡在走廊里;因女监地方狭小,不能随时收容女犯。②监狱行政经费不足,寅吃卯粮,囚粮不足,并接受各界人士捐款捐物,1947年10月,民国政府驻意大利公使萨光前夫妇来监参观并捐助国币50万元,律师乐俊伟捐助100万元,允中中学教职员来监参观捐助脱脂奶粉3桶半。③上海作为全国的大都市尚且如此,那么其他城市的女监情况也许更差。这充分反映了民国期间监狱管理的现实状况。正如清末法学家沈家本所说,"觇其监狱之实况,可测其国度之文野"。女子监狱是社会的特殊窗口,也折射出一个社会、一个时代的缩影,凸显了当时社会的各种矛盾和问题。

第五,随着时代的发展,中西文化的交融,女监对女犯的管理工作思路逐步开阔,还积极借用社会力量,勇于向社会开放,如:上海第一分监自1945年底组建成立以来,接待了大批前来参观者。据统计1945年12月底至1946年年底有91批次、1947年有67批次、1948年至1949年3月有36批次;其中还有外国人士,如美国监狱专家阿尔哥于1947年9月3日下午偕美国总领事馆的史密斯参观上海第一分监后,阿尔哥连声称赞女监管理得当。④上海第一分监利用文艺界人士做广告,通过广播电台向社会征集衣服、捐助囚衣;通过宗教界人士进行教诲教育;还与一些社会团体、宗教组织努力开展出狱人保护活动;1948年5月第一分监分监长、总务科科长还出席了一慈善机构的纪念活动,会上详细介绍监狱与社会人士合作创办"上海妇女出监人保护会"的经过情况;此外,曾组织在押女犯外出参观"上海妇女出监人保护会",为部分贫困的女犯出狱后介绍就业岗位、解决临时的生活帮助;等等。上述上海监狱女犯管理制度及其实践,对于我们全面客观认识旧中国监狱管理制度具有重要价值。⑤

---

① 《第一特区女监参观记》,《申报》1933年5月21日。
② 《女监狭小,无法收容》,《和平日报》1948年6月18日。
③ 《上海监狱狱务日记》,上海市档案馆档案,档号Q177-1-447。
④ 《美国监狱专家来沪参观女监》,《和平日报》1948年9月4日。
⑤ 多年来,笔者曾采访过原上海第一分监的管理人员张仪明、陈咏声、李雪梅、徐雪春、陈又瑾、袁赛英、欧远兰、蔡苑琼等人。

上海市监狱总医院的前尘往事

2007年7月26日清晨,在公安开道车的引领下,上海市监狱总医院从长阳路147号搬迁到浦东周浦繁荣路,屈指数来至今已整整10多年了。如果从1903年开始起算,这座医院走过了114年的历史。本文主要叙述1949年5月前监狱医院的若干往事。

一、六十年风雨　一甲子沧桑

清朝光绪二十九年(1903年),随着公共租界工部局监狱,即提篮桥监狱启用,一座小型的医院也同时启用。它系专门治疗罪犯疾病的3层楼房,从上到下分作两半,一边是内科;一边是外科。底层是诊室和手术室;2层是内、外科轻病房,内科叫小痨病间,外科叫小开刀间;3层重病房,叫大痨病间和大开刀间。医院仅有病床36张,犯人有病经看守批准可以去就诊;医生每星期1—2次也领着一个提药箱的犯人到牢房巡查看病及发药,但是这些药既简单,量也少,发给的药得当场吃掉。医生拥有较大的权力,那就是开病号饭,如果医生高兴,可以给犯人获得一份或几份较好的饭菜;如果得罪了医生,也可以给你开几天稀饭或米汤,用饥饿来整人。①医院对需进行手术的病犯则送老靶子路(今武进路)华捕医院,重病犯送往位于今杨浦区圣心医院,麻疯病犯送往大场麻疯医院,精神病

1933年11月启用的提篮桥监狱医院

---

① 谢凡生:《贵阳—上海—贵阳》,《贵阳文史资料》,总第15期。

犯送往闵行神经医院。

随着押犯的增加,1920年代末1930年代初,监狱开始向其东部扩建,原A. B监、C. D监及小型的医院拆除,在原地建起今十字楼和1号、2号监,并在今监狱的东南角,建造一幢8层楼占地面积959平方米,建筑面积4 840平方米的监狱医院。医院新址于1933年11月20日启用。从硬件设施来说,新建的监狱医院比较超前,建有地下室,并配有电梯,楼顶系平台,可晾晒衣被。监狱医院与一墙之隔的巡捕医院(今长阳路191号,后称警察医院)之间设一条地下通道,主要考虑医疗便利而设立,后来因监管安全而被堵死。1935年2月18日《申报》曾以《工部局所立之华德路监狱医院》为题,进行报道:"监狱人犯数平均为6 244名,医院院屋内设床位350具,专用以应付重症,并将监舍一座改为医院附属部,以容纳较多之次重或痼疾。……总计上年诊治数目:外诊总数为60 357件、入院者10 445件、死者195名,其中有141名系属肺痨。"

1937年"八一三"事变爆发后,位于黄浦江畔的提篮桥监狱及监狱医院顿时处于炮火的前沿。8月15日,两枚炮弹穿进监狱岗楼,炸开部分围墙;17日凌晨,监狱数次遭到炮火袭击,监狱医院三次被炮弹击中。今7监、8监及西籍职员宿舍各被炮弹击中一次或数次,几天来,提篮桥监狱累计有9名犯人被炸死,70多名犯人受伤,12名中外看守受伤,多处监舍被炸。①医院也停止收押病犯,原有病犯出院疏散回监舍。整座提篮桥监狱数千名犯人、几百名工作人员处于慌恐状况。8月下旬由于交火地域转移,提篮桥附近战事平静,才恢复往常的工作。

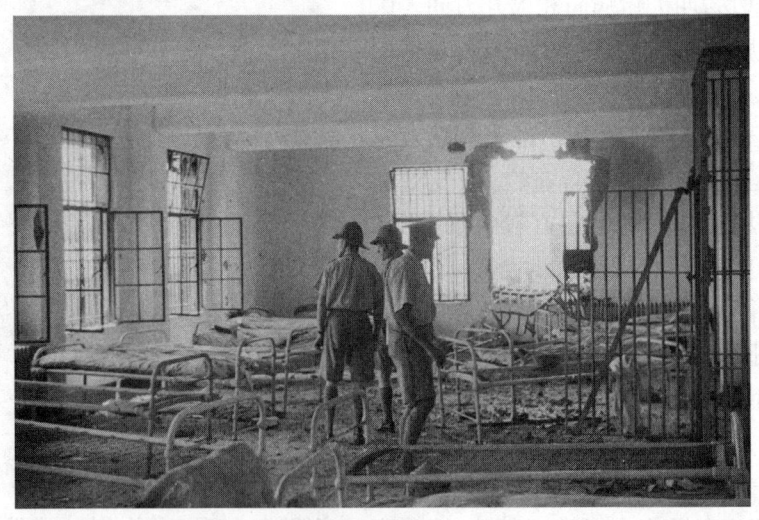

1937年8月,被炮弹击中的监狱医院病房

---

① 《炮弹击中西牢 死囚犯百余人》,《大公报》1937年8月18日。

监狱医院尽管房屋建筑不错,但是软件设施较差。一台 X 光机是抗战胜利后善后救济总署拨来的破烂货,搁置数年无人用过。20 世纪 40 年代中期,医院内设有候诊室、药品室、门诊室、病床 350 张,其中 1/3 为戒烟(鸦片烟)床、2/3 为病号床。病号床分内科(含结核)、外科(含眼、耳、鼻、喉、花柳等)。医院的病房开四个楼面,外科在两三层,戒烟科在三四层,内科在五六层。戒烟病室设专职医生,根据烟毒犯体质之强弱,分甲、乙、丙三级;对患阑尾炎、疝气等,需做外科手术的病犯,转送一墙之隔的上海巡捕医院(警察医院)。药品种类寥寥无几,住院患者得不到应有的医疗。

1946 年抗战胜利以后,监狱医院的工作分布情况:门诊。因监狱环境特殊,门诊并不分科,分门诊为 5 处:(1)医院总门诊处每日由各监送病犯来院诊病;(2)外籍监门诊处专为外籍犯人诊病;(3)女监门诊处专为女犯诊病;(4)看守所门诊处专为未判决之囚犯而诊病;(5)新犯入监门诊处在新犯入监于剃发沐浴换衣种痘后,即检查身体并留一病历记录。病房。(1)内科(包括痨病)在大楼的五、六层约计 200 床位;(2)外科(包括眼耳鼻喉、花柳等)在一、二层,约计 120 具床位;(3)戒烟科在三、四层,约计 120 具床位;(4)女监内尚有病床 20 具;(5)外籍监内尚有病床 10 具;(6)看守所内尚有病床 10 具。医院连看守所等合有病床 392 具。此外 7 层楼房作为杂役之住所,可容 50 余人,手术室设在 2 楼,药房设在底层内。①

二、病犯死亡及处理

民国时期,监狱医院死亡人员较多,仅 1942 年有傅开华、龚四宝、张文田等病犯 73 人死亡。1947 年 1—12 月死亡 74 人,其中肺结核 18 人、结核性肠炎 16 人、普遍性结核症 13 人、伤寒 4 人,肾脏炎、脚气病、痢疾各 3 人,心脏病、精神病 2 人,中风、糖尿病、胃穿孔、恶性贫血、斑疹伤寒、胆囊炎、癌肿、走马疳、癫痫、坏血病各 1 人。②1948 年 1—3 月死亡 50 人,其中肺结核 18 人、结核性肠炎 12 人、脚气病 8 人,肺结核、心脏病、普遍性结核症各 3 人,癌肿、梅毒各 2 人,走马疳、精神病各 1 人。③

1942 年时,病犯死亡处理程序:病犯因病死亡后,由监狱狱务监督(典狱长)会同医院医务主任签发押犯死亡证明书,载明死亡犯人姓名、狱中番号、性别、年

---

① 上海市档案馆档案,档号 Q177-1-108。
② 上海市档案馆档案,档号 Q177-1-324。
③ 上海市档案馆档案,档号 Q177-1-329。

龄及判决日期、发病日期、死亡日期,病由等,连同验尸单送江苏高二分院检察官检验,记录在卷,归入原判刑案卷内,以资备查;①而后,由监狱或监狱医院通知病犯家属,前来收尸;在规定的时间内,如果病犯家属放弃收尸,则由上海慈善机构处理。

三、医务与人事拾零

租界时期,监狱医院的医疗业务由上海工部局卫生处管理,卫生处每月或两月或不定期到医院内检查工作。医院内的看守、病犯和从事勤杂劳役犯,均由监狱负责管理。医院的医护人员,包括医生、护士均为男性。抗战胜利后,随着上海监狱第一分监(女监)的建立,医院也吸收了少数女性医务人员。

监狱医院一般上午9点,由医师、护士查房,查房时,一个医师有一个护士跟班,既无详细病史记载又无护理方面的一套常规,医嘱开出后,跟班护士随即在药盘中取药,看着患者服下。病犯吃的伙食也有监狱炊场送来,医院没有营养伙房。对于一般的犯人门诊非常马虎,病犯不是坐着就诊,而是排队站着看病,注射针剂时也是站着的;更有甚者连拔牙也不用麻醉药,涂些碘酒就拔;门诊病人是到药房小窗口一次性服药。但是,对待少数汉奸、有钱的烟毒犯,则另辟小间给他们住单间,这些特殊人犯可吸烟,看守为他们买小菜,还可跑到院长室与医务主任等工作人员抽烟聊天。夜间,整幢8层楼高的医院仅有一男护士值班。据统计,1930—1938年,监狱医院,犯人就诊人数分别为:6 523、8 138、7 452、8 917、10 445、7 634、4 752、3 655、6 696人次。其中以皮肤病、各类性病、痨病(肺病)等居多②。

20世纪30年代初期至40年代末的监狱医院,医务人员一直保持在20人左右。医院首任院长系英国人史密斯。1933年以来始有华人出任院长,曹芳涛为第一任院长;修世泽为第二任院长,1941年12月起,其离开医院自行开业;1941年12月—1945年9月,丰仲恩、陈澄,先后任医院院长。从1945年9月起,孙逵方(安徽寿县人,医学博士,法国留学生)任医院院长,1947年孙兼任上海法医所所长,1949年春离沪定居法国。③后继者魏立功(江苏南通人,医学博士,德国留学生),解放后,他曾在南通医院工作,后任南通医学院、苏州医学院教授,是新中国第一部《中国药典》的编委之一。

---

① 《江苏高二分院关于工部局监狱补报在监病亡人犯的报告》,中国第二历史档案馆档案,档号 7-5-109。
② 麦林华主编:《上海监狱志》,上海社会科学院出版社 2003 年版,第 310 页。
③ 《中国法医学杂志》2011 年第 26 卷第 6 期。

监狱医院的大部分医师、护士都有熟人介绍,人员大都来自仁济医院。1945年抗战胜利后,医院虽登报公开招雇医务人员,而实质上仍是同学、同事、同乡保荐才能被录用。解放前,上海西医医务界高级医务人员由于其留学及师承等原因主要分为两大派系:一是留学法国的;一是留学德国的。由于监狱医院院长主要是法(国)派,于是监狱医院引进了法派医学院的医师。多年来,医院还有二三个吃空额的人,一个月来一次医院领薪水。夜间无医师值班,仅有一个专职夜班男护士住在职工宿舍。据这位专做夜班的护士讲他做了3年的夜班,看守去叫他到监舍、病房处理医务事宜不满100次。1949年4月,监狱医院计有工作人员22人,其中医师8人、医士1人、护士6人、药剂3人、行政3人、勤什1人,另有女医师1人、女护士2人,专司女监医疗工作,两者合计为25人。上海解放后,因工作需要,监狱医院也有少数医务人员被留任,在医院继续工作。

四、日军大将气绝身亡

冈部直三郎,日本广岛人,先后毕业于日本陆军士官学校和陆军大学。1937年卢沟桥事变后,入侵我华北等省。1943年初,他晋升为陆军大将,后任关东军第三方面军司令官、华北方面军司令官、第六方面军司令官等职。1945年8月日本投降后,冈部直三郎在汉口第八受降区受降。此后,他被囚禁在武汉大学校园内。次年8月,乘船转押至上海关押在提篮桥监狱。1947年11月28日下午,冈部突然患病昏倒在地,知觉全无。看守急忙打电话通知监狱医院,医务人员对其进行紧急抢救,并用担架把冈部抬到医院的二楼病房内观察治疗。

当时医院医务力量不足,医务人员不懂日语,院方担心冈部生活上不方便,破例叫来冈部的部属、一起拘押在狱中的芝原平三郎等人,在生活上给予冈部照料服务,同时请来日籍医生中山博士前来监狱会诊。中山博士诊断后认为,冈部患脑血管类疾病,又是急性突发,且年龄偏大,恐怕性命难保。当晚6点50分,冈部病情突然恶化,气喘不息,大汗淋漓。尽管中山博士亲自参加抢救,然而无济于事。7点15分,这个在侵华战争中双手沾满中国人鲜血的战犯,双眼一闭,一命呜呼。[①]冈部直三郎个子不高,中等身材,须发斑白,身穿军服,死时仰卧朝天,两手交叉于胸前,卒年60岁。第二天(11月29日)早晨,冈部直三郎的尸体运往胶州路上海验尸所检验,并对尸体拍照存档,呈报后由上海日本联络部领

---

① 《一战犯病死 冈部在沪患脑溢血》,《大公报》1948年11月30日。

回。据查,冈部直三郎系抗战胜利后,在中国境内因病死亡的侵华日军中的最高将领。①

五、金砖大盗雨夜攀爬脱逃

陈元盛原系上海中央银行的金库保管员,生于 1918 年,浙江镇海人。他监守自盗,把库房内一块重达 543 两并镌刻有英文"满洲国中央银行"的金砖偷盗外出,抵押给钱庄,投机做股票买卖。由于股市失利,他把金砖融化为 54 根每根 10 两重的金条外出逍遥。有次,他在杭州一下包了 10 多名女子陪伴他游湖登山。1946 年 5 月 22 日,因上级检查金库而败露,他闻讯后潜逃外地,经人举报而在浙江上虞被捕。同年 10 月,以盗窃罪被上海地方法院判处无期徒刑,关押提篮桥监狱。②入狱后,陈元盛在管理人员前面认罪态度非常好,有时还痛哭流涕,表示自己罪有应得,余生之年在狱中度此残生。后来陈被分配在监狱医院做工犯(即劳动犯),晚上住监狱医院 5 楼牢房。"工犯",活动范围大,消息灵通。日子一久,他对提篮桥各幢监楼的方位和防范情况相当熟悉。当时由于监狱财政开支严重短缺,为了紧缩经费,撤下高墙四周岗楼的值勤人员,医院晚上只有一个人值班。陈元盛就跟同监犯王海良、姜吉祥和刘阿六酝酿越狱计划。

当时监狱医院一些工作人员素质较差,叫犯人干私活,贪图小利。有一天,一名男护士吩咐陈元盛要住院看病的韩国犯人制作轮船模型。陈元盛就趁机提出做船模需用钢锯。该护士如期带进两根钢锯锯条。同监室的几个犯人,在陈的指挥下把监房窗口上的一根铁栏锯断。为防止被人识破,就在铁栏断口处用胶布裹好,外蘸墨汁以作伪装。与此同时,他们又暗中偷拿了医院内的医用绷带,偷偷地绞成绳索;又向医院借得一把老虎钳,作了越狱脱逃的各项准备。此外,陈元盛又通过医生为其开了一张患重病行动不便、需要特别接见的假证明。陈元盛的姐姐就凭此证明,进入狱内的医院,趁机带给他若干现金。

1948 年 8 月 24 日凌晨,大雨倾盆。陈元盛、王海良、姜吉祥借助于恶劣天气,在监狱医院 5 楼监室内,扳开早已锯断的铁栏,冒雨钻出窗外,攀缘墙壁处的落水管,滑降而下。同监犯刘阿六本来也想一起越狱,不久前,闻知本人将改判或假释,因而不愿冒险脱逃。陈元盛等 3 人从 5 楼顺着水管滑到 1 楼,悄悄来到监狱东南角 3 层高的岗楼前。陈元盛一伙用事先准备的钢锯,锯断岗楼铁门上的门梢,沿着盘旋而上的楼梯,登上岗楼的 3 楼,又用纱布制成的绳索拴在铁栅

---

① 张子申、薛春德:《走向神社的哀歌,日军毙命录》,解放军出版社 1994 年版,第 242 页。
② 《金砖案犯陈元盛送上海监狱执行》,《申报》1946 年 10 月 23 日。

上,3人越出窗口沿绳而下,到达围墙外再翻越一堵竹篱笆后来到昆明路乐安里。①3人落地后叫了一辆出租车,装成一伙赌徒的模样,吩咐司机冒着暴雨开往十六浦。车子开到新开河时停车下客,他们分作两路,王海良、姜吉祥从新开河摆渡去浦东,陈元盛一人独行。

事发后,典狱长孔祥霖急忙赶到现场,毗邻监狱的上海警察局提篮桥分局连忙派员协查,在监狱围墙的岗楼处搜到两把钢锯、一把钳子及绳索等物品。典狱长一面布置警力分头到陈元盛等3人的家中和亲朋好友处守候;一面组织人员连夜对陈元盛等人的同监犯刘阿六进行突击审讯。8月26—27日,警员在浦东马家宅和建国中路先后将姜吉祥、王海良捕获。陈元盛与王、姜两人分手后,先后在公园、戏院、舞厅及色情场所混日子。8月30日深夜11点,他正徘徊在今瑞金二路金谷村弄口,被警探束手就缚。

六、汪伪财政厅长死于监狱医院

张德钦,上海宝山人,早年入美国林肯大学杰斐逊分校学习,获法理学博士学位。回国后历任湖北宜昌特税处处长、沙市榨运分局局长、哈尔滨盐务稽查处处长、上海律师公会常委,上海公共租界华人纳税会常委等职。抗战期间投靠汪精卫,曾任汪伪国民政府边疆委员会常务委员、汪伪中央政治委员会财政专门委员、浙江省政府委员兼财政厅厅长、华侨工商银行常务董事、汪伪中央信托公司保险部经理等。

抗战胜利后张德钦作为汪伪政府的一名骨干成员,列入汉奸犯名单,被上海司法部门拘捕。审讯期间,50多岁的张德钦患有重病。②1946年6月22日审理时,他经人背负上庭受审。6月29日,经上海高等法院判处10年有期徒刑,关押于提篮桥监狱。由于他患病在身,其家属也通过亲朋好友托关系,走门路,在生活管理上受到监狱一定的照顾,后来被送入监狱医院住院医治。监狱当局允许其家属进入医院给予"特别探视",常送入一些营养品,外国进口的药品、针剂,拖延其日子,但是最终无法挽救其生命。1947年1月29日下午3时50分,汉奸犯张德钦病死于上海监狱医院内,其病症为糖尿病及肺脓疡。据有关资料显示,张德钦系抗战胜利后在上海监狱医院病亡的一个比较有社会影响的汉奸犯。1947年1月30日《申报》的标题为:"伪财政厅长张德钦 病死于监狱医院。"

汪伪政府最高法院院长张韬,抗战胜利后被判处无期徒刑,送押提篮桥监狱

---

① 《上海监狱三犯越狱 金砖案主角脱逃》,《申报》1948年8月25日。
② 《伪浙江财政厅长张德钦在押患病》,《申报》1946年4月24日。

七、滑稽演员为病犯募捐衣被

上海解放前夕,监狱医院行政经费紧张,在院的病犯缺衣少被,医院院长就通过熟人找到滑稽演员程笑飞、小刘春山、俞祥明、杨笑峰、袁一灵、姚慕双、周柏春、笑嘻嘻等人于1948年1月17日,在凯旋电台为监狱医院的病犯"空中募捐"寒衣棉被,并请张某、筱某、钱某等人担任播音报道,捐募获得寒衣143套、棉被110条,捐助者既有工厂企业如中美烟厂、同春米厂、大光明钟表行等,也有个人,某某先生、某某女士。当月,滑稽演员筱快乐、程笑飞、杨笑峰、小刘春山、袁一灵、姚慕双、周柏春等一行13人参观提篮桥监狱和监狱医院,并借此机会觅取狱内的滑稽题材。②后来上海监狱医院以院长孙遂方的名义在同年3月1日《申报》上刊发《上海监狱医院鸣谢启事》,并把各捐助者的姓名及物品、数量公布于后。

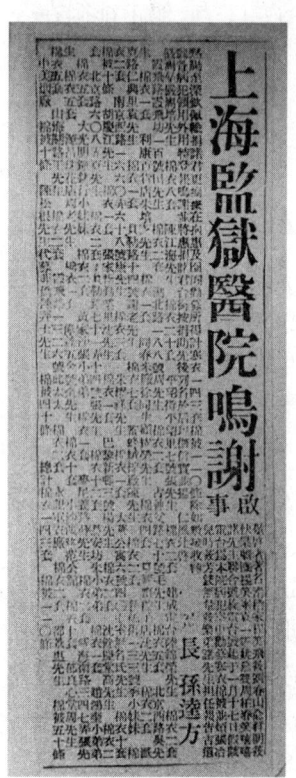

上海监狱医院在1948年3月1日《申报》上刊登的"鸣谢启示"

1949年5月上海解放,上海市军事管制委员会派员接管了提篮桥监狱和监狱医院,医院的接管人员为吴清华、李长勤、秋亚、廖良章等人。医院更名为上海市人民法院监狱医院,廖良章首任院长。初设内、外、肺、眼四科。最初3个月每月平均住院150人以上,门诊每月9 540人以上。③1951年8月改为上海公安医院第二分院,简称公安二分院;1957年11月改称上海市监狱医院;1984年3月改称劳改局中心医院;1995年7月称改称上海市监狱总医院,同年11月被上海市卫生局定为二级乙等医院。④监狱总医院工作人员逐步增加,1950年年底仅有30

---

① 《伪最高法院院长张韬患胃疾逝世》,《申报》1949年4月18日。
② 《监狱中寻笑料 滑稽戏艺人送犯人衣被》,《申报》1948年1月20日。
③ 上海市档案馆档案,档号Q-242-1-363。
④ 麦林华主编:《上海监狱志》,第145页,上海社会科学出版社2003年版。

人,1951 年有 35 人,1970 年 100 人左右,2000 年年底 185 人。

解放后位于长阳路的上海监狱总医院

1949 年以后,监狱总医院的硬件与软件有了大幅度的提高。2007 年 7 月,监狱总医院从长阳路 147 号搬迁到浦东周浦繁荣路新址,与上海市南汇监狱同处于一个大院,为上海的监狱管理工作和医务工作谱写新篇章。

上海警察医院小史

警察是近代社会的产物，在旧上海租界里警察称为巡捕，如果按国籍来区分，主要有两大类，一是印度巡捕，简称印捕；一是中国巡捕，简称华捕。专门为巡捕看病的医院叫作巡捕医院。早在1924年，上海公共租界工部局为解决巡捕的疾病诊治问题，分别在老靶子路（今武进路）和吴淞路临时建有华捕医院和印捕医院。华捕医院原为老维多利亚医院，是一幢砖木结构的4层楼房，建筑面积900平方米，设病床70张，工作人员26人左右；印捕医院规模更小，是一幢砖木结构的2层楼房，建筑面积200平方米左右，设病床20多张，工作人员10人左右。这两座医院主要为华籍巡捕和印籍巡捕进行疾病治疗、体检和防疫。由于医院的业务跟不上工作的需要，为此，工部局经多年筹备于1929年在华德路（今长阳路）197号，毗邻提篮桥监狱处重建巡捕医院，耗资40万圆银圆，由上海成泰营造厂承建，1932年竣工，同年10月启用。它是一幢钢筋混凝土结构的楼房，楼高8层，建筑面积5 000多平方米。启用时，把原先的华捕医院和印捕医院一起并入，行政上属公共租界工部局卫生处管辖。

上海巡捕医院首任院长为英国人，后任院长还有美国人、意大利人、德国人、日本人。医院主要任务是负责对华籍、印籍巡捕的疾病诊治体检、防疫等工作，同时还对公共租界各巡捕房和提篮桥监狱的部分犯人进行治疗。建院初期，医院设特等病床2张，二等病床10张，普通病床160张。工作人员60余人，其中医务技术人员30余人。年平均门诊2.5万人次，住院2 500人次左右，手术170人次左右。[①]根据《上海公共租界工部局年报》记载，巡捕医院1933—1938年收押的犯人就诊人数，分别为313人、276人、201人、278人、184人、157人，平均每年235人；巡捕医院犯人死亡人数分别为21人、12人、12人、25人、12人、18人，年平均死亡16.7人。再从病名来看，巡捕医院1933年就诊的313名犯人中，重伤53人、鸦片瘾45人、消化系统疾病38人、皮肤病31人、神经系统疾病17人、痨病（肺结核）13人、呼吸系统疾病11人、痢疾和花柳病各9人、钩虫蛔虫8人、疟疾6人、各种泻症、回归热各4人、盲肠炎（阑尾炎）、淋病、疥疮各3人，

---

① 《上海市虹口区中心医院院志》(1932—1990年)，1992年印，第6页。

支气管炎、梅毒、心脏病、肾炎、肝胆病各2人,伤寒、沙眼各1人,其他44人。①

1937年8月,上海战事爆发,虹口提篮桥一带战火激烈,巡捕医院于8月27日清晨4时许,被一发炮弹打中,弹片飞入了监狱。巡捕医院被迫迁至育才公学校舍内。战事平息后,巡捕医院才迁回华德路旧址。1941年12月太平洋战争爆发后,日本人侵占上海公共租界,次年医院由日本人永进通医师率人接管。1943年日伪政权统治上海时,医院改名为上海特别市警察医院。抗日战争胜利后,1945年9月,医院属上海市警察局管辖,改称上海市警察局警察医院,院长唐仁缙(江苏吴县人),自此医院业务始有发展,医院规模有所扩大。次年,还接收上海警察局新成分局诊所,10月6日开办上海警察局黄浦分局诊所,1946年7月开办警察训练所(即警察学校)诊所,1947年12月开办绍兴路诊所,1948年6月开办黄兴路诊所(附于疗养院内)。警察医院本部医务设立7科,具体为内科、外科、眼科、耳鼻喉科、皮肤科、神经精神病科、X光电疗科。医院1—4层为医务用房,5楼为犯人病房,分男、女两个大病房,专门收押上海市警察局押来的未决犯或提篮桥监狱医院无法治疗的已决犯。上海解放前夕,该男、女病室曾秘密押过不少共产党人及爱国人士,成了名副其实的特种监狱。其中有著名作家茅盾的战友、彝族女革命家秦德君(解放后任第二—七届全国政协委员)②、原国民党首届立法委员民革常委王葆真(1949年后曾任河北省政协副主席)③等。当时,他俩都被判处死刑,后在各方人士的鼎力营救下,暂未执行,幸免遇难。

加层整修后的原上海警察医院大楼

上海市中西医结合医院

---

① 《上海公共租界工部局年报》(1935年)。
② 重庆市政协:《重庆文史资料》第20辑,1984年。
③ 徐家俊:《王葆真申江蒙难记》,《民国春秋》1996年第5期。

1949年5月27日上海解放,6月2日上海市军管会派出以朱伟为首的10人小组接管原上海市警察医院,并对医院进行清理、整顿、改造,医院改名上海市公安局警察医院,院长仍是唐仁缙,朱伟任党支部书记。1949年后,警察医院也临时收治过部分病犯。1951年初,上海警察医院改为上海市公安局公安医院,其服务对象主要是上海地区的公安干警。后在保定路230号改建为医院的内科、儿科病房和门诊部。1956年1月25日,医院改名为上海市公安医院。1958年初,公安医院正式向社会开放;9月,并入上海市金融工人医院。次年4月,公安医院正式更名为上海市提篮桥区中心医院。随着上海行政区划的调整,虹口区与提篮桥区合并,定名为虹口区。所以,医院定名为上海市虹口区中心医院。1986年长阳路大楼加层大修,使医院的住院条件、院容、院貌均有改善发展。1994年5月,虹口区中心医院更名为上海市中西医结合医院,是年取得中西医结合系列三级甲等医院资格;同年10月又在保定路新建的12层高的新病房大楼奠基。从2005年起,位于长阳路197号中西医医院住院部撤销,后又在保定路长阳路新建了若干大楼。2007年,医院有职工804人,其中卫技人员620人;正高级职称16人,副高级职称51人;设有职能科室17个,年门急诊50万人次。目前,该院占地面积1万多平方米,建筑面积3.4万多平方米,核定床位446张,系二级甲等综合性医院。①

---

① 夏志毅主编:《上海市虹口区志》(1994—2007),方志出版社2011年版,第1196页。

在提篮桥监狱审判的三起涉台日本战犯案

抗战胜利后,盟军美军军事法庭在提篮桥监狱组建军事法庭对9起案件、48名日本战犯进行审判,其中有3起案件涉及台湾地区的日本战犯。

一、泽牧良夫少佐虐待案

1946年5月9日,美军军事法庭在提篮桥监狱第一次审判自台湾解押来沪的日本战犯泽牧良夫。泽牧良夫,时年32岁,1944年10月在台湾任日军部少佐情报员。[1]

1944年前后,美军海军一支部队在台湾海峡一带从事侦察工作,美海军军士霍利比斯被日军逮捕。霍利比斯遭到日本军队泽牧良夫等官兵的百般摧残,企图从他口中获取美军的军事机密。由于被俘的霍利比斯坚不吐实,没有吐露日军所需要的军事机密,泽牧良夫就对其横加酷刑,而后就把霍比利斯关押在狱中,通过饥饿、打骂、虐待,不给以放风、不让休息睡觉等各种方式进行精神上及肉体上的折磨。霍比利斯受刑负伤后,又不予医治,并使其伤口恶化,一度生命垂危。

抗战胜利后,泽牧良夫被美军逮捕,从台湾押解到上海,关押在提篮桥监狱。受审时,泽牧良夫身穿军服,事先他经过充分准备,他的自供书竟长达34页,千方百计为自己辩护。他自称当时日军奉政府命令对美军被俘人员严密看守,以免发生越轨行动,并须查明各犯的行踪及来历。泽牧良夫又称:当时日军部队的官兵对被俘人员实行人道主义对待,所以被俘的美军人员都得到良好待遇,他们在监狱内都有吸纸烟的机会。总之,泽牧良夫不承认用刑及伤害美军霍利比斯。

在法庭上,原告辩护律师严词指出泽牧良夫罪状的要害在于违反国际公法虐待战犯,背叛人道,将霍利比斯重打至晕,伤害其肉体,受刑后又不予以医治;同时,泽牧良夫身为日军少佐,又受过高等教育,具有较高的文化水平,知法犯

---

[1] 《台湾战犯泽牧良夫昨日首度审讯》,《申报》1946年5月10日;《泽牧良夫昨受审,定今日下午宣判》,《民国日报》1946年5月10日。

法,法不可赦,请求主审官予以重判。被告律师认为泽牧良夫虽然对被害人打骂虐待,但是情有可原,他是执行上级命令,不过在执行过程中有出格的举动,且对受害人没有危及生命,因此有从宽从轻的情节,而且到案后认罪态度较好,事前还准备了长达 30 多页的书面材料,陈述了一些理由,对其中部分要义,希望法庭考虑采纳。由于泽牧良夫虐待霍比利斯案,案情较为简单,并不复杂,犯罪事实清楚,美军法庭经过调查侦讯,于当月 10 日下午宣判判处泽牧良夫有期徒刑 30 年。①

二、中野良雄大尉虐待案

1946 年 6 月 6 日上午 9 时,美军军事法庭在提篮桥监狱审讯日战犯中野良雄大尉、川井靖海兵长、井村秀一兵长、关晋上等兵。他们 4 人被控 1945 年在台湾战俘集中营,伤害虐待美军哈特中尉的罪行。②

1945 年 5 月美海军哈特中尉奉命驾机轰炸台湾时,飞机不幸被高射炮击中,冒着黑烟瞬间坠落,他连忙跳伞降落,在波涛汹涌的台湾海峡中几经搏击,由于体力不支,再加上这一带海域均为日军所控制,因此被驻防在台湾的日本人所俘虏。由于哈特中尉拒绝向日本军队招供美军军情,日军违反国际公法,认为他"拒绝配合,顽抗不训",由中野良雄等人对哈特施以吊打、电刑、灌辣椒水等种种酷刑,企图获取情报。但哈特虽受虐待、折磨,坚不吐露军情,以致被打至伤痕累累,并被日军囚禁几个月。1945 年日本投降后一个月,哈特才获得自由返回美国,与家人团聚,身体逐渐康复。

1946 年 6 月 6 日,美军军事法庭在提篮桥监狱开庭审讯中野良雄等人,由培莱中校、约吉少校、哈尔顿少校担任审判官,组成合议庭。主审官培莱中校,身材高大,头发半秃,陪审官约吉少校与哈尔顿少校,一胖一瘦,显得十分引人注目。上午 9 时正,法庭开庭,法警带上日战犯中野良雄大尉,川井清海、井村秀一兵长,上等兵关晋等 4 人。他们坐在法庭的被告席上。4 名被告中,要数中野良雄年龄最大,面孔也最凶相;川井与井村皆戴上玳瑁眼镜,眼睛兀自在眼镜里向下望,模样丑陋,颇为可怕。他们 4 人已全部穿上美军夏季制服,但鞋子还是以前作恶时穿的黄皮靴。检察官福娄中尉,说话沙沙声,起立宣读起诉书。胖胖的被告辩护律师退纳中尉,以证据凿实无话可说,而放弃辩护。法庭请来证人美军海军哈特中尉。此次他特地从美国依利诺斯州橡花公园家中飞来上海作证,他

---

① 《日战犯泽牧良夫判三十年》,《申报》1946 年 5 月 11 日。
② 《虐待美飞行员案 日战犯俯首认罪》,《华美晚报》1946 年 6 月 6 日。

坐上证人座,态度镇静,唯发音颇低。他详细叙述如何在美国受训,如何受命侦查台湾近海日本军情,如何为敌高射炮火击落,如何在海中搏击而被日军俘捕。当讲到在台湾被中野良雄等4人严刑苛打时的情况时,他紧咬牙齿,面呈悱色,余怒不尽。待翻译官将哈特的证言,通过英语翻译为日语,中野良雄等4人也自知以往作恶,今后必自食其果,均低头默默无语。① 经美军军事法庭允许,中野良雄等人请来日军第6军军法处长上村勇土助大佐到庭,代为辩护。上村大佐在发言中,把日军对美海军哈特中尉的虐待折磨,则轻描淡写地说成他们系奉命执行公务,现在哈特中尉已经康复,没有留下什么后遗症,所以从后果来说中野良雄等人的行为并未触犯刑律。

中野良雄在台湾虐待美国飞行员一案,经美军法庭二审终结;同年6月8日上午,由主审官培莱中校宣读判决书,中野良雄大尉判处无期徒刑,川井清海、井村秀一兵长,及上等兵关晋各判处有期徒刑30年,拘禁期间,罚以苦役。② 各犯听到判处结果后,面色灰白,低首无言,随宪兵押回监舍。

三、谏山春树中将等八犯非法处死美飞行员案

1946年7月1日,美军军事法庭在提篮桥监狱提审一批日本战犯,人数众多,其中有前日本驻台湾参谋长谏山春树中将、第十区司令部军法处长古川大佐,及所属杉浦中佐、中野大尉、河东中尉、松井中尉、伊远中尉及藤井中尉等8人。

1945年6月19日,美军美飞行员麦克里莱、哈脱莱、施巴凡、劳伦斯、里格斯、阿屈路、麦克凡、卡德、勃区耐、派克、威尔逊、哈萨惠、恰柏、莱及铁等14人,在台湾海面乘飞机失事被台湾日本驻军逮捕。他们经过日军的一番虐待、折磨后,台湾总督安藤利吉大将即命令参谋长谏山春树中将,及军法处长古川上校布置设立军事法庭,将被俘的麦克里莱等飞行员加以非法审判。由松浦中校任审判长,杉浦中佐等5人分任陪审判官及检察官,他们不依法律程序,违反国际公法,不给麦克里莱等人提供辩护律师,也不给他们自我辩解、发言的机会,贸然将麦克里莱等14名美军美飞行员在极短的时间内判处死刑。经安藤利吉大将、谏山春树中将、古川大佐批准后,就把这14名美国飞行员就地执行枪决,麦克里莱等14人的遗体及遗物也随之遗弃。两个月以后,日本政府宣布无条件投降,14名美军飞行员的家属联名向美军当局要求依法抚恤,并及时惩处涉案的日本人。

---

① 《虐待美飞行员案　日战犯俯首认罪》,《华美晚报》1946年6月6日。
② 《虐待美俘虏案　日战犯处罪　中野良雄无期徒刑三兵长各判三十年》,《华美晚报》1946年6月9日。

美军当局认为谏山春树等日本人对美国飞行员的措施实属非法,各犯经拘捕后,自台湾押解来上海关押受审。

总督安藤大将于1946年4月15日,从台湾押解到上海,后来他畏罪在提篮桥监狱内,用密藏在衣服夹缝中的剧毒药自杀死亡。谏山春树作为第一被告,及其他7名日本战犯押解到庭。美军军事法庭由马兰上校为主审官,贝利中校、皮史推华尔特中校为副审官,费洛士上尉与奥斯傍中尉为检察官,凯莱上尉与退纳中尉为辩护律师,并另聘两名日籍律师为之辩护。这8名日本战犯中,谏山春树身材矮小,獐头鼠目,是个典型的日本巨奸;古川似已年迈,故呈老态龙钟;其余6人,都生得浓眉宽脸,一望是杀人不眨眼的屠手。他们都被依等级高低坐于二排,逐一起立静聆检察官宣读他们所犯的罪行。

7月23日,美军军事法庭又一次在提篮桥监狱审讯谏山春树、古川等人。在庭审中,原告、被告双方的律师开展了激烈的辩论。首先由日本辩护律师向主审官发话:台湾第10军参谋长谏山春树是台湾总督、司令官安藤利吉命令的执行者,他仅为服从签署司令官的指示,所以组织军事法庭对14名美军飞行员的事实与他无关;至于被任命为主审法官的古川大佐所签署的判决书,其实事先已经由上级决定,不过以他的名义而宣判,他对此事更无权过问;至于杉浦中佐、中野大尉等人更是无权过问,因此他们是无辜的。该日本律师还大言不惭地说,前在台湾所组建的日军军事法庭非常公正,而且合法,一切依照日本驻台湾地区第10军的意图而执行。其后美军的原告辩护律师霍路斯上尉及奥斯勃中尉发言,对日本律师的言论进行反驳:我们绝对不同意台湾第十军军事法庭公正性。法庭开庭应该公开,应该按照国际公法而施行,具体理由有三点:(一)东京方面曾下令组织军事法庭审讯战犯,但日军审讯的14名美军飞行员根本不是战犯,你们颠倒黑白,把所要审讯对象的身份都弄错了。为此,日军方面应负责。(二)军事法庭审讯时应予公正态度审讯,不应通过诬陷之言辞而定罪。(三)谏山春树、古川等人明知14人的身份是美军飞行员,却把他们判处死刑,又不给他们上诉及申诉的权利,就匆忙地执行枪决,这是有违国际公法的,不顾一切加罪于无辜者身上。所以要求法庭,对谏山春树判处死刑,以身赎罪。控辩双方的辩论一直进行到至下午1时。①

被控在台湾杀害美飞行人员14人一案,经美军法庭审讯四五个星期,经控辩双方律师辩论后,于7月25日上午宣判。上午8时,谏山春树等8名日军被告由美军宪兵解押入庭。主审官宣读他们的罪状及判决主文。第一个谏山春树

---

① 《谏山等八个日战犯 辩论终结定后日宣判》,《民国日报》1946年7月24日;《谏山等八个日战犯辩论终结定后日宣判》,《神州日报》1946年7月24日。

中将,系前日本驻台湾第十军参谋长,虽然没有直接到庭参加审判美军人员,但他下令组织法庭,又示意将无辜者处死负有领导责任,所以判无期徒刑;第二个古川大佐,为当时日本军事法庭主审官,系直接判刑者,判处死刑;第三个杉浦成孝中佐,任法庭检察官,他伪造证据,诬美军飞行员的罪证,也依法判处死刑;第四个中野良雄大尉,系该案的法官者,判处无期徒刑;第五个伊藤忠夫大尉判处有期徒刑徒刑20年(事后,他于1949年初又被上海军事法庭再次审判);第六个松井正治大尉判处有期徒刑40年;第七个伊达宾夫中尉判处有期徒刑30年;第八个籍川建中尉判处有期徒刑30年。①

---

① 《日战犯八名判决谏山中将终身监禁 古川杉浦各处死刑》,《申报》1946年7月26日。

上海滩几个与监狱有关的地名

地名是城市的名片,地情研究的切入点,也是刻录和回放人类记忆的碟片,它对交通、邮电、治安和人们的日常生活具有独特作用,并保持其相对的稳定性。上海的地名(包括马路、街巷、区域)异彩纷呈,别具特色,基本上以各地的地名命名为多数,此外,还有以人名、姓氏,历史上的某些职业,河流、码头、花卉、树木、庙宇、祠堂等命名,有着较大的人文和历史因素,内涵十分丰富。上海历史上及目前曾有几个与监狱有关的地名。

一、九亩地

位于今黄浦区境内的上海旧城厢的西北部。明代上海望族顾氏在此建造有名的露香园。明末露香园荒芜。清嘉庆年间,在原园内的青莲庵左前辟为小演武场,占地约9亩,老百姓就把这一带称为"九亩地"(清末,习称"九亩地"的范围扩大到东至青莲街,南逾万竹街,西达旧仓街,北临高墩街,据实地丈量为65.98亩)。自清道光十六年(1836年)以来,上海县衙在此先后建了"积谷仓""硝磺局""火药局"。清光绪二十年(1894)八月,上海道在"九亩地"建"改过局",设有牢房18间,关押犯人,该处地势低洼,潮湿异常,由于管理不善,犯人经常脱逃。据资料记载,1895年的3月和9月就有多批犯人脱逃,次年又有15人脱逃,1897年29人分两批出逃。[①]由于"改过局"老是逃跑犯人,管理措施不当,社会舆论强烈,《申报》等媒体也有披露。因此该机构后来被撤销,原址改为杀人的刑场。清光绪三十四年,当时上海最大的戏院"丹桂茶园"迁至九亩地,演出京剧、昆曲,以后还建造新舞台。辛亥革命以后,随着司法的改良,民国2年(1913年)3月,在九亩地刑场的遗址上设立"罪犯习艺所",关押犯人,组织部分人员参与生产作业;同年6月,习艺所撤销,该处土地出让,被兴市公司(相当于目前的房地产开发公司)买入,经过整修,在该处建起大片新式和旧式里弄,如开明里、仁安里、又安里等,形成住宅居民区。"九亩地"一带由于处于老城厢,临近法租界,

---

① 麦林华主编:《上海监狱志》,上海社会科学院出版社2003年版,第17页。

社会成员复杂,赌台、烟馆林立,成为藏垢纳污之地,1949年以后面貌改观,焕然一新。

二、提篮桥

位于今虹口。其含义有两。一为地名:其区域一般指东起杨树浦路和惠民路,南接黄浦江,西至东大名路,东北临霍山路,西北通海门路。①二为提篮桥监狱。其得名也说来话长。原来上海成陆年代漫长,古代的上海处于水网纵横、河流众多的地域,水道名称分别称为江、河、泾、浜、沟、港等,其中也有叫"浦"的,如杨树浦、上海浦、下海浦等。下海浦是当年吴淞江(苏州河)下游的18条支流之一条,其流经的位置大致是原大名电影院南,沿海门路、昆明路一线,折向西北入虹口港。在下海浦的边上有一座小庙,据史料记载该庙建于清乾隆年间,原称义王庙,后称夏海庙和下海庙。原是当地渔民供奉海神的庙宇,渔民出海前常常到夏海庙祈求菩萨保佑出海平安。渔民及其香客为了进香方便,就在下海浦上造起了一座木桥。进香者提着竹篮,带着香烛和贡品过桥烧香拜佛,木桥就得名"提篮桥"。1843年上海开埠以后,英国人首先在上海建立租界,后来美国人又在苏州河的北面建立美租界,1863年"英租界"和"美租界"合并,成立"公共租界"。后来,租界当局又以各种方式蚕食土地,扩展范围。原先的下海浦被填平筑路,下海浦的一部分成为茂海路(今海门路)的一部分。横跨下海浦的"提篮桥"荡然无存。但是其名称却保存下来。随着历史的变迁,这一带成为上海一个商业中心。1901年起上海公共租界工部局警务处在提篮桥附近建起一座监狱,由于建筑精良、规模宏大,在国内外有很大的影响,长期以来,在上海的市名百姓中,往往把"提篮桥"就等同于"监狱"的代名词,如"关进提篮桥""提篮桥放出来的"。所以,"提篮桥"一词,就衍化成两个含义:一是地名;二是监狱。

三、爱尔考克路

这条马路建于20世纪20年代,"爱尔考克"是英国驻上海第二任总领事之译音;有的版本中文译为"阿利国"。爱尔考克路原来北起岳州路,南至华德路(长阳路),后来这条马路却南至昆明路,为什么这条马路短了一截呢?原来它与提篮桥监狱的扩建有关。初建时的提篮桥监狱主要有两幢4层高的监楼,占地面积10亩左右,大门开在今长阳路111号处。由于犯人关押量激增,从1906年

---

① 《上海词典》,复旦大学出版社1989年版,第17页。

起,监狱又先后向东面和北面扩建,但是到 1928 年前后,监狱扩建遇到麻烦,原来监狱的四周都是马路,监狱要发展扩建,必然要冲破马路的束缚。有关部门经过调查,监狱东面的爱尔考克路相对难度较小,民居稀少,仅有几家小店,监狱首先把爱尔考克路上的几家小店让他们易地搬迁,并给予经济补贴,就顺利地把爱尔考克路的华德路到昆明路的一段马路圈在监狱里面,在这段马路上又盖起了大楼;后陆续向东面扩展,先后盖起了大工场、监楼及医院,又开设了监狱的新大门。1943 年起北起岳州路,南至昆明路的"爱尔考克路"更名为安国路。"安国"系河北一县名,知名药都。如果谁有兴趣查阅一下 20 世纪 20 年代出版的地图,还能找到当年的踪迹。

四、弼教路

弼教路,原位于今徐汇区漕河泾镇上。原先这里没有马路,是一片农田。1917 年 5 月,江苏司法部门,在漕河泾镇上建造一所监狱,占地 88 亩,坐北朝南,均为平房,1919 年 7 月启用。1924 年监狱又进行扩建,男监区增加东南和西南二翼;1926 年又增建可容 500 名犯人的教诲堂;30 年代又经扩建,占地面积达 120 亩,系民国时期规模比较大的监狱。1937 年抗战爆发,江苏第二监狱奉命撤销,不久监舍毁于炮火,成为一片废墟。

1917 年前,原江苏第二监狱建造之前,漕河泾镇那块土地系一片农田,监狱建造后,才开辟了马路。这条马路南起漕河泾桥堍,沿今钦州路向北,至今康健路折向西,至江苏第二监狱大门,全长约 500 米。那条马路称为弼教路。[①]"弼教"意思为"辅佐教化"。《书经》中说:"明于五刑,以弼五教。"《唐文粹》也称:"天辅皋繇,明刑弼教。"其含义十分清楚,其路名是针对监狱犯人的教育感化而命名的。随着市政建设的发展,如今漕河泾镇已划入徐汇区的范围;弼教路已成为一个历史地名,在上海有关的《地名志》中,才能找到它的踪迹;当年弼教路的东西向路段和南北向的路段,现在已分别称为康健路和钦州路。[②]

---

① 《漕河泾建筑马路之筹备》,《申报》1919 年 5 月 8 日。
② 陈征林、邹逸麟、刘君德主编:《上海地名志》,上海社会科学院出版社 1998 年版,第 666 页。

革命志士在狱中

革命志士狱中斗争纪实

上海是中国共产党的诞生地和初心始发地,较长一段时期内还是中共中央的所在地,许多志士仁人都在上海活动、工作过,其中也有不少人士因参加革命活动而被囚禁于上海各监狱、看守所,在各狱所中留下难忘和悲壮的一页。

一、隐姓埋名　韬光养晦

当时许多革命人士被捕后,大都隐姓埋名,使用假名字、假身份,机智勇敢地保护自己以应付敌人。1929年8月1日,时任中共上海闸北区区委副书记的张爱萍参加南京路的游行集会,在先施公司散发传单时被印度巡捕抓获。在巡捕房受审时,张爱萍报了一个假名字,谎称自己是打工到南京路看热闹的外乡人。主审官在张的身上搜不到任何证件和纸片,但又不肯轻易放人,就以"扰乱交通秩序"罪,判处张徒刑20天,关押提篮桥监狱。服刑期间,张爱萍保持高度警惕,不露锋芒,20天后出狱,又投入革命事业中去。①他在牢中偷偷地写下一首诗:"逐浪三峡走申江,南京路上少年狂;泥城桥前洋奴棍,西牢楼中好汉强。残更陋巷传叫卖,涎水画饼充饥肠;牢笼砸开铁锁链,刀枪杀回斩豺狼。"②

1929年11月17日,时任中共江苏省委书记的任弼时,冒雨到沪东一个房舍出席会议,一看没有任何暗号,他推门入室时,突然从门后闪出几个暗探把他双臂扭住,押解到汇山巡捕房审讯。任弼时诳称自己来自江西农村,叫彭德生,因记错亲戚家的地址而找错门牌。巡捕不信,认为他系共产党的嫌疑犯,对其拳打脚踢,又对任弼时上电刑,烫电烙铁,任弼时几次昏死过去,但他始终不改口供。后经公共租界会审公堂审讯,被判刑40天,押解提篮桥监狱。狱中任弼时不露半点锋芒,酷似一江西老俵,同年12月25日出狱。③

1931年5月,中共中央委员、中共长江局书记关向应被上海公共租界巡捕

---

① 张爱萍:《抗日战争初期在上海组织苏浙敌后游击战争主要情况》,《上海党史资料通讯》1989年10月。
② 徐家俊:《提篮桥监狱》,中国文史出版社2011年版,第98页。
③ 中共中央文献研究室:《任弼时研究文集》,中共党史资料出版社1989年版,第160—161页。

房逮捕,作为一未决犯引渡给国民党政府关押在龙华监狱。他化名李世珍,受尽敌人的酷刑拷打,在狱中难友的掩护下,谨言慎行,始终没有暴露真实身份,后经组织营救释放出狱。①

二、建立支部,开展活动

革命同志身在狱中不忘初心,在特殊的环境下组成党支部开展各种活动。1928年春,在押漕河泾监狱的部分同志经秘密商议后,向中共江苏省委提出成立狱中党支部的请求。他们买通了一名看守将信送出,得到中共江苏省委书记项英的批准。当年8月,狱中的党支部成立,称为"江苏省委直属第一支部"。吴慰铭、林伯英、陈之一、张维桢等先后担任支部书记。该支部还对曾参加过"五卅运动"、上海金银业工会领导人,后因组织罢工活动而入狱的王仲良,于1928年年底被发展为中共党员(1949年后,曾任中国科学院华东分院党委书记兼副院长、中共上海市委监委副书记等职)。②

1928—1931年的龙华监狱,在押同志建立党支部,男监的支部书记谢宣渠等人,支委陈为人、刘晓;女监的支部书记是李沫英。当时支部的一项重要工作是将被捕者的真实姓名、化名及口供、狱中表现情况写在棉皮纸上,缝在棉衣里带出狱外,向组织汇报。在押革命人员党支部的工作要点:一是使每个在押同志坚定政治立场,对党绝对忠诚;二是研究各人在敌人法庭上的供词与威逼利诱时的应付办法,如果口供错了,则研究如何翻供;三是把各个被捕同志的情况(包括口供)转到狱外党组织或家属及可靠亲友处,以进行营救;四是利用个人关系(家属或亲友)获取接济,以救济狱中患病及困难的同志。③

20世纪30年代提篮桥监狱的政治犯中建有党支部,积极隐蔽地开展活动,并于1933年年初发展了一名贵州籍的青年学生谢凡生在狱中加入党组织。④当时党支部针对监狱当局勾结国民党搞的"政治犯刑期满三分之二可以自动申请去苏州反省院"的阴谋,公开向难友提出绝不能主动申请去反省院,要坚定革命斗志。

---

① 《中共党史人物传》45卷,中共中央党校出版社2010年版,第172—173页;穆欣:《关向应传略》,中共中央党校出版社1992年版,第259页。
② 浙江省宁波市新四军研究会等编:《王仲良纪念文集》,中共党史出版社1999年版。
③ 李沫英:《1931年我在狱中知道的一些情况及其他》,《党史资料丛刊》1981年第2辑;谢宣渠:龙华淞沪警备司令部军法处看守所工作概略(1931年5—12月),《上海党史研究》1992年。
④ 谢凡生:《在监狱中》,《上海党史资料汇编》,上海书店出版社2018年版,第1051页。

三、化敌为友，为我所用

旧监狱的看守（士兵）中，除了死心塌地为当局效劳者外，大多出身贫苦，为糊口而从事该职业。在押的革命者采取与看守谈家常、拉老乡关系、重金酬谢等方式，做其工作，为我所用，如让看守递送物件、转接信函、购买书报、提供笔墨纸张。龙华监狱许多先烈的遗书、遗墨，用此办法传出并留存后世。例如，彭湃、杨殷等人就义前夕《致党中央》的两封信及彭湃给妻子的遗言，郑复他的遗书，柔石《致冯雪峰》《致王清溪》的信函，恽代英被捕押解龙华时《致党中央》的手稿报告等，都是通过关系送出来的，如今都成为弥足珍贵的革命历史文物。[1] 漕河泾监狱的在押者通过看守联系到中共领导的上海济难会的负责人，先后带进药品、食品及《向导》《新青年》等宣传刊物。监狱看守李广田，经过在押者的工作，接受革命道理，端正人生走向，后来赴延安参加革命。漕河泾监狱有一年轻的教诲师胡渝州，他在革命者的工作下，从同情、理解政治犯，到支持政治犯，帮助狱中革命者传递消息，带送物品，后来还参加了共产党，1943 年在苏北盐东解放区任六区副区长，后随军解放大西南，曾任重庆建工学院马列主义教研室主任。[2]

关押提篮桥的革命人士也对印度看守做了大量的教育工作，同时利用他们迫切要求学习英语的心情，由许亚等人向他们口授英语，并建立私人友谊。印度看守中不少人逐渐转变为同情革命，有的还能主动掩护政治犯的各种活动。在八一三上海抗战爆发后，提篮桥周围炮火连天，常有炮弹落在狱中，炸死、炸伤不少犯人，有个印度看守准备乘混乱之机偷取狱中钥匙，放出全部政治犯，让他们奔赴中国守军阵地参加抗战，后因情况发生变化，越狱计划未成。[3] 个别印度看守还与革命者建立很好的私人友谊，如海南人韩托夫刚出狱，上海无亲属，78 号印度看守请韩到咖啡店小坐，并送上钱款，帮助他暂渡难关。晚年的韩托夫，回忆起此雪中送炭的事情，还记忆犹新。[4]

四、以监为校，发奋学习

旧监狱是一个折磨人、摧残人牢笼，但是许多革命志士把监狱作为特殊的战

---

[1] 王菊如：《龙华监狱》，《旧监狱寻踪》，上海书店出版社 2014 年版，第 209 页。
[2] 熊宇忠：《宇忠自述》，《熊宇忠纪念文集》，成都科技大学出版社 1992 年版，第 16 页。
[3] 姚家礽：《追忆提篮桥监狱中的斗争》，《党史资料选辑》1983 年第 3 辑。
[4] 上海市委党史研究室、上海市劳改局党委编：《升腾的地火，提篮桥监狱斗争纪实(1903—1949)》，学林出版社 1991 年版，第 81 页。

场,作为发愤读书、学习理论的学校,锤炼意志、砥砺气节的场所。政治犯来自五湖四海、不同的工作岗位,文化程度高低不一,他们以惊人的毅力,不顾伤残病痛,认真学文化、学理论。在监狱当局严密控制下,狱中的学习条件极端困难,书籍、报刊和纸张、墨水、笔都在禁止之列。学习最困难的是没有书报。为了学习获取书报,革命者还须付出高昂的代价,比如一件毛线衣只能换一两张《申报》,几块银圆只能买一两本书。《共产党宣言》《社会发展史》《大众哲学》等书籍都是通过看守从外面偷带进来的。这些书报一进牢房,大家都争着传阅,有的还调换封面,以作伪装。①监牢房里没有笔,漕河泾监狱的难友就用削尖的竹筷当笔使用;没有墨水,就用十滴水兑碘酒加淀粉或挤出臭虫血来代替;没有纸,就用包药的纸片,或写在允许公开阅读的《圣经》等的空白处。为了防止看守的突袭,组织人在牢房门洞"望风",一看到看守巡查,或听到看守的脚步声,就发出暗号,让同伴及时收起书本。在狱中有人还学习外语;当时社会上正推行拉丁化新文字,有人学世界语。这两种文字用处很大,因为监狱看守不认识,可以用外语或世界语互相写便条,传递消息。1935年冬,漕河泾监狱的革命者还办了一个刊物《监狱之友》。它是手写本,用竹筷削尖作笔,用锅煤烟作墨,用《圣经》里的空白纸,一字一字抄写成册,在难友中传阅。内容有诗歌、散文、学习体会等。不过只出了3期,后来就停办了。②

  1936年,革命者利用提篮桥监狱允许在押人员可以看书的规定,采取改头换面的办法,瞒过了监狱当局的检查,由外面送进一批进步书刊,如《反杜林论》《唯物论与经验批判论》《政治经济学教程》等。③他们将被捕时仅存的钱或亲友捎带来的钱集中起来,让监狱当局帮助买书。他们开出许多书名,其中大多是马克思主义的理论著作和沈志远的《政治经济学》、李达的《唯物辩证法》、艾思奇的《大众哲学》等。负责买书的监狱管理人员一窍不通,把这些书当作一般的历史学、经济学、哲学书籍如数购进。看到这些精神食粮,大家兴奋至极,抓紧学习。不少同志还是第一次利用坐牢的时间认真地学习了马列主义理论。一年后狱方才发现书内的卡尔、乌里扬诺夫等就是马克思、列宁的名字,将这些书都没收了,但是这些书他们已经读了一段时间,有的已记熟。④1938年七八月间,毛泽东《论持久战》的油印本由看守偷偷带进了提篮桥监狱内,革命者将其拆开分章节传阅,并组织讨论。各人将所看的内容记熟背出,然后销毁;讨论时分工同志背一

---

① 桂蓬:《监狱生活回忆》,《上海监狱志》,上海社会科学院出版社2003年版,第762—763页。
② 熊复主编:《熊宇忠纪念文集》,成都科技大学出版社1992年版,第16页。
③ 许亚:《三十年代中期共青团江苏省委活动简况》,《上海党史资料汇编》,上海书店出版社2008年版,第305页。
④ 徐建楼:《西牢斗争纪实》,《上海青运史资料》,第21页。

段,大家就讨论一段。

五、内外联合,绝食斗争

为了抗议非人待遇,争取改善生活条件,取下镣铐、阅读书报,各监狱都组织过规模大小不一的绝食斗争。1930年冬天,关押提篮桥监狱内的革命者提出要改善伙食,增加放风时间,外国看守长不答应,革命者就开始绝食斗争。外国看守冲进来准备殴打犯人,他们准备好马桶,看守敢上来就用大粪往他的头上倒,吓得他们不敢接近革命者牢房。绝食4天后,许多人睡倒,无法起来,监狱当局害怕事情搞大,难以收场,便答应为犯人改善伙食,每天放风1小时,使绝食斗争取得胜利。①

1934—1936年间,漕河泾监狱革命者发动过两次大斗争:一次是以反对取消"双十节赏肉"为由头,利用监狱二科与三科之间的矛盾,开展绝食斗争,其间尽管不少革命者遭到吊打、摧残,但是最终取得胜利,使监狱当局让步,不得不答应革命者提出的有关要求。另一次是采取内外结合的办法来开展斗争。首先争取外援,把监狱中的黑暗情况写成稿件送到各报馆或进步刊物、各救亡团体及律师公会等处,请他们到司法部代为告状并组织各救亡团体、新闻记者到监狱参观,获取舆论的支持。革命者在狱中则有计划地提出了改善生活待遇等16项要求,主要有:不能打伤打死人,我们要吃纯米饭,不吃烂菜叶,水要烧开,给水洗衣,勤放风,近期内打开脚镣,准许看公开发行的书籍,每周发一封信,每月家属探望一次,每月能买一次东西等。后来,报刊上发表了漕河泾监狱打死犯人报道,沈钧儒率领新闻记者来监狱参观,监狱当局竟加以拒绝。不久,司法部也派人来调查,他们为了装点门面和平息民愤,当面斥责了监狱当局,监狱当局应允一些部分要求。革命者在内外结合的斗争下又取得了胜利。②

上海第二特区监狱在押革命者抓住时机,发动犯人,要求改善伙食,增加家属探监次数,延长探监时间,与狱方开展斗争,并与社会上的进步团体联系。他们一面绝食;一面敲打脸盆、糖瓷杯甚至敲击铁门,呼唤口号。1935年7月19日《申报》曾这样报道:"呼救之声达于户外,甚至将碗盏便桶等抛掷,致监房及走廊碗片尿粪狼藉满地,在场看守竟无法阻击。"同年7月28日的《申报》又以"第二特区监犯请求改善饭食"为标题进行报道。

---

① 《上海党史资料汇编》(第一编建党和大革命时期),上海书店出版社2018年版,第286—287页。
② 苏生:《回忆狱中斗争》,《党史资料丛刊》第3辑,上海人民出版社1981年版。

六、恪守忠诚，许身革命

1928年2月，中共江苏省委和上海总工会机关第二次遭到大破坏，省委组织部长陈乔年和上海总工会负责人郑复他、许白昊等20余人被捕。党中央曾组织营救，由于种种原因没有成功。不过有几个人的真实身份，敌人无法搞清楚，一个是中共中央委员、中共组织部副部长化名陈友生的陈乔年，他虽是陈延年的弟弟，两人都是陈独秀的儿子，但兄弟两人相貌悬殊，一个白净；一个黝黑。还有一人是交通大学的高材生周之楚（又名林伯英）。为此，郑复他代表党组织与周之楚谈话，拟由周出面，要求法官提审，承认自己是陈乔年，顶替陈乔年去牺牲。为了减少党的损失，周之楚豪爽答应，愿意冒名顶替走向刑场。敌人就将周之楚原判4年改判为死刑，等候执行。但是，周的父亲是一南洋巨商，他得知爱子被捕遭难，就通过熟识的国民党要人出面营救，他委托周的叔伯兄弟到上海经办此事。该人来到上海，就找到曾是同学的淞沪警备司令钱大钧疏通，结果使周之楚的真实身份暴露。陈乔年由有期徒刑4年恢复死刑，不久他与郑复他、许白昊三人英勇就义。①周之楚则由死刑仍恢复为有期徒刑4年，转押漕河泾监狱。两年后，周之楚的父亲从南洋到上海，找到曾任京沪卫戍司令兼上海警备司令的陈铭枢，经过陈出面斡旋，周之楚被父亲带出牢房，把他安顿在上海东方旅社，要他调养好身体离开险境。但已许身革命的周之楚，在赴南洋的半途上，和父亲不告而别又回到上海，找到党组织要求分配工作。后来他曾任中共闸北区委书记，次年又遭逮捕。在漕河泾监狱组织狱中斗争，受尽残酷折磨，不幸瘐死狱中。②

七、狱外劳役，逃出牢笼

1937年7月7日抗日战争全面爆发，8月13日驻守上海的日本军队向上海发难，中国军队奋起抵抗；上海时局异常紧张，日寇飞机经常盘旋侵扰。在严峻形势下，国民政府驻扎上海的军队急需大批民夫修建战壕工事，运送武器弹药。司法行政部直辖第二监狱根据驻军要求，经上级批准，紧急调用了狱中部分身强力壮的年轻犯人，外出参与军备运输，被捕的中共特科成员李士英等人也在其中。他们在军官和士兵的带押下，运送弹药到江湾、吴淞一带。8月18日，他们

---

① 《中共党史人物传》第17卷，中共中央党史出版社2017年版，第15页。
② 方国平等：《龙华千古仰高风——龙华烈士陵园》，中国大百科全书出版社1998年版，第24—28页；《上海英烈传》（第2卷），百家出版社1987年版，第53—54页。

推着小车向前线运输弹药。突然,天空中响起飞机刺耳的尖叫声,原来日本飞机前来轰炸,扔下不少炸弹,地上掀起一阵阵黑色烟柱。突然一颗炸弹在运送弹药的民夫队伍附近炸开,把平整的小道炸得坑坑洼洼。民夫中有的被当场炸死,有的炸掉了腿,血肉模糊,惨不忍睹;带押的官兵也受了伤。训练有素的李士英十分机灵地避开了炸弹的轰击,趁着敌机空袭后的混乱之际,逃离现场,结束了他的牢狱生活。在党组织的帮助下,李士英途经南京、西安,于1937年11月到达延安,投身轰轰烈烈的革命洪流中,解放后两度出任最高人民检察院副检察长。①

八、狱中作诗,表达情怀

1933年下半年,因叛徒告密,张恺帆在上海被捕,一度关押在龙华监狱,化名王文乔。当时与他同狱的还有沈蔚文、刘金吾、左洪涛等人,他们在狱中秘密组织了一个诗社,并戏称为"扪虱社"。他们聚在一起,以诗言志,相互唱和,命题述志,其中有白话诗,也有格律诗。创作的大都是纪念烈士、追求理想的内容。他们获悉胡也频、柔石、殷夫牺牲在狱中,在1934年春,龙华桃花将发未发之际,张恺帆写下了"龙华千古仰高风,壮士身亡志未穷。墙外桃花墙里血,一般鲜艳一般红"。还有一首诗是沈蔚文写的:"烟囱无语对黄昏,坐拥寒衾哭也频,墙外桃花红十里,长留颜色照英灵。"②其他还有抨击和嘲讽队伍里的软骨头如"劝告新朋友,切勿去自首,如有此行为,丢尽人间丑。就是自首后,也不会长久,既不能做人,又不能做狗";还有痛斥叛徒顾顺章的:"不顾前途甘做狗,人情变幻若秋云;算来出路有多少,刁兔死时走狗烹。"

皖东北革命根据地创始人之一江上青化名张玉清于1929—1930年关押在提篮桥监狱。针对犯人挨饿、劳役、狱内冷漠的囚犯生活,写下了《赤裸着身体》《饿是武器》《冷漠的世界》《心脏底拥抱》《缝纫衣人》等诗篇,披露旧监狱的黑暗,表达革命者不屈不挠的斗争精神。③曾任苏区省苏维埃秘书长的熊瑾玎及其夫人朱端绶,于1933年同时被关押在上海第二特区监狱(熊瑾玎判刑8年,朱端绶关押8个月);在女看守的帮助传递下,他们夫妻两人在狱中相互写诗慰藉、鼓励斗志。朱端绶诗曰:"臭虫恼人眠不得,捉它干净不停留。"意为要彻底消灭反动派。熊谨玎和诗说:"胜利终当归我等,何妨今日小拘留。"熊被判刑后,写诗宽慰

---

① 《政法老战士李士英》,中国检察出版社1995年版,第200—201页。
② 张恺帆:《龙华狱中诗的由来及其他》,载《上海党史资料汇编》(第二编 土地革命战争时期下),上海书店出版社2008年版,第1063—1064页。
③ 张自强、杨问春:《秋山红叶,江上青烈士传》,大众文艺出版社2000年版,第71—103页。

妻子:"命逢乖舛心翻快,厄到囹圄体转遒;八载光阴如一瞬,黄花有色壮深秋。"1934年他在狱中过49岁生日时作诗:"松柏耐岁寒,冰雪心可剖。困厄愈侵寻,精神愈抖擞。"①曾留学法国专攻美术的艾青,1932年返回祖国。后以"宣传与三民主义不相容主义"的罪名,判刑关押在上海第二特区监狱。艾青在监狱中失去了绘画的基本条件,但他借诗思索、以诗言志,在牢房里先后写下了《大堰河——我的保姆》《铁窗里》《聆听》等20多首诗作。②讴歌了服刑人对自由的渴望,对美好生活的追求。监狱改变了艾青的人生道路,"鸭蛋孵出小鸡",监狱里走出了一位现代文学史上的大诗人。

九、磨砺意志　互助友爱

　　旧监狱的牢狱犹如地狱般生活,饥饿、肮脏,时刻威胁着革命者的生命。敌人想尽办法折磨囚犯,使人身体衰弱,意志消沉;而革命者则把监狱当作熔炉,作为战场,锻炼自己的革命意志,大家坚信只有健康的身体体魄才能坚持斗争,度过艰难的狱中生活。在押漕河泾监狱的革命人员都养成和保持正常的生活习惯,早上起身,洗漱完毕后,尽可能进行体育锻炼,如做俯卧撑、仰卧起坐、坐着随意活动等,大家轮流在牢房狭窄的空隙处行走。行走时戴着镣铐,咣啷咣啷之声不绝。他们还打坐、就地柔软操,有的还用棉花把米饭粘接成球,当皮球使用。③关押在提篮桥监狱、马斯南路监狱及龙华看守所、特刑庭看守所的革命者也使用各种方式在狱中保持良好的心态,利用一切可利用的条件,注意身体健康,保持旺盛斗志及革命的乐观主义。

　　在敌人的监狱里,革命者各自的历史是保密的,但政治主张是公开的。抗日、反蒋、建立共产主义社会制度都是公开宣传的。狱中生活虽然极其恶劣,但难友之间的互助友爱精神却感人肺腑。他们政治上互相鼓励、互相掩护,教授狱中斗争策略;生活上互相支持、互相照顾,难友之间帮助学文化、缝补衣裤,提供药品,生病后喂药喂饭;当时不管是谁只要从狱外得到物质援助,都分给大家吃、大家用,谁都没有自私之心;出狱后一起同甘共苦,度过生活难关,千方百计寻找组织,接上关系继续为党工作。最令人难忘的是,被执行死刑的同志,在就义之前总是把自己的东西一一分给同监的难友,然后昂首挺胸走向刑场。

---

① 《中共党史人物传·精选本》,中共党史出版社2010年版,第368—370页。
② 程光炜:《艾青传》,北京十月文艺出版社1999年版。
③ 熊复主编:《熊宇忠纪念文集》,成都科技大学出版社1992年版,第14页。

十、提高觉悟，走向新生

旧上海各监狱中，政治犯（革命者）与其他人员共同关押在一座监狱里，不过政治犯相对集中关押，与其他犯人相隔离。如果从人员数量上讲，政治犯占少数，多数为其他各类人员，其中也有不少进步青年学生和普通群众，他们通过狱中的磨砺，提高了觉悟，出狱后加入中共党组织。例如，时称周绍议的周立波1932年在上海张贴罢工宣言时被工头抓住，扭送到戈登路巡捕房拘留，3天后转到提篮桥监狱，后以"煽动工潮罪"，被判刑2年6个月关押狱中，后又被当局转解到苏州反省院关押，直到1934年才交保释放。经过沪苏两段监狱生活的磨炼，更坚定了斗争意志，获释后周立波参加"左联"；次年1月，由周扬介绍加入了中国共产党。① 以后他创作了《暴风骤雨》《山乡巨变》等很有影响的作品，其中短篇小说《铁门里》《麻雀》等一组短篇小说就是他监狱生活的提炼及反映。姚家礽是一个血气方刚的青年，1935年11月的一个夜晚在上海辽阳路一带写标语、贴传单时被捕入狱，经狱中斗争的锤炼，1938年出狱后，于同年12月加入中国共产党，1949年后在军队及院校重要岗位上工作。② 还如江西九江人杨子清，幼年家贫，被庐山的美籍牧师收养，后来杨随同牧师来到上海。4年后牧师回美国，杨子清只身流落沪上，他一边工作，一边学习，后因参与进步活动被判刑1年6个月，关押提篮桥监狱。出狱后积极参加抗日救亡运动，1938年初加入中国共产党，并在苏南地区担任重要工作。1941年7月，时任中共太仓县委书记的杨子清在反"清乡"活动的第一线不幸中弹牺牲，年仅24岁。③

在大革命时期，在上海地区许多革命者囚禁监狱，经历艰难曲折或经组织营救走出狱中，但也有不少同志牺牲、被害于敌人的刑场、监狱或其他场所，为了实现崇高的革命理想，为了中华人民共和国的诞生而洒尽热血，其中有中共中央常委兼中央组织局主任罗亦农，中共中央政治局候补委员澎湃、杨殷、陈延年3人；中共中央委员赵世炎、陈乔年，中共候补委员林育南等6人，中央军委委员颜昌颐等4人，中央监察委员杨匏安、许白昊、张佐臣、杨培生等多人；省、区以上负责人恽雨棠等30多人。

---

① 杨放之：《周立波在狱中》，《人民日报》1986年11月2日；《中共党史人物传》第27卷，中国人民大学出版社2017年版，第246—250页。
② 姚家礽向笔者提供的书面资料：姚家礽：《回忆在上海英租界提篮桥监狱中的生活和斗争》，《党史资料丛刊》1983年第3期。
③ 笔者向中共江苏省太仓市党史办的函调资料。

曹荻秋同志在狱中

曹荻秋，原名曹仲榜，号健民，1909年8月1日（农历六月十六日）生于四川资阳南津驿镇，家中在镇上开设一个小酱品店。曹荻秋兄弟姐妹10人，他排行第六，6岁时父亲病逝。1925年他们一家迁至成都，大哥从军作战，死于疆场。17岁的曹荻秋考入成都师大历史系学习，1929年9月加入中国共产党；次年，任中共温江县工委书记，参加领导广汉起义，曾任广汉苏维埃政府代理主席。1931年3月，年仅22岁的曹荻秋来到上海，任中国左翼文化界总同盟秘书，不久又担任中国社会科学研究总会党团书记，并参加上海民众救国会党团工作。[①]年轻时的曹荻秋十分喜爱唐代诗人刘禹锡的著名诗篇《西塞山怀古》，其中最后两句为："从今四海为家日，故垒萧萧芦荻秋"。自此他更名为曹荻秋。

1932年3月中旬，大夏中学的杨杰在老西门散发传单时被捕，他供出传单是"大曹"（即曹荻秋）交给他的。由于杨的叛变招供，3月17日夜，居住在昌平路全益里370号前楼的曹荻秋遭到公共租界戈登路巡捕房的搜查，在其住房内搜出了一些文件和书籍，搜到一张贴有曹荻秋四英寸半身照片，姓名为"曹培金"的文凭；一枚刻有曹荻秋的图章。当晚九时许，曹荻秋与其弟弟曹心哲同时被捕。最后在录供单上签字时，曹荻秋习惯性地写了半个"曹"字，即"曲"字，他马上发觉不对，随即改签了"张云卿"三字。在巡捕房的审讯中，曹荻秋敏锐地发现，叛徒只知道他姓曹，不知道他的真实姓名和身份。于是，曹荻秋编了一套口供，称自己叫张云卿，他是个不问政治的学生，住在海格路福开森路现代中学，他与曹培金乃是双胞胎，他后来过继给姓张的人家当养子，所以叫张云卿。因报考一个学校没有录取，在外面自修功课，今天到曹培金处取学习东西。其他事情全不清楚。巡捕不相信曹荻秋的回答，又对曹拳打脚踢，威逼利诱，曹荻秋始终如初，毫不改口。

4月21日，戈登路巡捕房将曹荻秋、曹心哲押解到民国江苏高等法院第二分院（简称高二分院）看守所关押。高二分院开庭审讯时，把叛徒杨杰带上法庭，

[①]《上海英烈传》第九辑，百家出版社1997年版，第250—251页；《中共党史人物传》第13卷，中国人民大学出版社2017年版，第276—279页。

与曹荻秋当场对质。尽管叛徒咬定他是左翼中国文化总同盟机关的领导人,但是曹荻秋始终没有暴露身份,否认不认识杨杰这个人。当法庭问道:你为什么在录供单上写了半个"曹"字?曹荻秋回答:因为当时巡捕打我的头,我被他们打昏了,脑子里有追问我是否老曹的印象,所以我误写了。法庭又问道,毕业文凭上照片,与你相似,是你吗?曹荻秋回答:"文凭是我哥哥的,我们弟兄是双胞胎,父亲与曹家是世交,曹家没有儿子,父亲就把哥哥给他做儿子,所以相貌是一样的。"

曹荻秋、曹心哲兄弟照

最后,法庭又传来昌平路全益里曹荻秋住所的二房东陈阿三出庭,让她证明曹荻秋就是住在前楼的住户。由于该陈姓的二房东是个不识字女性,没有见过大场面,因为紧张,说话吞吞吐吐,一会儿说前楼住两人,一会儿说住三人。一会儿说姓曹,一会儿说姓张,后来又说姓曹;并讲该人是无锡口音。曹荻秋马上抓住这一点,当庭指出二房东有病,她今天的讲话,矛盾百出,不可相信。曹荻秋在法庭上机智应对,始终没有暴露自己的真实姓名和党员身份。[1]尽管如此,最后经高二分院检察官钟清到庭陈述意见,由审判长、推事赵钲镗(赵后来曾任汪伪司法行政部次长,1946年6月被判刑)、推事蒋铁珍、郭怀璞,书记官钱启忠组成的法庭,以"危害民国为目的而宣传与三民主义不相容主义"的罪名,于同年5月13日判处曹荻秋(化名张云卿)和他弟弟曹心哲(化名张宗顺)有期徒刑各5年。而且规定判决生效前羁押日以两日抵刑期一日。法院为了装潢门面,装模作样,还指定郑文楷律师为曹的辩护人;同时还在判决书的最后一段,写上"本案上诉法院为最高法院,当事人如有不服,应于判决送达后十日内向本院具状提起上诉"。[2]曹荻秋

---

[1] 蓝祯伟、魏仲云:《丹心铁骨曹荻秋》,重庆出版社2009年版,第35页。
[2] 1932年5月,江苏高等法院第二分院对张云卿(曹荻秋)、张宗顺的判决书,上海档案馆档案,档号Q-13-10503。

就允许上诉的规定,经与其他政治犯商议,认为下级法院与上级法院都是一丘之貉,司法当局允许犯人上诉,是个骗人的花招,因此曹荻秋放弃上诉。此外,由于叛徒杨杰的出卖,居住在昌平路全益里385号的张光真、季楚书也被判刑入狱。

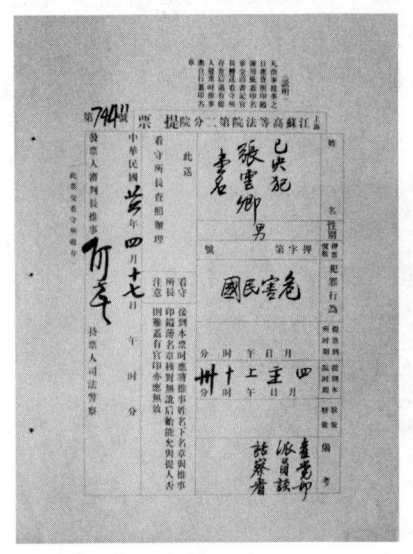

江苏高二分院对张云卿(曹荻秋)的提票

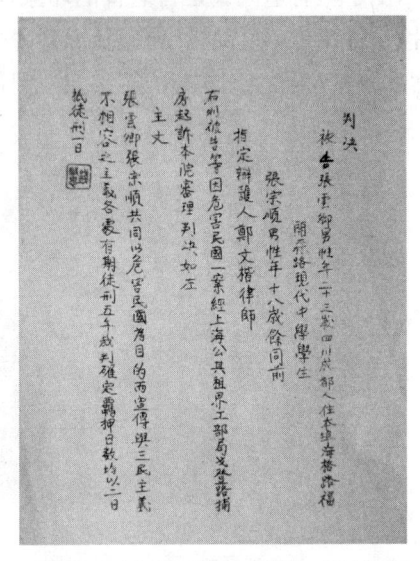

1932年5月,江苏高二分院对张云卿(曹荻秋)、张宗顺的判决书首页

曹荻秋在判决生效后,被押入提篮桥监狱一幢监楼的五楼,他与其弟弟曹心哲一起关押在3号房间。①当时彭康(哲学家,1949年后曾任交通大学校长)、李守宪(1949年后曾任中央民族学院院长)、黄洛峰(1949年后曾任国家文化部办公厅主任)、季楚书等人都关押在提篮桥监狱一幢监楼的5楼。他们很快与曹荻秋相互沟通,称曹荻秋为大曹,称曹心哲为小曹。曹荻秋对漫长的5年黑牢磨难有充分的思想准备。他细致观察分析狱中政治犯(革命同志)的经历、表现,针对不同情况,加强团结教育,以应对复杂、险恶的环境。曹荻秋、彭康和狱中其他同志与同情共产党的印度看守加强沟通,施加影响,争取了一些看守。

曹荻秋等关进提篮桥监狱后,日渐增多的政治犯已达100多人,政治犯中有个群众性组织"同难互济会"。曹荻秋被大家推选为负责人,代号"阿大"。这个组织的主要任务是采取隐蔽方式开展活动:(1)通过狱中的印度看守与狱外的革命互济会保持联系;(2)团结教育群众,坚定革命信念;(3)组织革命理论学习,关心难友的疾病和生活。曹荻秋领导这个组织做了大量卓有成效的工作。后来发

---

① 《中共党史人物传》第13卷,中国人民大学出版社2017年版,第279页。

现政治犯中混进了叛徒。经讨论,认为这个组织不能再公开暴露了,立即宣布解散;一两个月之后,又秘密恢复,采取隐蔽方式开展活动。

曹荻秋、彭康等因势利导,经过各牢房酝酿、放风,打"隔壁电话"串联,决定民主选举"阿大"(政治犯中的领导)。大家推选彭康、曹荻秋、吴亮平、廖纯一等5人为新的"同难互济会"领导成员。曹荻秋负责全体政治犯的组织、学习、联络。这五位曾长期担任党的领导、富有斗争经验的同志作为新"阿大"核心领导,如航船有了富有经验的船长驾驭,可以冲破惊涛骇浪,安全驶向前方。他们通过印度看守与狱外党组织及上海革命互济会取得联系,建立狱中临时党支部,很快将全体政治犯团结在自己周围,成为提篮桥监狱政治犯的旗帜。1933年春天,一国际组织代表团到狱中参观,"阿大"趁机以政治犯代表名义在国际组织代表团面前,向西牢当局提出要求看书学习的权利。狱方被迫同意难友亲属探监可以送书刊,但须经看守检查;也可交钱给狱方代购所需书刊,难友们还想设法应付狱方的检查,得到一些革命书刊。

难友们学习都在晚上印度看守巡查较少的情况下进行。曹荻秋凭自己的记忆,在牢门前一站,作有系统、有条有理的讲授,左右牢房可同时听到;其他牢房再一间间地向边上的牢房转述(提篮桥监狱的牢房每间面积很小,每间仅3.3—3.6平方米,如同口琴孔似地排列)。这种特殊的讲课方式,尽管速度较慢,但也适应了监狱的实际情况。当时主要是学习中国革命性质、任务、对象、动力和前途,还学过《中国革命史》《第三国际史》、"广汉暴动"等。大家都聆听曹荻秋、吴亮平等人准确、生动的口述,还拟定讨论提纲,展开讨论。曹荻秋凭自己惊人的记忆力和坚韧不拔的精神,用磨尖的筷子做笔,棉花烧灰做墨,半个月时间里,居然默写下《社会主义从空想到科学的发展》一书提要。各囚室难友争相阅读牢房里的奇书宝典,认真学习,热烈讨论。曹荻秋在狱中还精读了英文版《唯物主义和经验批判主义》以及西方哲学史,还热心帮助难友们和弟弟学习英文。在这所牢狱里,大家低声吟唱《国际歌》《少年先锋队歌》《保卫苏联》等革命歌曲。

备受摧残的曹荻秋在1934年患了伤寒恶症,病情很快恶化。当时提篮桥监狱尽管有一座8层高的医院,但是医疗设施较落后,只有简单常用药品,狱医见他奄奄一息,量他活不到几天,吩咐犯人准备把曹荻秋抬往停尸房。一位具有同情心的印度看守路过,听到曹荻秋发出微弱的呻吟,说服狱医让曹荻秋重回病房予以治病。[①]同时,曹荻秋也以坚强的意志与疾病斗争,奇迹般地活了下来,但身上溃烂化脓的褥疮,很久才合口痊愈。真是死里逃生。

---

① 曹琤、曹琦、曹琼:《榜样的力量激励我们前进,忆爸爸曹荻秋》,《上海文史资料选辑》第53辑,上海人民出版社1986年版,第182页。

1935年6月,曹荻秋等革命志士与监狱当局开展一场反对进苏州反省院的斗争。以往提篮桥监狱犯人刑满到期后可以释放回家,但是在20世纪30年代中期,国民政府与公共租界当局勾结,规定在押狱中的政治犯刑满后,都要引渡给华界,送往苏州反省院继续"反省";同时又规定,凡判无期徒刑满7年,判有期徒刑满刑期的1/3,并有悔改实据者,可要求去反省院。他们还吹嘘反省院的吃住条件比监狱优越,有自由,等等。在此情况下,有个别人员说,反正今后刑满到期要去反省院,晚去不如早去。曹荻秋等同志清醒地认识到这是监狱当局的阴谋,企图分化、瓦解在押政治犯的意志,曹荻秋等人决定在难友中开展革命气节教育,开展反自首斗争,揭露敌人的真相。

1937年4月27日,按判决书系曹荻秋5年刑期届满的日子,但是并没有释放,却被送到浙江路法院看守所,派中统特务张剑鸣找他谈话,认为张云卿(狱中曹荻秋的化名)没有"悔悟表现",刑期虽满仍不予释放,毫无道理地又将他解送苏州反省院。①该处位于苏州盘门城内西大街(原址系清末铜元局,占地1.6万平方米)进行反省,继续剥夺他的行动自由。苏州反省院对所谓的反省人员按文化程度进行编组。曹荻秋先编入中学组,后来编入大学组。不久,"八一三"战事爆发,日本人悍然进攻上海。16日,日本飞机肆意轰炸苏州,反省院的一角被炸,形势危急;次日,苏州反省院的政治犯转移到郊区东山的刘家祠堂。政治犯群情激昂,要求院方无条件释放他们,参加抗日,并成立了"非常委员会"组织,曹荻秋被推为委员会领导成员之一,代表政治犯与院方交涉。8月26日,苏州反省院的政治犯全部无条件释放,每人得到3—5元的路费。曹荻秋和一部分政治犯回到上海,与八路军驻沪办事处取得联系,投入波澜壮阔的革命斗争中。从1938年2月起,曹荻秋主要在湖北地区工作,次年10月,随刘少奇赴豫皖苏边区工作,历任中共皖北特委书记、盐阜行署主任、中共苏北区党委书记、苏北军区政委、华中支前司令部政委、副司令员等。

中华人民共和国成立后,曹荻

曹荻秋诞辰百年纪念画册

---

① 《上海文史资料》第53辑,上海人民出版社1986年版,第165—166页。

秋历任中共重庆市委第一书记,中共四川省委第三书记,重庆市长等。1955年11月调上海,先后任中共上海市委副书记、市委书记处书记,上海市市长等。曹荻秋是中共八大代表、第一至第三届全国人大代表。20世纪60年代曹荻秋曾视察提篮桥监狱,并参观了过去曾被关押过的牢房。"文化大革命"中他遭受迫害监禁6年,1976年3月29日在上海含冤辞世,终年67岁。1978年4月曹荻秋平反昭雪,恢复名誉;6月23日为曹荻秋隆重举行骨灰安放仪式。

20世纪末,上海监狱陈列馆建成开放以后,曹荻秋夫人石斌十分支持陈列馆的工作,曾向陈列馆捐赠了曹荻秋生前使用过的钢笔、皮包等物品。笔者也接待过市委党史研究室同志到提篮桥监狱拍摄曹荻秋当时关押过的监楼。2009年8月,笔者应邀出席了在友谊剧场隆重召开的曹荻秋同志百年诞辰座谈会。在座谈会上,见到曹荻秋的夫人石斌及他们的多位子女,并获赠反映曹荻秋生平的画册《故垒萧萧芦荻秋》。笔者还获悉位于四川资阳南津镇的曹荻秋旧居,目前保存完好,由旅店、铺面、茶馆、酱园、住宅等组成,面积1 000多平方米。

吴亮平同志在狱中

　　吴亮平，又名吴黎平、吴励屏等，1908年阴历六月二十六日出生于浙江奉化忠义乡吴家埠村一个清贫的知识分子家庭。家中兄弟4人，吴亮平是长子。少年时期就开始接触进步书籍，接受革命民主主义思想。12岁离开家乡入上海南洋中学读书，15岁考入厦门大学，后又到上海大夏大学就读，曾任上海学联总务部部长。1925年5月吴亮平参加"五卅运动"，不久加入共青团，10月经恽代英推荐赴莫斯科中山大学学习。1927年上半年转为中国共产党党员，介绍人是张闻天等人。① 他曾赴德国、法国学习，其间他和张闻天等人合作翻译了《法兰西内战》《国家与革命》等著作，并翻译列宁的《社会主义从空想到科学的发展》。

吴亮平

　　1929年秋，吴亮平辗转经由欧洲回到处于白色恐怖中的上海，分配在党中央宣传部主编的《环球》周刊，任中央宣传部文化工作委员会成员。他以《环球》周刊为阵地，介绍国际共产主义运动和各国民主革命情况，参加过中央文委的领导工作，还代表党组织和鲁迅洽谈成立中国左翼作家联盟的事宜。1930年，他根据德文原版，并参照俄文本及日文本，首次将恩格斯的《反杜林论》全书译成中文，由上海的江南书店出版，不久该书还在各地翻印，并流行于全国，他还编写出版《辩证唯物论与唯物史观》，以通俗的方式传播马克思主义哲学思想。

　　1930年11月，吴亮平在上海英租界的马路上遇到大学里的同学邵华，不料当时已当上国民党中央委员的邵华，立即招呼巡警扭住吴亮平押送老闸捕房，以"共产党嫌疑犯"予以逮捕。被捕后，吴亮平的父亲闻讯来沪探望，对吴亮平讲，亲不亲，故乡人；我们是奉化人，蒋介石及不少军政高官也是奉化人，中国历来讲

---

① 《中共党史人物传》第86卷，中国人民大学出版社2017年版，第337—343页。

究乡情乡谊,托托奉化老乡关系,走走门路,你就可以释放。吴亮平听后坚决不同意父亲去找国民党官僚求情。在外国人的法庭上,经过一个多月的审讯,吴亮平严守党的秘密,使敌人抓不到任何证据来查清他的真实身份,就以"进行不合三民主义的宣传"为罪名,判处他有期徒刑2年,关押于华德路监狱(即提篮桥监狱),①狱中番号为1644。②吴亮平对此番号不由微微一笑,联系中国历史,风趣地说1644年是李自成进入北京,明朝灭亡,清朝入关的年份,今天居然给我做番号,而且1644左右各两个数字,数值平衡,4乘以4等于16。

提篮桥监狱虽启用于1903年,之后新建的"LM"监(今5号监)的5楼,20世纪30年代初期集中关押政治犯。白天看守人员来回巡查,警戒森严,只是到了夜晚,印度看守力量稍显薄弱。政治犯就借机活动,其活动的方法很特殊,即把嘴凑到铁栅边上与隔壁牢房的犯人轻轻地交谈,传递消息。如果听到看守巡查的皮鞋声,靠近楼梯的牢房负责"放哨"的人员,就发出特殊暗号,如咳嗽、轻轻敲打铁门,大家就停止活动。

当时曹荻秋(化名张云卿)、彭康(化名彭子劫)、杨放之、周立波等人都关押在这里。囚室很小,每间3个多平方米,每间关押1人或3人,室内放一个便桶。严冬酷暑,日夜都坐卧在水泥地上;当时的提篮桥监狱,上层管理者为英国人,看守主要为印度人,还有少量俄国人、中国人等。犯人伙食很差,分量少,常常吃不饱,终日饥肠辘辘,使吴亮平得了严重的胃病。监狱当局对于政治犯特别残暴苛刻,不让他们外出参加劳动,不让他们读书看报。当时管理当局曾对关押近百名犯人发了2本《圣经》,经过许多人的翻阅,看了又看,几乎把书翻烂了。其他书籍,监狱不仅不给,也不让外面送进来,使许多革命同志难以忍受。有一次,吴亮平实在忍不住,向英国籍的典狱长,用英语提出了读书要求,要允许家中送入书籍,改善狱中生活的合理要求。不料,典狱长听后勃然大怒,就用英语训斥吴亮平,还命令看守对吴亮平关入"黑牢"警闭一个月。③

所谓"黑牢",就是"禁闭室",系狱中骇人听闻的"风波亭"。那里是一个仅有3.2平方米的地方,位于一幢监楼的5楼(顶层),监室内除了铁栏、铁门外,外面还有两扇厚厚的木门,夏天闷热难熬,冬天冷风、雪花从天而下,有时还布置人员故意把用水龙头把三面的墙壁浇湿。犯人关押黑牢中,不仅阴森恐怖,而且还每天减少伙食的定量,是一个折磨、摧残人地方。但是,吴亮平还是与难友一起同监狱当局进行斗争,并得到外界人士的支持,监狱管理者最后被迫让步,允许经

---

① 南京明:《吴亮平传略》,《中国当代社会科学家》第6辑,书目文献出版社1984年版,第213页。
②③ 《吴亮平文选》,中国广播电视出版社1992年版,第264页。

过严格审查后的书籍可以送入狱中。吴亮平得到一位友人送入的《资治通鉴》,彭康得到一本德文版的哲学史的书。由于狱中书少人多,多数人无书可读,有的难友还是文盲,不识字。狱中就成立了难友互助组织,相互帮助,提高文化知识水平,吴亮平和彭康被推选为学习小组的成员。

入狱前,吴亮平曾编写过一本通俗哲学读物《辩证唯物论与唯物史观》,他在大家提议下,对此专题进行系统的讲课。入夜以后,看守巡逻次数少,吴亮平或彭康等几个负责学习的同志就乘机站在铁栅栏边上给牢房两边的难友讲,每讲两句,左右邻室的人依次向两边传达,一个晚上讲一段,讲后各小组讨论消化。讲话时两端的牢房的难友望风,听到看守巡逻的脚步声,就马上敲墙壁,告诉讲话人停讲。"狱中开课"是一段感人的党史篇章,多年以后,吴亮平回忆这段牢狱生活时,说道:"反动派做梦也想不到,监狱成了共产党人读书的学校。还不只是读了几本书,艰苦的狱中生活,复杂的斗争方式,这本身也是学校,使我们的意志锻炼得更加坚强,头脑更健全!"①

《吴亮平文集》书影

在提篮桥监狱中,吴亮平认识了贵州毕节的青年党员林青。1931年林青到上海和当时在上海劳动大学中学部读书的同乡缪正元住在一起。林青在沪东一家锁厂当学徒。缪、林两人先后与共青团沪东、沪西区委接上组织关系,并参加地下活动,不久两人都转为中共党员。1932年缪正元因禁于龙华监狱,同年林青也被捕,判刑2年,囚禁于提篮桥监狱。在林青和吴亮平短短相处的几个月里,林青从吴亮平那里学习了马列主义的一些基础知识,思想觉悟进一步提高,两人结下了深厚的友谊。

1932年8月吴亮平被营救出狱,10月,吴秘密取道从广东来到江西瑞金中央苏区。林青也于1933年出狱;和缪正元一起回到贵州毕节。次年在毕节成立了贵州省的第一个中共党支部,林青任党支部书记。1934年10月吴亮平随中央红军长征,1935年1月到达遵义。此时林青也从毕节来到遵义,在一个偶然的场合,吴亮平与林青相遇。随后,吴亮平带林青去见中共中央组织部部长李维汉,李听取林的工作会报,经中央研究决定,批准成立

---

① 司徒伟智:《艰难困苦:人生的学校,访吴亮平同志》,载《解放日报》1981年1月12日。

中共贵州省工作委员会,任命林青为贵州省工委书记兼遵义县委书记。经吴亮平的联络牵线,中共贵州党组织的活动进入了一个新征程。

吴亮平到达陕北后任中宣部副部长。1936年7月,担任毛泽东与美国记者斯诺谈话的翻译;斯诺离开陕北回到北平后,以吴亮平口译的毛泽东同斯诺的多次谈话为核心部分写成《红星照耀中国》一书,于1937年10月在英国伦敦出版,后多次重印,被翻译成近20种文字。在中国,该书改为一个比较中性的书名:《西行漫记》,1938年2月在上海出版,在海内外引起强烈反响。斯诺曾在该书中写道:在上海,吴亮平"在华德路监牢里关了两年"。吴亮平给毛泽东和斯诺当翻译是他革命生涯中一段精彩篇章。毛泽东评价吴亮平的作用:"其功不下于大禹治水。"①

吴亮平系中共七大代表。解放战争时期,在东北任中共抚顺市委书记、东安地委书记等职。全国解放后,吴亮平曾任上海沪西区、普陀区委书记,华东局企业管理委员会副书记。1953年,调北京,先后任中央财经委员会组长、化工部副部长、国家经委委员。粉碎江青反革命集团后,先后担任中国社会科学院领导小组成员、中共中央顾问委员会委员、第五届全国政协常委、中共中央党校顾问等职。1986年10月3日去世,享年78岁。中共中央对吴亮平的一生给予高度评价,称他是无产阶级革命家、忠诚的共产主义战士、马克思主义理论家、社会科学家。②

---

① 周溯源:《毛泽东评点古今人物》(下),红旗出版社1998年版,第966页。
② 《吴亮平同志遗体告别仪式在京举行》,《人民日报》1986年10月24日。

彭康同志在狱中

中国著名的马克思主义哲学家、教育家、革命家彭康,于 1901 年 8 月 26 日出生在江西萍乡(今属上栗)南岭一个破落的地主家庭及"书香之家"。17 岁留学日本,曾用名彭坚、彭嘉生等,就读于鹿儿岛第七高等专科学校和京都帝国大学哲学系。1927 年 11 月,彭康放弃了即将开始的学位论文答辩,毅然回到白色恐怖笼罩下的上海,积极投身于新文化运动中。1928 年 1 月他参加中国共产党,次年任中共闸北区委委员,参与编辑《文化批判》《思想》等刊物。同年夏秋之际,任中共创造社党组成员,中共中央文委委员、代理书记,是中国左翼作家联盟(简称"左联")的发起人之一。1929 年起在上海艺术大学、中华艺术大学讲授哲学。1928—1930 年,他先后翻译恩格斯的《费尔巴哈论》《费尔巴哈和德国古典哲学的终结》和普列汉诺夫的《马克思主义的根本问题》等经典哲学著作;还书写发表许多文章。

彭康

1930 年 4 月 8 日,在上海北京路举行了一次游行活动,一位刘姓的同志被巡捕打死,他的一个十三四岁的儿子把父亲的箱子(内藏有武器)搬到彭康的住所。第二天,该刘姓的儿子被捕,并将巡捕带领到彭康居住的公共租界赫德路 1692 号,搜查出文件及箱子中的武器。为此,彭康及其弟弟彭芮生(又名彭敬)意外被捕。彭康当时化名彭子劫,没有暴露真实身份,同年 5 月 30 日,经过租界法院以"意图推翻国民政府,组织进行违反宣传"的罪名判刑 7 年,褫夺公权 10 年。虽经过上诉,由江苏高等法院第二分院审理后,于 6 月 4 日裁定维持原判,关押提篮桥监狱服刑。①

---

① 《彭康文集》,上海交通大学出版社 2018 年版,第 498—502 页;《交通大学志》,上海交通大学出版社 1996 年版,第 1096 页。

提篮桥监狱壁垒森严,当时上层管理人员为英国人,下层看守主要为印度人,还有俄国人,特别是白俄看守经常随便打人,对政治犯不准活动,并不准他们在狱中看书。在押犯人伙食很差,吃不饱但又饿不死,开水也很少供应,整天处于一种饥饿状态。1930年冬天,犯人组织了一次罢饭(绝食)斗争,要求改善伙食、要求看书报。经过4天多的斗争,监狱当局终于答应看守不准打人,犯人可以阅读书籍报纸。但是,监狱只给犯人阅读《圣经》及《论语》《孟子》之类的书籍。由于彭康不仅有扎实的日文功底,而且还懂得英语和德语,在狱中对印度看守做了大量的教育工作,启发印度看守的觉悟;同时利用印度看守迫切要求学习英语的心情,由彭康、吴黎平等英语水平较高的同志向他们口授英语,并建立一定的私人友谊。印度看守中不少人的思想逐渐转变为同情革命,有的还主动掩护在押的革命同志开展各种活动。当"政治犯"(革命人士)组织讨论、开展学习时,印度看守不予干涉,每当英国上层官员前来巡视时,印度看守还会主动通风报信。有一次,监狱当局突然查抄牢房,好心的看守来不及通知,发现彭康的牢房里有几本狱中禁看的书籍,认定彭康严重违反监规纪律,把彭康关入狱中的"风波亭"即禁闭室加以处罚。

当时的提篮桥监狱,彭康、曹荻秋、吴亮平等人组织难友学习革命理论,团结战斗,始终保持了共产党人的崇高气节。1935年2月,国民政府实行大赦,彭康被减刑1/3,刑期由7年减为4年8个月。同年5月,彭康因拒绝国民党上海市党部的劝降,被无理送到位于苏州盘门内的苏州反省院继续关押。苏州反省院位于苏州盘门城内西大街62号,成立于1930年5月,占地面积1.6万平方米。它是国民党中央直接领导下的一个政治集中营。首任院长由江苏高等法院院长林彪(广东中山人)兼任,下设总务、管理、训导三科,全院定额208人,但实际收押人数最多时达400多人。关押反省院的人员统称"自省人"。"自省人"中既有政治犯中的坚定人员,也有动摇人员,甚至混杂着特务。在管理上,"自省人"不同于犯人,一间牢房关押两人,条件优于监狱,但政治思想控制很严。个人活动外松内紧,耳目众多。院内自办刊物《反省院半月刊》,成立"自省人自治委员会"。反省院还设立了文化、娱乐、体育、卫生、学术研究等小组,参加这些组织的活动,在一定时间内可以得到一点消遣,使牢狱生活丰富一些,实际上是反省院暗中撒下渔网,勾引自省人上钩。

鉴于这种复杂环境,彭康采取了相应的对策。院方规定做的事,无关原则的事尽力去做,有碍原则的坚决不做。反省院要求"自省人"写三样东西:一为给《反省半月刊》写文章;二为写反省日记;三为写读书笔记。当时反省院对"自省人"按文化程度分类编组,对文化高的人员,规定必须写文章,带有强制性;对其他中等文化及文化偏低的人员,不作硬性规定。彭康利用时间学习外语,研究中国古代哲学,1935年5—8月曾在《反省院半月刊》上发表《老子的世界观和无为主义》《荀子的性恶论》《唯生哲学与柏格森哲学》等学术性文章。①1936年上半年,彭康因被特务告密,列为"不接受改造者",被反省院禁闭3个多月。

1937年8月13日,上海"八一三"事件爆发,苏州也屡遭日本飞机的轰炸,形势十分危急。当天晚上,反省院的138名在押人员转移到苏州郊区的东山镇刘家祠堂内。面对抗日形势,彭康等4名代表与院方交涉,经与院方13天的斗争而获胜,在押人员全部无条件释放,并发路费遣散。出狱后,彭康回江西萍乡看望父母后,又投入革命斗争中,先后担任中央文委代理书记、中共安徽省工委书记、中共华中局宣传部长等职。中华人民共和国成立后,彭康历任山东省人民政府华东军政委员,文化教育委员会主任,交通大学党委书记,中科院陕西分院副院长等,系中共八大代表。1966年"文化大革命"初始,彭康被诬为"三反分子",遭受批斗。1968年3月28日在游斗中被迫害致死,1978年平反昭雪。2018年1月,《彭康文集》(80余万字)由上海交通大学出版社出版。该书分为上、下两卷,其中有论文、杂文、时评、报告、讲话、指示、批示、书信等多种文体;内容涵盖了马克思主义哲学理论、文化艺术、社会工作、教育思想和办学理念、党的建设等诸多领域。

《彭康文集》书影

---

① 《彭康文集》,上海交通大学出版社2018年版,第502页。

熊瑾玎同志在狱中

熊瑾玎，别名楚雄，湖南长沙人，生于1886年1月14日一个中医世家。他在长沙楚怡情小学任国文教员时，结识了毛泽东、何叔衡、谢觉哉、李维汉等人。熊瑾玎曾参加毛泽东等组织的新民学会，在毛泽东创办的自修大学担任过教导主任，1921年为毛泽东、何叔衡从湖南赴上海参加中共一大会议筹措旅费。1927年10月，他在革命处于低潮的时候，经郭亮介绍加入中国共产党。次年初春，他从武汉来到黄浦江畔。党中央根据熊瑾玎富有理财经验又善于交友的特点，分配他担任中央机关会计，任务是筹集和管理经费，建立中央政治局机关所在地，成为党中央开会的秘密点及联络点。熊瑾玎接受任务后以商人身份四处寻觅房屋，终于选择在福州路口，位于云南路477号（今云南中路171—173号）一幢坐西朝东、建筑面积214平方米的2层小楼落脚；该处地方进出方便，人流密集。福州路又名四马路，是条文化街、出版街，街上聚集了许多书店书局；同时又是风尘街，上海妓女的聚集地、红灯区。前临天蟾舞台，1楼是生黎医院，每天进进出出的人员很多，2楼楼面较宽敞，开会、办公、住宿均可。进入该处需经过弄堂后门进入，但暗中二楼与一楼相通，并有暗门通往天蟾舞台，非常适合地下工作，闹中取静。熊瑾玎除了从事党的秘密工作外，还善于经商，曾在上海开办饭店、钱庄，为党中央筹集了不少经费。此时42岁的熊瑾玎成为一个老板，并挂出"福兴商号"的招牌。

这年夏天组织上还调来一位在汉口互济会工作的女党员朱端绶配合熊的工作。朱端绶，1908年生于湖南长沙，1924年入长沙女子师范读书，次年加入中国共产党，曾在株洲铁路工人子弟小学教学及职工家属工作，1928年调到上海工作。为掩人耳目，熊瑾玎与朱端绶假扮夫妻，组成一个临时家庭。后来两人在工作中建立了爱情，熊瑾玎与小他22岁的朱端绶正式结为夫妻。[①]1931年因顾顺章叛变，中共中央机关及熊瑾玎与朱端绶迁往湘鄂西苏区工作，任省苏维埃宣传教育部长和秘书长。

1933年他们又回到上海，两人同住中央交通机关。熊瑾玎遵照党的指示，

---

① 夏耘：《熊瑾玎朱端绶爱情生活散记》，《人物》1983年第3期。

开展工作,送通知、筹经费、联络同志,四处奔走。4月8日,熊瑾玎到法租界贺龙的亲属王某家送生活费,不料因叛徒叶某告密,王某已被捕,家里查抄,熊瑾玎不幸被守候该处的法租界巡捕拘捕。那时熊瑾玎已经不是第一次被捕,早在1932年秋,洪湖苏区全部失陷,熊瑾玎夫妻两人同时被俘,他沉重冷静,自称是被红军扣留的商人,且找到证明,后被敌军释放。这次熊瑾玎在法租界的巡捕房内遭到严刑拷打,被打得皮开肉绽,熊坚贞不屈,守口如瓶,坚称自己是一个商人,叫熊佑吾,平时兼做中医,给人看病,因为常给王家看病而熟悉,并有一定来往,这次我是到她家探望,看看她身体如何。法庭审判时,原中共中央政治局候补委员、叛徒徐锡根出庭指认熊瑾玎是共产党的中央会计。熊矢口否认。王某的邻居唐锦琏因为熊瑾玎平日待人和气,乐于助人,对他十分敬佩,冒着风险,挺身作证,说熊瑾玎确系商人,其他人也都证实他是本分的商人,生黎医院的周来生医生和夏记成衣铺的老板娘也都证明他们平时亲眼见他打算盘结账。使敌人一时难以定案。中共党组织又找到宋庆龄和史良律师,聘请了著名律师董康、唐豪等出庭给熊瑾玎辩护。当年12月16日,熊瑾玎被判处有期徒刑8年,①关押在马斯南路上的上海第二特区监狱。当日,熊瑾玎以'聆听'为题作诗一首:"残酷于今更甚焉,昏天黑地是非颠。凭人几句虚实话,竟判徒刑到八年。"②

在熊瑾玎第二次开庭时,朱端绶经组织同意随史良前去探望,不料被叛徒徐锡根认出,也遭被捕,关押在第二特区监狱。朱端绶从容地称自己叫李惠吾,是熊佑吾(熊瑾玎当时用的假名)的表妹,求表兄找工作的。

在监狱中,熊瑾玎坚持学习,练习书法,吟诗明志,他写了许多充满激情的诗篇。入狱当天,他就写了"漫道者番风味苦,辛酸尝尽见闻多"。后来他听到夫人朱端绶在探视他的时候,被叛徒徐锡根指认被捕,关押狱中,他设法写诗鼓励她,通过看守送到她手中。其中一首诗是这样写的:"我已在缧绁,君胡入网罗。艰难应共任,患难喜同过。躯壳原无用,精神自不磨。愿持坚定性,战胜恶妖魔。"③熊瑾玎、朱端绶夫妻两人在狱中相互写诗慰藉和鼓励斗志。朱端绶在一首诗中写道:"囹圄寂寂冀君音,辗转寻思满衣衿。尺纸忽从天外至,回环捧读见真心。"熊瑾玎在和诗中写道:"喜从困境获佳音,字字芬芳透我衿。狱里消闲绕唱和,绶君终不愧真心。"还有一次朱端绶诗曰:"臭虫恼人眠不得,捉它干净不停留。"意为要彻底消灭反动派。熊瑾玎和诗说:"胜利终当归我等,何妨今日小拘留。"熊被判8年徒刑,写诗宽慰妻子:"命逢乖舛心翻快,厄到囹圄体转遒;八载光阴如一瞬,黄花有色壮深秋。"

---

① 《中共党史人物传精选本》,中共党史出版社2010年版,第368—369页。
② 熊瑾玎:《熊瑾玎诗草》,三联书店1987年版,第65页。
③ 《中共党史人物传》(第41卷),中国人民大学出版社2017年版,第195页。

朱端绶在第二特区监狱关押8个月，终以无罪获释。出狱后，她写信给熊瑾玎，说她决不离开上海，一定要等到熊瑾玎刑满，仍能一道工作。她还在上海开设一家酒店，为熊瑾玎和其他被捕同志提供日用品和补充营养，提供经费。熊瑾玎得到这封信后，十分感动便挥毫作诗，倾诉衷情："万苦丛中兴转高，拈毫为汝写情操。斤斤志与秋霜洁，皎皎心同朗月昭。八载琴弦虽歇奏，百年鸾凤足逍遥。一朝之患何须计，共破难关我自豪。"

在上海第二特区监狱中，熊瑾玎除了与妻子通过诗歌的方式与其沟通心迹、相互鼓励斗志外，更重要的是领导难友向敌人开展了一系列斗争。狱中生活困苦。按规定每月打一次牙祭，每人有4两肉，而管理人员从中克扣，饭内掺沙子，吃烂菜叶、吃菜场收摊时的落脚菜，那是常有的事情。面对恶劣的环境和生活条件，熊瑾玎与共产党员李士英（1949年后曾任最高人民检察院副检察长）等人发动难友向监狱当局提出抗议，进行斗争。几经较量，终于狱方作出一定的让步。后来，熊瑾玎因病转押于广慈医院内的监狱病监。病监其实也是铁门铁窗，条件比监舍稍有改善，但是管理也很严格。看守主任贾福叶（江苏宿迁人）更是贪赃枉法，常以戴镣铐等手法敲诈勒索犯人财物。熊瑾玎刚入病监的时候，贾某就拿来一副镣铐要给他戴上，意在勒索钱财，熊瑾玎当即质问他："你给我上镣铐，根据什么法律？我告诉你，这是一种违法的私刑，我要向法院告你的状，看你敢不敢给老子镣铐！"贾某见熊态度强硬，一下子也吃不准他的政治背景，便悻悻地拿起镣铐走了。

当时，上海帮派头目之一的盐城人顾竹轩，因牵涉派人暗杀大世界经理唐嘉鹏致死被嫌疑，关押在广慈医院的病监。由第二特区监狱看守主任贾福叶和特二法院看守所看守主任吴鹭（江苏扬州人）两人负责看守，由于贾福叶、吴鹭两人收受顾的贿赂，包庇顾竹轩在监吸食鸦片，以后被人发觉，熊瑾玎便发动犯人联名向法院控告贾某接收贿赂。后由第二特区法院检察官侦查后，法院来人调查，一举查获了烟膏烟具。法院依渎职罪对贾、吴两人提出公诉，结果判决两人各处有期徒刑5年，褫夺公权5年。①

1937年随着抗日高潮的到来和国共合作形势的发展，周恩来委派毛泽民、钱希均来探视和营救熊瑾玎。经章士钊作保，熊瑾玎于9月6日出狱，重获自由，他与朱端绶又并肩战斗。1938年年初受周恩来委派，熊瑾玎任中央机关报《新华日报》总经理。由于他经营有方，报纸越办越好，发行量甚至一度超过了国民党的《中央日报》，还为中共南方局筹措了经费。多年的特殊岗位历练，使他成为一名中共理财的"红管家"。不少老同志都说："在当年的报馆里，可以缺少任何一个人，唯独不能没有熊瑾玎同志。"

---

① 《两看守三审判决》，《申报》1937年4月14日。

熊瑾玎

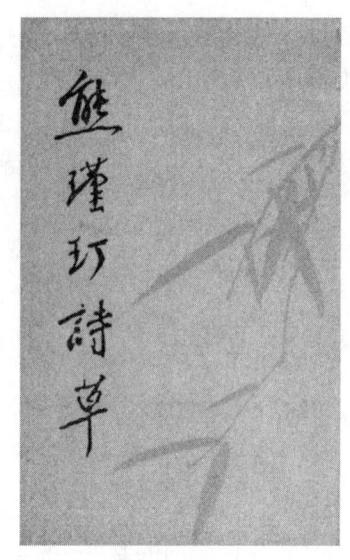
《熊瑾玎诗抄》书影

1949年后,熊瑾玎担任中国人民政治协商会议第一至第四届委员、全国红十字总会副会长等职。他还撰写出版了《熊瑾玎诗草》《革命老人徐特立》《徐特立老爷爷的故事》。1966年年初,他80岁诞辰时,周恩来特地带着两瓶绍兴花雕陈酒为他祝寿。"文化大革命"风暴卷起后,周恩来又亲笔为他们夫妻写了一份"最可信赖"的证明:"在内战时期,熊瑾玎、朱端绶同志担任中央最机密的机关工作,出生入死,贡献甚大,最可信赖。"1973年,当熊瑾玎病危且已不能说话的时候,周恩来不顾自己重病在身仍亲去医院看望。夫人朱端绶送上熊瑾玎的两句诗句:"叹我已辞欢乐地,祝君常保斗争身",以表达熊瑾玎对党内老战友的深厚感情和最后祝愿。1973年1月24日,熊瑾玎在北京逝世,终年87岁。

革命人士在上海的就义地

上海是中国共产党的诞生地,中共一大、二大、四大都在上海召开,在较长一段时间内还是中共中央的所在地。中国革命史上许多志士仁人都在上海工作、活动过,不少人被捕入狱,甚至牺牲在上海,用自己的躯体及热血在沪上留下悲壮的一页。据不完全统计,1927年4—12月,国民党军政当局在上海地区共杀害共产党员、工会干部、工人积极分子2 000余人。民国时期,革命人士在上海的就义地大致有以下几处场所。

一、西炮台

西炮台在今世博园浦西块西端,今卢浦大桥西堍的一块土地。原来还有一座小土山,该处原名试炮台,是江南制造局炮厂的试炮场。沪语中"试"与"西"相近,而且叫起来顺口,故名"西炮台"。这里仅为土山及山下一块偌大空地,向南即是浦江滩涂和江流。1913年至1917年9月是上海地区的一个杀人刑场。其间不少辛亥革命时期的志士被害于此,堪称"海上黄花岗"。二次革命、护国之役、护法运动,孙中山为首革命党每掀斗争浪潮,军阀当局就在此大挥屠刀。

二、南市看守所

南市看守所,位于南车站路。看守所拥有一个大操场,曾是上海执行死刑犯的场所之一。20世纪40年代后期,此处为国民党军统看守所、上海地方法院第二看守所。1949年初,国民党反动派在此关押了许多革命人士。5月18日,黄炎培之子、中国民主同盟上海支部执行委员黄竞武和其他12位革命人员受尽酷刑后,被活埋在此。1949年后,此处为上海市第一看守所;20世纪末,看守所迁址浦东北蔡,于1996年10月4日在沪南路1960号新址正式启用,原址曾改为上海市公安局公交分局、上海市公安局城市轨道和公交总队分部的所在地。

三、龙华

从 1916 年起,护军使署从高昌庙迁到龙华,后改为淞沪护军使署,1925 年 8 月改作淞沪戒严司令部,次年 5 月又改设淞沪商埠督办公署。从 1927 年至 1937 年先后成为上海警备司令部、淞沪卫戍司令部、淞沪警备司令部,系镇压和屠杀革命人士的魔窟,大批革命人员被关押遭到枪杀,曾被称为"上海的雨花台"。其间,中共第五届中央委员、临时中央政治局常委罗亦农,中共中央政治局候补常委、中央军事部部长杨殷,中共中央政治局候补委员、中央农委书记彭湃,中共中央政治局候补委员、江苏省委书记陈延年,中共第五届中央委员、中共中央组织部副部长陈乔年,中共中央军委和江苏省委军委干部邢士贞,中共中央监察委员杨匏安,中共中央军委干部奚佐尧,中共江苏省委组织部长郭伯和,国民党省党部中共党团书记宣中华,中共丹阳独立党支部书记黄竞西,上海总工会委员长郑复他等大批共产党员、革命人士牺牲于此。1931 年 2 月 7 日晚在此遭到集体枪杀的有中共第五届中央候补委员、中华全国总工会执行委员兼秘书长林育南,中共江苏省委委员何孟雄,中共南京市委书记恽雨棠,中共山东省委组织部部长王青士,中共青岛市委负责人罗石冰,中共上海沪中区委书记蔡博真,上海总工会秘书长龙大道,中共中央宣传部干部、左翼作家李求实,左翼作家何也频、柔石、殷夫、冯铿,共青团江苏省委委员、上海总工会青工部长欧阳立安,中国工农红军第 14 军干部汤士伦、汤士佺等龙华二十四烈士。1937 年抗战以后,

龙华革命者就义地

龙华刑场碑刻

淞沪警备司令看守所牢房等被废弃毁坏。1988年1月,龙华纪念地被公布为第三批全国重点文物保护单位。邓小平、陈云、江泽民等党和国家领导人为之题词。20世纪90年代,龙华烈士陵园、龙华看守所等进行扩建或复建,1995年7月1日向社会开放。①

四、枫林桥

枫林桥,今平江路枫林路一带。1927—1928年,系国民党反动派屠杀革命人士的一个场所,其执行方法非常残酷,枪毙、砍头、腰斩、乱刀乱枪等。中共第五届中央委员、江苏省委代理书记赵世炎,中共中央监察委员、上海总工会组织部部长许白昊,黄埔军校政治教官安体诚,上海邮局党支部书记顾治本,沪西工人纠察队三大队副大队长彭天宝,中共沪西组织员廉文浩,中共上海区委军委员钟汝梅等就在枫林桥就义。由于枫林桥与龙华地域相近,有些材料往往把两者混为一处。②

五、提篮桥监狱

提篮桥监狱位于华德路(今长阳路)。狱内建有室内刑场和室外刑场。1948年9月30日杨树浦发电厂工人、中共党员王孝和烈士在此英勇就义。③1992年8月王孝和就义处列为上海市虹口区革命纪念地④;2013年4月,提篮桥监狱被列为第七批全国重点文物保护单位。

六、宋公园

宋公园位于今闸北共和新路。1913年民主革命家宋教仁遇刺身亡;次年,民国政府在境内象仪巷南,辟地100余亩营建墓园安葬宋教仁,习称宋公园;1929年更名教仁公园。抗日战争胜利后,把公园周边地区辟为刑场。在上海解放前夕的1949年5月,共产党员、时任国民政府国防部第四兵团中将副司令兼参谋长的陈尔晋与其妻子、共产党员王曼霞及其他14位共产党员;上海交通大学学生穆汉祥、史霄雯;上海警察系统的共产党员钱凤岐、刘家栋、钱文湘,进步

---

① 吴春龙主编:《龙华镇志》,上海社会科学院出版社1996年版,第134—137页。
② 朱济民主编:《旧监狱寻踪》,上海书店出版社2014年版,第222—223页。
③ 《上海电力公司工人王孝和昨枪决》,《大公报》1948年10月1日。
④ 马承源主编:《上海文物博物馆志》,上海社会科学院出版社1997年版,第397页。

青年蒋志毅；民革成员孟士衡，农工民主党成员曾伟、虞键、郭莽西等被敌人杀害于宋公园。据统计仅1949年5月9—21日，在宋公园被国民党反动派所枪杀、活埋的人员中，就有43人被上海市及外省市人民政府追认为革命烈士。1950年5月，此处更名闸北公园并进行改建和扩建，对外开放。目前，闸北公园西临共和新路，南沿洛川东路，东至平型关路，北近延长路。公园从东至西大体呈长方形，采取自然式布局。①

宋公园刑场，43名烈士就义地今貌

七、戚家庙

戚家庙位于今浦东新区杨思严桥乡张家楼村。戚家庙始建于明朝万历年间，为纪念明代抗倭名将戚继光而建立的一座庙。1949年5月7日晚上，李白、张困斋、秦鸿钧、严庚初、周宝训、杨竹泉、黄秉乾、吕飞巡、焦伯荣、郑显芝、朱厚生、张根思12名革命志士被敌人秘密杀害于浦东戚家庙附近。12位烈士的牺牲地位于戚家庙北100米，今浦东新区世纪大道与杨高路交汇处西北面的绿地中。浦东新区文物保护管理署将世纪大道浦电路口东南侧绿化地定为李白十二烈士就义纪念地。2002年，又将其迁至现世纪公园2号门内的小山坡上，并立有李白烈士半身铜像，同时竖上了区级文物保护地点的保护碑。②

本文所列以上7个地点，系国民党反动派残害革命人士、共产党员的主要场所，具有很大的残酷性、随意性、疯狂性。敌人杀害革命人士一般分公开和秘密两种：一是公开判决，张贴布告，事后通过报纸公开报道，如：1927年7月5日

---

① 《红色印痕，上海遗址百处》，上海人民出版社2004年版，第182页。
② 同①，第183页。

《申报》登载消息"铲除共党巨憝"（指时任中共中央政治局候补委员、中共江苏省委书记陈延年）；1928年4月22日刊文"共产党罗亦农昨日枪决"；1929年8月1日《民国日报》刊文"警备部枪决四共党汤久芳、陈雨生、李有臣、箕福生"；1929年9月14日《申报》刊文"澎湃等明正典刑"（指澎湃、杨殷、颜昌颐、邢士贞4人）于1929年8月30日在龙华就义（系澎湃等4人牺牲后半个月才报道的）；1930年9月11日《申报》刊文"警备部枪毙共犯两名"（指崇明施纪麟、蔡昌）。1948年10月1日《大公报》刊文"上海电力公司工人王孝和昨枪决"。二是秘密执行。例如，1931年2月7日晚杀害林育南、何孟雄、胡也频等龙华24位烈士；1931年8月杀害杨匏安、肖保璜；1949年5月7日晚杀害李白、张困斋等12位烈士。有的至今连遗体都没有找到。

当时上海死刑执行地，实际不止这7处地方，有时候为了达到某种政治目的，甚至在上海的闹事中心也成为杀人的刑场。1949年5月21日在上海南京路大新公司（今中百一店）门口，国民党反动派对准备起义的国民党炮兵教导总队总队长张权中将，以银圆贩子的名义进行枪决。

当前，在大力倡导学习党史、革命史、新中国史、改革开放史的时候，我们亟有必要了解上述历史状况。

新监过往

砍断"地下航线"
——记解放初期的反"跑条子"活动

1949年5月27日上海解放。次日,上海市军事管制委员会派员接管旧提篮桥监狱。同日,解放军华东警卫旅二团三营七连进驻监狱,担任警戒看押任务。6月上旬,监狱首次收押犯人,解放后第一个《犯人伙食供应标准》开始执行,向犯人公开伙食账目;同时,对旧监狱机构和人员进行初步整顿和清理,被接收的610名职员、看守中,经审查,遣散174人,开除和法办14人,辞职、请长假离去145人,自行脱离8人,留用200多人。监狱禁止打骂体罚犯人,打击牢头狱霸;严格纪律和制度,废除旧监狱的积弊陋习。9月21日,上海市人民法院监狱正式挂牌成立。

上海市人民法院成立(剪报)(《新闻日报》1949年9月22日)

同年10—11月,人民法院监狱在管理人员中开展反"跑条子"活动,并以此为突破口,提高工作人员的素质。所谓"跑条子",就是在押犯人写了纸条托看守到家里通风报信,为他们带进物品、食品到狱内;看守从中索取财物,索取好处。"跑条子"是旧监狱管理中长期存在又难以根治的顽症。"跑条子"的叫法主要通行于民国和解放初期,以后被称为"地下航线"。在租界时期的提篮桥监狱,还有一个"切口",叫"跑大黄",因为那时犯人身边没有纸张,他们只能写在大便用的黄草纸上。在旧监狱的各种制度中也是明令禁止"跑条子"的,如果发现,轻则训诫,重则开除。如 1906 年公布的《上海工部局监狱人员规则》中就明确规定:"一概不准为犯人将无论何项之银钱、信件、衣服、食物、烟纸及别种何物携带进出……不论何等人员犯此规则,立当被总狱吏黜革其职。"1936 年实施的中英文版《工部局监狱华职员规例》第六条也有相关规定。"凡于下列禁例,当以违犯纪律论罪,轻者处罚,重者斥革。……代囚犯携带书信或代其亲友传达消息。"但是,丰厚的好处,往往让人铤而走险,难以根除,其对监狱管理具有很大的危害性。

上海解放以后,人民法院监狱狠刹"跑条子"旧习,态度坚决,声势浩大。先通过动员教育,向监狱管理人员宣布各项纪律要求,对过去已经违反者从宽;对现行者,特别是大会宣布后继续"跑条子"者,从严惩处。通过各种形式的教育后,"跑条子"的情况明显减少。但是,个别旧监狱留用人员,仍然以"老官司"自居,错误地认为"跑条子"是监狱管理的"潜规则",根深蒂固,共产党当权者无非做做样子,吓吓胆小者,所以有的人还我行我素,依然顶风作案。例如,看守翁锦涛曾替汉奸犯盛幼盦跑条子 6 次,并把公家发下的皮鞋当了抽大烟;监狱第 45 号看守员丛树明,37 岁,山东人,曾于 1950 年 10 月陆续以大英牌香烟 5 包,向 236 号人犯换取 K 字衬衫一件,固本肥皂、美丽牌香皂各 2 块,又以大英牌香烟 14 包,双斧牌香烟 8 包,陆续向 581 号犯人换取卫生裤一条、花呢短衫裤一套、黄卡其裤一条、丝绸短衫裤一套,从中渔利。丛树明又于 11 月 3 日替犯人送信,取得车费旧币 1 万元(相当于新币 1 元。下同),替犯人取衣服,所得车费 5 000 元(相当于新币 5 角),丛还偷取公家的电灯泡。案发后,监狱领导对违法乱纪者开除公职,并对屡教不改、情节恶劣构成犯罪的翁锦涛、丛树明、袁某、郭某 4 名看守,宣布逮捕法办,还在报纸上公开曝光。监狱看守长李某,主管炊场大炉间,一贯营私舞弊,经常给犯人购买违禁物品,并大胆私开犯人做工,从中取利,并与潘某沟通贪污煤炭,经常懈怠职守,不按时工作,致犯人于做工时乘机用布堵塞大炉水管,阴谋破坏,幸被发觉未遭爆炸。经过一周的谈话教育,并召开了监狱全体工作人员大会,在公众指责之下,方肯坦白认错,给予革职处分。当时的媒体发布消息,公开指名道姓地报道了该情况,并让社会公众监督监狱的执法活动。①

---

① 《人民法院剔除坏分子 监狱看守长李仁才等被革职》,《新闻日报》1949 年 9 月 7 日。

处理监狱干警违纪(剪报)(《新闻日报》1949年9月7日)

监狱管理员丁声先后收受犯人钱财15万、5万元共两次；管理人员徐庚南先后取用犯人西装裤一条、马甲一件及人民币9万元。监狱行政当局于1950年4月除将他们革职处分外，并将他们移送人民法院处理。丁某、徐某对于所犯罪行坦白承认，并表示悔过，法院对其从轻处罚，各处以有期徒刑2个月，缓刑1年。1950年5月6日的《新民晚报》给予报道，标题非常醒目夺人：《两管理人员渎职贪污，监狱予以革职处分人民法院复处以徒刑二月》。通过严格整顿，狠刹了旧监狱流传下来的陋习恶风，并取得阶段性的成果。

监狱管理人员是代表政府、代表国家执法机关对服刑人员执行刑罚，其言行举止对服刑人员都有着示范和教育的作用。廉洁清正、从严治警，这是我们政法机关的永恒主题。历史可以给人教训与启示，避免执法者引以为戒，重犯当年的罪错。历史是一本深厚、翔实的教科书。我们要让监狱里的"地下航线"成为一个历史的符号。反腐倡廉永远在路上。

解放初期上海地区的女犯改造

近代上海,既是海纳百川的场所,又是藏污纳垢的地方;既是创新者的天堂,又是冒险家的乐园。上海解放后,又面临着翻天覆地的变化,百废待兴,作为国家刑罚执行机关的监狱,关押改造了大批犯人,其中既有男犯,也有女犯。本文主要记述1949年5月—1960年12月间上海地区女犯的若干情况。

一、接管旧女监,组建新女监

1949年5月27日上海解放。次日,上海市军管会派员接管长阳路147号大院内的3个单位,即时称"司法行政部直辖上海监狱"的提篮桥监狱、上海监狱第一分监(女监)、上海地方法院第三看守所。军管会接收后,统一组成"接收专员办公室"作为监狱的领导机构。让原有管理人员"各按原位,办理移交"。9月21日挂牌成立"上海市人民法院监狱"。

上海监狱第一分监(简称第一分监)系一幢4层楼监楼,1949年5月军管会接管时有女犯56人(内有个别外籍犯)。这56名女犯中,按罪名分类:烟毒35人、盗匪9人、杀人9人(其中3人未决犯)、窃盗3人。管理人员30多名,大多是年轻女性。上海市人民法院监狱成立后,撤销原"第一分监"的独立建制,改为隶属上海市人民法院监狱(提篮桥监狱)的一个下属单位,留用了原有的部分管理人员,并陆续补充了新生力量。毕业于金陵大学的原第一分监的分监长柯俊杰任命为监狱女监的监长;后来,由解放区来的女干部赵芝亭任女监监长。

上海解放后,上海人民法院对原国民政府司法机关判决的女犯做了清理,根据不同情况、不同案情,除了汉奸犯等人外,对大部分的女犯作了改判。1949年6月起,提篮桥监狱女监开始收押女犯。从当年8月起,原女监的场地暂作上海人民法院临时法庭,女监监舍搬迁到狱内的"十字楼",该楼建筑面积6 560平方米,有囚室150间;1958年8月,女监迁移到狱内的9号监,该处建筑面积3 150平方米,有囚室188间。

表1　　　　1949年8月—12月提篮桥监狱新收女犯案由统计表

案　由	小　计	已决犯	未决犯	案　由	小　计	已决犯	未决犯
汉　奸	1	0	1	欺　诈	10	0	10
盗　窃	83	8	75	恶　霸	1	0	1
匪　特	3	1	2	妨害家庭	15	3	12
烟　毒	300	65	235	妨害风化	5	0	5
杀　人	6	0	6	出卖军火	5	0	5
伤　害	2	0	2	伪造货币	2	1	1
抢　劫	12	5	7	总　计	445	83	362

资料来源：《上海监狱志》，上海社会科学院出版社2003年版，第455—456页。

1949年5月起，提篮桥女监下设总务、管教、劳作三股（后来取消），犯人伙房单独烧饭，由于人数较少，不易改善伙食，到年底取消，与整座监狱合为一体统一供应伙食。犯人实行两餐制。当时女犯每天的生活作息安排为：早上5点起床，5点30分—7点洗脸、整理内务，7—9点劳作；9—9点30分中餐；9点30分—下午2点30分，学习、运动、教育等；3—3点15分晚餐；3点15分—4点唱歌（周二、四、六），劳作；4点30分收封；5—7点看书、阅报等；7—9点休息。①从1955年起，女犯的作息时间改为：早上6点起床，6—7点半洗脸、整理内务；7点30分—8点30分活动身体；8点30分—9点30分早饭；9点30分—11点30分学习或劳动；11点30分—12点，静坐反省；下午12—1点30分，活动身体；1点30分—4点，学习或劳动；4—5点，晚饭；5点—5点30分，活动身体；5点30分—8点静坐等；8点睡觉。

解放初期的女监，干警坚持思想教育，组织女犯开展学习，参加劳动，女犯中积极改造者有之、悲观绝望者有之，如1949年下半年在押女特务路某用碎玻璃刺破动脉自杀，因割切较浅、抢救及时而没有死亡。1949年年底，提篮桥监狱女监押女犯348人；还有7名外籍犯，其中已决犯4人、未决犯3人，分别为白俄、日本各1人、韩国5人；案由为盗匪、特务、烟毒。这348人中，从案由分析，毒品罪占女犯总数的65.8％、盗窃16％、强盗7.2％、杀人5.2％、妨碍家庭2.3％、匪特0.6％、伪造货币0.6％、汉奸0.1％，其他2.2％。②1950年6月底，女监在押女犯556人（其中已决犯348人、未决犯208人），1月—6月女犯的进出比较频繁，新收1270人，出监1063人，而且已决犯以短刑期为主，在348名已决犯中，不

---

① 《女犯的大家庭——女监》，《文汇报》1950年1月8日。
② 麦林华主编：《上海监狱志》，上海社会科学院出版社2003年版，第456页。

满 3 个月的 221 人,3 个月以上、6 个月以下的 84 人,6 个月以上、不满 1 年的 40 人,1 年以上的仅 3 人。1950 年 12 月底,女监在押女犯 451 人。

提篮桥女监将未决犯与已决犯关押的监室及工场分开。按文化程度高低分甲、乙、丙三班进行政治教育与文化教育,教材取自报纸期刊、工人读本,以读报、识字为主,平均每周学习 3 小时,实行个别教育与集体上课。此外,还开展多项娱乐活动,诸如唱歌、运动、壁报及演出剧目等。根据女性生理特点,在生活、医疗方面给予女犯适当照顾、优待。女犯在监穿囚服,胸前佩戴番号布,家属每月接见女犯一次。女犯有病及时进行治疗。据统计,1949 年 8—12 月,先后有 52 名女犯住院治疗,其中传染系统 5 人、呼吸系统 11 人、消化系统 18 人、循环系统 4 人、神经系统 4 人、外科 2 人、皮肤科 4 人、妇产科 4 人、其他 2 人。根据女犯特点,组织她们从事一定的生产劳动,主要以手工和室内劳动为主。

1949 年 12 月底,提篮桥监狱为迎接解放后的第一个元旦,组织犯人举行大规模的文娱会演。为了提高演出效果,监狱甚至安排警力让几个主要编导的犯人出监去解放剧场观摩华东京剧团的演出。女犯排演了话剧"宝山参军",日本籍女犯中岛成子也穿上和服登台,手执传统的绸缎伞表演了日本舞蹈。

长期以来提篮桥女监成为上海地区女犯收押的"入口处"。1950 年年底有女犯 481 人。当时女监既收已决犯,也收未决犯,一度甚至未决犯超过已决犯。1951 年 4 月 27—29 日,提篮桥监狱配合上海市开展的镇压反革命运动的大逮捕运动,其中女监短短 3 天内共计收押女犯 209 名。同年 9 月,提篮桥监狱取消各监房的旧名,忠、孝、仁、爱、信、义、和、平监分别改称一、二、三、四、五、六、七、八监,感化院改称九监。监狱医院管理的病监称十监,女监为十一监(但通常任称女监)。

解放初期,提篮桥监狱接待了各界大批人士参观狱中的监舍、生产工场及女监,仅 1950 年 4 月就接待参观 93 个单位 11 423 名,其中:4 月上旬学校前来参观的就有 4 月 1 日光华大学附中师生 130 人,4 月 2 日民本中学师生 56 人、同济附中师生 116 人;4 月 10 日澄衷、启明女中、神文、怀恩等学校 300 人。他们参观后在留言簿上写着:"这里充满了光明和自新的气象,给我们很多启示。"[1] 上海文艺剧团的毛羽、包蕾、徐昌霖等编剧还到监狱收集写作资料。[2]

---

[1] 《各校同学 300 人参观提篮桥监狱》,《文汇报》1950 年 4 月 10 日。
[2] 《编剧入监狱》,《新民晚报》1950 年 3 月 23 日。

1950年8月提篮桥监狱管教科暨女监管教股部分干警合影照

二、清理孕妇及随带婴儿

由于历史的原因,民国时期的女犯还允许随带婴儿服刑,当时的法规中有"入监妇女请求携带子女者,特准许之","妇女"于监内分娩之子女亦适用之"等规定。上海解放前夕提篮桥女监还有婴儿8人。上海解放初期女监婴儿进出的数量较多,1950年累计带入婴儿92人,带出婴儿74人,在监婴儿25人。女犯携带婴儿在狱内服刑,不利于女犯管理和她们子女的健康成长。经过与有关部门研究后,从1951年9月起,提篮桥监狱订立四项"临产孕妇及携带小孩之女犯处理办法",并实行清理。具体规定有四项:(1)一般的孕妇及带小孩的女犯一概不收。(2)怀孕的未决犯其案情重大者须经公安局局长与法院院长批准后才能收容。(3)进监后才发觉是孕妇,经医师证明已怀孕8个月者,准予保外生产,无家者及案情严重者例外。(4)进监后生产的小孩,令其家属限7日内到监狱领回,否则一律送入婴儿院。尽管当时作出的规定并不完善,但是由于上海解放初期,各类情况非常复杂,百业待兴真正实施到位还拖延了较长一段时间,直到1954年前后才彻底解决怀孕女犯收监及女犯随带婴儿、幼童服刑的问题。

1953年3月,政务院发布《关于女犯不得携带小孩入监养育的通知》,提篮桥女监立即遵照办理。对于女犯中的孕妇或分娩尚未满6个月者,除特殊情况外,均不予收押。对于女犯携带的确实无法寄养的幼儿,则由政府委托居民抚养或送往托儿所,其经费由民政部门社会救济经费项下开支。

表 2　　　　　1949—1960 年上海监狱系统在押女犯人数统计表

年份	人数	年份	人数	年份	人数	年份	人数
1949	348	1952	625	1955	3 028	1958	2 080
1950	481	1953	600	1956	2 016	1959	1 787
1951	878	1954	1 358	1957	1 661	1660	1 460

资料来源：麦林华主编：《上海监狱志》，上海社会科学院出版社 2003 年版，第 456 页。

三、清理特殊情况的女犯

1952 年 8 月，公安部《关于处理女犯及病残犯的补充提示》中规定：女犯凡判刑 5 年以下，执行刑期已达 1/2 以上，表现较好者，经群众同意可以取保释放，其中情节较重可以加以管制。[1]提篮桥监狱女监也按此规定具体执行。1954 年，对判处 5 年以下的女犯，在执行刑期满 1/2 以上、表现较好者，经群众同意可以取保释放，其中情节较重者，则保外加以管制；对女犯中的孕妇或分娩未满 6 个月的，除特殊情况外，均不收押；对于已收押的孕妇临产前可保外生产，分娩 6 个月后再收回，无家者可在公立医院生产，婴儿由国家抚养；对于女犯携带的幼儿根据法律规定，"儿童受国家的保护"，不使无罪儿童随母入狱；对于确实无法寄养的幼儿，则由政府委托居民抚养或送往托儿所，其经费由民政部门社会救济经费项下开支。

据统计，1954 年，提篮桥监狱女监在原有基础上收押女犯 848 人，刑满释放 141 人，年度在押女犯 711 名。当年女犯投入劳动生产的有 230 多人。1956 年 9 月，提篮桥女监有女犯 268 人，其中反革命犯 111 人、其他刑事犯 157 人（当时上海地区的女犯大部分集中在苏北上海农场）。1956 年年底，上海监狱系统根据有关政策对部分执行原判刑期 1/2 以上的女犯中的劳、弱、病、残者予以清理。

表 3　　　1956 年 9 月上海地区在押女犯中的老、弱、病犯综合犯统计表

总计	罪　　名			刑　　期			家庭情况		
	反革命	惯窃犯	其他刑事犯	5 年以下	5 年以上，20 年以下	死缓无期	家居上海	原籍有家	无家
914	393	96	425	563	335	16	656	199	59

说明：女犯 914 人中包括执行原判刑期 1/2 以上的全劳动力 433 名。

---

[1] 中国监狱工作协会编：《新中国监狱工作五十年》，法律出版社 2019 年版，第 376 页。

四、苏北上海农场女犯关押地

解放初期,上海形势严峻,百废待兴,地域面积很小,全市仅600多平方公里,当时,上海仅有一座提篮桥监狱和几个看守所,犯人的关押场地十分拥挤。1950年2月6日中午,盘踞在台湾的国民党派出飞机以上海几座发电厂为主要目标进行轰炸,炸死542多人,炸伤800多人,1 000余间民房被毁,受灾居民5万多人,造成全市工厂大多停产,史称"二六"轰炸,①一度对上海带来较大影响。上海市政府决定紧急疏散无业游民、流浪儿童,组织犯人外出劳动。为此,中共华东局、中共上海市委与苏北人民行政公署商定,划出苏北台北县(今盐城市大丰区)以四岔河为中心的20万亩荒地用作安置上海无业游民和犯人劳动改造的场所。

1950年3月21日,提篮桥监狱的2 510名犯人(其中360多名女犯)调往苏北。出发前的3月19日晚上7时,在女监会场举行欢送300余女犯出狱劳动改造大会。提篮桥监狱女监监长赵芝亭说:"旧社会使你们堕落,不劳而食,自甘做花瓶,玩物,好逸恶劳,演变的结果,走上了吸毒、窃盗……之路,到苏北去垦荒是你们新生的开始。你们必须建立正确的劳动态度,在苏北垦区里努力劳动以赎前愆。"毛荣光副典狱长也到会讲话,鼓励女犯好好改造,走向新生。当时上海的新闻媒体也予以报道,1950年3月20日《文汇报》的标题为《从监狱走向乐园

媒体上对人民法院监狱女监的报道(剪报)

上海农场管理局大门

---

① 当代上海研究所:《当代上海大事记》,上海辞书出版社2007年版,第25页。

四百女自新人将赴苏北垦区,女监会场昨晚举行欢送大会》。①1950 年 3 月 22 日《文汇报》的标题为《自新人两千余告别监狱》;《新闻日报》的标题为《苏北垦荒多了一支生产队伍——两千余犯人昨首途》,文章如下"到苏北去,卷入垦荒的巨流! 昨天,人民法院监狱……组成的第一、二大队及一个妇女队,已首批赴苏北参加劳动生产。同去的有 48 位法院工作人员,对犯人将予沿途照料,并负有领导组织犯人通过劳动、改造思想的责任。在监狱当局有系统、有步骤的领导下,已分乘招商局两艘欣然就道,预计沿江上升,两日后至瓜州,再换乘民船共计六日可抵兴化,一俟东台新人村建筑就绪,即可布置生产了。"

3 月 20 日下午 4 时,包括 360 多名女犯在内的 2 500 多名犯人 4 人一排,走出监狱大门,经长阳路、海门路、东大名路步行到招商局第一码头(今公平路码头),长长的队列中还伴随监狱少年犯军乐队击打的腰鼓声和吹奏的军乐声。首批调苏北的犯人乘船开往苏北高港,再换乘小船抵达兴化县中堡镇。被调往苏北上海农场服刑的首批女犯组成两个中队,第一中队队长张仪明,中队副李康眷;第二中队队长邹英泰,中队副隋玉芬;文书莫希哲、张慧。以上两个中队合成妇女生产大队,并对女犯的行为规则及日常管理考虑得非常严密,具体提出了"三大纪律和十项注意"。三大纪律:(1)决心劳动改造,绝不发生逃亡;(2)一切行动服从命令听指挥;(3)不拿老百姓一针一线;十项注意:(1)不浪费米粮;(2)不破坏公物;(3)不践踏禾苗;(4)互相团结友爱,不吵嘴,不打骂;(5)不闯入民房商店;(6)借物要归还,损坏要赔偿;(7)住地要打扫清洁;(8)尊重老百姓风俗习惯;(9)到村庄大小便找厕所;(10)有事必先请假。②

当时,调往苏北上海农场的犯人及无业游民、流浪儿童首先抵达兴化县中堡镇作一临时性过渡,后来才陆续到达大丰垦区。之后,上海又多次调犯人去苏北上海农场,1952 年 7 月起,上海农场成立元华劳改支队,1953 年建立时丰、下明劳改支队,1954 年又开发了川东地区,上海农场的土地也从 20 万亩扩大到 30 万亩。1955 年 4 月建立川东劳改支队;同年 5 月,上海农场被公安部列为全国大型和重点劳改单位。1956 年年初农场押犯 1.1 万余人。

上海农场是上海女犯主要关押改造场所,1956—1960 年,该处每年关押女犯人数一度超过提篮桥监狱或与提篮桥女监基本相同。1964 年上海农场停止关押女犯。上海农场的女犯,除少数人在室内劳动外,大多数人都在户外劳动,从事农业和副业劳动。农场对女犯实行分管分押,分从宽队、一般队、从严队。据 1956 年关押的 1 140 名女犯情况统计,从宽队 629 人,一般队 411 人,从严队

---

① 解放初期,干部在正规场所对犯人称"自新人";监狱属于法院编制。
② 《四百女自新人将赴苏北垦区》,《文汇报》1950 年 3 月 20 日。

100人。针对女犯文化素质普遍低下、知识结构有严重缺陷的特点,采取多种形式对女犯进行文化知识教育。通过扫盲,普及小学教育,使女犯基本上具备能阅读书报、独立书写信件和简单思想汇报。农场还根据女犯的表现,及时运用宽严相济的政策,如1960年女犯忻某被依法减刑1年。

五、少管所和松江劳改队女犯关押点

1953年11月5日,上海少年犯管教所(简称少管所)在上海市郊大场宝华寺香花桥22号成立,系新中国首批建立的10所少管所之一。1954年9月起所址先后搬迁至大场余庆桥、龙华小木桥等处,由于场地等原因,当时仅收押男性少年犯,女性少年犯仍然关押在提篮桥监狱(如1955年有55名仍在提篮桥女监)。1956年9月,少管所搬迁到浦东高桥西街,条件大为改善,少管所开始收押女性少年犯,所以上海地区的女犯又多了一处地方。

女少年犯在水井边洗衣(拍摄于高桥少管所)

1958年,原属江苏省的嘉定、松江、宝山、崇明、青浦、金山、奉贤、南汇、上海、川沙10个县划归上海市,使上海行政区域面积整整扩大了10倍,达到6 300多平方公里。随着行政区划的调整,位于南汇的原江苏第16劳改队、松江的原江苏第17劳改队和青浦的原江苏第24劳改队于1959年初划归上海,分别组建为上海第二劳改队、第十劳改队、第六劳改队(青东农场),使上海的劳改工作扩展了场地,增添了活力。这三个劳改单位中,位于松江县城北门柳家弄的上海市第十劳动改造管教队(即原江苏第17劳改队)移交时有男犯1 000多人,女犯282人,其劳动项目主要是摇袜、缝头、摇纱及拆袜等。所以从1959年起,上海地区监狱系统的女犯关押场所有4处,即提篮桥女监、苏北上海农场、上海第十劳改队、少管所。1960年6月上海第十劳改队撤销,场地改为上海市公安局消防器材厂。上海地区的女犯关押地为3处,其中按人数来看,上海农场居第一位,1956年年底有女犯1140人,1959年年底有女犯近1000人。

六、对女犯的各项教育与管理

多年来,上海监狱系统根据女犯的特点积极开展思想政治、文化、技术教育。

(一) 思想政治教育

1949年5月市军管会接管监狱后,监狱接收组明确规定"教育改造应成为监狱工作的中心环节,对罪犯的思想教育是教育改造工作的核心"。同年6月以后,提篮桥监狱对女犯试行分别管理,分为盗窃组、烟毒组、强盗杀人组、杂犯组、病犯组,并将未决犯及已决犯关押的监舍与工场分开。向犯人讲解《共同纲领》,宣传共产党的政策,阐述社会发展规律和人生目的等道理。1952年前后,对女犯讲解《人民公敌蒋介石》《中国的四大家族》等内容开展政治教育。1953年以后,主要宣传抗美援朝的伟大胜利和三年经济恢复时期的成就,阐述劳动创造世界和社会发展的规律,教育犯人过认罪关、劳动关和思想改造关,开始一年一度的冬季整训。1955年、1956年以后,进行"一定要走社会主义道路"的教育,宣讲《宪法》《劳改条例》,阐述"犯人的权利和义务"。1959年,国家主席宣布特赦令以后,对女犯开展形势政策教育。上海农场对女犯也实行分管分押,分为从宽管理队、一般管理队、从严管理队,根据1956年关押的1140名女犯情况统计,从宽队629人,一般队411人,从严队100人。

(二) 文化、技术教育

上海解放以后,监狱针对女犯文化素质普遍低下,知识结构有严重缺陷的状况,采取多种形式进行对女犯进行文化知识教育,通过扫盲普及小学教育,使女犯基本具备能阅读书报、独立写信和简单思想汇报的能力。将已决犯与未决犯按文化程度高低分甲、乙、丙三班进行相关教育,教材取自报纸期刊、工人读本,以读报识字为主,平均每周学习3小时,实行个别教育与集体上课。此外还开展多项娱乐活动,诸如唱歌、运动、壁报及演出剧目等。据1959年对在押女犯的文化程度调查统计,文盲提高到初小程度209人,初小提高到高小72人,高小提高到初中48人,无变动维持原状698人。从1954年10月起,提篮桥监狱对女犯放映电影(放映地点初期均利用晚上在空地上,1956年起在监狱新建大礼堂内)。

(三) 生产劳动

上海监狱系统根据女犯的特点,从事一定的生产劳动,主要以手工和室内劳动为主。1950年代初期,女犯作业科目有缝纫、糊盒、洗涤、制鞋等。当时正值抗美援朝期间,许多女犯缝制军鞋。她们从劳动中学会了裁剪、缝纫的技能。提篮桥监狱1950年年底在押女犯451人,大部分都参加一定的劳动,其中糊盒234人、围巾44人、炊事20人、洗濯和编结各19人、皮鞋15人、缝纫6人、其他13人;不参加劳动的仅81人(无劳动能力74人、病犯7人)。上海第十劳改队和少管所的女犯主要从事室内辅助性劳动,劳动强度不大。上海农场的女犯,除少数在室内从事制鞋工作外,大部分人都在户外劳动,从事农业和副业劳动。

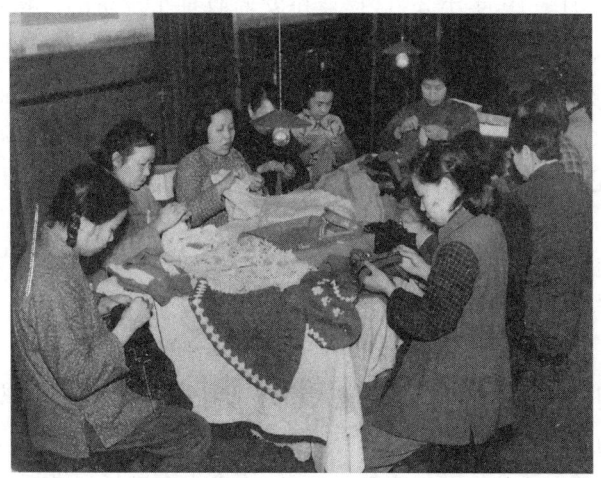

提篮桥监狱女犯从事缝纫劳动(摄于1956年前后)

从1956年起,女犯的伙食实行早、中、晚三餐制,参加劳动的每天一稀二干,不劳动的每天二稀一干(大米饭),每星期可吃一二次肉。女犯的伙食标准,历年来有所变化。如1953年3月起,轻体力劳动7.92元、不劳动7.65元;1955年9月起,轻体力劳动8.40元、不劳动7.65元;1956年8月起,轻体力劳动11.01元、不劳动8.17元;1957年2月起,轻体力劳动9.20元、不劳动7.86元;1958年3月起,轻体力劳动7.06元、不劳动6.4元。当时除了基本伙食标准外,每逢元旦、劳动节、国庆及春节对女犯给予一定的伙食补助。[1]女犯有病及时治疗,或门诊,或住院。

---

[1] 麦林华主编:《上海监狱志》,上海社会科学院出版社2003年版,第281—282页。

表3　　　1949年8月—12月,提篮桥女监女犯住院医疗统计表　　　单位:人

年　龄	传染系统	呼吸系统	消化系统	循环系统	神经系统	外科	皮肤科	妇产科	其他	小计
21—30	2	4	5	2	1	1	0	3	0	18
31—40	1	5	8	2	1	0	4	1	2	24
41—50	2	2	3	0	0	1	0	0	0	8
51—60	0	0	0	0	0	0	0	0	0	0
60以上	0	0	2	0	0	0	0	0	0	2
总　计	5	11	18	4	2	2	4	4	2	52

说明:表中数据中包括已决犯和未决犯。

1949年7月—1954年3月,提篮桥女监收押了少量的外籍女犯,如:1949年7月1日入监的日本籍中岛成子,1950年9月入监的南斯拉夫籍玛立亚,1951年2月入监的苏联籍高洛考夫迪妮娜,1953年7月入监的法国籍马丹。对外籍女犯,监狱也按照中国的法律制度予以同等管理,对符合相关条件的外籍女犯也给予减刑,如韩国女犯油野政子于1957年3月被减刑提前释放。

根据国家主席颁布的《特赦令》,1959年9月和12月,上海市特赦罪犯大会分别在提篮桥监狱和苏北上海农场召开,共特赦1 100名,其中女犯161人,占14.63%。[1]

解放初期,上海监狱系统的女犯大多在上海地区的监狱(劳改队)及市属的苏北上海农场服刑,从1953—1960年,部分女犯根据改造工作需要移送到外地服刑,主要有安徽(不含白茅岭农场)、江苏(不含上海农场)、浙江、青海。具体年月、人数及地点如表4所示。

表4　　　　　1953—1960年上海部分女犯移送外地服刑统计表

时　间	人数	地点	时　间	人数	地点	时　间	人数	地点
1953年12月	330	安徽	1956年4月	30	青海	1958年12月	15	安徽
1955年4月	103	江苏	1958年	650	青海	1960年12月	150	安徽
1956年1月	10	浙江	1958年	500	安徽			

资料来源:《上海监狱志》,上海社会科学院出版社2003年版,第462—463页。

---

[1] 滕一龙主编:《上海审判志》,上海社会科学院出版社2003年版,第255页。

七、几名曾经在上海服刑的女犯

（一）大汉奸汪精卫的遗孀陈璧君

陈璧君于1946年4月22日被国民政府江苏高等法院判处无期徒刑，1949年7月1日从苏州监狱移押提篮桥监狱，1959年6月17日病亡狱中。她在提篮桥监狱度过了她生命的最后10年。陈璧君在狱中喜读书报，入狱时身患多种疾病，在狱中受到良好治疗，她对此十分感激，并多次表示一定好好改造。自1995年以来，不少报刊、网络刊登有关文章说：宋庆龄、何香凝获悉陈璧君关押提篮桥监狱，于1949年9月25日找到毛泽东、周恩来。毛泽东说只要陈璧君发个简短的认罪声明，中央人民政府可以下令释放她。当晚宋、何联名写信给陈璧君；陈璧君收信后，拒绝认罪，宁愿把牢底坐穿。这段史实完全是无中生有的捏造，一种篡改历史、歪曲事实的造假行为。这里有必要澄清事实真相。我们从陈璧君亲笔所写的诸多材料中，就能了解陈璧君思想转变。①

（二）中岛成子

中岛成子毕业于日本某护士学校，20岁时派到中国沈阳，以护士的身份进行间谍活动。后嫁给了京奉铁路机务科科长韩景堂，取名韩又杰。曾在东北、天津从事间谍活动。抗战胜利后，中岛成子因间谍罪被国民政府逮捕，1947年5月被上海高等法院判刑7年。②后移押苏州监狱服刑。1949年7月，中岛成子与陈璧君一起从苏州移押到上海。她患有多种疾病，思想悲观，多次绝食，但监狱为其治好疾病，1955年释放。1957年回国后，她一直为宣传中日友好而积极工作。1987年10月，以82岁高龄访问上海，主动提出同其儿子一起访问提篮桥监狱。在座谈时，她深情地说，我以前做了对不起中国人民的事，现在我虽已82岁，我愿意帮助中国做些事。中岛成子还向监狱赠送了一面"愿中日两国人民世世代代友好下去"的锦旗。随后，她与其儿子特地观看了原先关押过的牢房。回国后，她在临终前还嘱咐儿子给提篮桥监狱赠送一套音响设备，以表达她的最后心愿。③

（三）詹周氏

詹周氏，江苏丹阳人，自小是个孤儿，9岁时被周姓的养父带到上海卖给一

---

① 《人民政协报》2011年4月14日；《联合时报》2012年8月31日。
② 《女间谍中岛成子昨判徒刑7年》，《中华时报》1947年5月16日。
③ 徐家俊：《上海监狱的前世今生》，上海社会科学院出版社2015年版，第339—345页。

典当做丫头,后由老板娘作主嫁给典当詹姓伙计为妻,家住新昌路酱园弄。1945年3月,她不满丈夫长期的虐待及家暴,在忍无可忍的情况下用菜刀将其砍死,碎尸16段而轰动旧上海,一审判处死刑,抗战胜利后改判为有期徒刑15年。[①]结案后,詹周氏关押提篮桥女监服刑,被安置在绣花组劳作,她绣花又好又快,为女犯中的佼佼者。1949年5月上海解放后,詹周氏仍在提篮桥女监,后被移送到上海农场。刑满释放后留场就业,1959年结婚成家。

(四)苏青

苏青,浙江宁波人,生于1914年,原名冯和仪。20世纪40年代与张爱玲齐名的海派女作家。代表作有《结婚十年》《歧途佳人》《浣锦集》《饮食男女》等。1955年12月,苏青以"反革命"案被捕,作为未决犯关押在提篮桥女监。其主要原因:一是历史问题,汪伪时期她曾任上海市政府职员及市长陈公博的秘书;二是受到胡风案、潘汉年、扬帆案的牵连。1957年释放出狱,晚年凄凉贫苦,1982年12月在上海去世。苏青死后两年,上海市公安局作出《关于冯和仪案的复查决定》,称:"经复查,冯和仪的历史属一般政治历史问题,解放后且已向政府作过交代。据此,1955年12月1日以反革命案将冯逮捕是错误的,现予以纠正,并恢复名誉。"[②]

---

① 《詹周氏杀夫案减处刑十五年》,《申报》1948年4月20日。
② 王一心著:《苏青传》,学林出版社1999年版。

1950—2000年的上海跨省调犯

1951年4月20日,毛泽东主席在对中共西南局一个文件上指出:"将许多犯人判为无期徒刑,离开本县,由国家分批集中从事筑路、修河、垦荒、造屋等生产事业。……其好处是在经济方面有利,在政治方面也有某一方面的利益。"①1952年6月召开的第一次全国劳改工作会议决议中也指出:"劳改区域和生产对象要适当加以调整,即国防要地、大城市、重要工业区以及人口稠密、耕地不足的地区不宜发展大规模的劳改生产事业,而应有准备地稳步地分时分批地向地广人稀的西北新疆、华北绥蒙、东北北满、西南川南、西康、华东苏北滨海等地区转移集中。"

上海是中国最大的工商业大都市,带江襟海,处于海岸线的中点,但解放初期占地仅600多平方公里。②为适应形势和国家建设的需要,上海从1950年起,将大批犯人调往外地服刑。调犯系上海监狱工作的一项重要任务,本文就1950—2000年上海的调犯情况作一梳理。

一、调犯的组织机构

1949年5月27日全市解放,次日,提篮桥监狱被上海市军管会派员接管,经过改造整顿后成为新生政权的刑罚执行机构。6月1日开始收押犯人,9月21日挂牌成立"上海市人民法院监狱",年底押犯数就达到15 170人(含未决犯)。1951年全国范围内开展镇压反革命运动后,监狱押犯数量大,监舍拥挤,当年新收押人数为39 099人。③

为了改造犯人,为了不让他们坐吃闲饭,为了解决关押场所的困难,上海按照公安部的统筹安排,分批调押犯人去外地从事开荒、水利、筑路等劳动,让他们

---

① 王福金著:《中国劳改工作简史》,警官教育出版社1993年版,第49—50页。
② 1958年原属江苏的松江、嘉定、崇明等10县划入上海,使上海的地域面积增加到6 300多平方公里。但是上海在全国4个直辖市中,地域面积仍然为最小的一个,重庆约8.2万平方公里、北京约1.7万平方公里、天津约1.2万平方公里。
③ 麦林华主编:《上海监狱志》,上海社会科学院出版社2003年版,第39页。

在劳动中改造思想。1950年4月及1951年3月,上海多批犯人调往陕西延安。当时调犯的火车到达陇海铁路的车站后,犯人要通过步行到达延安。调犯组织机构按军队编制,在行军中成立"行军总队部",按总队、支队、大队、中队、小队、班,层层编定。总队有正副总队长、政委,总队部设文书、参谋、设营3个组及警卫部队;最基层的班,每班10—12人。1951年3月,上海市公安局设立管训处,负责监所管理和调犯工作。办公地点设在江西中路180号,不久迁至长阳路147号。同年5月,监狱从法院建制改为公安建制后,上海市公安局成立了由上海市公安局邑庙分局原分局长杜蔚然任副处长的市公安局管训处专管调犯工作,并配备专门班子。1952年8月,上海市公安局劳改处成立,管训处撤销,调犯工作归劳改处管教科负责。1959年9月初,劳改处设立专事调犯的遣送办公室,由提篮桥监狱原副监狱长翟云龙负责。20世纪60年代初,随着社会治安情况的好转,上海监狱系统犯人收押人数大幅度下降,调犯相应减少,劳改处遣送办撤销,其调犯工作复归劳改处管教科负责。1964年12月,上海市公安局劳改处升格为上海市公安局劳改局,调犯工作由劳改局管教科牵头。

解放初期犯人乘棚车调往去外地服刑

20世纪初期,调犯的随行干部由市公安局政治部从上海公安系统干警中统一调配,当调犯任务下达以后,市公安局政治部就向各分局、市局各处室抽调人员,确定名单,对他们举办短期集中学习教育,讲形势、谈政策、谈调犯的重要作用及意义,同时有局领导及接收地区的负责人做报告,讲述接收地区的概况及今后的发展远景。这些干部均迁出户口及供给关系,随调犯同时调往各地。他们从接到组织通知到告别家人,打好行装出发,一般一星期左右。当时不少领导干部率先带头,如上海解放后第一任提篮桥监狱典狱长武仲奇(后改名为武中奇)于 1951 年秋调任安徽治淮总队(劳改单位)副司令员兼参谋长,一同调往的还有监狱秘书科科长宁模、管教科科长盛稼夫和孙家富等人。①随着大规模治理淮河(简称治淮)工程开工建设,1951 年 10 月开始,上海大批犯人调往安徽参加治淮。从 1954 年开始,上海又向外省调押大批犯人,当年为 25 500 人,1955 年达 32 200 人;1954—1965 年这 12 年中,上海集中向外省市整批调犯总数达 13 万人,约占 1950—2000 年间上海调犯总数的 80% 左右。②其间,许多干警离开上海奔赴边疆内地累计约几千人,不少干部家属子女也一同前往,扎根外地。如 1958 年,上海调遣大批犯人、及劳动教养人员去淮北,当年配备干部 568 名一起前往,其中有 98 位干警及 298 名家属子女随车同往。20 世纪 70 年代起,大批量调犯的干警由过去的随车调往,改为把犯人送达目的地以后,干警则随专列(或另行乘车)返回上海。

1983 年"严打"以后,监狱犯人激增,调犯又一次成为上海监狱系统的一项重要任务。每次大批量的调犯均由全局统一部署,成立调犯指挥部,由监狱管理局领导任总指挥,管教部门的领导任副总指挥,并负责总体工作,监狱局政治部负责干部配备,后勤、财务等部门协助后勤保障等。调犯结束,执行调犯的干警返回原单位。

二、调犯送达地点、人数及特点

1950—2000 年,整整 60 年来,上海调犯送达地点几乎涵盖全国各省(份),从时间上看,大体可分为 3 个阶段。

(一) 第一阶段 1950—1965 年

这 15 年期间,上海的调犯的去向,主要为延安地区、安徽为主的治淮工地、西北边疆地区和位于福建的鹰厦铁路工地。

1. 延安,位于陕西北部,历史上该地处于"边陲之郡"和"五路襟喉"的特殊地位。20 世纪上半叶,刘志丹、谢子长创立的陕北革命根据地,成为中央红军长

---

① 徐家俊:《上海监狱的前世今生》,上海社会科学院出版社 2015 年版,第 259 页。
② 麦林华主编:《上海监狱志》,上海社会科学院出版社 2003 年版,第 263 页。

途征战的落脚点。1935—1948 年,是中共中央的所在地,解放战争的总后方。解放初期,延安接收了北京、江苏、安徽、上海、浙江、广东等地的大批犯人。1950 年 4 月 25 日,上海解放后第一次调犯 228 人就调往延安,1951 年上海又多次向延安调犯,累计 3 400 多人。①

2. 安徽为主的治淮工地。淮河发源于河南省桐柏山,流经河南、安徽、江苏三省,全长 1 000 多公里,流域面积达 21 万平方公里,历史上淮河经常发生水灾,长期来祸害不断。治淮系解放初期全国性的重要水利工程。1951 年春天毛泽东发出了"一定要把淮河修好"的号召,随着大规模治淮的开展,1950 年代至 1960 年代初期,安徽淮北地区的治淮工地是上海调犯的主要送达地点。从 1951 年 10 月开始,上海大批犯人调往淮北参加治淮,仅 1951 年第四季度就调犯 11 000 人,1952 年和 1953 年分别为 1 500 人和 552 人,他们大多在津浦铁路的临淮关下车,转乘木船,顺淮河东行到泗洪县的内下草湾,再步行一段路到工地。②从 1950—1965 年这 15 年中,上海集中向外调犯中,一半调往安徽参与治淮。

3. 边疆地区,如新疆、青海、内蒙古、甘肃、黑龙江等地。

4. 鹰厦铁路工地。根据战备需要,1955 年中央决定从江西鹰潭到福建厦门修筑一条鹰厦铁路,全长 695 公里。为加快工程进度,中央批准组织上海、福建、浙江两省一市 3 万多犯人投入筑路工程。上海调去的 1.5 万人编为两个大队,工地在福建省的光泽、邵武一带。

1950—1965 年,上海有 8 万余人调往安徽;调犯接收人数较为集中的还有福建、青海等 10 个省份,其中:调犯人数在 1 万人以上的有福建、青海;调犯在 6 000 人以上的有新疆,5 000 人以上的有黑龙江,调犯在 3 000 人以上的有陕西;2 000 人以上的有江西、浙江、河南,1 000 人以上的有江苏、山西、内蒙古。③ 1950—1965 年,上海调犯人数约占 1950—2000 年调犯总数的近 86%。

(二) 第二阶段 1966—1976 年

该阶段正值"文化大革命"时期,全国的劳改单位受到严重冲击和破坏,劳改单位是个重灾区,耕地损失 60%,流动资产损失 20 亿元。1965 年,全国有劳改单位 829 个,加上其他事业单位共 977 个,至 1971 年只剩下 485 个,比 1965 年

---

① 麦林华主编:《上海监狱志》,上海社会科学院出版社 2003 年版,第 39 页。
② 《上海监狱志》,上海社会科学院出版社 2003 年版,第 263 页;1999 年 12 月初,笔者访问宁模同志记录,可参见本书《上海籍犯人在治淮及其他水利工程中》一文。
③ 《上海通志》第 2 册第 9 卷,上海人民出版社、上海社会科学院出版社 2005 年版,第 1232 页。

减少了492个。①上海向外省调犯数量明显减少,1966—1975年,上海先后将1 136名犯人调往青海、江西、江苏等省。②1968—1971年、1976年无批量调犯去外省。1966—1976年上海调犯人数约占1950—2000年间调犯总数的0.06%。

(三) 第三阶段1977—2000年

从1977年起,根据公安部的步骤,上海启动向外地,特别是大西北地区的大批量调犯。1977年,上海首先向青海调犯1 500人,1978年向宁夏调犯1 000人,后来上海又向青海、新疆、江西等地批量调犯。1983年7月根据中央的统一部署,上海监狱、劳教系统整建制地从公安移交给司法系统。随着"严打"的开展,上海监狱系统犯人收押量激增,根据司法部的统筹安排,1983年9月16日,上海首批通过专列向青海调犯800名;同年10月11日,上海又向青海调犯800名。媒体曾公开报道,如1983年10月17日《上海法制报》报导:"本市又押送一批罪犯去西北劳改。"1983年11月、12月,上海分两批,每批800人向新疆调犯。1984年1月2日《上海法制报》报道:"本市又两批押送罪犯去西北。"以后上海先后分批集中向青海、新疆、辽宁、湖南、贵州等地调犯,共计17 000余人,其中调新疆12 000人、调青海2 400人。③1977—2000年,上海调犯约占1950—2000年上海调犯总数的14.4%。

总之,1950—2000年,上海共向外省调犯16.4万人,以上人数均不包括转送外地司法机关处理的人犯及向上海市属苏北大丰的上海农场及皖南的白茅岭、军天湖农场(监狱)。④不少犯人调往外地后,不仅改造思想,而且在劳改场所发挥了技术专长,刑满释放后留场(厂)就业,有的还作出了显著贡献。如潘某1958年调往黑龙江,刑满释放后曾被评为全国先进生产者;马某调往安徽,刑满释放后,努力工作于1958年评为安徽省先进工作者。

三、调犯对象

20世纪50年代初期,上海调押外地的犯人一般是无期徒刑、有期徒刑20年以下、有期徒刑余刑在2年以上,年龄18—50岁,身体强壮,无严重疾病和残疾者。有时根据工作需要,每批调犯对象略有不同,如1951年调往安徽治淮总队的犯人中,刑期均在2年以上、10年以下;20—45岁的约占86%、20岁以下

---

① 中国监狱工作协会:《新中国监狱工作五十年》,法律出版社2019年版,第159—160页。
② 中国监狱工作协会:《新中国监狱工作五十年》,法律出版社2019年版,第173页。
③④ 麦林华主编:《上海监狱志》,上海社会科学院出版社2003年版,第263页。

的占2%强、46—55岁的占11%强。1954年,上海调犯对象的有期徒刑余刑一般在1年以上、15年以下,年龄18—50岁,身体强壮,无严重疾病和残疾者。被调送的犯人每10人编为一个小组,10个小组为一个中队,小组(队)、中队的犯人按刑期长短、年龄大小、文化程度不同等混合编成,对同案犯、同学、同乡等则分散编组。每小组设定一个生活、学习组长。

20世纪50年代调犯对象绝大多数为判处无期徒刑、有期徒刑的反革命犯和一般刑事犯,对老弱病残犯、外国籍犯等均不调往外地。1952年也有少数未决犯调安徽参加治淮劳动。调犯中绝大多数为成年男犯,但1956年也有500名18周岁以下的男性少年犯调往山西。[①]被调往外地的犯人中,也有个别在社会上一定范围内有影响的人员。例如,旧上海外滩中央银行保管科职员陈元盛,他于1946年5月监守自盗一块重达543两2钱3分的银行金砖,案发潜逃1个月归案后被法院判处无期徒刑;1948年8月又从提篮桥监狱逃脱,一周后被捕(1949年后被人民法院改判为有期徒刑),其于1951年12月年被调往皖北治淮;又如毛泽东《在延安文艺座谈会上的讲话》中曾提到的作家张资平,1955年被捕,判刑20年,于1959年7月调押安徽。1950年代至1960年代调往外地的犯人刑满释放后,按照当时的政策大多数留在当地留场(厂)就业。

1983年"严打"初期,大多数调犯属于全国人大常委会《关于严惩严重危害社会治安的犯罪分子的决定》中确定的"七种打击对象"。20世纪末21世纪初,随着监管改造工作的需要,对调犯对象的条件也有一定的调整,有的根据不同地区也有一定的区别。如1999年8月,调往青海的对象,男犯45岁以下,女犯40岁以下,身体较好,无残疾、无传染病、无严重慢性病,具有正常的劳动能力,余刑3年以上,刑期20年以下。

四、技术犯的调遣

在押犯人捕前从事过各种职业、各种工种,其中一些人员也具有一定的专业技术或专业知识,为了合理使用犯人,并充分发挥他们的技术专长,支援各省份的生产建设。在20世纪50年代中期至1960年代中期,根据公安部的要求,犯人中凡是曾经担任过工程师、技师、技术员、医师、医师助理、化验师、司药、调剂师等工作或者具有同等技术条件者,以及工业、农业、水利、财政、统计、贸易等大中专学校或中等专科学校毕业者,还有文艺特长或曾为技术骨干的犯人,除了在

[①] 麦林华:《上海监狱志》,上海社会科学院出版社2003年版,第263页。

各地监狱场所使用改造外,一度还须单独列出名单作为"技术犯",根据公安部的安排进行调配。据不完全统计,1956—1964年,上海曾多批调押各类技术犯去外地,累计900多人,其中人数最多的为安徽省有500多人,其余还有江西、青海、贵州、山西、辽宁、陕西、江苏、新疆、北京、山东、河南、内蒙古、黑龙江、吉林、新疆兵团、云南。1978年以后,上海根据公安部、司法部的安排或外省市劳改管理部门要求继续向外省调送技术犯,如:1978年1月向江西调送65名技术犯。①

调往外地的技术犯虽然数量不多,他们在监狱干警的教育下,在各地服刑期间表现较好,在劳动生产中积极发挥了他们的技术专长,对各地的劳改生产发挥了较大作用,有的还做出很大成绩,不少人刑满释放留厂(场)就业后成为该厂(场)的生产技术骨干力量。如最为典型的是王灿文,福建永定人,抗战胜利后到上海,1949年后被留用,1950年因犯贪污罪,被判处死缓2年,后减为无期徒刑。1955年夏天,他作为技术犯从上海劳改一队调往辽宁省锦州监狱,在劳动生产中刻苦钻研,解决了许多技术难题。1957年7月假释,1959年9月特赦。从1960年起,王灿文设计制造成功中国第一座真空感应炉和第一座电子轰击炉,填补了中国真空冶炼设备的空白,成为著名的冶金专家。1965年2月21日,在全国工交会议的汇报会上,在谈到王灿文的发明情况时,毛泽东说,"劳改犯办了许多事","在一定条件下,他们能做很多的事。有功的可以摘帽子,有的还可以奖励"。周恩来说:"这样可以调动其他犯人的积极性。"②王灿文后曾任辽宁省政协常委、锦州市政协副主席、九三学社锦州市主任委员,获国务院特殊津贴。

五、调犯工作无小事

20世纪50年代上海押犯调往外地,其人数、对象、目的地、出发日期、到达日期等都由公安部统一布置,由公安部向犯人的调出地、调入地,铁道部以及调犯途经的省市作出严密布置。上海监狱管理机关接到部调令后,即与担任押犯任务的武装部队(初期称公安部队,后称武警部队)负责人组成调遣指挥部,建立值班、警戒、瞭望、联络、会务、供应等制度。在调犯出发前,做好充分的准备工作,使大家明确任务、路程、调犯目的地和分工措施。如1955年前后,公安部下达文件要求,调犯前的工作包括:一、材料准备,对犯人的档案材料应及时抽调干部进行查对整理,做到每名犯人有案卷、有判决,随犯人带往接收地区,以利今后的管理;二、物资准备,调犯的囚衣被(冬天的御寒)装备作充分准备。对运行途

---

① 麦林华主编:《上海监狱志》,上海社会科学院出版社2003年版,第264页。
② 中国监狱工作协会:《新中国监狱五十年》,法律出版社2019年版,第119页。

中的干粮,所需要的物品器具,如干警的手电筒、每一车厢(车皮)配备大锁两把、水桶两个、便桶两个、扁担一条,手铐若干。在调犯出发前,对被调往外地的犯人积极做好思想教育工作,一方面对他们进行集中学习教育,阐述政策,指出外调的目的,去外地参加劳动改造的作用和意义,调押途中的要求;另一方面向犯人介绍有关地区的情况,消除疑虑,稳定情绪,组织他们进行讨论。同时,干部组织犯人家属会见、送物,对犯人储存的现金、衣物等由监狱清点造册(列表),会同调犯的接收单位与犯人当面逐项核对后,由犯人签名捺印,做好其他一些未曾了结的事项。

20世纪80年代以后,监狱还组织调犯收看相关录像和专题片,并根据"管理从严,生活适当从宽"的原则,让犯人集中时间发信,安排家属会见,送物,发给犯人囚衣被和生活必需品。对他们存放在狱中的现金,列表造册,移交接收单位。在组织调犯工作过程中,对调犯进行严格检查,严禁犯人夹带刀、剪、锉、锯、棒等违禁品和现金、粮票,以杜绝犯人在押解途中发生脱逃、行凶或自杀。

在调犯途中,得到铁路沿线各级部门的支持配合。路途长的,上海监狱系统另派出先遣人员,在沿途停靠点设临时茶水站,向犯人供应茶水和稀饭。调犯途中,特别在犯人的上车、下车、开饭、倒便桶、办理交接等流动性较大的活动和夜深人静时更注意动向,严密控制,加强警戒。茶水站每天以早、中、晚设立3个,各车站一般相隔4—6小时;专列停车时,对各车厢提供开水。在炎热的大暑天提供给犯人洗脸擦身的冷水,预防中暑。解放初期,铁路设备较差,西北地区有的车站没有水源,当地公安机关发动群众从五六里远的地方烧好开水,挑到车站。其间,对部分调往安徽乘坐轮船通过长江航道到达目的地的犯人,对轮船的四边加挂安全网和消防、救生设施,并向船员提出具体要求及落实措施。

1983年7月开始,上海每批调犯均有上海监狱管理局领导带队,干部严密组织、严格管理并配备武警分队押送,切实做好思想教育,合理编组,配发衣物,搞好饮食卫生。干警深入现场,尽力为犯人解决各类实际问题,如:帮助犯人催讨捕前的合法私人财物,处理民事纠纷,查找索取被看守所暂时冻结的物品,成全外地籍犯人与上海亲戚会面,合理合法地做好应尽责任;有的犯人提出在上海镶好牙齿再走,干警则及时与医院预约试样,在出发前帮他装好假牙;有的犯人狱中参加大专函授班学习,已经交付了学费,学程一半,干警则积极与校方联系帮助他领回剩余的学杂费。

1984年3月23日,上海800名犯人调往新疆。上海在全国监狱系统中,首次把长期沿用的棚车专列改为客车专列,在列车车窗上安装铁栅,途中对犯人不铐不镣,安全送达目的地。司法部肯定上海的做法,并向各地推广。以后,上海监狱系统就一直使用客车专列调犯,并配备随车医生;人数较少时,则挂靠于普通旅客列车。每节车厢为一个中队,下设 10 个小组,每组 10 名犯人,车厢内定人定座,不准私离座位,不准随便调换座位,做到人不离组,组不离队,把所有犯人置于相互监督、相互促进的氛围之中。干警轮换昼夜执勤,早晨拎水、倒水,给犯人提供盥洗服务,然后拖地板擦车窗,整理环境卫生。有时还由干警站在车厢两头,教犯人做健身操,转头、弯腰、扭腿,减少困乏,避免途中出现不适。专列中还对犯人宣布表扬、记功和减刑裁定;对犯人进行以法律、政策、纪律、前途为主要内容的定向教育,组织他们开展以"纪律好、学习好、卫生好、互助好"为内容的"四好"评比活动,向他们发放图书、扑克、棋类。列车上播放新闻、音乐、戏曲,介绍祖国河山,开展有奖智力竞赛、点歌,还组织有奖猜谜活动,奖品有牙膏、肥皂、圆珠笔、铅笔、日记本等。对个别遇到生日的犯人,给他们送上生日面(大排面)。

调押服刑人员去外地服刑

六、调犯的意义及作用

第一,为打击犯罪、巩固政权、维护社会安定、净化社会环境起到积极作用。同时也有利于缓解内地、沿海大城市的治安压力,解决监舍不足,改善关押条件。如解放初期,上海在短期内收押了大批犯人,1949 年 6—12 月收押 15 170 人,1950—1955 年分别收押 29 284、39 099、11 840、23 022、39 353、41 644 人,[①]通过遣送大批犯人去外地后,改善了犯人调出地监管改造工作的条件。

第二,培养犯人的劳动习惯。不让他们坐吃闲饭,减轻人民负担,为其提供

---

① 麦林华主编:《上海监狱志》,上海社会科学院出版社 2003 年版,第 175 页。

生产劳动的场所,让他们参与垦荒、治水、修路等基本建设,如许多犯人参与了治理淮河水利工程,参与了梅山、佛子岭、花凉亭、月子口水库等重大水利工程,参与了包兰、鹰厦、集二、天兰等铁路的修筑;参与了西北、东北地区的开垦。正如国家副主席王震生前曾对司法部副部长李石生所说:"向西北、东北调犯开垦荒地,劳改是立了功的。"①

第三,促进内地、边疆地区的经济发展。中国各地基础及经济发展极不平衡,以青海省为例,其1928年建省,解放初期农业基础薄弱,人口较少,青海是接收各地调犯的主要地区。解放后青海劳改局下属单位最多的时候曾有79个农牧场、29个工交建筑单位,加上家属和移民青年总人口达25.7万人。1957年,青海监狱系统农业耕地面积占全省国营农场总面积的98%、工业总产值的52%,工业生产涵盖了人们日常生活的各个方面。1958年青海劳改局与青海农垦局合署办公,先后成立8个地区农垦局,不久撤销地区局,成立州农垦局(州劳改局),并成立荒地勘察设计院。1959年4月,省农垦局更名为农垦厅,继续与劳改局合署办公,州劳改局改为劳改分局。②

第四,为在押犯人和刑满释放的新人提供了发展的舞台。如解放初期安徽的工业基础较薄弱,原上海调犯及刑满释放留厂(场)就业后,为安徽增加了技术力量,他们分布在全省水利、建筑、机械、农垦等系统的单位,为安徽省的工农业发展和建设起到积极作用。1968年,安徽省第三劳改总队第四支队(今江淮汽车制造厂)试制出第一辆CHF140江淮牌载重汽车,并很快投入批量生产,开创了全省制造汽车历史的先河。不久,省第三劳改总队第五支队(今淝河汽车制造厂)试制出HF105大江淮牌8吨载重汽车;第二支队在芜湖生产出6135柴油机,为生产汽车提供了发动机;第一支队在六安市正式生产各种汽车齿轮,并担负客车的组装任务。③巢湖铸造厂原来也是治淮总队某劳改支队的底子。

总之,自1950—2000年,这整整50年,上海作为一个沿海沿江的大都市,除了收押、改造大批犯人外,还根据国家公安部、司法部的统一部署,向内地及边疆地区调犯16.4万人。调犯在上海监狱系统占有重要的地位,甚至在某些年份成为一项主要工作;在20世纪50年代,上海有大批公安劳改干警及其家属子女随着调犯需要,也义无反顾地离开大城市奔赴内地、边疆,在艰苦的环境下,为了当地监狱及各项事业贡献自己的春春与年华。

---

① 笔者于2001年8月,在北京对司法部劳改局原局长李均仁的访谈笔录。
② 《青海省志·劳动改造志》,青海人民出版社2000年版,第13页。
③ 《安徽省志·司法志》,安徽人民出版社1997年版,第519页。

五角场监狱的风雨之路

上海市五角场监狱位于杨浦区嫩江路,毗邻上海东北角的"绿肺"共青森林公园,是上海位于市区的一个有近70年历史的老监狱;自2001年以来,根据上海监狱系统布局调整和"新收、常押、出监"改造三段论的要求,定位为上海全市唯一一家出监犯监狱。多年来五角场监狱教育改造了大批犯人,为国家创造了很大效益,截至2019年年底连续31年无犯人脱逃,连续34年"无重大事故发生",创上海监狱安全最高纪录。曾获"2011—2015年度上海市刑满释放人员安置帮教工作先进单位"等荣誉,涌现出公安部二等功臣张杏桃、全国司法行政系统二级英模朱惠国、上海市"五一"劳动奖章荣获者许冬等多位优秀干警。

五角场监狱

一、艰苦奋斗　开创家业

五角场监狱的前身是提篮桥监狱的铁工场。1949年5月上海解放,上海市军管会接管了监狱,成立了"接收专员办公室",作为全监狱的领导机构(9月21

日,上海市人民法院正式挂牌成立),对监狱进行清理、整顿、改造。6月1日开始接受犯人,7月铁工场恢复开工,初期仅有9名犯人,1名干部,年底犯人增加至56人,2名干部。只有2只风箱、3只铁墩以及铁榔头、老虎钳、手摇钻等简易工具;主要生产饭罐、痰盂,打马桶钉、马桶箍和承担监狱内的维修。当时铁工场行政上属人民法院监狱总务科。1950年1月,铁工场完成了抢修汽车支援抗美援朝的任务。次年5月,监狱由法院改为公安建制,移交时铁工场有42名犯人。1952年6月上海市公安局劳改处成立,铁工场配备2名干部,有52名犯人;年底配备厂领导,增添干警和犯人,但行政上仍属劳改处劳改科。1953年1月,市公安局劳改处劳改科所属各劳改工厂独立经营,独立核算[①],当月23日铁工场改名为上海市监狱劳改机器厂,有12名干部,218名犯人。

1953年12月底,劳改处征用军工路五权路(后更名为五星路,今称民星路)1674号原中国乒乓球有限公司下属的乒乓球厂场地(原私人赛璐璐厂)68.05亩,另投资92万元新建厂房。1954年2月劳改处又征用五权路周围的华东军区防空司令部探照灯阵地以及营房、车库等,筹建军工路新厂房。1954年5月25日上海市监狱劳改机器厂更名为地方国营上海市劳动机械工具厂(以下简称机械厂),8月生产出第一批360把扳手[②];同年12月1日,从长阳路147号迁往军工路五权路的新厂房。当时有65名干部,13名厂员(刑满释放留厂就业人员)、693名犯人。

当时从长阳路搬出的有两个单位,除了机械厂外,还有劳动板箱厂。板箱厂先于机械厂在1954年9月搬到军工路五权路。1955年1月机械厂行政上编为上海市第一劳动改造管教队(简称劳改一队),劳动板箱厂编为上海市第二劳动改造管教队(简称劳改二队)。当时实行"监企合一"的体制,一个单位两块牌子,一个班子;对内称某劳改队,对外称某工厂。劳改一队、二队,两个单位均位于五权路的北面,从一扇大门进出,内分设两个厂,劳改二队(板箱厂),要堆放木材、木板,占的地方大一点;劳改一队(机械厂)占的地方小一些,1958年6月劳改二队撤销,并入劳改一队。[③]1958年以后,该处又在今民星路的南面扩建一个区域,使劳改队形成南北两块地方。扩建后的劳改一队,增强了底气,机械厂当年年利润明显增长。1960年又新建了一个炼钢车间和轧钢车间,当时的产品有机床、手工工具、炼钢和轧钢4个部分;同年3月,上海市劳动机械工具厂更名为上海市劳动机械厂(以下简称劳机厂)。20世纪60年代初,劳机厂对生产进行调整,停止炼钢和轧钢,集中力量生产手工工具和机床两大类产品,产品质量稳定,并

---

① 麦林华主编:《上海监狱志》,上海社会科学院出版社2003年版,第41页。
②③ 杨浦区五角场镇政府编:《五角场镇志》,科学技术文献出版社1988年版,第67页。

形成相当规模。1959年劳机厂生产的部分机床及手工具曾参加全国劳动改造工作展览会,受到中央领导及专家学者的好评。

二、迎难而上 搬迁去青海

1965年3月,根据中共中央关于加强"三线"建设,适应战备需要,实行战略转移的决策,将一部分工业企业从沿海省市迁移到战略大后方的指示精神,公安部、上海市委,依照国家计委、建委下达通知,将上海第一劳改队机床生产的全部设备、手工具生产的部分设备,以及部分干部、留厂就业人员、犯人迁往青海省西宁市。利用当时青海劳改工作局下属的新生通用机械厂、新生木工厂旧址,本着勤俭节约原则,因陋就简,创建上海市西宁劳动改造管教支队。

为了保障搬迁工作顺利完成,上海市劳改局副局长朱大经率领上海10余人的工作组于1965年3月17日抵达西宁。青海省劳改局副局长康世昌、李在中于同年3月22日和26日,先后两次召集有关人员,与上海市劳改局赴青海工作组就搬迁工作及拟做的几项工作进行研究协商。双方联席会议决定成立搬迁领导小组,李在中、朱大经分别任正副组长,还有上海市劳改局工业科科长刘古理、上海劳机厂厂长邓惠普,青海省工业厅、劳改局、物资局、建设银行共12人组成。会议决定成立修建、设备安装、物资供应、财务、生活5个小组。此外,青海省劳改局抽调人员组成了一个临时突击小组,负责当时新生通用机械厂和新生木工厂居住的家属和存放物资的搬迁工作,限定家属和存放的物资必须在4月下旬全部搬走。青海的这两家劳改企业始建于20世纪50年代初,当时该处居民很少,杂草丛生。从1954年开始,青海劳改局在此陆续建起砖瓦、皮革、建筑、副食品加工等劳改企业,并形成一条约3 000米东西向称作南山路的大街。多年前,笔者去西宁时该大街已显得非常热闹,并通行公交车。

搬迁前,搬迁领导小组和上海劳改一队采用报告会、座谈会、个别谈心等形式,进行层层动员,给随迁的犯人每人增发棉衣、棉被,安排亲属接见,对少数表现好、刑期短的犯人还批准他们回家探亲。随迁干部从国家的大局出发,个人利益服从整体利益,从繁华的大都市奔赴高原古城西宁。1965年下半年,上海劳改一队(劳机厂)的全部机床迁往西宁,手工具部分一分为二,一半迁往西宁;一半留在上海。① 机床和手工具搬迁分两期进行,第一期搬迁机床,分别于1965年7月2日、7日从上海启程,7月7日和10日抵西宁。按照边搬迁、边安装、边生

---

① 《五角场镇志》,科学技术文献出版社1988年版,第69页。

产的原则,机床的设备仅用 10 多天,于 7 月 20 日全部安装就绪。部分设备 7 月下旬试车,8 月初投产运行;机床等设备 8 月初试车,8 月中旬生产运行。手工具设备较多,于 1965 年 11 月下旬分三批从上海出发。从上海搬迁到西宁各种成套设备共 343 台(套)。从上海迁往青海共计 1 693 人,其中有 295 名干警、38 户家属 120 人;1 200 多名犯人,400 多名刑满留厂就业人员。整个搬迁过程中没有发生犯人脱逃、哄闹、破坏等事故。他们迁到西宁新址后,各类人员的居住、冬季取暖、生活等都得到妥善安置。

搬迁后的监狱定名为上海市西宁劳动改造管教队,企业定名为青沪劳动机床厂,隶属于上海市劳改局领导。上海松江县委领导赵振良(山东泰安人)任政委,上海劳改处副处长肖作霖(山东潍县人)任支队长。①1966 年 1 月青沪劳动机床厂分成两个厂,分别称为上海市地方国营西宁劳动机床厂和上海市地方国营西宁劳动工具厂,劳改队名称不变。1967 年实行军管。1969 年 12 月 26 日,两位军代表分别代表上海及青海方面签署交接协议,从 1970 年 1 月 1 日起,西宁劳改支队全部划归青海省劳改局管理。

青海劳改支队支队长肖作霖

三、在改革中的发展及"阵痛"

1966 年 4 月上海劳动汽车修造厂的人员以及机床设备并入劳改一队。②1968 年 1 月至 1972 年,劳改一队被军管。1982 年 9 月劳改一队升格为劳改一支队。1983 年 11 月征用 11.55 亩土地(1992 年 7 月又征地 3 亩),而后建造新监舍。据 1987 年年底统计。监(厂)区被民星路分为南北两部分。全监(厂)土地面积 141 210.55 平方米,约合 212 亩,房屋建筑面积为 86 175 平方米。③

20 世纪 80 年代初期,劳改一支队积极依靠社会力量,对犯人进行综合治理,组织犯人开展读书活动、开展思想政治、文化、技术教育,创办《新声报》;对有悔改表现的犯人减刑假释,积极兑现政策,提高犯人的改造积极性;开发犯人智

---

① 麦林华主编:《上海监狱志》,上海社会科学院出版社 2003 年版,第 144 页。
② 《五角场镇志》,科学技术文献出版社 1988 年版,第 69 页。
③ 司法部监狱局:《当代中国监狱概览(地方卷·上)》,法律出版社 2000 年版,第 265 页。

力库,采用生产责任制,改善管理。1984年,犯人人均获得奖金176元,其中10名犯人分别获得238—454元奖金。1985年2月的多家媒体曾予报道。①在全国第二次工厂普查中,劳机厂被列为国家大型企业。②1987—1990年劳机厂连续4年被评为全国250家经济效益最佳单位之一,1990年被评为国家二级企业。1995年5月,劳改一支队更名为上海市五角场监狱。其后,监狱进行了多次改扩建,使监舍等布局更为合理,监容监貌绿色美观,各项工作硕果累累。媒体关注,广播有声、报上有文、屏幕有形。

1985年著名书画家王个簃(中)参观时称上海第一劳改支队的五角场监狱并题词

20世纪90年代,由于各种原因,"监企合一"的劳机厂经济效益明显下降,甚至负债经营。1998年7月28日中央召开电话会议宣布"关于军队、武警部队和政法机关不再从事经商活动的决定",各地政法部门根据中央要求对下属单位经商办企业的情况进行检查,重点对监狱企业的经营情况进行认真梳理,分别采取保留、撤销和移交3种处理方式。劳机厂因历史负债重,体制机制不适应,而被列入移交名单。将劳机厂移交给单位所在地的杨浦区五角场镇。

当时规定的移交程序是"先移交、后清理、再处理"。经协商于1998年12月21日在蓝天宾馆召开"杨浦区、监狱局企业交接迎送会",完成了程序上的"移交",但事后由于种种原因,没有真正落实到位,最后监狱局又把劳机厂整体收回;2000年10月成立民星劳动工具有限公司(简称民星公司)。2002年4月,五角场监狱与民星公司,试行监企适度分离,即一个党委、两套行政领导班子,资产分开、财务分开。2004年5月,监狱与企业分别设立党委,监企彻底分离,成为两个各自独立的法人单位。企业主要位于民星路的南部及北部的一部分;监狱位于民星路的北部,并征用共青森林土地20亩,在嫩江路开设新大门,从嫩江路

---

① 《铁窗后的犯人获得奖金》,《中国日报》1985年2月13日;《服刑改造罪犯领到奖金》,《文汇报》1985年2月11日。
② 《五角场镇志》,科学技术文献出版社1988年版,第69页。

进出，民星公司则由民星路大门进出。特别是随着中环高架线民星下匝道在军工路民星路的开通，使民星公司处于一个交通、地域上的优势。民星公司另辟蹊径，开展有关工作，并收到较好的经济效益。

民星公司大门

四、曾经在押的几个有社会影响的人员

几十年来，五角场监狱（含前期的劳改一队、二队）关押过许多犯人，其中有几个具有社会影响及历史影响的人员。这里简述其中的几位。

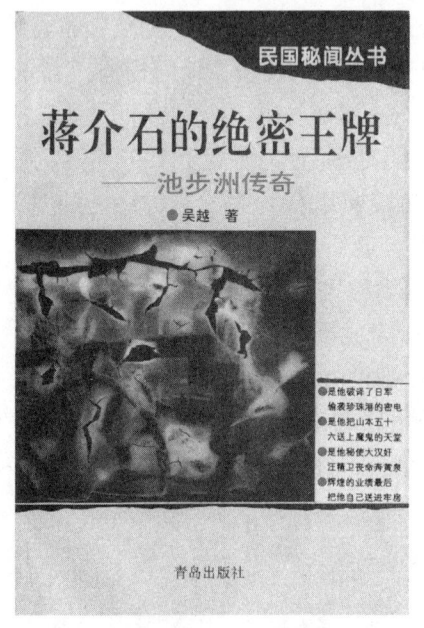

《蒋介石的绝密王牌——池步洲传奇》书影

（一）池步洲

1908年生，福建闽清人，1927年赴日本，先后在东京大学、早稻田大学学习，其间他与日本人白滨英子结婚。1937年卢沟桥事变爆发后，池步洲毅然携妻及3个子女自日本返回中国。一家五口暂住在南京的华侨招待所，池步洲经过留日同学陈固亭的介绍进入中央调查统计局（中统），侦收破译日军密电码。1941年12月3日，池步洲破译截获的一份日本外务省的特级密电，据判断：这是日美开战的先兆，开战时间在星期天；地点在檀香山珍珠港海军基地。这个消息呈递上级后，立刻向美国方面通报。但美国并未重视该

情报,最后导致珍珠港被日本人偷袭而损失惨重。多年来,池步洲破译了大量日本密电,由于情报工作的特殊性,美国和国民政府都未公开池步洲在抗战中的贡献。抗战结束后,池步洲反对内战,不愿继续从事密码研译工作,回到上海从事金融工作;上海解放前夕拒绝去台湾。1951 年 4 月,在"镇反"运动中,池步洲因参加中统等经历被捕关押提篮桥监狱,次年判刑 12 年。1954 年调往劳改二队(板箱厂)曾任统计员。1956 年调往山东禹城服刑,1963 年 5 月刑释后回到上海。①1979 年 5 月,池步洲受聘上海社会科学院任特约研究员,从事台湾经济史研究。1983 年 4 月,市高级人民法院宣告池步洲无罪。以后,池步洲被推荐为上海市长宁区政协委员。晚年的池步州陪伴妻子回到日本,2003 年 2 月在日本神户逝世,享年 95 岁。2003 年抗战胜利 58 周年之际,福建闽清在台山公园为池步州立碑以示纪念。

(二) 王灿文

1920 年生,福建永定人,读书时加入国民党复兴社,1940 年入厦门大学电机系读书,次年转入重庆国立交通大学,抗战胜利后来到上海,在全国电厂联合办事处当助理工程师。上海解放后,王灿文被留用,任华东工业部经理处金刚试验所负责人。从 1950 年起投机套购,贪污受贿,被判处死刑,缓期 2 年执行。最初他关押在提篮桥监狱铁工场,后来移押到劳改一队,从死缓 2 年减为无期徒刑。1955 年王灿文作为技术犯,从上海调往辽宁锦州监狱。到锦州后,由于王灿文表现突出,1956 年由无期徒刑被减刑为有期徒刑 12 年,1957 年 9 月 1 日假释,1959 年 9 月获特赦。在锦州监狱,在不到 5 年的时间内,王灿文从无期徒刑犯人成为自由公民。后被任命为总工程师,王灿文的妻子安排到锦州一中学任音乐教师,子女也到锦州求学。王灿文先后组织研制成功多种规格的真空感应熔炼炉、真空自耗炉,许多产品达到国际先进水平,填补国家空白。几十年来共发明创造、开发新产品 200 多项,其中 14 项填补国内空白,两项获国家发明奖,得到了毛主席、周总理和邓小平的称赞。王灿文曾任辽宁省政协常委、锦州市政协副主席②,享受国务院特殊津贴。2007 年 4 月 27 日病逝,享年 87 岁。

(三) 乌家魁

解放初期曾在劳改一队服刑。1957 年初位于浙江淳安、遂安两县的新安江水电站动工修建,系 1949 年后中国自行设计、自主建设的第一座大型水力发电

---

① 吴越:《蒋介石的绝密王牌——池步洲传奇》,青岛出版社 1996 年版,第 252—265 页、341 页。
② 中国劳改学会:《中国劳改学大辞典》,社会科学文献出版社 1993 年版,第 33 页。

站,在新中国水利史占有重要地位。当时工地上基本建设热火朝天,但是某个项目一度水泥浪费较大,经过参与该工程的一位老专家的极力推荐其学生、正在服刑中的乌家魁亲临现场解决此难题。经上海有关部门特别批准,被判反革命罪的乌家魁离开劳改一队来到新安江水电站,与其老师等一起解决了施工中的难题,为国家的重点水利工程作出应有贡献。这在新中国监狱史上很有典型意义。后来乌家魁收监回到劳改一队,刑释后留队就业,1965 年随单位迁往青海,退休后才回到上海。改革开放后乌家魁的反革命一案也获平反。20 世纪 90 年代,笔者曾拟采访乌家魁,进一步了解细节,几经周折找到他搬家后的新地址,由于当时他年高记忆衰退,最后没有成行,不然还可以深入挖掘他在新安江水电站工地上更多鲜为人知的信息。

(四)薛尚礼

上菱冰箱厂厂长薛尚礼因受贿罪于 1989 年 8 月被上海市中级人民法院判处有期徒刑,后在劳改一支队服刑。服刑期间他认罪服法,发挥一技之长,以他为主对劳改一支队无法使用的两台机床进行了重新设计和改装,并投入运行,为国家减少损失 26 万多元,有立功表现。1992 年 7 月,上海市中级人民法院依法裁定,减去薛尚礼余刑 2 年 5 个月零 18 天。①

---

① 《服刑期间发挥一技之长有立功表现,薛尚礼被提前释放》,《文汇报》1992 年 7 月 9 日;《薛尚礼昨被提前释放》,《新民晚报》1992 年 7 月 9 日。

上海解放后对犯人的三次特赦

特赦是国家对某些犯罪或特定的犯罪人免除刑罚的措施。中华人民共和国成立以来，我国先后实施过9次特赦，由全国人大常务委员会决定特赦，经国家主席发布特赦令。1959—1964年，除第一次特赦对象包括战争罪犯、反革命犯和普通刑事犯外，第2—7次的特赦对象均为战犯。改革开放以后，2015年8月和2019年又实施过两次特赦。1959—2019年的9次特赦中，与上海监狱系统有关的共有3次。现把相关情况记述如下。

一、第一次特赦

1959年9月17日，第二届全国人大会常委会召开第九次会议，决定在庆祝中华人民共和国成立10周年之际，对一批确实已经改恶从善的战争罪犯、反革命犯和普通刑事犯实行特赦。同日，国家主席刘少奇发布《特赦令》，规定：(1)蒋介石集团和伪满洲国的战争犯，关押已满10年、确实改恶从善的予以释放；(2)反革命罪犯，判处徒刑5年以下(包括判处徒刑5年)、服刑时间已经达到刑期1/2以上、确实改恶从善的，以及判处徒刑5年以上、服刑时间已经达到刑期2/3以上、确实改恶从善的予以释放；(3)普通刑事犯，判处徒刑5年以下(包括判处徒刑5年)、服刑时间已经达到刑期1/3以上、确实改恶从善的，以及判处徒刑5年以上、服刑时间已经达到刑期1/2以上确实改恶从善的予以释放；(4)判处死刑缓期2年执行的犯人，缓刑时间已满一年，确实有改恶从善表现的，可以减为无期徒刑或15年以上有期徒刑；(5)判处无期徒刑的犯人，服刑时间已满7年，确实有改恶从善表现的，可以减为10年以上有期徒刑。

据此，上海设立市特赦罪犯领导小组，由市公安局、人民检察院、人民法院3个单位具体执行。市公安局副局长屈成仁、市人民检察院检察长林道生、市高级人民法院副院长高桐，在长阳路147号市公安局劳改处实行"公检法三长"联合办公，下设工作班子，具体负责上海市特赦罪犯工作。1959年上海监狱系统共有劳改单位10多个，计提篮桥监狱(即时称上海市监狱)、少管所、上海农场、劳改一队(劳动机械厂)、二队(砖瓦厂)、三队(仪表厂)、四队(电焊机厂)、五队(染织厂)、六队(青东农场)、七队(钢管厂)、八队(塑胶制品厂)、九队(新生建筑公司)、十队(针织厂)。上述单位中提篮桥监狱、上海农场两个单位犯人的关押数量占了很大比重。监狱及各劳改队都成立了以主要领导为主的工作小组,如提篮桥监狱由监狱长葛鸿庆、第七劳改队由队长肖作霖分别任组长。

　　为防止在特赦工作中可能出现不该赦而赦,或者该赦而不赦的问题,在实际执行中坚持两条:(1)坚持在政策、原则等重大问题上及时向市领导报告取得指示;对减刑和判处5年以上的反革命犯及判处10年以上普通刑事犯的特赦释放,均逐件报市审批。(2)在进行排队摸底、材料整理和审批以及对犯人特赦、释放等工作中,坚持采用上下结合、内外结合、走群众路线的工作方法。在切实审查情况清楚后,由单位领导主持进行集体研究,根据犯人的改造表现、犯罪情节、刑期和服刑时间等情况提出具体意见上报审批。"公、检、法三长"在审批材料时,又吸收提篮桥监狱、上海农场及各劳改队的领导和有关管教干部列席会议参与讨论,既看犯人改恶从善的程度,又看其罪恶轻重和民愤大小。对反革命犯和有苦主(指人命案中的被害人家属)的其他刑事犯,还派人广泛征求所在地群众和苦主的意见。

1959年召开的上海市特赦罪犯大会

获特赦释放者在家属陪同下走出监狱大门

　　上海地区特赦人员名单分两批宣布。9月29日,首先在提篮桥监狱大礼堂召开"上海市特赦罪犯大会",宣布被特赦的全市各劳改单位的100多名反革命犯、370多名其他刑事犯、54名受特赦罪犯家属、43名其他罪犯的家属,以及市、区(县)政法系统的工作人员、干警共700多人参加大会;同时组织几千名犯人在监狱、少管所、各劳改队收听大会实况广播。特赦大会由市检察院检察长林道生主持,市高级人民法院副院长高桐宣布126名犯人特赦名单。接着,3名宣布特赦的犯人发言,他们一再感谢共产党、人民政府的教育,表示今后要加强学习,积极参加社会主义建设;两名没有受到特赦的犯人也在会上发言,表示要向受到特赦的犯人学习,争取获得宽大处理;会上还有4名犯人家属讲话,其中有儿女规劝父亲、妻子规劝丈夫、母亲教育儿子,他们一致感恩共产党和人民政府,愿意今后继续帮助和督促他们的思想改造。最后,上海市公安局副局长屈成仁作总结讲话。上海市第二次"特赦罪犯大会"于12月19日在提篮桥监狱召开①,上海市区各劳改单位共有649名犯人受到特赦。

犯人比较集中的上海农场自《特赦令》发布后,也组织了由场领导、管教科等部门组成的特赦工作的专门班子,对农场在押的6 024名犯人进行排队摸底排查,按服刑时间已经达到特赦令规定的要求,其中确有悔改表现的306人经上级批准,分两批特赦释放。第一批100人,于9月30日在总场和川东分场分别举行特赦罪犯大会宣布名单,其中反革命犯60人、刑事犯40人,释放离场40人,留场就业60人。第二批206人,12月25日在总场和川东分场分别举行特赦罪犯大会,其中反革命犯46人、刑事犯160人,释放离场59人,留场就业147人。两批特赦的共计306人(占农场犯人总数5%)。

同年10月,上海政法机关又在市郊8个县,分别召开"特赦罪犯大会",对19名上海监狱系统监外执行的犯人宣布特赦,其中宝山县4人,南汇县、金山县各3人,上海县、青浦县、松江县、崇明县各2人,川沙县1人。至此,上海市特赦

特赦大会后提篮桥监狱部分男犯集队宣读改造决心书

---

① 麦林华主编:《上海监狱志》,上海社会科学院出版社2003年版,第202页。

工作于 1959 年 12 月底全部结束,上海全市特赦犯人共 1 100 人,占押犯总数的 4.64%,其中反革命犯 244 人,占特赦总人数的 22.2%;普通刑事犯 856 人,占 77.8%。在 1 100 名特赦犯人中,有女犯 161 人,占 14.63%,;少年犯 36 人,占 3.27%,老弱病残犯 161 人,占 14.63%。按特赦处理的情况分:特赦减刑的 43 人占 3.91%(反革命犯 37 人,普通刑事犯 6 人);特赦释放的 1 057 人,占 96.09%。在特赦释放的犯人中,原判死刑缓期 2 年执行的 11 人,占 1%;无期徒刑 32 人,占 2.9%;有期徒刑 5 年以上至 20 年的 220 人,占 20%(反革命犯 113 人,普通刑事犯 107 人);有期徒刑 5 年(含 5 年)以下 837 人,占 76.1%。(反革命犯 94 人,普通刑事犯 743 人)。这批特赦释放的犯人,留场(厂)安置就业的 775 人,占 73.33%,释放回家的 282 人,占26.67%。①

这 1 100 人被特赦犯人中,提篮桥监狱 128 人(首批)、上海农场 306 人、劳改七队 102 人、劳改九队 69 人。这次特赦人员中,就有知名苏州评话演员顾宏伯,江苏昆山人。他 15 岁师从杨莲青学习长篇评话《包公》,19 岁开始登台演出,他说表飘逸洒脱,节奏感强,在评弹界有一定影响。其因犯危害社会治安罪被判刑 5 年,在提篮桥监狱服刑,1959 年 12 月获特赦,次年 3 月加入长征评弹团,曾数度在苏州评弹学校任教。知名评话演员吴君玉、吴新伯父子等均是顾宏伯的学生。1959 年的特赦工作对上海监狱系统犯人的改造工作起到了极大的推动作用,许多犯人表示要认罪服判,改恶从善,一些思想顽固的犯人受到振动,开始有所转变,有 1 000 多名犯人补充坦白交代和检举揭发了 2 860 多份材料。1 名长期不认罪的犯人主动要求撤回申诉,并揭发了社会上一犯罪人员;1 名犯人主动交出长期藏匿在银行保险箱内的金条、首饰共 169 两 7 钱,多只钻戒、金表等赃物。

评弹演员顾宏伯

上海 1 100 名犯人被特赦,是 1959 年上海政法系统的一项重要活动,上海各媒体也纷纷组织记者中的写作高手采访发消息,写文章报道,如《文汇报》张煦棠采访了特赦人员吴吉文,发表了《旧社会把我变成鬼,共产党使我从鬼变成人》;《新闻日报》黄础华发表了《改恶从善做新人,特赦的反革命犯张忠国访问

---

① 滕一龙主编:《上海审判志》,上海社会科学院出版社 2003 年版,第 255 页。

录》;《新民晚报》江曾培采写发表了《特殊工厂,参观上海监狱》。据媒体报道,自1959年9月17日发布《特赦令》后,从9月下旬到12月初,全国各地第一批特赦犯人12 082名,其中反革命犯2 424名、普通刑事犯9 269名,判处死缓2年减为无期徒刑或有期徒刑15年以上,以及徒刑无期减为10年以上的犯人共389名。①

二、第二次特赦

2015年,时值中国人民抗日战争暨世界反法西斯战争胜利70周年,8月29日,国家主席习近平签署主席特赦令,对依据2015年1月1日前人民法院作出的生效判决正在服刑,释放后不具有现实社会危险性的四类罪犯实行特赦。一是参加过中国人民抗日战争、中国人民解放战争的;二是中华人民共和国成立以后,参加过保卫国家主权、安全和领土完整对外作战的,但犯贪污受贿犯罪,故意杀人、强奸、抢劫、绑架、放火、爆炸、投放危险物质或者有组织的暴力性犯罪,黑社会性质的组织犯罪,危害国家安全犯罪,恐怖活动犯罪的,有组织犯罪的主犯以及累犯除外;三是年满75周岁、身体严重残疾且生活不能自理的;四是犯罪时不满18周岁,被判处3年以下有期徒刑或者剩余刑期在一年以下的,但犯故意杀人、强奸等严重暴力性犯罪,恐怖活动犯罪,贩卖毒品犯罪的除外。上述对象中,具有不认罪悔改、经评估具有现实社会危险性的等5类情形之一的不得特赦。②为严格依法做好特赦工作,上海政法各机关一是对犯人逐一进行摸排,查阅材料,核实身份等;二是去犯人捕前所在部队、工作单位、居住地和有关部门调阅原始档案材料、历史记录;三是对部分犯人释放后是否具有现实社会危险进行评估;四是认真审查拟报请特赦人员的案卷材料,严格核实相关事实证据,严格落实公示制度,做到程序规范公正;五是严格遵循办理程序,确保每一项特赦裁定都经得起法律和历史的检验;六是认真履行法律监督职责,对特赦案件实行同步全程监督。经过一系列依法、严格的工作,上海监狱系统共特赦犯人若干人。全国共特赦服刑罪犯31 527人,其中,第一类罪犯50人,第二类罪犯1 428人,第三类罪犯122人,第四类罪犯29 927人。③

---

① 《各地已特赦改恶从善罪犯万余名》,《文汇报》1959年12月9日。
② 《习近平签署主席特赦令对参加过抗日战争解放战争等四类罪犯实行特赦》,《人民日报》2015年8月30日。
③ 《纪念抗战胜利特赦逾3万人获释》,《东方早报》2016年1月26日。

三、第三次特赦

为庆祝中华人民共和国成立70周年,根据第十三届全国人大常委会第十一次会议的决定,对2019年1月1日前生效判决正在服刑的罪犯实行特赦,国家主席习近平于8月29日签署发布特赦令,对9类服刑罪犯实行特赦。根据国家主席特赦令,对依据2019年1月1日前人民法院作出的生效判决正在服刑的9类罪犯实行特赦。这九类犯人可分为两大部分:第一大类特赦对象重点是解放前后对国家做出重要贡献,符合一定条件正在服刑的犯人,具体包括以下4种类型:新中国成立前参加过抗日战争、解放战争的;新中国成立后参加过保卫国家主权、安全和领土完整对外作战的;曾系现役军人并获得个人一等功以上奖励的;新中国成立后为国家重大工程建设做出较大贡献并获得省部级以上重要荣誉称号的。将以上4种类型正在服刑的犯人,列为此次特赦的对象,与庆祝新中国成立70周年主题相契合,表明党和国家永远不会忘记那些为中华人民共和国的建立和发展做出过贡献的人。第二大类特赦对象重点是符合一定条件正在服刑的老年犯、未成年犯和女犯。老人、未成年人和妇女由于年龄、性别等原因,属于人群中的弱势群体,需要给予特殊的照顾。该次特赦决定规定的特赦对象都要附加一定的条件,或者有一些禁止性的规定,如:关于刑期、刑种、犯罪类型等禁止性规定,如规定贪污、受贿犯罪不得特赦,经评估具有现实社会危险性的不得特赦。这是为了维护刑事判决稳定性和严肃性,符合宽严相济的刑事政策。上海政法机关根据特赦令,对符合条件的服刑犯人,经过严格审查,并派出有关干警去有关部队、机关、街道、企业调查,并通过一系列法律程序,最后对若干名符合条件的犯人执行特赦。截至2019年9月12日,全国法院共裁定特赦犯人15 858人。①

总之,上海政法机关通过1959年、2015年和2019年的3次特赦取得了良好政治效果、法律效果和社会效果,是中华人民共和国70年来上海政法系统及社会活动中的3件大事,值得载入历史史册。

---

① 《法安天下,德润人心的仁政——全国各地特赦实施工作依法有序开展综述》,《新华每日电讯》2019年9月23日。

上海解放后对犯人的四次宽大释放

宽大释放是由国家最高权力机关决定对经过一定时间劳动改造,确已改恶从善的犯人免除刑罚的剩余部分提前予以释放;它与特赦有一定的相似性,但又不同特赦。1949年后,上海监狱系统根据中共中央有关政策规定,先后4次对部分犯人进行宽大释放,现分述如下。

一、宽大释放全部在押的美蒋武装特务

20世纪60年代初,台湾国民党当局妄图窜犯大陆,派出几十批武装特务作为"先遣军",对大陆沿海地区进行骚扰破坏。1962年10月—1965年9月,台湾国民党特务机关先后从海上和空中向广东、福建、浙江、江苏、山东等地派遣了43股600多名武装特务。当这些人员一踏上大陆,立刻陷入人民的天罗地网之中,迅即被彻底、干净、全部地歼灭,其中相当数量的人员被活捉。1963年7月以来,我国司法机关除了对有立功和悔罪表现的多批释放外,对其他人员判处有期徒刑和无期徒刑,分别关押于上海、浙江等沿海省份的监狱服刑。除了已经刑满释放留场就业或去世以外,1975年提篮桥监狱还在押39名。

1975年8月,根据公安部关于释放安置全部在押美蒋武装特务的精神,上海市劳改局抽调10多位干部组成工作班子。经过积极准备于9月5日把关押在提篮桥监狱的39名武装特务及武装特务船船员集中在监狱医院5楼,组织他们学习;另外8名刑满留场(厂)人员集中在中山北路劳改局招待所进行学习。当年9月21日(星期天),上海市高级人民法院、上海市公安局在沪东工人文化宫召开大会,那天笔者也参加了大会。会上对"江苏省反共救国军第十九纵队第一支队"作战指挥组上尉作战官李锡河等39名在押台湾武装特务发给裁定书和释放证,司法机关向被宽大释放人员每人发给零用钱100元、新制的衣被和其他生活必需品。会议结束后,记者还采访了被宽大释放的李锡河。李锡河在提篮桥监狱服刑期间笔者曾管理过他一段时间,对他的基本情况有所了解;他是江苏南京人,生于1932年,1964年7月在江苏启东吕四附近捕获,1971年1月被判处有期徒刑15年,李锡河后来从提篮桥监狱移押军天湖农场。在新华社宽大释

放全部在押美蒋武装特务的统发新闻稿上也有他的名字。①

宽大释放全部在押的美蒋武装特务，剪报

当晚上海市高级人民法院、上海市公安局领导设便宴招待被宽释人员，安排他们暂住饭店，有的还在饭店内会见家属。次日，上海司法机关对8名已刑满留场(厂)就业的上述人员发给转业证明，给予公民权。9月22—29日，组织宽大释放人员参观上海展览馆、上海机床厂、上海手表厂、蕃瓜弄、马桥公社、桃浦公社等。国庆期间还让他们参加游园和文娱活动。宽大释放后有23名对要求回台湾，其中原14名在押人员，原8名刑满留场(厂)人员，于9月24日在政府工作人员陪同启程去北京集中；其余的24人转其原籍分别给予适当安置。②

1975年9月21日，司法机关除了上海外，同时还在其他地方召开大会，对在押的(包括已刑满留场就业的人员)95名美蒋武装特务和49名武装特务船船员共计144名全部宽大释放。新华社、《人民日报》等新闻媒体都发表消息。在宽大释放的人员中有65人要求回台湾，获批准后于9月25日到北京集中，9月27日，公安部负责人接见他们，并设便宴招待。回台人员在北京参观工厂和人民公社，还观摩了第三届"全运会"闭幕式。③10月8日，60名被宽大释放人员从福建厦门港乘船抵达台湾当局控制的金门岛；同日，另外5人离开广东深圳经香港回台湾。④这65人回到台湾后，在台湾岛内产生很大反响及震撼。

---

① 《我司法机关宽大释放全部在押美蒋武装特务》，《人民日报》1975年9月23日。
② 麦林华主编：《上海监狱志》，上海社会科学院出版社2003年版，第205页。
③ 《人民政府批准一批被宽大释放的美蒋武装特务回台湾同家人团聚》，《解放日报》1975年9月30日。
④ 《中华人民共和国大事记》(1949—1980)，新华出版社1982年版，第75页。

二、宽大释放原国民党县团以上党政军特人员

1975年3月,根据中共中央指示特赦释放全部在押国民党战争罪犯。在此期间,发现在押的犯人中还有一些以历史罪判刑劳改的国民党省、将级党政军特人员。周恩来指示公安部对这些人员进行清理。根据周恩来的指示,公安部向各省份公安机关发出通知,要求各地认真调查摸底。7月11日—8月12日,在北京召开清监工作预备会议,与会者学习了毛泽东和周恩来的有关指示。会上汇总调查摸底情况,各地以历史罪判刑改造的国民党省、将级人员有300多人,加上就业的600多人,两项合计1 000人左右。会上研究了清理的政策界限和安置办法,要求先把省、将级以上人员清理完毕,然后比照省、将级以上人员的处理办法,研究处理县、团级以上人员。8月27日,公安部核心小组向中央有关部门上报《关于清理在押国民党省、将级党政军特人员的请示》(以下简称《请示》),分别列述了在押和留在劳改单位就业的国民党党政军特人员中相当省、将级以上人员数,提出参照特赦释放全部在押战犯的精神,对在押的省、将级以上的党政军特人员,因历史罪判刑的均予释放;1949年后有某些违法犯罪行为、但主要是以历史罪判刑的也予释放;起义投诚人员因历史罪和主要以历史罪判刑的一律释放,并按起义投诚人员对待;因现行罪判刑的不予清理。《请示》中还提到,清理中还查明因历史罪判刑关押的国民党相当县、团级以上的人员3 300多名,已刑满就业的有1万名左右,拟在省、将级以上人员清理完毕以后,经过调查研究,参照以上精神分两批分步进行清理的问题。①

1975年9月7日,毛泽东审阅了公安部核心小组的《请示》,除把这次清理释放工作由公安部原定的分两步走改为一步走外,又作出重要批示:"建议一律释放。本地不能转业的,转别处就业。如何,请酌处。"国务院副总理邓小平于9月9日作出批示:拟照主席批示,由公安部照办,即因现行罪判刑的109人,也予以释放。对县团以上的3 000多名,也照此原则办理。②根据《中共中央关于"宽大释放判刑劳改已有悔改表现的原国民党县团以上的党政军特人员"的决定》,1975年9月,上海市成立由公安、法院、统战、民政、劳动等部门负责人参加的市释放安置领导小组,下设工作班子。拟予宽释的人员,除已由中央核定外,概由市释放安置领导小组核定。宣布宽释前,由劳改局安排宽大释放人员集中住宿,组织学习,适当改善伙食,摸清其家属情况,做好宽释安置的各项准备工作。当

---

①② 中国监狱工作协会编:《新中国监狱工作五十年》,法律出版社2019年版,第185页。

时仍在押提篮桥监狱的有 30 名省、将级人员，49 名县、团级人员。

1975 年 12 月 15 日，在提篮桥监狱召开"宽大释放原国民党县团以上党政军特人员大会"。大会由市高院领导代表市高院、市公安局对在押的 75 名原国民党县团以上党政军特人员（其中省、将级 29 名，县、团级 46 名）宣布裁定，并发给裁定书和释放证。①这 75 名人员中有国民政府鲁苏边区总指挥中将汤静逸、徐州"剿总"参议中将朱琳、汪伪镇江清乡保安司令少将张平、汪伪中央陆军将校训练团政训处长少将吴滨沭、汪伪南京市党部主任委员胡志宁、汪伪中央政治工作局第二处处长少将邓一飞、国民政府首都警察厅司法处处长陈宗烈、国防部保密局上海站站长王方南、中统局上海办事处沪东站主任许来轩、第三战区淞沪挺进纵队少将司令袁英杰、第 68 军 143 师师长少将刘云生、军委会外事局一处副处长少将黄瑞云、京沪杭司令部反共救国军第五纵队参谋长少将陈漫生、国防部西安绥靖公署部员少将张淇、三战区长官司令部驻沪联络处专员少将钱仪、最高法院检察署长杨兆龙、内政部次长袁琳、国民党中央候补委员高方、汪伪国民党候补中央委员何文清等（以上个别人后来曾获平反）。同年 12 月 15—18 日，各地司法机关先后召开宽大释放大会，对原国民党县团以上党政军特人员宽大释放。

根据上级通知，上海劳改局对所属位于安徽的白茅岭农场刑满留场和解教留场就业人员中的原国民党县团以上党政军特人员进行清查，有原国民党省级 20 人、将级 13 人、县级 56 人、团级 43 人共 132 人，农场把他们集中送到上海进行学习。1975 年 12 月 16 日，由劳改局对 154 名（已刑满留在白茅岭农场的就业 132 人，其他单位的 22 人）召开欢送会，向他们颁发转业证明书，凡戴上反革命"帽子"的一律"摘帽"，给予公民权。每人发给零用费 100 元，发给一套蓝色中山装和棉被、棉毯、棉鞋等。会后设便宴招待用餐。上述宽大人员中有伪满第五军管区司令官中将赫慕侠、国民政府新五军副军长中将康纪鹏、汪伪第五军区司令中将张炳南、汪伪第九军区参议少将卢骏、汪伪和平军总队副少将汪崇西、汪伪江苏省财政厅厅长余百鲁、徐州绥靖公署督察员少将邓洁铨、国民政府 89 军 33 师副师长少将曾坚忍等。会后并组织他们在市内参观学习，通过参观学习很受教育，如原判无期徒刑，后改判有期徒刑 16 年，刑释后留场就业的赫慕侠激动地说："深深感谢共产党对我宽大处理，给我重新做人的机会，我今后活着一天就要改造一天，活着一天就要为社会主义事业干一天。"

根据 1976 年 1 月 9 日和 5 月 20 日最高人民法院、中央统战部、公安部的通知精神，经过复查，上海又对 32 名属于漏掉或起初尚未确定其职级的原国民党

---

① 麦林华主编：《上海监狱志》，上海社会科学院出版社 2003 年版，第 205 页。

县团以上党政军特人员,继续按照宽释政策办理(如提篮桥监狱有 17 名,其中在押者 3 名、刑满留场者 14 名)。这 32 人于 8 月 12 日集中在市郊青东农场,对他们进行形势、政策教育。8 月 20 日,召开会议宣布宽大释放。国家安置的原则是:有家的回家;有工作、劳动能力的,由统战、劳动部门安排适当工作;丧失工作和劳动能力、家庭赡养有困难的,由民政部门按月发给生活补助费;对因公致残人员的补助,按有关规定办理。

据此,除上海有 63 人转送外省市安置外,在上海共安置原国民党县团以上党政军特人员 520 人(含外省转送上海安置的人员)。其中,由统战、劳动部门安置 388 人;本人自愿留在劳改单位转为职工的 21 人;因丧失劳动能力、家庭经济困难,由民政部门按月发给生活补助费的 75 人;由家属领回赡养的 17 人(自 1981 年 1 月份起改为每月发给生活补助费);少数无家可归或家属子女坚决不收留而送养老院的 7 人;在安置过程中因病死亡为其做好善后工作的有 12 人。① 此外,上海市还接收外省市转沪安置的原国民党县团以上党政军特人员 261 人。②

据统计,1975 年 12 月全国共宽大释放 341 名省、将级和 3 300 名县、团级以上原国民党党政军特人员。原国民党县团以上党政军特人员清理释放以后,在国内外产生很大影响。在社会各界特别是台、港、澳地区引起了强烈反响,收到良好的社会效果和政治效应,充分说明党中央决策的高瞻远瞩,意义重大,体现了无产阶级改造世界,解放全人类的伟大胸怀。

三、宽大释放在押的汪伪汉奸犯

1949 年 5 月上海解放以后,上海军管会及人民法院对提篮桥监狱关押的原国民政府司法机关判决的除了少数汉奸犯及个别重大刑事犯外,大部分犯人都作了重新判决。20 多年来除了已经刑满释放及因病去世外,提篮桥监狱还有极少数在国民政府统治时期判处无期徒刑的犯人,这些人大多年龄较大,身体较弱,在 1975 年时,狱中已经关押了 20 多年,最长的有 28 年。1976 年年初,上海监狱系统根据中央的有关批示,在清理国民党县团以上人员的同时,对国民政府司法机关判决的 8 名汪伪汉奸犯进行清理,待遇可与清理国民党县团以上相同,并对他们的家庭情况进行调查。1976 年 3 月 9 日,提篮桥监狱召集上

---

① 麦林华主编:《上海监狱志》,上海社会科学院出版社 2003 年版,第 206 页。
② 《上海通志》第 2 册第九卷,上海人民出版社、上海社会科学出版社 2005 年版,第 1216 页。

述的8名汪伪汉奸犯开会,宣布对他们宽大释放,由市公安局发给释放证,宣布给予公民权。对他们每人发给一套棉衣裤、一套衬衣裤、一双鞋子及袜子,生活补助费90元。

这8人中有下列人员:汪伪驻"满洲国"大使陈济成、汪伪粮食部部长顾宝衡、汪伪宣传部常务次长郭秀峰、杭州日军宪兵第155工作站站长方锦堂、汪伪政治保卫局芜湖分局少校王丙然、汪伪浙江保安团刘勋、山东兖州日军宪兵队联络员李展斐,还有以杀妻罪判决的原国民党少将陈希吾。陈济成等8人均丧失工作能力,其中7人被安置回家,1人因无家可归,被安置在养老院。①

四、宽大释放原国民党县团以下党政军特人员

1982年1月28日,中共中央、国务院批转了公安部《关于释放和安置原国民党县团以下党政军特人员的方案》。3月8日,五届人大常委会第二十二次会议通过《关于宽大释放全部在押的原国民党县团以下党政军特人员的决定》(以下简称《决定》),"对在押的原国民党县团以下党政军特人员,全部予以宽大释放,并给予政治权利"。

宽释、安置的范围:一是在押的原国民党县团以下党政军特人员,凡因历史罪行或主要是因历史罪行被判刑的,一律宽大释放,并给予公民权;二是在劳改单位就业没有转为正式职工的原国民党党政军特人员,只要因历史罪行或主要因历史罪行被判刑的,一律予以转业安置。时限上,按《决定》规定,凡1982年3月8日在押的和仍在劳改单位就业的,原国民党县团以下党政军特人员,都属于宽大释放和转业安置的范围;凡3月8日以前释放回家和已离开劳改单位就业场所的原国民党县团以下党政军特人员,都不属这个范围。在实际工作中,对宽释、安置的范围遇到的一些具体问题,最高法院、最高检察院、公安部又作了具体规定:(1)原国民党县团以下党政军特人员,不论其职务高低,均属于这次宽大释放和转业安置的范围。(2)宽释、转业人员包括国民党的警察、宪兵、杂牌军、还乡团、自卫队、三青团、特务外围组织以及一些带有地方色彩的"建军""同志会""闾长"等。(3)正在保外就医或监外执行的人员,应由原关押单位负责办理宽大释放的法律手续和有关事项。对跨省份的人员,档案材料已转递的,由所在省份劳改机关办理;档案材料未转递的,由原关押单位办理。(4)原因历史罪或主要因历史罪收容劳教的,解除劳动教养后,现仍

---

① 麦林华主编:《上海监狱志》,上海社会科学院出版社2003年版,第206页。

在劳改、劳教场所就业的,也属于转业安置范围。(5)对 1975 年遗漏的原国民党县团以上党政军特人员,在押的,应予宽大释放;留场(厂)就业的,应予转业安置。(6)对多次判刑的人员,以最后一次判刑为准。因历史罪判刑,在劳改期间又犯罪被加处刑罚的,除罪行严重者外,可按"主要因历史罪"处理。(7)对符合宽大处理条件、近 3 年内逃跑的犯人和久假不归的留场就业人员,凡 1982 年内回来要求宽大释放或转业安置的,只要他们在外期间没有重新犯罪,可以发给《宽大释放裁定书》《释放证明书》或《转业安置证明书》,但不发给零用钱、被服和安家生活补助费。①

1982 年 3 月根据中央的关于宽大释放全部在押的原国民党县团以下党政军特人员的决定,上海监狱系统组织专门工作班子设立宽大释放和安置工作的领导、审批、办事机构。同年 5 月 14 日和 18 日,在提篮桥监狱和白茅岭农场分别召开宽大释放大会,由市中级人民法院对 16 名犯人宣布宽大释放,发了释放证明书,并发给宽释人员每人一顶单帽、一双单鞋、一套衬衣裤、一套外衣,一条床单、棉被、垫胎和 100 元零用钱。会后,有关领导分别同提篮桥监狱及白茅岭农场的多名宽释人员共同进餐,以示欢送。5 月 15 日,上海组织部分人员参观了上海工业展览会,并游览了市容和黄浦江隧道。另对 10 名监外就医的犯人,由提篮桥监狱会同市中级人民法院分赴其住地街道召开小型座谈会,宣布宽大释放。事后,上海监狱系统对这 26 名宽大释放的人员,由劳动部门安排就业 4 人、送外省安置 2 人、带生活补助费回家 14 人、在劳改农场转为职工 1 人,继续留场养起来 5 人。②

在已留场就业需进行转业安置的 1 130 名原国民党县团以下党政军特人员,分布在皖南的上海军天湖农场 495 人、白茅岭农场 403 人,江苏大丰的上海农场 130 人,市郊青东农场 96 人以及少年管教所 5 人,民用建筑公司 1 人,都由所在单位就地召开转业安置大会宣布,而后由市劳改局统筹进行安置。如:白茅岭农场对 403 人经逐个落实,其中外省市同意安置的 42 人,上海市郊区安置的 136 人;本人有劳动能力,年龄在 60 周岁以下,由劳动部门安置工作的 29 人;无家可归、无亲可投和家属不愿接收,本人坚决要求留场和家属在农场安家的 196 人。

截至 1982 年 6 月 26 日,全国在押的原国民党县团以下党政军特人员 3 397 名,全部给予宽大释放,标志着党和政府改造历史反革命的任务基本结束。③据

---

① 中国监狱工作协会:《新中国监狱工作五十年》,法律出版社 2019 年版,第 200 页。
② 麦林华主编:《上海监狱志》,上海社会科学院出版社 2003 年版,第 207 页。
③ 中国监狱工作协会:《新中国监狱工作五十年》,法律出版社 2019 年版,第 201 页。

统计，当时上海对 1 130 名原国民党县团以下党政军特人员的安置结果为：由市劳动部门安排就业 118 人；带生活补助费回家 298 人；转送外省安置 112 人；经本人申请和劳改局批准，继续留场转为职工 602 人。其间，上海还先后对外省（份）转到上海安置的 2 218 人，落实转业安置工作。①

---

① 麦林华主编：《上海监狱志》，上海社会科学院出版社 2003 年版，第 207 页。

一起不该发生的悲剧

1950年年初开始,上海遣送了大批游民、流浪儿童、犯人调往苏北大丰以四岔河为中心的20万亩区域。该处一度曾是上海最大的一个劳改单位,年押犯人1万人以上,成年犯、少年犯、女犯均有;初称"上海市人民政府垦区劳动生产管理局",1952年8月起先后改名为上海市上海农场管理局、上海农场。1964年农场不再关押犯人,1968年2月—1972年实行军管。20世纪70年代转为劳教单位。1983年1月川东分场从上海农场划出,组建为川东农场。1995年6月上海、川东农场划归上海市劳教局管理。2009年1月,上海、川东农场划归上海光明集团。2014年6月,位于农场内的上海第一、第二劳教所划归监狱管理局,组建成立四岔河监狱、吴家洼监狱。

20世纪70年代前后,中国与苏联关系紧张,苏联一度曾在中苏边境屯兵百万,1970年秋冬全国各地面临备战的形势。驻守上海农场执行军管任务的南京军区空军326部队,奉命在上海总场场部的四岔河地区测量有关建筑物的高度。位于总场加工厂电厂内一座水塔属于其中的一处标高点。为了保证测试的正确性,减少厂区内无关人员的流动,当时特地挑了一个星期天,即11月22日。那是一个风和日丽的日子,部队通知电厂干部协助工作。休息在家的中共党员、加工厂电厂值班长蒋汉定与另一位年轻人主动请缨。年轻人带上50米长的皮卷尺,通过水塔上的扶梯健步登上塔顶,他从高处慢慢放下皮卷尺,并注视着皮尺上的数据。蒋汉定则拿了皮卷尺的金属头放到地上,南空的一位军代表站在蒋的边上,手捧资料夹拟作记载,这一切正有条不紊地进行着。当他们上下配合拉紧卷尺测量时,突然"啪、啪"地两声,蒋汉定与军代表重重地倒下。"不好了,他们触电了!"边上的人员惊叫起来并急忙抢救。由于蒋汉定他手拿卷尺的金属头子,强大的电流迅速流向他的身体,而军代表位于蒋汉定的身边,也受到电流的干扰而受伤,经送入农场的劳动医院抢救病愈脱险。中共党员蒋汉定同志(江苏宜兴人)却不幸遇难,年仅37岁。生前他对工作认真负责,任劳任怨,对待同志团结友爱。身后留下3个未成年的男孩(11岁、9岁、7岁)。

事后查明,总场加工厂电厂水塔边上有高压电线,带上水塔顶端、放下地面的50米长的皮卷尺里嵌入钢丝,高压线通过钢丝则传电到人体接到地上,形成一个回路；站在水塔顶上的年轻人安然无恙，而站在地面测量的人员却不幸触电。对这起突然发生的事故，南空部队对蒋汉定同志的家属给以慰问，也整理材料为其申报烈士称号，后来因部队调动等各种原因没有结果。上海农场为蒋汉定同志召开追悼会并对其家属、子女给予抚恤及照顾。上海农场在编撰《上海农场志》中也专门记载了蒋汉定等多位因公殉职的同志。

在科学发达的今天，测量一座水塔的高度，完全可以通过仪器、通过几何原理测量完成，或利用无人机、或查阅建筑档案等，不必使用原始的办法登高测量。一场人生惨剧不该发生。安全为天，生命至上。但是历史没有假设、时间不可逆转。值得欣慰的是，蒋汉定去世时3位年幼之子，在各级组织的关心下，在磨难中成长，如今都是光荣的人民警察，分别在上海市监狱管理局、上海市戒毒局和上海市公安局工作。冥冥之中，蒋汉定同志也可含笑九泉了。

回望大墙内的特殊舞台

早在上海解放初期的1949年,为了加强犯人的教育,活跃文娱生活,提篮桥监狱组织部分具有文艺特长,以及原先从事滑稽演出的犯人如包一飞、程笑飞、程笑亭、唐笑飞等,在干部管理下组织了劳改剧团,成立"自新人俱乐部",下设京剧、话剧、秧歌等小组,排演节目丰富犯人生活,开展文艺演出,其中:既有传统剧目如《珍珠塔》《苏州二公差》《唇亡齿寒》,也有新编反映新时代及监狱犯人改造生活的戏曲,创作排演话剧《废铁炼成钢》《一切在变》《结果怎么样》。1949年中秋节前后,狱中在十字楼外面搭起临时舞台,举办监狱历史上首次犯人文艺晚会,由犯人表演了京剧、沪剧、话剧、魔术等节目,演出约2小时,观看演出的犯人反响强烈。

解放初期的提篮桥监狱犯人文艺活动

为了庆祝新中国成立以后的第一个新年暨1950年元旦,1949年12月,监狱除了安排犯人开展卫生大扫除外,还组织犯人排练文艺节目,并于26日晚又派京剧组的导演、主要演员及化妆师等几名犯人前往解放剧场观摩华东京剧团的演出。31日晚上6时,新年晚会在十字楼前的广场上正式开始。首先由典狱长武仲奇(后改名武中奇)讲话致辞,在热烈的掌声中演出开始,先由因烟毒罪入狱的大新公司前游艺场演员余一飞表演魔术,然后系犯人集体创作的话剧《一切在变》,该剧揭露了旧提篮桥监狱的种种黑暗,反映解放后共产党管理下监狱的新面貌。第三个节目是话剧《结果怎么样》,剧中叙述了奸商孙经理以"发展工商业"为幌子，私下投机倒把，后经过店员晓以党的政策后，悔悟走向正确方向。两个话剧演得绘声绘色，博得满场掌声，然后还穿插若干小节目，最后以《黄河大合唱》结束演出。1950年1月1日在监狱广场上举行了升旗仪式。当天晚上，京剧组表演老解放区名剧《九件衣》，话剧组表演话剧《宝山参军》《废铁炼成钢》；与陈璧君一起从苏州监狱移押提篮桥的日本籍女犯中岛成子也穿上日本和服登台，手执绸伞表演了日式舞蹈。监狱里组织犯人开展文娱活动，并不是为了单纯的娱乐，而是为了教育，使他们更容易达到改造教育，转变思想认识的目的。歌舞、戏剧这些文艺形式充分发挥了力量，如京剧组刚成立时有几十名犯人，他们都是业余爱好者，没有一名专业演员和导演，没有道具布景，但是他们克服各种困难，首先自编自导自演了《苏大姐还乡生产》的戏，并获得成功，而后才排演了《九件衣》和《红娘子》这样的大戏。通过排戏、演戏也促进了罪犯的改造。[1]

　　犯人剧团的文艺演出获得较大的成功，当时不但在狱中演出，而且也应邀外出演出。1951年开展"镇压反革命运动"，监狱收押大批犯人后，犯人俱乐部停止活动。1956年5月，全国管教工作座谈会召开，一度在犯人中评定改造积极分子，召开劳改积极分子代表大会，监狱也带来较为宽松的文化生活。当年，提篮桥监狱恢复犯人业余剧团，下设京剧组、越剧组和滑稽组，开展文艺演出活动。1957年"反右"运动及1959年"反右倾"形势下，犯人的文艺活动再次停止。渡过三年困难时期的1963年上半年，提篮桥监狱又一次恢复组织犯人文艺活动，为配合社会主义思想教育，监狱编演了滑稽戏《找阿毛》，向犯人演出。1965年为配合犯人开展的认罪服法教育，监狱犯人剧团自编自演了反映改造生活的话剧《回头是岸》《悬崖勒马》等。同年，服刑人员原滑稽演员程笑飞、程笑亭把话剧《千万不要忘记》改变为滑稽剧本，受到公安局劳改处领导的表扬。1966年"文化大革命"期间，犯人演出团再一次停止活动。

　　1979年，在改革开放的形势下，提篮桥监狱组织有文艺专长的犯人，自编、自演一些有利于犯人改造的文艺节目，到各监区巡回演出。1980年1月"上海市监狱犯人文艺演出队"成立，并陆续扩大成员，自编自演了沪剧《路，就在脚下》。该剧讲述了一个青年犯人在狱中受到危顽犯的拉拢，再入歧途，经警官用心教育挽救而觉醒，终于告别旧我，重走新路。该沪剧取材于犯人生活，艺术感染力强，犯人观看后反响强烈。1984年7月25日，沪剧《路就在脚下》在市府大礼堂公演3场，市领导王鉴、狄景襄和文艺界人士俞振飞、丁是娥、杨飞飞等出席观看，并邀请部分犯人家属观看。[2]1985年3月，上海市监狱"新岸文艺演出队"

---

[1] 《在监狱里演京剧》，《文汇报》1950年4月20日。
[2] 《失足者自编自导自演"路，就在脚下"》，《解放日报》1984年7月26日；《本市罪犯演出大型沪剧》，《文汇报》1984年7月26日。

正式成立,而后艺术团扩充人数,增添女犯,增配专职干警,添置器材及演出的服装,先后安排大礼堂、十字楼为他们平时活动的专用场地,同时邀请演艺界人员莅临辅导,先后有指挥家司徒汉、黄贻钧、陈燮阳,沪剧演员杨飞飞、丁是娥、解洪元、王盘声、邵滨荪、赵春芳、韩玉敏、马莉莉、孙徐春等,戏曲演员李炳淑、梁谷音、戚雅仙、毕春芳、吕瑞英、筱文艳等,曲艺演员姚慕双、周柏春,刘福生、商福生、王汝刚、李九松、倪迎春等,电影演员张瑞芳、秦怡、梁波罗、宋忆宁等,歌唱家周小燕、朱逢博等,作曲家吕其明、顾冠仁,器乐演奏家陆春龄、闵惠芬等。

提篮桥监狱新岸艺术团演出剧照

针对新岸艺术团成员流动大的特点,为保持一支相对稳定的管弦乐队,1990年5月起新岸艺术团举办为期一年的首期管乐培训班,请来上海乐团、交响乐团的老师,对22名学员教授各种乐器的演奏。1995年7月成立了全国监狱系统第一支女犯管乐队。1996年3—10月,又举办第二期管乐培训班,对30名男犯、12名女犯教授乐器演奏。自1985—2000年,新岸艺术团已为大墙内外观众演出2 767场次,观众达50多万人次;共创作并演出音乐、曲艺、歌舞、杂技、魔术等各类节目500多个,其中有沪剧《金桥》、小品《心愿》、讽刺喜剧《考试》、歌曲《炼狱之声》、舞蹈《命运之路》、上海说唱《话说提篮桥》、评弹开篇《一封家信》等。新岸艺术团不仅在监狱、劳教场所演出,接待中外来宾,还走出大墙为社会各界进行法制宣传,曾在美琪大剧院、上海体育馆等举办独家专场演出,与上海歌剧院、轻音乐团等联袂演出;为出席全国司法厅局长会议的代表汇报演出;1993年1月17日与上海人民广播电台联合录制的"星期广播音乐会"向全市人民播出名为《新声,心声——新岸艺术团迎春文艺演出》专场。

随着上海市女子监狱的建立启用,1996年10月,提篮桥监狱的大部分女犯调往新建的女子监狱,曾留下几十名新岸演出队团的女犯,也于2010年调往女子监狱,新岸艺术团成员则全部由男犯组成,规模略有缩小,但仍然活跃在大墙内这特殊的舞台上。"台上演好戏,台下做好人",这是历任监狱领导对新岸艺术团提出的基本要求。这里的舞台既是艺术的舞台,也是改造的舞台,更是人生的舞台。

监狱犯人文艺演出队的成立与演出,一是丰富了监狱文化生活,陶冶犯人情操,促进思想改造;二是培养造就了一支犯人专业文艺队伍;三是犯人通过演出活动重塑自新接受教育,刑满出狱后没有一人重新犯罪;四是扩大了监狱的声誉,促进监狱与社会各界的联系,扩大了中国监狱的影响。许多外宾观看了新岸艺术团演出后,赞誉不绝。意大利全国防护中心主席说:"我来自以音乐著名的意大利,所以特别欣赏你们的节目。我相信通过音乐这一工具,能使你们未来更充满信心。"匈牙利《青年报》主编说:"艺术团的演出给我们留下深刻的印象,你们在劳动之余,还有文艺娱乐的条件,这是我原来没有想到的。"日本剧作家小林宏说:"我来华是为了中日友好而进行采访的,没有想到在监狱里会有这样好的剧团,这与原先的想象不同。"

《新岸艺术团建团30周年画册》书影

上海市提篮桥监狱新岸艺术团是监区文化建设的成果,是展示监狱教育改造的窗口,运用艺术形式教育犯人,用艺术的氛围熏陶犯人,用艺术的力量改造犯人。其成立发展的历程反映了监狱探索艺术矫治实践理念的发展轨迹。为记载和反映新岸艺术团30年的历程,2015年提篮桥监狱编印了《新岸·艺术重塑人生》的纪念画册,全书分为领导关心、外宾赞许、艺术矫治·锤炼新魂、精彩舞台·唱响人生、春华秋实·润物无声、新岸大事记六辑。

《国歌》,我为您添上了一个小小的"音符"

2001年春夏之交的一天,笔者办公桌上的电话铃声响起。来电人是湖南潇湘电影制片厂的美工师郭德祥。他告诉我,他们正在拍摄一部片名为《国歌》的故事片。为了在银幕上再现20世纪30年代田汉在国民党监狱内的真实场景,美工师和剧务人员需要了解、掌握当时狱中囚服的样式、颜色以及质地等细节。为此他们曾先后走访了上海档案馆、上海历史博物馆、南京博物馆等不少单位,但没有查到相关资料,非常着急。后经人介绍上海监狱管理局有史志办的专门机构,希望能够获得帮助,所以向你们请教……

片刻后,郭德祥等人手持证件和介绍信来到笔者所在的办公地。他们告诉我,潇湘电影制片厂拍摄的故事片《国歌》,由范正明、苏叔阳等编剧、吴子牛导演。该片主要以《义勇军进行曲》的创作为主线,通过艺术的方式再现田汉和聂耳的生平事迹。1935年2月19日田汉因从事革命活动,在上海被捕,后来移押南京监狱。田汉被捕前,在香烟包装纸上为电影《风云儿女》写了主题曲,即《义勇军进行曲》的歌词,后由夏衍转交给聂耳为之谱曲。聂耳很快写出初稿,并亲自到摄影棚进行试唱。由于田汉的被捕,聂耳上了国民党准备拘捕的黑名单。在党组织的安排下,聂耳在上海登船涉洋东渡,他抵达日本后对曲谱作了锤炼,定稿后寄回上海。经过录音和后期制作,影片《风云儿女》于1935年5月24日在上海金城大戏院(今黄浦剧场)首次放映。从此,《义勇军进行曲》这激昂的旋律,在中华儿女心中回荡,成为时代的号角、人民的心声,风靡大江南北。

拍摄中的故事片《国歌》里,有一段反映田汉在南京监狱的场景,由于上海与南京比较近,很长一段时间内同属于江苏省,为此美工师和剧务人员想参考一下20世纪30年代上海监狱的犯人囚服。笔者根据潇湘电影制片厂的具体要求,就拿出民国时期上海地区监狱囚犯的有关资料。这些资料翔实地记述了囚服所用布料的质地、款式、颜色,以及番号等细节。潇湘电影厂的同志看后连连点头道谢,"掌握了这些资料,我们在影片中的服装、道具、场景就放心了,拍摄起来就有了底气。"他们还说,要拍好一部电影或电视剧,除了剧本、演员以外,还涉及当时的历史、社会、风土民情,剧中人的衣服、发式以及各类家具式样和器物摆放等内容。如果工作不到位,某些细节稍不注意极易发生差错,从而影响到影视片的质量和艺术效果。每当一部电影或电视连续剧放映或播出后,观众往往会挑出一些细节上的破绽,有的属于张冠李戴,有的属于违背历史常识,更严重的是出现"关公战秦琼"的笑话。所以一部影片的成功拍摄,是编剧、导演、演员、舞美、服饰,台前的、幕后的及社会各界集体成果的艺术结晶。一个优秀的电影工作者要具有多方面的知识,要有历史学家的头脑和民俗学者的眼光。对此,我也表示同感。

应潇湘电影制片厂一行人的要求,我办妥了相关手续,又陪同他们参观了于位提篮桥监狱内的上海监狱陈列馆。该陈列馆的馆舍原是一幢启用于1935年的监楼,抗战胜利后曾是中国境内最早审判日本政犯的场所,1946—1947年曾有6名日本战犯在该楼的绞刑房里被处以绞刑,上海解放后也是关押陈璧君的地方。陈列馆所展出的旧监狱使用的各种戒具、锁具、钥匙,囚服等物品,引起潇湘厂一行人的极大兴趣,连连说监狱陈列馆能搜集、展示这么多具有监狱特色、铁窗"风味"的实物和照片真不简单,在全国范围内也是十分少见的。我们每家电影制片厂都有一个资料室和道具库,也收集了林林总总的物品,虽然看起来很多,但是一到实际拍摄时往往捉襟见肘。在参观陈列馆和监舍的时候,有一位美工师还拿出速写簿,寥寥几笔,十分娴熟地勾画出几个提篮桥监狱呈乌龟状的铜锁的画稿,说道:"这种锁具他第一次看到,虽然这次影片中用不上,但是我可以作为美术资料保存,说不定今后可以派上用场。"搞美工的,不仅要有艺术细胞,还要有历史眼光。上海的提篮桥监狱号称"远东第一大监狱",真是名不虚传,你们的史志工作成果不仅有平面的,还有立体的,今天的来访参观收获很大。临走告别时,连连向我道谢。

由于潇湘电影厂演职人员的踏实工作,故事片《国歌》正式放映后评价较高。有一次,我也特地购票去电影院观看。后来有个电视台,还以电视连续剧的形式拍摄了《国歌》。两部片子,虽然同名都叫《国歌》,但电视剧的容量显然要比电影更丰富,这从另一角度来说,《国歌》在中华民族中享有的崇高地位。接待湖南潇湘电影制片厂一行人的事情虽然已过去多年,也许是我从事史志工作中的一次小小的插曲,但对我留下了很深的印象。从一定意义上说,我为《国歌》,添上了一个小小的"音符"。提篮桥监狱不远处的公平路185弄86号上还有当年聂耳的居住地;

电影《国歌》海报

荆州路405号在20世纪30年代就是电通影片公司的所在地（上海解放后改为新沪钢铁厂，目前已拆），《风云儿女》就是在那里拍摄的，是《义勇军进行曲》的诞生地。1949年9月，经全国政协会议通过，以《义勇军进行曲》为代《国歌》；1978年，五届全国人大第一次会议上《义勇军进行曲》被定为《中华人民共和国国歌》；2004年3月的十届全国人大第二次会议通过宪法修正案的时候，首次把国歌《义勇军进行曲》写入《宪法》。2006年11月30日，有关部门在荆州路当年的电通公司旧址举行了国歌广场奠基仪式；2009年9月26日，占地面积2.7万平方米的国歌纪念广场和有1500平方米展区的国歌展示厅正式开放。

　　马赛是法国国歌马赛曲的诞生地，上海是中华人民共和国国歌的诞生地。上海的国歌广场和国歌展示厅成为上海乃至中国的一个红色旅游地。

一封男犯人写给女球星的信

犯人在高墙铁窗的监狱里服刑,对外通信对象一般为他们的直系亲属,如果遇到特殊情况则须经过干部批准。若干年前,笔者在提篮桥监狱四大队任职时,曾破例批准让3名男犯人发信给女球星,想不到事后竟引发了一系列的连锁反应,至今我仍然记忆犹新。

1985年1月4日,中国女排运动员周晓兰参观提篮桥监狱

1985年1月4日,上海市劳改局、上海市提篮桥监狱和上海市体育学院联合在提篮桥监狱召开"爱我中华新年座谈会"。排球运动员周晓兰、乒乓运动员施之皓、举重运动员张志芳、体操运动员朱政等体育明星和市体院有关领导与提篮桥监狱的180名犯人见面,畅谈自己从事排球、体操、乒乓、举重等运动的历程,以及对人生价值与幸福的体会。他们殷切希望失足的青年早日改过自新。[①]其他人员均收听实况转播。由于同代人心灵上的沟通,座谈会开得十分成功,在犯人中引起了强烈反响。座谈会后,有3个犯人共同向周晓兰写了一封信。信中除了谈到这次座谈会的收获外,还向周晓兰暴露了他们的真实思想,人生的"三欲"(食欲、智欲、性欲)问题。他们在信上还说女排为国家拼搏这是肯定的,但是难道你们真的不图名利,别无他求吗?……这封信该不该寄发?中队管教干部之间有不同的看法和争议,最后就把这封信交给时任大队领导的我来处理。

---

① 《周晓兰等同失足青年座谈人生与幸福》,《体育报》1985年1月7日。

我看着这封写得端端正正的信，又细细思索着信上的内容，感到这封信上既反映了3个犯人要求改造的愿望，但又暴露了他们扭曲的心灵。按惯例，这种信不但不能寄发，而且要对他们的不良思想进行教育，但是这封信是在监狱召开大型座谈会后的有感而发，袒露了他们真实的思想，而我们举办座谈会的目的就是要借助于社会的力量，拓宽改造教育的新路，何不趁热打铁，抓住契机，继续深入工作呢？为此，我就决定破例邮寄这一特殊的信件。我还设想，如果周晓兰能够针对他们的思想写来回信，也许还能收到意想不到的效果……

没想到正处于期末考试阶段的周晓兰，在上海体院的领导和其丈夫侯晓非的支持下，很快给3个犯人写来了回信，而且是用文稿纸整整写了7页。"……信中看到你们追求的'三欲'，很吃惊，不理解，但最后明白了你们犯罪的根源。生活在社会上，每个人都会有目标，但不同的目标会导致不同的结果……当我们站在排球场上，望着对方外国人的脸，望着自己胸前'中国'两个大字，想着自己代表着十亿中国人民，代表着所有的炎黄子孙，一种民族感、责任感促使我们产生出这种坚强的信念：为中国人争气，为祖国母亲争气……"

周晓兰给犯人的回信，犹如一石击起千层涟漪。不少犯人都争相传阅，尤其是写信的3个犯人更是激动不已，连连想说想不到排球明星还给我们这些素不相识吃官司的人写了回信，我们一定要好好争口气。面对此情此景，我也感触很深，马上提笔写了一篇消息稿，刊登在大队编印供犯人阅读的油印小报《新路》上。监狱长王启和看到这一消息后，很快从我手上拿去了周晓兰的复信，要求监狱铅印的《劳改报》全文登载，并组织《劳改报》记者对写信的3个犯人进行采访，配发采访记，并以此为契机，因势导利组织全监狱犯人进行了近3个月的"人生价值"的讨论，还把讨论情况及时向周晓兰反馈。时隔不久，在提篮桥监狱的邀请下，周晓兰第二次来到监狱。在大礼堂向500多名犯人做了"为理想苦练，为祖国拼搏"的报告。会后周晓兰又同写信的3个犯人见面座谈，并在他们的笔记本上签名留念："愿早日做新人，作贡献"。事后，上海的《解放日报》和北京的《体育报》先后以"探索人生的价值"和"周晓兰与失足青年座谈人生与幸福"为题材进行报道，取得了很好的社会效果。黑龙江人民出版社的《飞进高墙电网的书信》一书也收录了周晓兰的复信及有关内容。

信，一封由3个男犯人写给排坛女将的信，一封由我批准寄发的特殊信件，在领导和各部门的重视下，想不到竟产生了如此强烈的反响！

苏州评弹进高墙

苏州评弹是苏州评话与苏州弹词的合称,是运用苏州方言进行说唱的地方曲艺。通常以说为主,说中夹唱弹词,演员均自弹自唱,唱时多用三弦或琵琶伴奏,短篇、中篇、长篇均可,并形成了陈调、马调、薛调、魏调、夏调、祁调、俞调、张调、徐调、蒋调、杨调、翔调、严调、周调、丽调、侯调、琴调、小阳调、小飞调、香香调等20多种丰富多彩的流派唱腔。从一定角度上讲,苏州评弹还是文艺"轻骑兵",舞台上不要幕布,不用布景,一般仅一桌两椅,男女演员分着长衫旗袍,淡妆素服、仪态端方、清雅脱俗,弹指间舒卷风云,謦欬中吐露因缘。三弦琵琶七根琴弦,一块醒木一把扇子,随时演出,还可以根据形势随编随演。评弹情节曲折离奇,表演扣人心弦,形式雅俗共赏,演员可一人、两人或多人,其艺术传统深厚,技艺精湛,讲究"说、噱、弹、唱、演",在审美追求上,讲求"理、味、趣、细、技",数百年来流传苏、浙、沪城乡,为社会各阶层人士所喜爱,正如一副楹联所述:"胸中成竹评说古来今往,舌底莲花弹唱离合悲欢。2006年5月,苏州评弹经国务院批准列入第一批国家级非物质文化遗产名录,苏州、常熟等地均建起了评弹博物馆。

知名评弹演员刘天韵、刘云若演出剧照

1986年10月下旬，上海人民评弹团来到提篮桥监狱的大礼堂，向500多名犯人作了一次精彩的中篇评弹《秋思》的演出。《秋思》主要根据当时一个社会大案改编，其主要情节：业余歌星郑秋思和音乐院讲师林洪在上山下乡期间，曾是一对心心相印的恋人，但是后来因种种原因使他们天各一方。在十年浩劫中，秋思遭到一个掌着红印的县知情办主任白三更的摧残。幻想的破灭、现实的残酷使秋思甘愿堕落。10年后，一个偶然的机会，秋思和林洪在音乐茶座再度重逢，情与爱的交织，使秋思醒悟。但是白三更再度出现在他们中间。为了维护曾经失去的尊严，为了维护重新得到的爱情，纯洁而美丽的姑娘终于走上了一条杀人的道路，把白三更杀死。秋思被捕，临走前，秋思面对明媚的阳光、美好的社会，不胜感慨：我还只有30岁啊，我还应该和大家一样，有着幸福的未来，可由于我的愚昧，不懂法，走上了犯罪之路……

中篇评弹《秋思》由程志达、姜兴文编剧，首演人员倪迎春、沈仁华、郭玉麟、杨骢、张小平。在上海法制文艺会演中获创作二等奖、演出一等奖。《秋思》在艺术上有所突破，在音乐上融合了评弹和现代音乐的长处，在对白上采用了大量普通话，扩大了观众面；在表演上吸收了话剧和电影刻画人物性格和内心世界的优点，保持了评弹本身的说、噱、弹、唱、演的特点，调动了各种艺术手段，做到以情动人。这个节目，故事性强，情节曲折，加上评弹演员技艺娴熟、演唱俱佳，使台下的观众（犯人）大饱眼福、耳福。演出结束时，报以长时间的掌声。当天下午，评弹团的演员还邀请部分犯人进行座谈，听取反映。许多犯人说：这个节目教育意义大，使我们认识到学习法律知识和正确运用法律的重要性和必要性；个别高学历的犯人经过认真思考还书写书面材料，对该评弹的书情的发展及个别词语提出修改建议。

国家一级演员、曾任上海市人民代表的苏州评话艺术表演家唐耿良擅长说《三国》，他说表流畅、事理分明，善于顺应潮流，结合时事，富有新意。他不但在书场、剧场演出，还先后在上海交运会场及提篮桥监狱大礼堂为上海监狱系统干警，以"三国的用人艺术"为题演讲，他从刘备屈尊敬贤、三顾茅庐请诸葛亮出山说起，把三国中魏、蜀、吴三方，曹操、孙权、刘备的识人、用人的情况，说得有声有色，旁征博引、谈古论今，将丰富的历史掌故与现代意识熔于一炉。"三国的用人艺术"与当时改革开放，解放思想，冲破阻力，大胆启用人才的大背景相吻合。通过苏州评话的形式，进行讲演，让广大监狱干警，特别领导干部古为今用，开拓思路，收到了良好的效果。

提篮桥监狱内的新岸艺术团的犯人，也曾运用苏州评弹的形式排练过部分节目，内容取材于监狱生活，反映改造中发生的人与事，起到寓教于乐的作用。如新岸艺术团利用评弹的曲调及形式，针对犯人的改造情况，借鉴吸收评弹开篇中的部分句式,运用蒋调中的一段唱词而改编。创作了评弹开篇《一封家信》,进行演唱。现把唱词内容抄录如下:父母大人,孩儿不应该/你们含辛茹苦把孩儿抚养大/总想望子成才把气争/岂料不肖儿闯大祸,成了犯罪的人/想当初你们欢天喜地送我去参军,/看如今你们满脸泪痕探监默无声/相当初是立功报喜传佳音/看如今是进牢房无地来自容/想当初我们是光荣人家多荣光/看如今一失足成了千古恨/我千不恨来万不恨/恨只恨我听诡言/不分是非胡乱行/到如今陷落泥坑悔无尽/好端端葬送了美青春/幸亏队长来帮助/指明锦绣好前程/他是循循诱导又耐心/嘘寒问暖像亲人/解开我心中疑虑忧忡忡/好似春风吹散乌云层层/倘若我今朝再不把头来回/对不起政府,对不起队长的一片心/也对不起你们两位老双亲/我今朝好似梦初醒/认清了洗心革面路一条/我不能再做糊涂人/不能继续来害自身/(白)亲爱的父母亲大人/我要弃旧图新重做新人。

《上海监狱志》编纂始末

根据上海市地方志办公室(简称市方志办)的布置,从1989年5月起,我们开始了《上海监狱志》(简称《监狱志》)的编纂工作,并组成第一届编委会。后来根据工作需要和人员变动情况,于1995年10月和2001年12月又先后两次调整了编委会。经过大家的共同努力,《监狱志》于2003年12月由上海社会科学院出版社出版。全书156万字,图片560余张。2008年,该书获上海市第二届地方志志书三等奖,上海市监狱管理局并获优秀组织奖,《监狱志》的编纂工作经历了10余年,主要有如下3个阶段。

《上海监狱志》书影

《上海监狱志》扉页

第一阶段:1989年5月—1996年年底,资料搜集阶段。该阶段主要是拟定《监狱志》的篇目,通过查阅档案资料、书报刊物、登门访问、发信函调、实地考察、搜集实物等多种形式,广泛搜集上海建县以来有关监狱方面的各类资料。其间因编写其他材料该工作曾中断过几年。

第二阶段：1997—2000年，形成单篇材料阶段。该阶段主要在掌握材料的基础上，由撰稿人写出单篇材料，经总纂修改、审定后，以《监狱志征求意见稿》的形式，陆续上报下发，并在市监狱局"局域网"上发布，共计编印了105辑，总字数达120万字。

第三阶段：2001—2003年，全书总纂、评审、修改阶段。该阶段主要在已经成文的105辑《监狱志征求意见稿》的基础上，又吸收了《白茅岭农场志》《上海农场志》《青东农场志》《军天湖农场志》《提篮桥监狱志》和各单位的《大事记》以及其他资料，遵循古今统合、厚今薄古、横分门类、纵写史实的原则进行总纂，于2002年5月形成了《监狱志》(1292—1995)评审稿（上、下册，总计110万字），分送市方志办、市社科院、市委党史研究室的专家学者，《监狱志》各编委以及监狱局局机关各处室、各监狱主要负责人进行审阅。在广泛征集意见的基础上，于2002年7月31日和8月24日，分别召开了《监狱志》评审会和编委会，对《监狱志》进行评议、审定。随后，我们又对志稿进行全面补充修改，于2002年12月底前形成了《监狱志》的修订稿。经部分编委会成员审阅后，我们又作了一次修改，于2003年年初送市方志办验收。根据验收中提出的意见，我们作了第二次修改后，送交上海社会科学院出版社第三编辑室审稿，根据编辑室提出的意见，我们又作第三次修改，最后才定稿付印。

《监狱志》的名称、记述范围和框架结构，在编纂过程中作过多次调整。开始《监狱志》称《上海劳改志》(简称《劳改志》)。由于当时劳动改造和劳动教养工作机构没有分开，所以《劳改志》中还包括"劳动教养"的内容。从1994年9月起，我们把《劳改志》更名为《监狱志》，把原包括在《劳改志》中的"劳动教养"的内容抽出，单独编纂一部《上海劳教志》，使《监狱志》的体例更趋合理。《监狱志》的记述范围，作过三次变动。最初，上限始于1840年的鸦片战争，下限止于1990年；后来改为上限始于元朝至元二十九年(1292)上海建县，下限止于1995年；2002年8月再次改为上限始于唐朝天宝十年(751)华亭建县，下限止于2000年。"大事记"写到2001年，党、政、工、团领导班子记载到付印之时。《监狱志》的篇目（提纲），先后修订过10余次，直到正式定稿。现在，笔者作为该志书的执行副主编、总纂人，捧着这部散发着油墨芳香、装帧精美的《监狱志》，心情激荡，感慨万千，主要有以下几点体会。

一、资料是编志的基础

占有大量、全面、翔实的各类资料，这是编纂《监狱志》的前提和基础。所以，编志修史工作启动后，资料的搜集整理就列为我们的重要工作。根据先内后外、先近后远、先易后难、先"活"后"死"的原则,我们查阅了局机关及下属各单位的档案,查阅了中国第二历史档案馆、公安部档案馆、江苏省档案馆、上海市档案馆以及上海市公、检、法系统的档案资料;查阅了各图书馆的图书资料;我们先后查阅了1872—1949年的全套《申报》,1946—1948年的《中央日报》《大公报》《新闻报》《民国日报》《和平日报》《华美晚报》《正言报》以及1949年6月以后的《解放日报》《文汇报》等大量报刊资料。

还通过登门访问、发信函调、实地考察、搜集实物等多种形式广泛搜集资料,并请有关部门翻译英文、法文版资料。从一定意义上讲《监狱志》不是用笔写出来的,而是用腿跑出来的,用"心"写出来的。例如1949年5月29日,上海市军管会派员接收旧提篮桥监狱,我们对接管专员毛荣光的情况比较清楚,但接管副专员王正福,只知道他后来调到外地工作;何时调出、调何处、任何职均不清楚,监狱局的档案中也没有反映。后来我们从市高级人民法院的档案中,查到王正福的一张极其简单的情况登记表,知道他是位红军干部,四川苍溪人。我们最初向四川省人事局、四川公安厅户政处发信函调,但均未找到下落;后来就以王正福的原籍所在地为线索进行函调,在苍溪县有关部门帮助下,我们终于搜集到王正幅的生平资料及肖像照。又如,我们以1939年12月16日《申报》上"第二特区典狱长孙雄病逝沪寓"一则短讯为线索,查阅了旧上海的户籍资料,找到孙雄的儿子和儿媳,搜集到不少资料及照片,写出了专题材料,填补了有关研究领域中的空白(孙雄是旧中国很有影响的法学家)。类似这样几经曲折搜集资料的事例,真是不胜枚举。

二、坚持实事求是、客观、公正的原则

历史最讲究秉笔直书,公正客观,留给后人思考。我们在编撰《监狱志》时,尽可能遵循这一原则。如租界、民国时期的监狱,从本质上讲是反动统治阶级的专政工具,但是某些具体做法还有一定的借鉴作用。例如,对犯人实行记分考核,以分减刑,早在清宣统元年(1909年)5月,上海公共租界的华德路监狱已开始实行,当年就有137名犯人据此办法获得减刑;对监狱行政人员的任用上,早在1935年12月14日《申报》曾刊文向社会各界公开招聘华德路监狱副典狱长,同时旧监狱狱政管理黑暗,犯人生活待遇差、死亡率极高,我们在《监狱志》也作了客观记述。1949年5月上海解放后,上海监狱系统的工作情况包括历年来犯人收押数、刑满释放、减刑、假释、监外执行、押犯构成和监狱管理人员的年龄、文化结构等都作了全面系统的记述,并编制了许多表格,分门别类地予以统计;同时,我们也不回避矛盾,对工作中的问题、教训以及狱中重新犯罪的情况也作了

一定记述,并有案例简介。《监狱志》记述了从唐天宝十年(751年)至2001年的上海监狱大事记1150余条,还收录了1875—2000年《申报》《新闻报》等几十种报刊上公开报道上海监狱的各类新闻近300条。此外,该志还收录了1906—2000年租界、中华民国、中华人民共和国不同历史时期,上海地区各类监狱(含罪犯习艺所、会审公廨押所等)的各种规章制度29种,这些具有时代特征的史料,为上海监狱史、中国监狱史研究提供了翔实的资料。

三、重视图照的搜集和运用

照片是一种形象、直观的纪实手段,摄影被人称作"人的第三只眼睛";从一定意义上讲,照片比文字更有可读性和存史价值,目前已进入了"读图时代""无图不成书"已形成共识。我们在编写《监狱志》时,一直重视图照的搜集,其间又参加了上海公安博物馆·监所馆和上海监狱陈列馆的筹建工作,更为照片的搜集利用带来了方便。从2000年起,我们明确一位同专职从事照片搜集和拍摄工作,并对局机关及各监狱档案部门保存的各类图片作了全面筛选,最后从上万张照片中精选了几百张照片,并补拍了大量照片。根据出版要求,照片采取集中和分散(即彩色图和串文图)相结合,其中彩色图分设领导视察、监狱设施、刑罚执行、狱政管理、生活卫生、教育改造、管理人员、监狱历史等11个栏目,全书串文图也达280余张。在照片编排中后多次调整版面,数易其稿,尽可能做到主题鲜明、图文互证,排列形式上疏密相间、错落有致。

2002年7月《上海监狱志》评审会,左起第二人系本书作者

四、群策群力，众手成志

　　《监狱志》是一部政治性、资料性很强的书籍，涵盖范围大，时间跨度长，如果离开各部门、各单位、各界人士的大力支持是无法完成的。在编纂过程中，我们自始至终得到市方志办和各同行的帮助，我们除了依靠本系统的力量，还借助于社会力量，如在编纂"监狱志·人物"时，约请上海龙华烈士陵园研究室主任王菊如写了1927—1937年曾遇害于龙华的多位人物资料，请上海档案馆的研究人员提供了抗战胜利后提篮桥监狱、江湾战犯监狱被关押的部分日本战犯名单。在《监狱志》的编纂过程中，全国人大常委会副委员长雷洁琼、原《红旗》杂志副总编辑林肖硖、暨南大学副校长韩托夫、二机部副部级干部涂国林、海军军事学院副部级干部姚家礽、中纪委委员黄乃一、全国政协常委秦德君、上海三次武装起义参加人员蒋文卓、中共中央领导人任弼时的夫人陈琮英、福建省委书记许亚的夫人林其光、上海市原市长曹荻秋的夫人石斌、成都市政协主席熊宇忠的夫人张明华、王孝和烈士的夫人忻玉英及女儿王佩民、中共贵阳市委常委谢凡生的夫人吴庸、作家阿英的儿子钱厚祥、国务院副秘书长杨放之的女儿杨珍，以及中南民族学院院长李守宪的女儿李薇静、涂作潮的儿子杜胜华、缪伦的女儿缪莎莎等相关领导及其亲属，为我们提供了珍贵材料或实物。还有许多单位和老同志接待了我们访问或回复了函调。市方志办副主任刘其奎多次为我们研讨、修订《监狱志》的篇目结构。当《监狱志》成稿后，中国政法大学教授、监狱史学专家薛梅卿，上海社会科学院学者费成康，中共上海市委党史研究室李三星等有关领导审阅了部分稿件。市出版系统的老专家通读了全书，在政治上为我们把关，在内容和文字上予以校订。

上海监狱工作70年的发展历程

上海,太平洋西岸的一颗明珠,黄浦江畔的一片热土。70年前获得新生,70年的栉风沐雨,70年的春华秋实,在中国的监狱史上书写了不平常的华章。

一、初创新上海的监狱工作

（一）接管旧监狱,组建新监狱

1949年5月27日上海解放迎来新生。次日,上海市军管会接管时称"司法行政部直辖上海监狱"（即提篮桥监狱）和上海监狱第一分监（女监）。毛荣光等接管人员分别向监狱职员看守和在押犯人宣布上海市军管会的命令和中国人民解放军布告,旧监狱代理典狱长王慕曾交出监狱印章及有关材料。29日、31日分别召开"慰问与欢送大会",欢送原在押的"政治犯"（革命同志）出狱,市委及市总工会领导出席会议,对每人发放慰问金6块银圆。出狱同志举起用自己被单、席子制作的写有"跟共产党走"等横幅,列队走出大门与欢迎的群众见面,当时还组织了秧歌队,场面热烈壮观。刚创刊的上海市委机关报《解放日报》于5月31

上海军管会派员接管旧提篮桥监狱（油画,邵国兴作）

日刊登了两篇报道,这是上海解放后媒体对上海监狱工作的首次报道。在上海市长陈毅的指示下,同年 7 月,又组织了一次各界群众欢迎出狱人员的活动,并由苏联电影代表团重新补拍了电影纪录片,这些镜头后被收录在新中国第一部彩色纪录片《解放了的新中国》中。

军管会接收监狱后,组成"接收专员办公室",作为全监狱的领导机构,并让原有工作人员"各按原位,办理移交"。9 月 21 日挂牌成立"上海市人民法院监狱"①(系上海解放后的第一座监狱;解放初期监狱属法院体制,1951 年 5 月后划归公安建制,1951 年 6 月成立上海市公安局劳改处,以下简称劳改处)。曾任过八路军团长、著名书法家武中奇出任监狱长。监狱接收时原有工作人员 610 人(含地下党员 20 多人)。对旧职人员发遣散费遣散,允许请长假、辞职或自谋出路,最后留用 264 人。同时,监狱又陆续吸收新生力量,到 1949 年年底监狱实有工作人员 547 人,其中女性 54 人,中共党员 72 人。军管会接收时,监狱仅有犯人 650 人(男 594、女 56),其中外国籍犯 11 人。除 50 名"政治犯"外,已决犯 533 人,未决犯 67 人②;人员十分复杂,既有汪伪政府的高官政要、汉奸犯,也有被国民政府法院判决、被媒体追踪的要犯(同年 8 月起,除汉奸犯外,大部分人作了重新判决)。从 6 月 1 日起,提篮桥监狱开始收押犯人,从 7 月初到年底,共计收押犯人 15170 人。③

(二) 建章立制,革故鼎新

在充分汲取老解放区监狱工作的基础上,1949 年 12 月制定、试行《上海市人民法院监狱工作规范》《看守员、警卫队员工作规则》《在监人犯遵守事项》,明确提出"监狱以改造人犯为目的,坚决实施改造教育方针"。监狱严肃工作纪律,以狠刹"跑条子"(看守为犯人通风报信,私带物品,从中渔利)为突破口。先通过动员教育,宣布纪律要求,对过往者从宽,现行者从严,顶风作案者开除,情节恶劣者逮捕法办,还在报纸上曝光。通过严格整顿,狠刹了旧监狱流传下来的陋习恶风,并取得阶段性的成果;同时废除旧监狱的教诲师制度,建立新型的训导员制度。把狱内原称忠、孝、仁、爱、信、义、和、平、感化院 9 幢监楼的名称改为 1—9 监;废除旧监狱打骂体罚犯人的体制,对犯人实行文明管理,公开犯人伙食标准(当时实行一日两餐制),取消旧监狱少数汉奸犯使用电炉、开小灶、收听收音机等优待制度。组织犯人建立学习制度,开展读报活动,出墙报、壁报;组织有一

---

① 《本市人民法院监狱昨开成立大会》,《新闻日报》1949 年 9 月 22 日。
② 《1949 年接管旧提篮桥监狱始末》,《读书文摘》2015 年第 12 期。
③ 麦林华主编:《上海监狱志》,上海社会科学院出版社 2003 年版,第 175 页。

定文化、表现较好的成年犯对少年犯进行扫盲和文化学习,学会读、算、写,大搞卫生,杀灭臭虫跳蚤,净化环境。实行人道主义和文明管理,给犯人吃饱、穿暖。清理狱内原有的怀孕女犯和部分女犯所带哺乳的孩童。组织具有一定文艺专长的犯人,成立"自新人俱乐部",下设京剧组、话剧组,丰富犯人生活。结合犯人改造情况,创作、排演节目,中秋节搭起临时露天舞台,举行首次犯人文艺晚会,表演京剧、沪剧、越剧、话剧、魔术等节目。12月31日晚上,监狱举行新年晚会。1950年元旦早晨举行隆重的升旗仪式。①

随着新政权的建立及"镇反"运动的开展,押犯数大增,1950—1953年全年新收犯人,分别为29 284人、39 099人、11 840人、23 022人。②监狱工作的重点是确保收押,并配合审讯发动他们坦白检举,扩大线索。据1952年4—8月统计,通过教育人犯提供检举材料57 500多份,写出坦白交代材料20 900多份,配合审讯及时结案审判8 930多人。③按照公安部统一部署,从1950年上半年起,上海先后把大批犯人调往陕西、新疆、青海、黑龙江、内蒙古、安徽、福建等地,从事水利、垦荒、筑路等劳动;而且当时调犯,也同时调配干警从上海随行去边疆内地,并举家长期在当地落户。此外,从1950年到20世纪60年代初,上海先后有大批干警奔赴苏北、福建、皖南等上海市属的劳改劳教农场工作,其中大部分在退休前后或退休后才回到上海安度晚年。

(三)白手起家,艰苦奋斗

为了不让犯人坐吃闲饭,通过劳动改造教育犯人,监狱克服各种困难,积极恢复狱内生产。1949年7月最早恢复了糊盒、印刷、洗涤、铁工4个工场;8月又恢复了缝纫、制鞋、木漆等生产。整座监狱参加劳动的犯人从最初的不足100人,年底扩大到1 700多人,生产收入从最初的200多元发展至7 000多元。监狱不但挖掘潜力搞好生产,而且派出干部接收原属监狱的场地。1949年10月派出干部去市郊漕河泾接收原江苏第二监狱(又名漕河泾监狱)遗址,组建小型农场,并调派部分短刑犯从事农副业劳动(1951年8月该处移交民政局,1958年又复归劳改局)。同年11月,又派干部赴市郊北新泾接收原司法行政部直辖第二监狱遗址,次年8月成立北新泾农场,在废墟上修路挖沟、割草盖屋,办起简陋工场,搓草绳、做豆腐、炼饴糖、打零工;后在无电力、无设备、无技术的情况下,土法上马,用人力拉制绞盘,开辟了钢管生产。

---

① 《通过文娱活动改造思想,监狱新年开同乐会》,《文汇报》1949年12月31日。
② 麦林华主编:《上海监狱志》,上海社会科学院出版社2003年版,第175页。
③ 司法部监狱局编:《当代中国监狱概览(地方卷·上)》,法律出版社2000年版,第246页。

1950年时称人民法院监狱的提篮桥监狱被服工场13天完成"三野"军需处衣物43种,单棉共312 340件、衬领6 800条,用布近5万匹;修车厂两个月完成修理5辆汽车,都在抗美援朝上起到支前作用;同时还为海军司令部制服30匹零1码,皮鞋1 000双,材料100尺;三野8 000套雨衣、橡胶布1 966码,三野军用符号130万只。①

自新人(犯人)赴苏北劳动(剪报),《文汇报》1950年3月22日

1950年2月,在江苏省台北县(今盐城市大丰区)的20万亩的海涂荒滩上,建立上海市垦区劳动生产管理局(即后来的上海农场),作为上海市安置游民、改造犯人的场所。同年3月21日,2 515名犯人(内含女犯360人、少年犯220人)乘船经过5天日行夜宿于3月27日到达苏北。以后又有多批犯人赴苏北垦区。当时媒体曾作大量报道。②从1950年起经过两年半的时间,开垦荒地6.8万亩,使盐碱地上种出水稻,沉睡的荒滩上长出棉花,后来成为全国高产棉花产区之一。1951年8月,上海又在市郊大场建立小型劳改工场(1952年4月撤销)。1952年7月、1953年6月,上海第一、第二看守所划归劳改处(1957年7月、1964年11月分别划归市公安局政保七处)。③1953年11月,建立少年犯管教所(以下简称少管所),这是全国最早建立的十座少管所之一。

---

① 1950年上海市人民法院工作总结。
② 《本市收容的游民及部分犯人万余人将赴苏北垦荒》,《解放日报》1950年3月7日;《自新人将走上自新路,整装待发到苏北垦荒》,《文汇报》1950年3月21日;《苏北垦荒多了一支生产队伍,两千余犯人昨首途》,《新闻日报》1950年3月22日。
③ 易庆瑶:《上海公安志》,上海社会科学院出版社1997年版,第447页。

二、迂回曲折中前进，调正巩固中发展

1954年9月《劳改条例》颁布实施，以国家立法形式把改造犯人的各项措施规范化、法律化。根据《劳改条例》的精神，上海监狱系统开展实施了许多工作。

（一）改造工作稳步发展

1954年10月6日，提篮桥监狱解放后首次接待外宾参观，并列为全国四个对外开放的劳改单位之一。1955年6月，全国人大代表和上海市人大代表首次视察提篮桥监狱，之后人大代表多次视察监狱及少管所。监狱也经常邀请工人、农民及社会各界人士到监狱向犯人做报告，开展形势、思想政治等各种教育活动。

上海市第一次劳动改造积极分子代表会议

劳改处根据《劳改条例》的精神，对原有的管教制度进行修订，向犯人开放报纸（解放初期犯人不准阅读报纸），放宽犯人阅读书籍期刊的范围，监狱、各劳改队普遍设立图书室，每个犯人小组都由监狱订发《解放日报》，允许犯人自费订阅报刊；准许死缓犯、无期徒刑犯会见家属，允许反革命犯的家属会见（以前只有普通刑事犯可以会见）；收回印有"劳改"字样的囚服。劳改处改进和完善对犯人的思想政治教育和文化技术教育；组织部分犯人外出参观工厂、农村、学校；对表现突出的犯人予以奖励；对在押犯人进行考核；试行分类教育和区别对待。调动犯人的改造积极性，在犯人中组织"劳动改造积极分子委员会"（以下简称劳积会），在犯人中评定"劳动改造积极分子"（以下简称劳积分子）。1956年6月，劳改处首次组织召开了"上海市第一届劳积分子代表大会"，有600多犯人参加，并邀请了部分犯人家属出席，向犯人公布权利、义务。会上上海市公安局副局长杨光池

亲自给一名改造表现良好、开展技术革新、提高工作效益的犯人发给奖金146元（当时干警工资一般为四五十元）；晚上，组织600多名犯人分乘10多辆大客车途经外滩等市中心参观设在中苏友好大厦（即目前的上海展览馆）的上海工业、市政建设新成就展览，并在饱览夜上海美景后返回监狱。会后，主要供犯人阅读、写稿的《上海劳改报》问世。各劳改企业成立产业工会，吸收留场（厂）的刑释就业人员参加工会。

监狱干警向犯人发放奖品（摄于1956年左右）

对犯人的批评教育大会

"反右"斗争开始后，对犯人中的"劳积会"，对犯人评定劳积分子，允许犯人自费订报刊等活动被列为右倾而停止；《上海劳改报》也停刊（直到1990年复刊）；取消各劳改企业成立的产业工会。1958年"大跃进"时期，劳改处的工业总产值及上缴利润确有增长，但是也发生了高指标、浮夸风、瞎指挥的问题，如土法上马大炼钢铁，花费劳力、物力炼成一堆铁疙瘩。在1959—1961年，犯人病亡率有所上升，监狱干警想尽办法，采取措施，避免犯人的非正常死亡。

根据国家主席颁布的《特赦令》，1959年9月和12月，上海市特赦犯人大会分别在提篮桥监狱和苏北上海农场召开，共特赦1 100名在押犯人。特赦犯人数约占犯人总数的2%左右，其中：反革命犯244人，普通刑事犯856人；女犯161人，少年犯36人；减刑43人，减余刑释放1 057人。[1]1962年根据公安部的布置，提篮桥监狱组织在押的部分原国民党、汪伪、伪满军政人员中的省、将级以上犯人，根据"三亲"（亲历、亲闻、亲见）的要求，撰写文史资料140多篇，其中包括汪伪粮食部部长顾宝衡、汪伪广东省省长陈春圃、汪伪安徽省省长罗君强、上海帮派头目黄金荣的养子黄源涛等人，这些资料对中国近、现代史的研究发挥了有益作用，有的还公开出版。[2]

---

[1] 滕一龙主编：《上海审判志》，上海社会科学院出版社2003年版，第255页。
[2] 徐家俊：《提篮桥监狱》，中国文史出版社2011年版，第240—243页。

(二) 抓住机遇　扩展劳改场地

解放初期，上海地域面积仅有600多平方公里。截至1954年年底，上海劳改单位除了一座位于江苏大丰的农场外，在市区仅有1座监狱、1所少管所、3个看守所，印制、被服、针织、洗染、塑胶等几个劳改队和1个建筑营造厂。这些劳改队规模小、生产设备简陋，大多是在占地60亩的长阳路147号大院内。从1954年年底起部分劳改队迁出，在市郊结合部另建新址，扩大建设和厂房，使改造和生产上了一个新台阶。1955年1月，这些单位统编上海市第一至第九劳动改造管教队（以下简称劳改队，以后曾有撤销及调整）。不少劳改队在劳改生产方面有了很大的发展，如：原以搓草绳、打零工为主的劳改七队发展为制造无缝钢管的专业工厂；监狱营造厂的犯人为上海城市建设添砖加瓦，先后承建普陀区系列办公大楼、上海汽车运输公司大礼堂、上海体育学院部分房舍、宜川三村工房等。1955年，上海劳改系统还抽调1.5万名犯人参与国家重点工程鹰厦铁路的修建。后来还参与上海闵行至莘庄铁路支线的部分工程。

上海市公安局劳改处部分干警1956年合影照

1957年，上海市公安局设立劳教处，次年劳教处并入劳改处，先后在上海及位于江苏、江西、福建、安徽等设立劳教单位。1958年原属上海民政系统位于安徽郎溪、广德的白茅岭农场划归劳改系统（1959年5月划归安徽，1963年3月复归上海）。1960年5月位于江西铅山收容劳教人员的上海赣东北农场撤销。1958年在福建将乐、泰宁建立的闽北上海农场，因战备需要于1962年6月迁往安徽宣城,后称军天湖农场。①

1958年年底,原属江苏省的嘉定、松江、宝山、崇明、青浦、金山、奉贤、南汇、上海、川沙10个县划归上海,使上海行政区域面积整整扩大了10倍,达到6 000多平方公里。随着行政区划的调整,位于南汇的原江苏第16劳改队、松江的原江苏第17劳改队和青浦的原江苏第24劳改队于1959年初划归上海,分别组建为上海第二、第十、第六劳改队(青东农场),对上海的劳改工作增添活力。②1964年12月,劳改处升格为上海市公安局劳改局。同年位于苏北的上海农场停止收押犯人,改为安置刑满留场人员的场所。根据上级布置,1965年7月上旬和11月下旬,上海第一劳改队的部分设备连同290多名干警、部分留厂就业人员、犯人,另携带家属38户120人分批搬迁至青海省西宁市,成立上海市西宁劳改支队(又名青沪机床厂,1970年1月1日起划归青海)。

三、"十年浩劫"遭破坏,不忘大业作贡献

(一) 对劳改工作的干扰破坏

1966年5月"文化大革命"开始,上海监狱工作遭到严重的干扰破坏,各级行政机构被打乱,干警遭批斗,正常的工作秩序被打乱。1967年3月初,位于长阳路的劳改局机关和提篮桥监狱、监狱医院、劳改三队4个单位首先实行军事管制(简称军管),取代行政领导权。次年1月,上海劳改局位于上海市区及外地农场的各单位全部实行军管,这对稳定劳改工作起到了积极作用,但也带来了消极后果。8月,少管所被撤销,除60多名少年犯移押军天湖农场外,大部分违法、犯罪少年释放回家,其场所被上海有关部门关押审查革命老干部和文艺界人士。在"彻底砸烂公检法"的口号下,全盘否定劳改工作,对干警无端怀疑,捕风捉影,诬蔑各单位"深山密林藏老虎,池小水浅王八多",干警"没有政治问题就有经济问题,没有经济问题就有生活问题,没有生活问题就有思想问题"。甚至捕风捉影,把农场干警职工住房前后晾晒衣服的电线铅丝怀疑是向敌特机关发报用的天线。其间,上海监狱系统许多干警受到批判、审查,其中被迫害致死62人。③1970年6月,劳改局198名干警(其中女性32名;中共党员57名),以"战高温"的名义下放41家工厂劳动(截至1986年11月底调回劳改局的有148名)。1967年11月—1969年11月,在白茅岭农场炮制了所谓"中统局上海调查室皖

---

① 上海通志编纂委员会编:《上海通志》第2册,上海人民出版社、上海社会科学院出版社2005年版,第1205页。
② 王明迪、郭建安主编:《岁月铭记,新中国监狱工作50年》,法律出版社2000年版,第133页。
③ 王明迪、郭建安主编:《岁月铭记,新中国监狱工作50年》,法律出版社2000年版,第133—134页。

南小组"假案,涉及农场干部85人,家属子女及外单位计115人。在极"左"路线干扰下,犯人中也形成一些冤假错案,如"社会民主党"反革命集团假案,涉及180多名犯人。还有北大女学生林昭,1958年错划为右派,1965年以反革命罪判刑20年,1968年4月被市军管会判处死刑(1980年8月平反昭雪)。①

1971年"九一三"事件后,上海市革委会抽调部分部队和地方干部,以市委联络员的身份进驻公检法,劳改局成立了市公检法临时领导小组。次年12月,改由联络员、军代表和劳改局干部三方人员组成党的核心小组领导全面工作。1973年11月召开劳改局第一届党代会,产生劳改局首届党委及常委,自此,原"军管"印信停用,恢复使用"上海市劳改局"名称,但不设行政负责人,由党委书记主持全面工作,实行党的"一元化"领导。1974年12月,根据中央"实行群众专政"的指示,80名男犯从提篮桥监狱调押沪东造船厂关押,由该厂民兵组织管理教育,进行"开门改造";1975年2月和8月,又组织90名女犯和100名男犯分别调押上棉十二厂和中华造船厂,由厂民兵组织管理教育进行"开门改造"。这三家工厂的"管教队",不经任何法律手续,可以宣布将犯人释放回原单位劳动及定期"探亲",无视劳改工作法规,破坏社会主义法制。1977年初,以上犯人全部收监整顿。②

(二) 坚守岗位,努力工作

"文化大革命"中,监狱工作受到严重的干扰破坏,但是广大干警坚守工作岗位,在监管改造方面做了大量工作,犯人改造秩序相对稳定。除了1966年9月—1971年11月提篮桥监狱暂停对外开放外,从1971年12月起一直坚持对外开放,接待外宾参观。1972年9月,恢复少管所建制,并收押少年犯及收容少年教养人员。1973年5月,贯彻落实毛泽东主席关于"废除法西斯式的审查方式"的批示及周恩来总理的有关指示,以提篮桥监狱为试点单位,抽调人员开展工作并向犯人公布。历时50天后,在全局各单位贯彻落实,在犯人中引起强烈反响。1975年9月,经上海市高级人民法院裁定,对1962年间受台湾当局派遣窜犯大陆而被逮捕判刑的46名武装特务(包括已经刑满留场的8人)宽大释放。1976年2月,根据市高级人民法院的裁定,对在押的70名因犯反革命罪被判刑的国民党县团级以上党政军特人员全部释放。在此期间还调整全局犯人关押布局,1973年起,确定位于皖南的白茅岭、军天湖农场均由原主要收押劳教人员的场所改为主要收押犯人。1967—1975年,上海还向青海、江西等地调犯。

---

① 许觉民:《林昭,不再被遗忘》,长江文艺出版社2000年版,第3—8页。
② 徐家俊:《上海监狱的前世今生》,上海社会科学院出版社2015年版,第9页。

"十年动乱"期间,广大监狱干警在极端困难条件下,绝大多数同志坚守岗位,努力工作,同时客观上也由于各单位实行军管,狱内改造秩序相对稳定,没有发生大的破坏事故,监狱生产持续发展,工业上缴利润逐年递增。不少工业产品还填补了国内空白,如:上海第一劳改队于1969年试制成功了1 000吨磨擦压力机,上海第四劳改队于1970年试制成功供第二汽车厂专用NTC型的三种自动电焊机,1971年又成功了用于打捞日本沉船"阿波丸"号GSS-800溶化极深水切割机,受到公安部、交通部的奖励。①

四、探索改革走新路,创新实践不停步

(一) 在短期的震荡中前进

在清查"四人帮"余毒情况下,1978年3月,劳改局恢复行政领导体制。党的十一届三中全会以后,上海的监狱工作进入调整转折阶段,进行"揭批查",平反冤假错案,落实政策,拨乱反正,大部分下放战高温的干警返回监狱。组成劳改局临时党委开展工作,1980年召开局党代会,成立劳改局党委,健全组织领导班子,并同时设立"上海市申江总公司",统一全局企业生产。

随着政策调整,犯人刑满释放后一律不戴"帽子",不再留场就业,可回户籍所在地。当时一些犯人错估形势,对抗管教,部分单位一度改造秩序不稳定,甚至发生哄监闹监等恶性事故,个别农场不少犯人脱逃,严重影响改造秩序,对此,农场和局机关设有"追捕组"。同时,监狱押犯一度猛增,文盲、法盲、流氓的增多,改造难度增大,监狱警力不足。随着市场经济的建立,案件复查平反,技术力量流失,劳改经济效益出现下降。面对新形势、新情况、新问题,借助于"全国八劳会议"的召开和《监狱、劳改队管教工作细则》颁布试行,1982年3月,上海召开第九次劳改工作会议,市公安局、劳改局分别派出工作组进驻部分问题比较突出的单位,组建新的领导班子,整顿劳改场所,采取措施稳定改造秩序;市委动员各行业400多名干部暂借劳改局去农场帮助工作,大胆提拔启用干部,充实干警力量,先后从转业退伍军人和教育部门中吸收干部,仅1983年内充实干警1 530人;加强干警培训,抓好队伍建设,鼓励干警参加各类高等教育自学考试,在干警队伍中,试行体制、劳动人事、分配制度的改革;邀请专家学者,举办"新观念、新知识、新学科"的"三新"讲座,一年内有7 000多人次听讲;组织各类培训。根据办"特殊学校"的要求,落实文明管理的八项要求,向犯人宣讲党的劳改工作方针政策,对犯人既教育感化,又严格要求,对狱内犯罪行为给予打击,人民法院及时

---

① 王明迪、郭建安主编:《岁月铭记,新中国监狱工作50年》,法律出版社2000年版,第135页。

召开加减刑大会,对一大批认罪服法、踏实改造的犯人给予减刑、假释,对抗拒改造、违法犯罪的犯人依法加刑,及时兑现政策。召开上海市第二次劳改积极分子代表大会,调动犯人改造积极性,统一囚衣式样、颜色,停止使用原来的黑色囚衣。依靠社会力量进行综合治理,上海市委、市政府、人大、政协领导,市总工会、团市委,各街道,艺术家、音乐家、作家、劳动模范、刑释新人、犯人家属等各界人士先后到监狱向犯人进行多种形式的教育。

市总工会、青浦监狱帮教协会签字仪式

(二) 监狱体制的改革

1983年7月,上海劳改、劳教工作整建制由市公安局划归市司法局领导。公安、司法两局举行隆重的交接暨迎送大会,移交时劳改局共有干警4 000多人。1985年起,劳改局进行行政体制改革,首先在劳改七支队试行支队长负责制,1987年在监狱及各劳改队全面铺开,实行监狱长(支队长)负责制;大队实行大队长负责制;在干警的各工作岗位上试行聘任制、考任制、试行竞争上岗,推行工作目标任期。同时,下放干部的审批权限,引进竞争机制,促进深化改革。其间还分别召开劳改局的第二、第三次党代会,选举产生第二、第三届党委,进一步完善党的组织建设。1983年10月,局机关内设机构列为副处级(1989年9月升格为正处级)。根据实际工作的发展,劳改局相继新成立多家单位,如劳改警官学校、华夏宾馆、招待所等,各单位的行政级别也有所提高。1987年12月,经上海编委审定批准,劳改局所属的21个基层单位,相当于处级的13个、相当于副处级的5个,科级的3个。①1993年10月,上海确立上海监所布局的基本框架,即把犯人、劳教的关押、收容重点从皖南、苏北逐步转移到上海市区;皖南、苏北的四所劳改、劳教农场作为关押犯人、劳教人员的"蓄水池"。1994年5月,上海市劳改局定为正局级单位,同年12月,《监狱法》颁布实施。根据刑罚执行和行政处罚分开的原则,1995年5月,劳改局更名为上海市监狱管理局(以下简称监狱局),同时撤销劳改局劳教处,组建上海市劳教局,隶属上海市司法局。②各劳改支队、总队,统一更名为监狱,监狱名称大多以监狱所在地的地名命名。同时,结合监狱布局调整,新建、扩建了部分监狱,如:现代化的青浦监狱1994年9月启用,新建的校园式的少管所于1996年6月在松江泗泾启用,同年10月女子监狱在松江泗泾启用,成为上海解放以来第一个独立建制的女子监狱;1997年1月新收犯监狱组建启用;1998年12月宝山监狱在宝山罗南启用;北新泾、周浦、五角场监狱先后扩建,改善监管设施,增加押犯容量,上海监所布局更趋合理。据统计,从1995—2005年全局布局调整共投入资金5.2亿元,总建筑面积34.7万平方米。1998年10月,军天湖监狱划出26.5平方公里土地支持安徽省宁国港口湾水库建设,用于安置安徽移民1万人。

上海市监狱管理局挂牌

1998年1月起,监狱局在周浦监狱施行监企分离,将平板玻璃厂从周浦监狱分离,成为两家独立单位。在政法机关不再从事经商活动后,至1999年10月监狱局撤销企业115家(其中归并企业26家),移交企业108家,保留企业28家,并妥善安置1045名职工。③

---

① 司法部监狱管理局:《当代中国监狱概览(地方卷·上)》,法律出版社2000年版,第244页。
② 《市劳改局更名市劳教局成立》,《文汇报》1995年5月27日。
③ 麦林华、胡军、刘怀宝、戴卫东主编:《上海市志·公安司法分志·监狱卷(1978—2010)》,上海人民出版社2020年版,第36页。

(三) 改造工作上层次

1983年开始"严打"活动,上海先后向新疆、青海、宁夏、辽宁、湖南、贵州、江西等调犯,狠刹犯人中反改造歪风,犯人脱逃率大幅度下降,改造秩序日趋稳定。1984年4月,市中级人民法院在军天湖召开公判大会,判处在狱内组织流氓集团,持械聚众殴斗的团伙案首犯5人死刑,执行枪决。1985年8月,上海市中级人民法院在提篮桥监狱礼堂开庭,依法对15名在劳改、劳教期间继续犯罪的罪犯和劳教人员公开宣判,其中14名被判处死刑。①

宣判大会

上海监狱工作抓住全国"严打"的历史机遇,积极探索改革上海监狱工作。一手抓严打严管,如狠刹反改造歪风,严厉惩处一批狱内继续犯罪的犯人,将牢头狱霸、反改造分子调押新疆、青海改造,犯人脱逃率大幅度下降;一手抓教育感化,如创办特殊学校,建立犯人政治、文化、技术教育制度,成立申江文化技术总校,各劳改单位成立分校,组织犯人参加文化(技术)考试,成绩合格获文凭(证书),获教育、劳动部门的认可。狱政管理贯彻依法、严格、文明、科学管理四项原则,推行规范化管理;改进对犯人的考核,实行改造、生产百分考核制;推行分类关押、分级管理、分类施教。组织犯人开展"告别昨天"的汇报演讲,举办"希望之声"的文艺会演;加大社会帮教力度,推行改造工作的向前、向外、向后延伸(简称"三个延伸")。在中山公园举办"上海劳改劳教工作展览",以图片、实物、模型、图表,向社会展示新中国成立35年来,特别是党的十一届三中全会以来,上海劳

---

① 麦林华主编:《上海监狱志》,上海社会科学院出版社2003年版,第59、61页。

改劳教的工作成果,观众达 22.2 万人次。

在工作中改革创新,出现了许多"新鲜事",如:在劳改七支队押犯人及提篮桥监狱刑满释放的新人分别回监狱举行婚礼,劳改一支队向犯人家属送红包(劳动奖金),干警、犯人、犯人亲属一起吃年夜饭。各监狱、劳改队编印《劳改报》《新生报》,组织犯人参加文艺演出队,其中较有影响的有提篮桥监狱的新岸艺术团、少管所的回春艺术团,他们还多次到工厂、学校、社会团体和剧场进行演出。其中,新岸艺术团自编自演自导的七幕沪剧《路,就在脚下》,曾在市政府礼堂公演;与深圳影业公司联合拍摄与电影《少年犯》,并选择 5 名犯罪少年参与拍摄,有的还担任了主要角色,一少年犯参与了该片中的主题歌谱写,影片公演后得到社会认可,获得电影"百花奖"。①

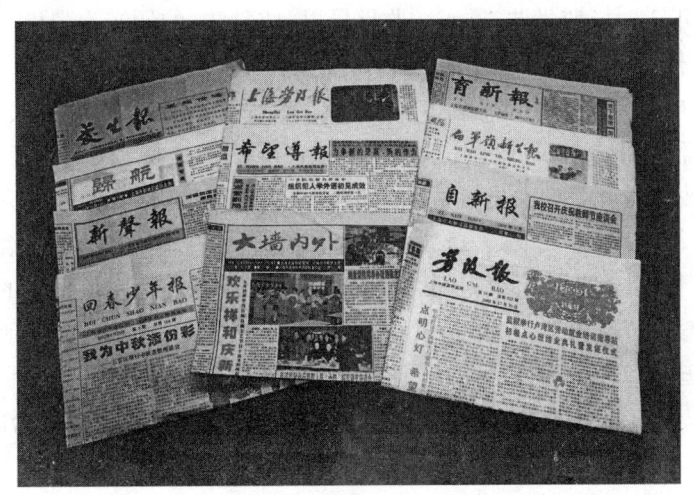

改革开放后上海监狱系统编印主要供犯人投稿阅读的部分小报

针对监狱押犯构成发生的变化,在外省市籍犯人、长刑犯、短刑犯、暴力犯、涉毒犯增加的情况下,上海各监狱严格依法管理,讲求文明、公正执法,加大教育、监督力度,严格按照法律和制度办事。向社会公布纪检、监察举报电话,开设"希望热线"咨询电话②,增加执法透明度;在监所内设立"监狱长信箱"③,实行犯人减刑、假释、监外执行等公示制度,实行狱务公开,聘请社会监督员,主动接受社会监督。为了营造严肃、健康、积极向上的改造环境,20 世纪 80 年代末,上海监狱系统在全国范围内首次提出"监区文化""科学认识犯人"等理念,提出"开发

---

① 《"少年犯"创四个第一》,《人民日报》(海外版)1985 年 12 月 11 日。
② 《播洒希望的热线》,《文汇报》1991 年 11 月 20 日;《希望热线电话开通》,《法制日报》1991 年 11 月 22 日。
③ 《大墙内的知心信箱》,《新民晚报》1991 年 6 月 2 日。

犯人智力库",引导、鼓励犯人发挥智力和才能,为经济建设服务。①上海监狱系统先后有几十项犯人的发明成果获得国家专利。1993年以后,犯人的创造发明,先后在"星火杯"创造发明竞赛、全国发明展览、上海科学技术博览会、上海市优秀发明等各类活动中获得多项金、银、铜牌奖。②各监狱逐步形成尊重知识、尊重人才、尊重科技,努力学习文化、科学技术的良好氛围。依靠社会力量进行综合治理,首创"一帮一"的志愿帮教工作者队伍,采取各种形式搞好犯人改造的综合治理。在新形势下,少管所对个别少年犯分别实行出所试工、试学;女子监狱还对个别女犯试行半监禁刑罚执行的探索。司法部在上海召开了几次重要的会议,如1989年7月的"全国监管改造工作会议"、1990年10月的华东地区第二次女犯工作会议。

1994年12月《监狱法》颁布。监狱局以《监狱法》的颁布为契机,开展《监狱法》学习宣传月活动,组织局《监狱法》讲师团,对全体犯人巡回讲课,举办知识竞赛,与上海电视台联合录制节目宣传《监狱法》,并把贯彻执行《监狱法》与创建现代化文明监狱相结合,与加强基础工作相结合,积极组织开展帮教活动,借助于社会力量改造教育服刑人员。帮教力量涉及党政机关、社会团体、部队学校、乡镇街道、英雄模范、犯人亲属、帮教志愿者等,他们通过演讲规劝、文艺演出、法律援助、签订帮教协议,或组织犯人外出参观等,使犯人受到生动、形象的形势政策和前途教育。监狱局多座监狱被命名为(司法)部级和市级现代化文明监狱。上海还在全国施行社区矫正活动。积极做好外宣工作,与上海科教电影制片厂联合拍摄9集电视专题片《上海监狱纪实》,局领导在上海人民广播电台的《法庭内外》节目中,作了近1小时的直播。1995年3月青浦监狱定为对外开放单位,5月首次接待外宾参观。③1996年1月监狱局正式启用狱政信息计算机管理系统,终止长期以来手工操作的方法。自1997年以来,上海监狱系统实现无罪犯脱逃的目标。女子监狱于1997年5月也列为对外开放单位。

20世纪80年代起,监狱局生产发展为具有较高水准的有机械、冶金、建材等五大门类33个品种,钢管、轴承、平板玻璃等成为上海市及全国的名优产品。农业经济,特别是茶叶生产逐步发展为农场经济的重要经济来源。90年代白茅岭、军天湖农场犯人转入狱内劳务加工。1994年后,市区各监狱犯人劳动也大都从事各类劳务加工,项目有缝纫、编织、服装、箱包、玉石雕刻等,门类众多。

---

① 《大墙内智力库结出可喜成果》,《新民晚报》1993年7月5日。
② 《大墙里冒出科技人才》,《新民晚报》1995年12月12日。
③ 《青浦监狱接待外国记者》,《法制日报》1995年5月21日。

(四）干部队伍建设

多年来，上海监狱系统的干警来源比较单一，以转业、复员退伍军人及农场子弟提干等为主，1984年4月，经市政府批准建立劳改警校，公开向社会招生，定向培养劳改干部。①从20世纪80年代末、90年代初开始，上海监狱系统在干警中大力弘扬"燃烧自己、照亮别人"的红烛精神、通过多种形式宣传表彰先进集体与先进个人。还组织作家赴皖南农场采风，讴歌"红烛精神"采写《红烛之光》在上海人民广播电台连播。②1992年9月，上海监狱干警首次评定警衔，警衔分为五等13级。1993年3月23日在上海展览中心举行首批授衔仪式，市领导出席。③1995年起监狱干警列入国家公务员序列，参加公务员培训及考核。公开向社会招收干部，多种形式拓宽进出途径，吸收充实大批干警，干警的文化水平有很大提高。同年9月1日起，上海监狱系统干警统一佩戴臂章与警号。1997年5月上海市监狱人民警察首届"阅兵式"在司法警官学校举行。由各监狱及局机关700多名干警组成的13支方队接受检阅。1998年6月监狱局开展管教岗位练兵、比武活动。多年来，上海监狱系统坚持从严治警。对干警队伍建设实行一系列改革，加强干警的教育管理，建立了培训、激励、监督和考核、责任追究等机制；强化职业道德教育，大力弘扬新时期"红烛"精神；开展"外塑形象，内强素质"和监狱干警基本素质教育，使干警的政治和业务素质不断提高，保障文明、公正执法。监狱系统涌现出不少劳动模范、劳模集体和先进个人、先进集体，受到上级的表彰。

上海市监狱局红烛表彰大会

---

① 《劳改工作学校成立并开学》，《上海法制报》1984年9月24日。
② 《上海一批作家讴歌"红烛精神"》，《新民晚报》1990年10月26日；《上海作家采写"红烛之光"》，《每周广播电视报》1990年12月29日。
③ 《本市"两劳"系统警察昨授衔》，《文汇报》1993年9月24日。

(五) 探索理论研究,挖掘历史文化

1984年7月,上海在全国监狱系统率先成立上海犯罪改造研究所,同年12月,成立犯罪改造学学会①(后改名为上海市监狱学会),初步组建工作机构和专业队伍,形成群众性的科研活动。创办全国监狱系统定期出版的第一份月刊《劳改劳教工作通讯》,于1995年与《劳改理论与实践》合并,更名为《上海警苑》。多年来,上海监狱系统编撰出版了不少著作,其中有关监狱理论研究、大墙文学、史志及画册等,还组织人员参与编写《新中国监狱工作五十年》。针对提篮桥监狱历史长、文化积淀厚重的优势,借助于编修地方志的大气候,通过查阅档案、报刊图书,走访老人,挖掘抗战胜利后提篮桥曾有日本战犯几百名在狱中被关押,48人被审判,20人被处决(其中绞刑6人、枪决14人);以及27名德国纳粹战犯在狱中受到审判等重要资料,提出"提篮桥监狱是抗战胜利后中国境内第一个审判日本战犯场所"的论断,经上海市政府批准,提篮桥监狱于1997年8月立为"上海市抗战纪念地点"。②1997年开始,以"立足上海,辐射全国"为定位,筹办"上海监狱陈列馆",通过实物、图片、场景等形式来反映监狱工作的历史和现状。1999年12月,上海监狱陈列馆开馆,展区面积2 800平方米,系国内第一个省级的监狱博物馆(陈列馆)。③2014年9月,经党中央、国务院批准,上海监狱陈列馆被列为第一批国家级抗战纪念设施、遗址。

四、新世纪、新气象、新步伐、新发展

(一) 监狱体制的深入改革

21世纪来临后,上海监狱系统进一步完善监狱体制改革工作。恢复党委领导下的监狱长、政委分工负责制。2001年10月,距离上海320公里、270公里皖南白茅岭、军天湖新建中心监狱工程立项;11月,军天湖农场首先实行监狱党委领导下的监管改造、农场经济、社区管理适度分离的运行机制;次年9月,皖南两农场实行体制改革,监狱与社区分离,清理监狱办社会职能,监狱负责监管犯人,社区负责生产经营、货物运输、医院学校、公安局、居委会等,改变农场型监狱长期以来办社会、办企业的状况。2002年启动北新泾、五角场监狱监企适度分离。2003年起,上海被国务院列为监狱体制改革试点省市之一,按照"全额保障,监企分开,收支分开,规范运行"的要求开展各项工作。2006年起,上海监狱经费

---

① 《市犯罪改造学会成立》,《上海法制报》1984年12月24日。
② 《提篮桥监狱内日本战犯关押处等被列为上海市抗日纪念地》,《解放日报》1997年8月19日。
③ 《上海监狱陈列馆建成开放》,《监狱理论研究》2000年第2期。

实行全托底管理,全部纳入财政预算,给予全额保障;次年,全局将生产经营管理工作分离开来,组建国有独资申岳企业发展(集团)有限公司,以取代原申江公司。此后将监管改造与监狱生产分开,各监狱成为申岳公司所属的子公司,为改造犯人提供生产劳动场所和岗位,并与监狱收支彻底分开,强化和凸显监狱的改造职能。

2004年4月、9月,白茅岭、军天湖农场把分散在多个监区的犯人移押到新落成的现代化中心监狱。[1]2007年1月,少管所更名为未成年犯管教所。同年7月,位于浦东新区以收押老残病犯为主的南汇监狱启用,原位于长阳路的上海监狱总医院整体搬迁到南汇新址,总医院与南汇监狱处于一个院内。2013年4月,具有百年历史的提篮桥监狱被国务院批准核定为第七批全国重点文物保护单位。[2]2014年6月,地处江苏盐城市大丰区的上海市戒毒管理局第一、第二强制隔离戒毒所转划归监狱局,成立四岔河监狱、吴家洼监狱。2016年5月,局机关从长阳路搬迁到建国西路司法行政办公大楼办公,改善了办公条件。2017年4月,总面积达56平方公里的白茅岭、军天湖实行监(狱、农)场分离,两座监狱仍属监狱局,两个农场移交上海市光明集团管理,并注册成立上海市白茅岭农场有限公司。2019年年初,根据新一轮机构改革的要求,上海市监狱管理局的行政级别从正局级调整为副局级单位,华夏宾馆移交上海锦江集团。

(二)加强干部队伍建设

进入21世纪后,监狱局坚持从严治警,从优待警。对干警队伍建设实行一系列改革,加强干警的教育管理,提高干警的待遇及薪酬。2002年初评出监狱局第一批"首席"管教员,建立培训、激励、监督和考核、责任追究等机制;强化职业道德教育,大力弘扬新时期"红烛"精神;开展"外塑形象,内强素质"和监狱干警基本素质教育,对处级干部开展"三讲"教育,组织干警进行文明执法、公正执法教育,思想政治教育、文化教育等。做到干警"凡进必考",把好进人关;"逢晋必训",做好晋升关。探索改革监狱干部的任用,监狱局对45岁以下的干警公开报考部分副处领导职位,监狱公开报考部分科、大队级领导职位。对拟提任干部进行事前公示。对部分干部实行在司法、监狱、劳教(戒毒)三局之间、局机关与基层单位之间、基层与基层之间流动,分批组织干部去浦东新区各部门挂职锻炼。多年来,以解决干警住房为突破口,实施从优待警工作。2001年9月启动住房解困工程,至2005年年底,全局干警住房解困、改善总人数为1 716人,解

---

[1] 《监狱大迁移》,《青年报》2004年4月15日。
[2] 《杨树浦水厂提篮桥监狱成"国保"》,《东方早报》2013年5月4日。

困、改善总资金1.395亿元。2008年6月起,将干警住房纳入市级机关解困范围,住房解困对象有4 810人。①2016年起实行公车使用改革,进一步规范公车使用。

2008年起,上海监狱开始构建以现代化警务机制为核心的监管改造体系,推进监狱警察正规化建设,实现警务活动规范化、信息化、集约化。在基层监狱试点并推行两级管理,改革原有的监狱、大队(监区)、中队(分监区)三级管理体制,减少管理层级,试行"警长制",提高管理效率。传承弘扬新时期上海监狱系统"红烛"精神,近年来先后举办"同擎共举 匠心红烛"——首届上海监狱系统"十佳红烛团队"颁奖典礼;"初心筑梦,扬帆征程,纪念上海监狱红烛精神凝练传承30周年活动"。监狱局涌现出不少先进集体、先进个人,监狱局评出首届"十佳杰出青年""十大感动人物";提篮桥严观愿、未管所胡静雅、新收犯监狱周盟分别荣获第一、五、七届上海十大"平安英雄",受到市委、市政府领导的接见。2019年1月30日,司法部举行全国司法行政系统表彰大会,上海监狱局有15个集体、43位个人受到表彰。上海监狱系统历年来重视人才的吸收与引进,如2015年5月,由局党委书正副记带队到北京大学、浙江大学、武汉大学等名校开展新警招录推介。管理局干警队伍逐步年轻化、知识化,如2018年年底全局大专及以上的占97.6%,全局35岁以下的干警占总人数的一半以上。近年上海派出部分干部赴新疆喀什、牌楼监狱参加援疆工作。2008年上海监狱系统干警、职工向四川汶川地震灾区捐款255.4万元,捐衣被14 500多件;2010年向青海玉树灾区捐款41万元。

(三) 狱政管理、教育改造谱新篇

上海是改革开放的前沿阵地,依照上海建设五个中心(国际经济、金融、航运、贸易中心和全球科技创新中心)排头兵、先行者的定位,上海监狱系统充分运用教育资源,外联内促,集中发力,盘活存量,扩大增量,激活潜能,高度聚焦教育改造社会化,进一步凸显开放大学普晟分校的平台作用,全面加强信息化建设,运用大数据管理,完善局指挥中心、政务外网、业务内网,数据库建设,信息化平台。2002年,上海在全国率先探索非监禁刑执行方式,截至2018年11月30日,上海全市16个区累计接收纳管社区服刑人员13 577人,再犯率为0.14%,其中徐汇、长宁、杨浦、虹口、宝山、崇明六个区实现零再犯。②

---

① 麦林华、胡军等主编:《上海市志·公安司法分志·监狱卷(1978—2010)》,上海人民出版社2020年版,第11页。
② 《法制日报》2018年12月29日。

多年来,在犯人中开展诗歌创作活动、读书活动,开设犯人图书馆、图书室,为他们提供良好的学习条件,定期邀请新华书店到监狱流动服务,邀请作家、艺术家、知名人士前来监狱开展各项活动。监狱局长期在犯人中开展"习美"活动,举办"习美"展览,并在上海美术馆举办"上海服刑人员书画展"。提篮桥监狱从15年来犯人创作的5 000多首诗歌中选出100多首佳作,出版了《罪魂与诗神》一书,时任中共上海市委书记刘云耕为之作序。①部分监狱举办社会"开放日"活动。②2004年,提出实施犯人教育改造"595工程"(即犯人释放时改好率、普法合格率、心理健康普及率、文化和技术教育获证率五项指标都达到95%)。2009年起,全面组织实行犯人5+1+1模式,即犯人每周劳动改造5天、集中教育1天、休息1天。③2012年7月起,上海试点开设"监狱大学"让服刑人员接受远程大学教育。④近年来,上海监狱系统围绕科学发展,依法治监的主题,锁定建设平安、法治、现代化监狱目标,努力推动上海监狱工作走在全国前列。2012年8月,上海监狱系统在军天湖监狱举行上海最大规模、科技应用最广的应用联动大综合演习。标志着上海监狱应急处置和危机管理已由原来的单兵作战向整体联动,从平面防御向立体防范转变。⑤2016年3月起,监狱局启动新收罪犯部分体检项目社会化工作;7月成立"艾滋病罪犯专管监区"。当前,上海监狱系统切实落实"坚守安全底线,践行改造宗旨"的工作思路,聚焦聚心聚力,统筹推进以政治改造为统领的"五大改造",激发创造动力,打造改造品牌,努力建设世界最安全的监狱和全国改造质量最好的监狱之一。

21世纪来,上海面临外省籍犯多、病犯多、危安犯多、女犯多、短刑犯多,犯人维权意识强烈等新情况,在汶川大地震、世博会、奥运会、中华人民共和国成立60和70周年、G20峰会、进博会安保等国内、国际外重大事件和活动中,没有发生重大问题,保持了监狱持续安全稳定,为维护国家安全和社会大局的稳定做出了贡献。上海监狱系统还与外省市监狱联手推进服刑人员社会帮教活动。⑥为进一步规范监狱警官与服刑人员家属联系沟通的渠道,上海有的监狱建立推行《服刑人员家属联系卡》制度。⑦2014年年底首次启用电子脚镣监管假释犯。⑧根据司法部安排,上海向新疆、新疆兵团、黑龙江、辽宁、重庆、湖南、安

---

① 《大墙内开出诗歌奇葩》,《文汇报》2004年12月16日。
② 《宝山监狱举行社会"开放日"活动》,《解放日报》2004年3月26日。
③ 《上海监狱系统推行"5+1+1"教育管理模式》,《法制日报》2009年11月17日。
④ 《上海服刑人员可接受远程大学教育》,《上海商报》2012年7月12日。
⑤ 《地空全体化防范恰似天罗地网》,《劳动报》2012年8月31日。
⑥ 《沪赣联手推进服刑人员社会帮教》,《法制日报》2013年8月15日。
⑦ 《青浦监狱新推"家属联系卡"》,《青年报》2005年5月26日。
⑧ 《上海启用电子脚镣监管假释犯》,《新闻晨报》2014年12月19日。

徽、江西等地调犯。2015年8月,在纪念抗日战争胜利70周年的时候,上海监狱系统对若干名符合特赦条件的犯人严格执行特赦;2019年新中国成立70周年的时候,上海监狱系统对符合特赦条件的若干名犯人予以特赦。同时运用高科技手段做好监管工作。监狱对犯人的减刑、假释、保外就医(简称减、假、保)进行公示;通过电视、报刊、电台等媒体,积极做好对外宣传工作;坚持狱务公开制度,自觉接受社会监督。2008年5月,上海监狱15 500多名服刑人员向四川汶川地震灾区自发捐款51.8万余元。

(四)科研活动更上一层楼

上海监狱系统科研工作紧扣形势任务、热点难题;紧扣重点课题、重点任务;紧扣调查研究、实证研讨;紧扣强化组织保障。多年来在犯人的心理矫治、教育改造、监狱文化、老残病犯管理等方面作出不少探索与研究,如2003年研发《上海市监狱管理局罪犯风险需求评估调查表》,2004年开通"上海监狱"门户网站。多年来,中国监狱工作协会有关专业委员会及华东地区、长三角地区多次在上海召开理论研究会。广大干警联系工作实践,撰写了不少论文、调查报告,先后在司法部监狱局、中国监狱工作协会各专业委员会、华东地区监狱理论研究活动中获奖,在《中国监狱学刊》《犯罪与改造研究》等刊物上发表。其中一篇论文被中国人民大学《复印报刊资料·法学系列》中的《刑事法学》2016年第10期全文转载。21世纪以来,上海监狱系统编撰出版了许多专著,其中理论研究类有《论上

上海监狱系统干警及作家编写公开出版的部分图书

海监狱工作》(共计8辑)、《人格改造论》《拥抱监狱工作》《矫正与康复》《论监狱功能的边界》《丛棘岛映像:越轨行为在监禁社会的表现与规制》等;史志类有《上海监狱志》《上海市志·公安司法分志·监狱卷(1978—2000)》《上海监狱年鉴》(截至2021年3月共计16本)、《提篮桥监狱》《旧监狱寻踪》《上海监狱的前世今生》《我所知道的新中国监狱工作》等;翻译类的有《美国联邦监狱局工作透视》《国际监狱改革与管理概况》等;法制文学类有《走进高墙》《情浓高墙》《临刑女犯的遗言》《面直囚徒》《栅栏中的灵魂》《大墙内鲜为人知的故事》《阴谋中的新娘》等。2010年8月,司法部预防犯罪研究所上海市南汇监狱科研基地揭牌,并开展有关活动。多年来上海监狱学会经常与上海政法学院等单位联手开展科研活动,并不定期举办学术沙龙等活动。

案件追踪

上海租界洋人行凶案

1921年8月3日上午,位于上海市中心的厦门路监狱对一名在押的锡兰籍(今称斯里兰卡)的杀人犯执行绞刑。①绞刑执行完毕后,随即把此人埋葬在监狱的空地里。那么,当时为什么要对他执行绞刑?他究竟犯了什么弥天大案?事情还得从头说起。

枪声,在商铺里响起

虹口四川北路是上海的一条商业街,它与南京路、淮海路并称为上海的三大商业街,高楼林立,商品琳琅满目。早在20世纪初,四川北路称为北四川路。四川路商界联合会会长刘子荣在北四川路284号开设一家百货商号名为"致远洋货号",经营各式物品,开业多年,店内聘用两名伙记(店员),分别是广东人杨镜泉,上海浦东人乔秀歧,还有一名学徒工凌全根。

1921年6月4日(星期天)"致远洋货号"来了一位外国男子,他来自东南亚的岛国锡兰(当时为印度的附属国)叫彼得,面孔黑黝黝,中等身材,30岁出头。他对店员乔秀歧说,前几天上星期五我在这里买了一瓶香水,回去后打开香水,一闻感到香水不纯正,有点刺鼻,我想调换一瓶。乔秀歧说,欢迎先生来我店购买物品,如果有些物品买后,感到不称心是可以调换的,但是香水等化妆品售后是不能调换的,而且你这瓶香水已经开了瓶,那更不能调换了,况且一瓶香水也值不了什么钱,用完以后,再来购买一瓶你所称心满意的香水好了,我一定优惠。锡兰人彼得听后无话可说,把香水放在柜上气呼呼地走了。

隔了不久,彼得第二次来到"致远洋货号"的店堂内。他又气呼呼地询问香水到底可换调否?当又一次遭到店员乔秀歧的婉言拒绝后,彼得从怀中拔出勃朗宁手枪,对准乔秀歧近距离连开两枪,第一枪击中乔秀歧的右胸,子弹由肋穿背而出;第二枪击中店员杨镜泉的头部,乔秀歧和杨镜泉两人都中枪倒地。这时店内还有一名学徒工凌全根,虽然身材矮小但十分机灵,见势不妙,连忙转身离

---

① 《致远号命案凶犯今日行刑》,《申报》1921年8月3日。

开店铺,朝四川路上飞奔跑。这个行凶的锡兰人彼得,眼睛通红,杀气腾腾,赶快追赶出外,对准凌全根又开了一枪,但未击中。这时这起"开枪案"引起北四川路上众多居民和商号的注意。"致远洋货号"斜对面的联号贸生利店的几位店听到枪声,立即向巡捕房报警,一面将行凶人彼得包围起来。与此同时,在路上巡视的"第979号"华籍巡捕也赶到现场把彼得当场抓获,旋即押往巡捕房,同时赶忙把受到枪击的杨镜泉和乔秀歧送往上海同仁医院抢救。由于杨镜泉被子弹击中头部,在送往医院前已一命呜呼,而乔秀歧被子弹击中胸部,没多久也身亡殒命。

彼得,引起商界同仁众怒

1921年6月4日,在上海中心北四川路商铺内发生一名外国人枪杀两名中国人案以后,在上海市民及商业界立即掀起轩然大波。北四川路商会立即召开紧急会议,到会者有50余人,会议首先向各会员通报"致远洋货号"案发经过,大家一致认为这起枪击案起因简单,一瓶香水,酿成悲剧,枪杀两名华人。商店内什么物品可退换,什么物品不能退换,商业圈约定俗成,有一套行规。我们商界人士一定要维护自身的合法权利。会后他们向上海各商会发出了280封通告,联合商界开展活动。6月6日下午,毗邻北四川路的"天潼福德路联合会"首先组织人员开会,到会者经研究提出3条主张:(1)上海租界内不少外国人置有手枪,租界当局应予管理,取缔枪支;(2)要严惩杀人凶手;(3)杀人凶手逃离现场后,店员刘裕华奋力追赶,但是313号印度巡捕,不但不奋力缉捕凶犯,反而推出刘裕华,放纵凶手脱逃,印度巡捕严重失职,应对其革职并予惩处。

上海市中心的山东路商会,也于6月6日下午4点开会,汉口路商会下午3点召开紧急会议,会上大家呼吁,这起案例中反映出租界内外人藐视华人,吾人经商此处危险万分,若不速请交涉向领事团交流,设法保卫,以绝后患;工商友谊会也于6月6日晚上召开常委会,一个长者大声疾呼我们各商号店主再也不能"各扫自家门前雪,莫管他人瓦上霜"了。我们要联合起来,团结起来!"致远洋货号"伙友同仁被害,实为可悲,该店主应加以抚恤,并请各公团一致主张公理,严惩凶手。总之,这起凶杀案引起了上海市民,特别是商界人士的公愤,形成了严惩凶手的共识。当天上海的许多商会都行动起来,福建路商会、五马路商会、法租界商会、唐家湾联合会、北海路联合会、闸北商业公司、东北城联合会、西华德路联合会等的召开会议,申援北四川路商会的活动,声讨彼得杀人案犯。

出殡，轰动半个上海滩

6月12日下午，为"致远洋货号"杨镜泉、乔秀歧两人出殡安葬。全国工界协进会，同人异常哀悼。杨镜泉又属全国工界协进会会员，故对于此事展开紧急会议讨论办法，分头进行，与各团体联络一致对付，并贴出杨、乔两人举殡通告。6月12日虽属阴雨，而到会领取徽章前来吊唁者达数百人。其队伍的秩序如下："一、领导，二、国旗，三、横额，四、对旗，五、军乐，六、花圈，七、议学部，八、工艺部，九、演讲部，十、国技部。"

出殡情况颇为隆重，杨镜泉和乔秀歧两人的灵柩并放于一辆汽车之内，上复花圈。从北四川路口、海宁路口的广肇医院出发，送葬队伍不下数百人之多，各团体以及个人所选挽联等计有数百件，其文字大多是悲伤、悼念一类。杨、乔两人的家属各乘马车随棺后，哀声不辍。当送丧的队伍从北四川路、天潼路来到河南路桥堍时，山东路商界联合会代表手持会旗加入；当灵柩队伍由河南路至福州路泰东书局门首公祭后，又有南京路、福州路、福建路、浙江路、新闸路等商界联合会代表相率加入，该队伍不断扩大，沿着福州路西行至西藏路朝北穿越南京路时，某游戏场之露台上观者几无立足之地，旋灵柩由西藏路至新闸路，过新闸路迤逦至广肇山庄暂厝毕，送丧的人员才分别散去，各自回家。

凶犯，厦门路监狱处绞刑

锡兰人彼得用勃朗宁手枪杀害两名中国籍店员，在一片声讨声中，位于北浙江路上的公共租界会审公堂进行开庭审判，这是一件华洋之间的诉讼案。"致远洋货店"的老板刘子荣请来了律师，被害人乔秀歧的舅舅黄晋侨等人到场并做了证人。上海同仁医院的代表也出席了审庭，拿来杨镜泉、乔秀歧的死亡证书和医治病历卡。行凶者彼得现年32岁，在上海无固定职业，无固定的居住地点。在审讯时，他自知理亏，也放弃了聘请律师为其辩护的权利。在审庭中，行凶者彼得一直耷拉着脑袋对杀害两名中国人的罪行和经过始末供认不讳，经过法庭调查，彼得被判处死刑。上海商界商号同仁闻之消息，一致拍手称快。

杀死"致远洋货号"两名店员的凶手彼得于8月3日午夜8时，依照按察使之判决，在厦门路监狱内执行绞刑。厦门路监狱位于厦门路4号(今180号)，它的背面贴苏州河，监狱大门开厦门路上。这座监狱是上海公共租界里外国牢监的"老大哥"，建于清咸丰(1868年)，启用于1870年，其主楼是一幢2层高的建筑。在其左翼2楼建有一座绞刑房，它是按照西方的行刑方式，用绞刑处决死刑犯,面积不大的绞刑房主要由绞架、活动地板等组成。绞刑房中间有一个方孔,方孔两侧各有两块活动地板,地板合上与地板合为一体,活动地位放下,房间内就露出一个方孔,方孔下面就是位于1楼的停尸房。方孔的上方是一个绞架。

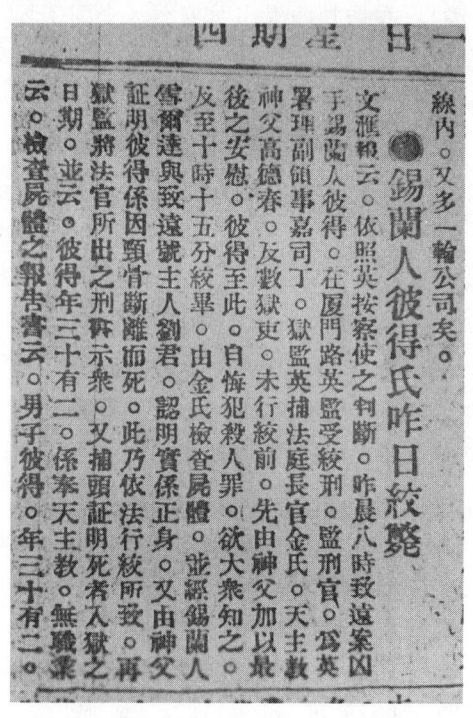

锡兰凶犯彼得绞决(剪报)

当天执行绞刑时,监刑官为英国驻沪领事馆副领事嘉司丁、英国巡捕房金检察官、天主教神父高德春,在场者还有监狱官葛思丁和多名看守。在正式执行绞刑前,监狱首先对彼得验明正身,询问其姓名、年龄、国籍,主要罪行,以确认其身份。一切检查无误后,由巡捕房检察官宣布对案犯彼得执行绞刑。正式执行前,天主教神父高德春主持了简短的宗教仪式,对彼得念念有词,嘱咐他到天堂后要听从上帝的安排,脱胎换骨,弃旧图新。信奉天主教的彼得也向神父表明自己知罪悔罪,并向杨、乔两位中国人的死亡表示沉痛哀悼,也许是人到临死,其言亦善;鸟到临死,其鸣也哀。此时,两名印度籍看守先用绳索把彼得双脚绑住,又用黑布大口袋把其整个头部罩住,再用绞架上的绳索扎紧其颈部。彼得站在活动地板上,随着监刑官嘉司丁的一声口令,绞刑的执行人闸门一推,"轰"的一声,活动地板向两侧分开,彼得双脚悬空,整个身体被颈中的绳索死死地吊挂在房顶的绞架上,瞬间窒息而亡。

为了显示执法的公正性,严防对死人的"调包",绞刑执行前,还将彼得的同乡锡兰人雪尔达、被害方"致远号"老板刘子荣一起到厦门路监狱的会客室内等候。上午10时15分,当绞刑执行结束后,由金检察官验尸,警方还把雪尔达、刘子荣也请到处决现场,让他们确认彼得的尸体;另外还请了法医到场证明对彼得依法行刑头骨绞断而亡。对以上情况及过程,均由法庭记录在案,并宣布对案犯彼得死刑执行终结。对彼得的尸体,安葬在厦门路监狱的空地里,地面踏平夯实,不留任何标记物。轰动一时的旧上海北四川路"致远号洋货店"枪击杀人案画上一个句号。

抗战胜利后反腐处决第一案

1946年10月15日,提篮桥监狱大门口挤满人群。随着吉普车和囚车驰出,一个死刑犯被绑赴刑场执行枪决。为什么一个人的枪决会惊动许多市民的关注?而且该案审判过程一波三折,从无罪——有期徒刑5年6个月——死刑,其变化幅度之大,让人不可思议。

此人叫姜公美,江苏徐州人,原名姜万麐(读音 lìn),又名姜美,曾用化名"蒋廷国",该名字与蒋经国太接近,所以很少使用。抗战胜利后改用"姜公美"这一大名。曾任上海宪兵队队长,抗战胜利后接管上海的第一人。他生于1913年,年幼虽然没有读过几年书,但能刻得一手好字。20世纪30年代,他凭此手艺,他来到十里洋场的上海滩,在老城厢及郑家木桥一带摆刻字摊。在生意场的江湖中接触到三教九流各色人等,其中就有国民党宪兵司令部特务处驻沪负责人方骥。1937年全面抗战爆发,上海、苏州、南京相继沦陷,国民党党政军不少单位撤离申城,而方骥领导的特务处奉命潜伏,因情报工作的需要经常使用各类图章,包括假名字、假公章,方骥经常找姜刻章,因此与姜公美相识,两人走得很近,并把姜吸收为助手。

姜公美在方骥的指导下,很快学会从事特务工作的基本技能,建立众多的人脉,并开始在上海打开局面。随后,方骥把姜公美推荐给重庆宪兵司令部特务处副处长魏持平,魏委任姜为中尉情报员。宪兵本来是军事警察,必须由军人担当,但是姜公美这个刻字摊主一出道就是中尉,也可窥见民国官场的丑陋。不久,姜公美被日本宪兵队押了一个多月,他在酷刑下变节,认敌为父,姜公美从此当起了双面间谍,一面为日本人做事;一面又为重庆提供情报,他脚踏两条船两头获利。后来方骥被汪伪特工杀害,姜公美接替方骥成为重庆驻上海情报组组长,并与重庆宪兵司令部建立了联系。由于姜的尽力服务,并提供不少有价值的情报资料,受到重庆上级的青睐。1944年7月姜公美被召到重庆受训,在山城住了近一年,并与重庆宪兵司令部总司令张镇及国民党原上海市党部主任吴绍澍建立了密切关系。

1945年日本投降的前夕,宪兵司令部委派姜公美随同吴绍澍等人回上海进行地下工作,7月中旬他们一行先转到东南沿海的福建,还没有到达上海,就接到日本投降的消息，宪兵司令张镇任命姜公美为宪兵司令部特派上海宪兵队队长，命他尽快赶到上海，组织接收事宜。姜公美一到上海就带了贵重礼品拜访原上海淞沪警备司令杨虎的夫人田淑君。并利用杨虎、田淑君等人，将一些伪警察、国民党地下工作者组织起来，接收了伪警察局的300多支手枪，拉起一支宪兵队伍。姜公美是抗战胜利后最早进入上海的接收大员，他大权在握，大肆地查封各类机关、团体、企业，并乘机假公济私，敲骨吸髓，鱼肉百姓。上海市民对姜公美恨之入骨。姜公美的所作所为，同时也遭到后来上海接收者的妒忌，得罪了不少权贵，为自己留下祸根。

祸根的发起是一辆豪车。该豪车据说是当时上海滩最高档的汽车，本来汽车的主人是汪精卫（又一说为上海某公司大佬、通敌嫌疑的专车），后被姜公美接收自用。淞沪警备司令部副司令李及兰看中了姜公美的豪车，要姜把该车低价转让给他，但是姜不肯脱手。李及兰系黄埔一期的毕业生、蒋介石的嫡系。在李看来上海宪兵队不过是他下属的单位，姜公美不识时务。但姜公美自视自己是上海滩接收的第一人，又有重庆宪兵总司令张镇和上海市党部主任吴绍澍为他撑腰，所以没把李及兰放在眼里。想不到由车及人，当年10月12日，上海市市长兼淞沪警备司令部司令钱大钧以反贪肃贪的名义，下令将姜下属的宪兵大队缴械，将姜公美缉拿归案，予以审理。重庆宪兵总司令张镇闻讯后，亲自打电话给钱大钧，宪兵队的问题应由宪兵总司令部审理，并派人从重庆来沪提人。再说，钱大钧与张镇过去都认识，于公于私，这点面子还是要给的。因此姜公美被押到重庆后没有审理，就被偷偷释放。该事被钱大钧获悉，十分恼火，就报告蒋介石。蒋立即下令将姜公美逮捕，押回上海交送淞沪警备司令部重新审理。随着审讯工作的深入，上海媒体上也披露了姜公美倚仗党国赋予的权力，胡作非为，贪污、隐匿财产，中饱私囊，涉及大量物资，诸如棉布、生丝、火柴、西药、肥皂、蜡烛、硫磺、橡胶、五金等，不胜枚举。

1946年2月7日，由警备司令部、陆军总部、军风纪巡察团和宪兵司令部联合组成特别法庭，对姜公美以贪污、渎职、侵占等3个罪名进行"四堂会审"；2月10日，继续会审。但审判长李申之少将曾两度宣布，因证据不足，判处姜公美无罪。一时公众哗然，民怨沸腾。当月16日，蒋介石看过钱大钧交送的有关姜公美的案卷，认为审判过于草率，下令重审。经过调查，改判姜公美有期徒刑5年6个月，押解提篮桥监狱执行。据《申报》等媒体报道，姜公美一案的法庭审判长原系李申之，后来调整为参谋长谭煜麟；军法处长曾昭贻、军法处课长杨鉴等人为审判官。4月1日上海部分媒体突然发布一条新闻"姜公美今日枪决"，一度让民众信以为真，但是经查，这是记者利用"愚人节"之际发布的一条假消息；但是该消息一见报，读者奔走相告，拍手称快，可见姜公美此人恶贯满盈；而一些有牵连的接收大员则万分惶恐,害怕自己有同样的下场。

抗战胜利后接收中的贪污腐败,"五子登科"(金子、房子、票子、车子、女子)就是最好的写照。国民政府最高当局最初不闻不问,甚至加以包庇,说这是共产党的"污蔑破坏"。然而"接收"已经成为"接收大员"的致富热点,丑闻不断。沦陷区内日伪巨产的归属没有明确规定,反正谁先贴上封条或者抢到手里就是谁的,乱象遍地,早已引起国人的愤慨,要求查办的呼声越来越高。国民政府的高层也认为接收工作的混乱黑暗已成为"政府最大之耻辱"。迫于舆论批评、指责的压力和接收工作的严重腐败问题,国民政府成立"接收处理敌伪物资清查团",分为若干小组分赴各地,上海、南京乃是重点,总要寻找几个典型人物开刀示众。其实"接收大员"中类似姜公美式的人员,数不胜数,蒙混过关者有之,案发后判二三年也有之,而姜公美则成为替罪羊,成为反腐活动中,被处决的第一人。因此有的报纸说,此案尚系收复区澄清吏治之第一声。大概因为劫收贪污成风,才不得不拍死个苍蝇以应付公众舆论。

姜公美执行枪决(剪报)

1946年10月14日,上海警备司令部接到国防部法核字第01994号代电令:"由原判五年半的姜公美应改判死刑,褫夺公权终身,仰即遵照执行,并将执行日期连同照片具报备查。"第二天上午11时,向在押提篮桥监狱的姜公美宣布死刑执行令。临刑前,姜身穿黄色西装衬衫,外罩绒线背心,下着蓝布工装裤,灰袜,皮拖鞋。他先后向父母兄弟朋友一共写了6份遗书,一直到下午

2 时 45 分,姜还向在场人员表白:"自己是爱国者,死后希望新闻界多多搜集我的资料。"姜的后背插上"奉令枪决贪污犯姜公美一名"的法条,被绑赴闸北宋公园刑场执行枪决。①

---

① 《接收大员贪污渎职的下场,姜公美执行枪决》,《申报》1946 年 10 月 16 日。

两起冒名顶替的出狱案

"桃代李僵"是古代"三十六计"之一，比喻互相顶替或代人受过，通俗的说法就是"调包"。在商业交易和社会活动中都有"调包"事情的发生，如宋代有"狸猫换太子"的传闻；苏州评弹《描金凤》中，曾有狱卒之子金继春出于义气与被判死刑的苏州秀才徐惠兰换监的情节；吕剧《姐妹易嫁》里，也有山东姑娘代替贪富嫌贫的姐姐嫁给平头小伙的故事。尽管这些都是虚构的作品，但是现实生活中调包却确有其事。下面叙述分别发生在漕河泾监狱和提篮桥监狱里的两起"调包"案件。

位于上海漕河泾的江苏第二监狱犯人许阿琴，因强盗罪，被上海地方法院判处有期徒刑8年，于1930年3月13日入监执行。1932年1月15日，许阿琴的监舍里，又来了一名叫王学生的新犯人，他犯窃盗罪，经上海地方法院判处拘役50天。许阿琴是一惯犯，家中有钱，家人常来接见；王学生是初犯，家中较贫苦，平时无接济。许阿琴是老官司，平时出手大方，对王学生虚情假意，他以钱财为条件，要王学生同他互换姓名与番号。

1932年3月2日，本应是王学生期满释放的日子，但是王学生没有出狱，却让许阿琴冒名顶替出狱了。出狱之际，许阿琴不仅把狱中的生活用品和监狱临时保管的贵重物品送给王学生，而且对同一监舍的其他犯人给予一些好处。这些犯人拿了许的好处，短期内也封住了嘴巴。直到20多天以后，由于"分赃不平"，才东窗事发。主管看守长闻悉后马上向典狱长汇报，典狱长通过档案卷宗，查到许阿琴的住址以及平时到监接见人的住址。一面派出看守10余人分头严密缉捕，一面又对犯人王学生进行审讯。开始，王学生还自称许阿琴，不肯吐实交代，嗣经再次审讯，才始供述自己因初次犯罪，受许阿琴欺骗，为了贪图经济利益，以"自由"换金钱，甘愿多坐牢房，答应与许阿琴私换番号，让许顶替出狱。监狱在当月28日，在川沙县境内将许阿琴捕获，收监关押。

为此，对于冒名顶替一案的当事人，许阿琴与王学生已经构成狱内重新犯罪，由上海地方法院并案核办以彰法纪，漕河泾监狱也追究管理人员的责任。按当时漕河泾监狱的规定，犯人期满释放属于监狱第二科掌管，该科候补看守长英炳炎因疏忽管理，在对犯人之间私换番号、管理名籍核对时没有发现；第二科主科看守长杨肇麟疏忽公务、在办理犯人释放时也未能察觉,他们两人都负有不可推卸的责任,本应予以惩处,但考虑到此案发觉数日内,已将许阿琴捕获,故从宽各记大过一次。

1949年8月22日,上海市公安局新泾公安分局拘留所里来了一批犯人,内有一名叫李子文的,时年20岁,江苏盐城人,家住新泾区沙渡路药水弄(现属普陀区),捕前职业系三轮车工人,因窃盗罪(现称盗窃罪)被捕,家中经济条件较差。另一名犯人叫朱阿鹤,浙江绍兴人,时年23岁,家住新泾区曹家渡潮阳路(现属普陀区),也是因窃盗罪被捕,捕前职业系铜匠,家中开有陶瓷店,经济条件较好。李、朱两人原先不认识,被新泾公安分局抓获后,关押在一起,两人年龄相仿、长相相似、案由相同、彼此住址较近,从而拉近了心理距离。

朱阿鹤头脑活、城府深,工于心计。在与李子文闲谈中获悉,李子文犯窃盗罪,是初犯,罪行轻微,而自己作案多起,属惯犯,预感以后司法机关处理起来,李子文罪行肯定比自己轻。朱阿鹤利用李子文家境条件较差,爱贪小便宜的弱点,以小恩小惠拉拢他。有次朱阿鹤以关心的口吻对李子文说:"在家靠父母,外出靠朋友。我们已被人民政府抓了起来,都是落难朋友,铁窗兄弟,大家要互相帮助,有钱出钱,有力出力。我请你帮个忙。你家比较穷,急需钱用,我家条件好,不缺钱;从案情上看,你比较轻,肯定关押时间短,我罪行重,关押时间长。我们不如互相帮忙,吃官司时我们互相调换一下姓名,公安分局保管的物品,我的值钱东西全部归你所有,你的破东西归我所有,这样你可能在监狱多待一段时间,我可能早一点出狱,为了报答你的付出,我出狱后再送一笔钱给你。我出钱,你出力,我们互通有无,互不吃亏。"开始,李子文有点顾虑,担心东窗事发,不可收场,后在朱阿鹤一番花言巧语之下,终于同意了这个"特殊的交易"。

9月10日下午,李子文、朱阿鹤等几十人随新泾公安分局的大囚车,押到提篮桥监狱的新收间。新泾分局押解人员拿了犯人的花名册及相关司法文书,清点人数后与提篮桥监狱的管理人员办理移交手续。监狱名籍股的干警接过名单后,就对新泾分局押新入监的犯人办理入监手续。干警呼喊入监者姓名,叫到一名,犯人应答一名,再核查身份,询问姓名、年龄、籍贯、职业、家庭住址,最后按十指指纹,拍摄肖像照,身体检查等。由于朱阿鹤与李子文事先已经作了串通,事先已经双方互调身份、姓名,再加上名籍股个别干警工作不够细致,核对材料不严。所以,在监狱新收间留下朱阿鹤的指纹,实际是李子文的;留下李子文的指纹,实际上是朱阿鹤的。朱阿鹤的番号为1875,李子文的番号1873。两人同押一囚室,而且与其他犯人也相安无事。就在他们入监的两个月以后,李子文由于罪行较轻,属于可判可不判之列,被司法机关宣布教育保释。

解放初期,司法机关对部分犯人保释时,需要家属或亲戚朋友为被释放人员

"作保","担保人"要承担相应的法律责任,并需具备一定条件,比如在上海要有固定职业、固定住址,或开设店铺,有一定的经济财产等。所以,这对冒名顶替的朱阿鹤来说,又是一个难题。诡计多端的朱阿鹤利用家属接见的机会,又请来同乡兼朋友周月林为自己办理保释手续,并把自己与李子文互调姓名,冒名顶替的来龙去脉向周作了交代,要周月林以自己亲属的名义,用一家陶瓷店老板的身份,把自己保释出狱,事成后给周月林一笔好处费。利令智昏的周月林在金钱的利诱下答应了。由于当时尚未实行户籍制度,既没有户口簿,也没有身份证,监狱一下子很难辨别真伪。所以,朱阿鹤于1949年11月10日走出了监狱的大门。几天后,新泾公安分局的原在押人员向监狱管理人员举报了朱阿鹤与李子文互换姓名,朱阿鹤已经提前出释的情况。经过取证调查,事实证明举报材料属实。监狱首先对冒名顶替的李子文进行审查;而后又拘获周月林。但是该案主谋朱阿鹤,听到风声而远走他乡。

1950年2月27日,上海人民法院以"冒名顶替,致人犯脱逃"为案由,同时对李子文和周月林进行审判,法院认定李子文、周月林致使主犯朱阿鹤脱逃,李子文、周月林已构成犯罪事实,造成社会危害,因此对他们各判处有期徒刑1年。作为提篮桥监狱名籍股具体经办出入监工作的工作人员王某某,由于工作不细致,审核不严,导致犯人调包,冒名顶替案发生,并造成一定影响,负有不可推卸的责任,由监狱给予行政记过处分。冒名顶替案的主犯朱阿鹤,虽然一时漏网,但后来他在外地作案被捕,也得到应有的下场。

以上这两起冒名顶替的出狱案,分别发生在80多年和70多年前,它们一个共同的特点是,一方以金钱为代价;另一方以"牺牲""自由"为条件,双方互相利用,各得其所。而监狱管理人员则在新收、管理、释放等环节上疏忽大意,导致犯人"掉包"案件的发生。蝼蚁之

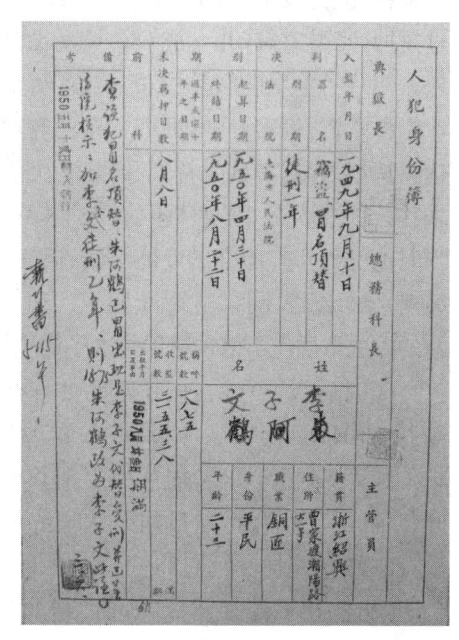

人犯身份簿,朱阿鹤冒名顶替李子文

穴毁及长堤。随着社会的发展、科技的进步,狱内重新犯罪的形式更趋于多样化、智能化。保持高度警惕,严防事故发生,是监狱管理永恒的主题。

华美药房同胞弟弑兄

1941年10月21日下午，位于上海法租界内的巨达籁路（今长乐路）26号，一幢私宅的2楼的大少爷徐颂尧正在书房算账，弟弟徐达泉向当家的哥哥要钱。大哥以小弟不务正业，予以拒绝。两人话不投机，语言冲撞。小弟达泉看到墙边正好有一柄开药品木箱用的小斧头，就向哥哥的头部猛砍多下，当场血肉模糊，倒卧地上。徐达泉行凶后逃离现场。两兄弟的姐姐徐济华闻讯后迅速将伤者车送宝隆医院救治。由于伤在要害，流血过多，延至26日殒命。

弑兄案的父亲是上海西药界的大亨、福州路华美药房的老板徐翔荪；他虽然出身贫苦，但为富不仁、工于心计，以经营毒品起家，是旧上海西药界的老狐狸。他经过拼搏，家财富有，儿女成双。长女徐济华为法国医学博士，她除了开设济华医院外，还兼任"生生助产学校"的校长；幼女在某女中读书；长子徐颂尧毕业于中法药业专科学校，稳重好学，助理父亲经营药房事业，当年刚结婚，妻子已怀孕；次子徐达泉从小溺爱，考试时常不及格，屡次留级，两年内曾多次转学，换过四所中学。后来曾去香港读书，因身体不好回沪养病，他没有经济收入，但花钱如水，挥霍无度，当时他已与年轻漂亮的女郎订婚，但又与一舞女打得火热。如今徐翔荪没想到家庭突变，兄弟阋墙，同室操戈，上演了一出胞弟斧劈胞兄的惨案。已痛丧长子的主人唯一的办法是如何不惜钱财保住次子的生命，延习徐氏之香火。

当时病人死亡后，按正常的处理办法应把尸体送殡仪馆收殓料理后事，但徐颂尧的伤口刀痕明显，如果被人发现尸体可疑，将举报警察局会给全家带来麻烦。在万般无奈下，徐翔荪决定把长子的尸体送往他所在地法租界的慈善机构同仁辅元堂殓尸所，通过贿赂法租界警务处的个别警察和同仁辅元堂的工作人员，在极短的时间里，觅得一具乞丐的尸体作替身，将他换上儿子的西装。次日上午，由法租界巡捕房派往同仁辅元堂，经法医验尸后，并由指纹室的摄影师拍照留存，即用"狸猫换太子"的办法，移花接木，以病亡者的尸体来替代刀伤致死的尸体。后来徐翔荪又花钱铺路，一一摆平可能泄露消息的人员。

俗话说无巧不成书，华美药房老板的长子被胞弟砍死，家中的专用汽车夫郑祥达（又名阿庆），浙江宁波人，时年61岁，他把受伤的徐颂尧开车送到宝隆医院后，突然昏厥，不省人事，暴病而死，这两件事情又凑合在一起。死因蹊跷，众说纷纭，社会舆论界对徐家非常不利。而且偷换尸体之事经过徐家一个下人之口被透露，同年（1941年）10月31日，《平报》率先发文：《华美药房小主人徐颂尧突然身死，跌毙？砍死？传说纷纭》。《大美晚报》《中美日报》《申报》等竞相报道徐颂尧猝死真相，社会舆论一片哗然。后经被媒体的渲染而扩散传播，个别记者也趁火打劫，敲诈勒索。老谋深算的徐翔荪一面吩咐下人拼命购买报纸，甚至包销刊登该案的报纸，企图延缓消息的扩散，一面又在一律师的指点下，要其次子徐达泉装疯卖傻，以达到免于或减轻刑事处罚的目的。在经人举报及社会舆论的监督下，法租界巡捕房先后拘捕了杀人的嫌疑人徐达泉，以及与该案有关的捕房警察陆赞元、徐闻道，指纹室摄影师陈子新，同仁辅元堂工作人员缪象嘉，两兄弟之姐徐济华及其父徐翔荪；由于徐翔荪患病在身，经捕房核准移送一疗养院，并特派警察轮流看守。与此同时，法租界巡捕房还从殡仪馆中提走了放置徐颂尧真尸的棺材。

同年11月7日，警务处将华美药房徐颂尧与徐家汽车夫郑祥达两死者两棺柩吊至台拉斯脱路（今太原路）验尸所开棺检验，广慈医院法国籍医生商德利、法院检察处官员，死者徐家的两姐妹及男女仆人等到场。验尸那天，闻讯而来的一大批记者涌来抢新闻。开棺验尸历时2小时55分，经过法医验尸，徐颂尧之头部有刀伤7处，死于非命；汽车夫郑祥达系心肌梗死，发病而亡，排除他杀、自杀的可能。① 随着案件证据的披露，上海第二特区法院正式接案审理，11月18日上午公开侦查华美药房同胞兄弟杀害案，法庭推事纪如璋主持庭审。前期押在广慈医院病监的徐达泉，身穿深灰色毕叽长袍，赤脚布鞋，面容憔悴，头发凌乱，双手合十，行为异常。庭审开始后，捕房律师起先发言，凶犯嫌疑人徐达泉患有精神病，自拘留后每日饮食正常，但始终一言不发，所以没有办法录取本案之口供。法庭要徐达泉用笔书写。他拿了毛笔，相持了半小时，一字未写。法庭又把一砍人的凶器斧头向徐达泉展示，徐呆视无言，无动于衷。因此法庭的审理也无法进行，只能收场回押。

1941年12月2日、16日，法庭再次开审。庭长张霆偕，推事纪如璋、余健，首席检察官黄炎到庭。警务处以徐颂尧杀人罪起诉，对其父徐翔荪，捕房警察陆赞元、徐闻道，指纹室摄影师陈子新，同仁辅元堂工作人员缪象嘉等以湮灭证据罪起诉。法庭先后对徐翔荪的两个女儿徐济华、徐锡华，徐家女佣张沈氏、徐家厨师赵阿生、被害人的妻子王氏进行调查。另派出探目向宝隆医院和同仁辅元堂调查，查出当时验尸时存在以假乱真的情况，在验尸过程中被蒙混过关。12月24日，上海第二特区法院宣判：徐达泉犯杀人罪判处有期徒刑10年，徐翔荪

---

① 《昨徐颂尧尸棺开验，严禁傍人参观》，《中美日报》1941年11月8日。

湮灭证据判处罚金 300 元,法捕房探目陆赞元、同仁铺元堂书记缪象嘉、摄影师陈子新湮灭证据各判处罚金 200 元。①

在那个有钱能使鬼推磨的时代,富豪徐翔荪搞定家中命案原本轻而易举。不料响应民意代表舆论的新闻媒体牢牢抓住此案,认为案件处理不公,司法人员从中受贿,重罪轻判,内有肮脏交易。该案很快惊动了南京的汪伪政权,司法行政部派出专案组来沪调查,但是上海第二特区法院隶属于汪伪司法行政部,司法界内部派系林立,既勾结利用,又互相排挤,司法行政部部长赵毓松、次长汪曼云、上海第二特区法院院长孙绍康、江苏高三分院首席检察官乔万选、最高法院院长张韬等人之间有着错综复杂的关系。新任司法行政部部长罗君强上台,自命"青天老爷",他迎合社会舆论,并经调查确认徐达泉犯罪事实清楚,情节恶劣,到案后装疯卖傻,应杀人偿命。轰动一时的上海华美药房,凶案主犯徐达泉经最高法院三审改判死刑,全案始告终结。

华美药房徐达泉砍毙胞兄被处绞刑(剪报)

1943 年 1 月 30 日上午 8 时,法庭将徐达泉从马斯南路第二特区监狱提出,他双手反铐,被先命令拍照后提至公案前,法庭向徐犯宣布:今日奉令对你执行死刑,你有无最后遗言及需要书写遗书。徐达泉仍俯首不言。当法庭下令法警将徐捆绑拖上囚车解送位于南车站路的南市刑场时,一直沉默寡言的他大梦始醒,一反常态大呼:"我要与父母姐姐见上最后一面。"当徐达泉的囚车驶出监狱大门时,父亲徐翔荪,姐姐徐济华、徐锡华等已闻讯赶至。徐犯见父亲和姐姐到

---

① 《徐达泉砍毙胞兄判处徒刑十年》,《申报》1941 年 12 月 25 日。

来，举双手向他们拱手作揖，但因车开出，已经没有机会。

徐达泉的处决，当时使用了中国传统的绞刑方式进行，时任司法行政部部长罗君强亲临刑场，10多名武装税警莅场戒备，同时上海警察局也派警戒备。[①]刑场上树立了两根绞刑用的木桩，行刑法警将徐犯绑上绞桩，跪在地上，随着监刑官的一声令下，法警用绳索套住徐犯的脖子，进行绞动，使其不断收紧，数分钟气绝，窒息而亡。尸体经法庭拍照备查后，再由家属领殓。徐翔荪的夫人因连丧两子，终日以泪洗面，以致双眼几乎失明。上海解放前夕，徐翔荪把大批资金投向海外，不久去了台湾，最后终老于台湾。

最后，笔者需指出，徐达泉的死刑执行地在今黄浦区南车站路152号（1980年前为192号），该处曾是民国时期的上海地方厅看守所、上海监狱第二分监、上海地方法院第二看守所等，上海解放后改为南市看守所、上海第一看守所、上海市公安局公交分局等。徐达泉的死刑执行地不是有些书本所说的漕河泾监狱。因为漕河泾监狱1919年7月启用，1937年8月撤销，监狱后被日本飞机炸毁，所以1943年的时候已成为一片废墟。徐达泉死于漕河泾主要受老报人沈立行发表于《上海滩》1990年第3期的文章《抗战时期轰动上海的两大血案》的影响，以讹传讹，把史实搞错，今天特予指正。

[①] 《华美药房小主弑兄案　徐达泉昨晨绞决》，《申报》1943年1月31日。

国民党少将杀妻案

一、小河里漂起一具无名女尸

1948年5月17日早晨，在上海西郊漕河泾镇种家坟山西首的小河边，两位村民拿了农具准备到自家的田里干农活，无意间发现小河里漂浮着什么东西。随着水波起伏，他们走到跟前仔细查看，发现好像是一具尸体，十分紧张，连忙向附近的龙华警察分局报告。

警察立刻赶来，捞起尸体查看，确认是一具女尸。该人年龄大约在二十五六岁，上身穿了一件阴丹士林布的旗袍，脚蹬米黄色皮鞋。死者身上还有一块手帕、一盒化妆用的唇膏和胭脂，最为重要的是在其内衣口袋中，找到一封用钢笔书写但字迹已经有些模糊的信件。从这封信件中，可以断断续续地看到如下几行字："……我姐可时常至南京联动总部汽车保养团预算处黄森华……亚秦……"此外，该女尸身上没有任何证明其身份的线索。警察遂按常规对女尸进行了拍照取证，并把尸体暂时放置在殡仪馆。

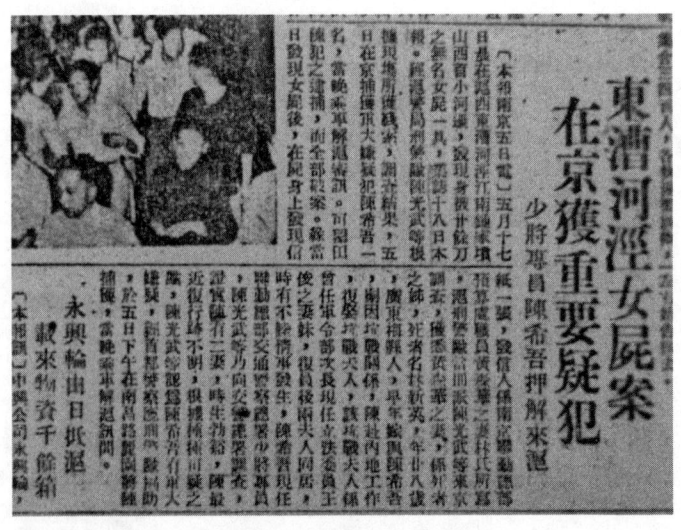

漕河泾发现女尸（剪报）（《申报》1948年6月6日）

二、到南京查访死者亲属

上海警察局龙华分局对该案件的侦破十分重视,立刻派出经验丰富的警员乘火车去南京。首先按照女尸案中唯一的线索,即信件上所提到的"南京联动总部汽车保养团预算处"查访。结果,该团没有"预算处"这一机构,更没有黄森华这个人。经过辗转侦查,获悉黄森华在南京傅厚岗联动总部预算处任军需官。在南京方面的配合下,龙华警察分局的警员找到了信件上提到的黄森华,并把信件交给黄森华看。黄一看字迹,就说这封信是他妻子林新云所写。

黄森华叫来妻子林新云,警员把死者的照片和死者身上的信件出示给她看。林新云一看,大吃一惊。林新云原有堂姐两人,大姐林新英,二姐林新秦,又名亚秦,目前还在原籍梅县读书。这封信是她二姐林新秦所发。照片上的死者是她大姐林新英,广东梅县人,系印度尼西亚归侨。林新云说,今年5月13日,自己曾经接到来自浙江嘉兴东门大街迎宾旅社林新英写的一封信,要求她在南京为林新英租借住房。堂姐林新英的丈夫叫陈希吾,在南京国防部工作,但是具体地址不清楚。

三、赴嘉兴查到凶手住处

南京之行查清了死者的姓名,这对案件的深入调查起到了决定性的作用。死者林新英的丈夫陈希吾,是一个重要的线索。但是国防部衙门大,地位高,官员多,陈希吾究竟在哪个部门不清楚。只能暂时放下这一线索,先从其他方面切入,才能有所突破。为此,龙华警察分局警员又马上来到浙江嘉兴,找到了位于东街的迎宾旅社。他们从旅社的循环簿(旅客登记簿)上,找到了林新英的名字。这证实南京林新云所提供的情况确实,两者相符。

据旅社老板回忆,今年4月16日,有一位叫陈叔川的嘉兴交通警察中队的警察,带了一位20多岁的叫林新英的女子住进他们的旅社。其间还有一名身穿军装的军人先后多次到旅社内,他们还曾多次发生争吵,5月16日离开。由于林新英在此整整居住了一个月,所以旅店老板对此印象特别深。

龙华警察分局的警员当机立断,马上找来嘉兴交通警察中队陈叔川询问,并给他看死者林新英的照片。陈叔川看到照片知道情况不妙,就直言相告,死者叫林新英,是他的嫂嫂,即他的同胞二哥陈希吾的妻子。警察又询问了陈希吾的工作单位和具体地址。他回答说,陈希吾在南京一个军事部门工作,具体单位不清楚。他家住在南京鼓楼五条巷18号,信件由石进民转交。

四、去苏州暗访摩登女郎

警察分局的警员根据陈叔川提供的地址，来到南京鼓楼五条巷18号，但就是找不到石进民以及陈希吾。据查，南京鼓楼五条巷18号，已有一年左右没有人居住。另外五条巷其他门号内，也没有石进民和陈希吾这两个人。

警员们只能又回到嘉兴，通过嘉兴警察局，第二次找到了陈叔川，把他训斥一番，并施加了压力。在此情况下，陈叔川也只能如实相告，大哥陈希吾现住苏州阊门外路头堂23号半。警员们来到阊门，可是又一次扑了空，还是没有找到陈希吾。但这一次陈叔川提供的地址确实不假，陈希吾曾在此居住过，只是他刚刚搬了家。

警员们在苏州警察局的协助下，找到陈希吾位于苏州大悲庵路12号的新家。开门的是一个操杭州口音、身材苗条的摩登女郎，自称是陈希吾的太太。警员们凭直觉推测陈希吾大概有两位妻子，便自称是陈先生的朋友，说到这里有要事与陈希吾相谈。该女子也十分客气地请他们一行入内，送上清茶，互相攀谈起来。原来这位陈太太叫周莉文，系曾任国民政府军政部次长、现任国家立法委员王俊中将的妻妹。她与陈希吾于抗战胜利前夕在四川成婚，生有一男一女，可惜长子不幸夭亡，幼女名叫真真，目前只有1岁，嗷嗷待哺。陈希吾是一位军人，曾授少将军衔，抗战胜利后从四川来到南京工作。

警员们还发现，屋里除了一个1岁的小女孩以外，还有一个男孩，就十分礼貌地问起他的情况。周莉文告诉他们，这个男孩是陈先生的侄子，最近在苏州小住一段时间。警员通过与周莉文拉家常，了解到许多有价值的细节。他们对周莉文说，我们有急事想找陈先生，不知道去何处找到他。周莉文说，陈希吾现在南京工作，有急事你们可到南京汉口路阴阳营3号，或者到中央银行王公馆廖忠煌处探访。廖忠煌系陈希吾的同乡，又是同学，他们系多年的老朋友。

五、众警员赴京抓捕凶手

警员们通过步步深入、层层剥茧般的调查，初步推断死者林新英的丈夫陈希吾有重大嫌疑，但是还缺乏有力的证据。他们一行第三次去南京办案，首先与南京警察厅有关部门取得联系，查询了陈希吾的有关履历及目前的工作情况。

1948年6月3日，在南京南昌路20号中央银行的职员公寓内，上海警员见到了国民政府联动总部交通警察总署少将专员陈希吾，并向他出示了被害人林新英的照片。久经官场沉浮的陈希吾，还故作镇静，谎称不认识死者。警员见他还不肯如实交代,就针锋相对出示相关证据。最后,陈希吾知道事件已经败露,无法抵赖,便只好低下了头,长长叹了一口气,可他仍然强辩:"不过凶手不是我,我不是凶手。"

当即,陈希吾被暂押在南京警察厅看守所。在看守所内,陈希吾还利用其特殊身份,与其连襟、军政部次长王俊中将通了一个电话,希望王俊在官道上疏通关节,对自己从轻发落。当天,陈希吾被上海警察局从南京押解到上海,关押在上海地方法院看守所内。

六、陈希吾抛妻另觅新欢

陈希吾是广东兴宁县人,在家里排行第二,哥哥叫陈福祥,弟弟叫陈叔川。少年时代,陈希吾在家乡读书。1930年起,先后在广东兴宁县的乐群小学和江西于都的城乡学校任教。1937年卢沟桥事变以后,他投笔从戎,先在国民革命军第四路军无线电训练班任学员,后在第十二集团军总部当上尉参谋。其间,有一个随军服务团话剧队到部队进行宣传演出。利用业务上的方便,陈希吾认识了该团的一位叫林新英容貌端庄的女青年。她是出生在印度尼西亚苏门答腊的华侨,父母是广东梅县人。抗战爆发后,她回国参加抗战宣传工作。在陈希吾的追求下,两人在广东梅县结为夫妇。而后林新英作为随军家属,在部队生活。婚后,小两口的日子也恩恩爱爱,十分和睦,后来生下一女一男,长女叫赣秋,次子取名湘春。这意味女儿生在江西的秋天,儿子生在湖南的春天,他们把地名与季节都嵌入儿女的名字中。

不久,战事紧张,国民革命军减少压缩非战斗人员,随军家属一律遣散。林新英带了儿女离开部队回到家乡,在广东梅县担任小学教师。从此,陈希吾与林新英分隔两地,平时通过书信交流。陈希吾在写给妻子的信中表示:军人要以国事为先,家中儿女多多照顾;今后日本人的投降之日,就是我们的团圆之时。

1941年春,陈希吾入长沙警备司令部任主任参谋,而后他官运亨通,奉调中央干训团任大队长,次年又调任重庆机械化监察员。没有几个月,又被派往印度和美国的装甲兵学校、步兵学校受训。受训回国后,陈希吾重返巴蜀,晋升上校军衔。这时陈希吾已经认识了一个美人,叫周莉文,她生于杭州,花容月貌,身材苗条,并且学习成绩优良、聪颖过人。已有家室儿女的陈希吾迷恋周莉文的美色,采用各种手段,对其发起猛烈的追求。另外,陈希吾还从侧面打听到周莉文的姐姐周政文,其丈夫王俊系曾任国民政府军政部次长,挂中将军衔,现任国家立法委员。今后如果有了这层姻亲关系,对自己的前途将有莫大的帮助。看惯了官场上都是三妻四妾,因此陈希吾并不觉得自己有什么过错。

与此同时,周莉文对陈希吾也颇有好感,他英俊潇洒,去美国留过洋,有发展空间;唯一不满的是,他已经成婚,爱不能专。日子一久,陈希吾知道了其中的隐情。他为了取悦周莉文,不顾旧情,想出一个坏主意,令家人发来电报,说前妻身患心脏病突然病故。陈接到电报后,又故意演戏一般,一面伤心恸哭,戴上黑纱,一面又拿了电报单告诉周莉文家中不幸,以博得周的同情。周莉文因此相信了陈希吾。1945年4月,两人在四川璧山举行了隆重的婚礼。

抗战胜利后,陈希吾随着国民政府来到南京,暂时编入中央训练团,后任国防部第27军司令部直属大队参谋。1947年6月间,在苏州交警训练班任少将教官,1948年调任国民政府联动总部交通警察总署少将专员。由于抗战胜利后国民政府还都南京,许多官僚涌向南京,使得在南京城连像样的房子都难找。陈希吾就在苏州安了家,让周莉文住在苏州,陈希吾利用周末及空余时间常常到苏州小住。

七、林新英跋涉千里寻夫

1945年8月,日本宣布无条件投降,全国上下一片欢腾。远在偏僻山区的林新英,已经好久没有陈希吾的信息了。1948年初春,林新英毅然决然准备了一些盘缠,带上儿女离开家乡,首先从广东梅县来到江西赣州,找到陈希吾的胞兄陈福祥。从他那得里知陈希吾因抗战有功,已是国民革命军的少将军官,在南京国防部工作。林新英在赣州小住几天后,把女儿托付给陈福祥,自己则带了儿子,一路向北,去寻找陈希吾。

几经辗转,林新英于同年4月来到浙江嘉兴,在东门大街迎宾旅社住下。陈希吾有个弟弟叫陈叔川,在嘉兴警察局交通队当差。叔嫂相见后,陈叔川马上函告陈希吾,希望他速来嘉兴。陈希吾接到来信后,却焦急异常。他冥思苦想后,来到嘉兴。

由于长期分离,陈希吾看到已经长大的儿子,感觉十分陌生。他见到林新英后,不但没有好言安慰,感谢她几年来对父母的照顾和对儿女的抚养,反而埋怨林新英事前没有通气就贸然前来,妨害了他的公务。林新英千里寻夫,满心欢喜,却得到如此冷遇,当场与陈希吾争吵起来。林新英也隐约闻悉陈希吾已经在南京另有新欢,她毅然提出离婚要求,并索要高额经济补偿。陈希吾又反唇相讥,两人争吵了一夜,也没争出个结果。第二天,陈希吾借口公务繁忙,乘火车离开嘉兴。林新英就提笔给在南京的亲戚写信,希望帮她在南京临时租借一间房子;同时还写信给陈希吾的上级管理部门,反映其丈夫喜新厌旧、迎娶二房太太等问题。

八、丧天良竟然谋杀发妻

陈希吾不想让周莉文知道此事，但他又一下子拿不出大笔补偿金给林新英，如何处理这件棘手的事情，让他一时六神无主。事有凑巧。陈希吾回到南京后，一天，办公室里来了一位他旧日的学生，现任交警第五总队区队长的谭裕民。原来，谭裕民得知陈希吾将去广东韶关担任陆军第九训练部第三处少将处长，便前来拜见，想拉关系走捷径。

交谈中，陈希吾也把最近家中一夫两妻的烦恼说了出来。谁知谭裕民对陈希吾不仅不好言相劝，反而提出了一个"杀人灭患"的坏主意。开始，陈希吾还不同意，不忍下手。谭裕民便自告奋勇，愿为恩师解决家庭矛盾，由他动手了断。当天谭裕民与陈希吾谋划了杀人方案，还商量了具体的细节。陈希吾也答应，一旦事情成功，他到广东履新任职后，便提拔谭裕民为少校营长，作为回报。

几天以后，陈希吾来到嘉兴迎宾旅社，对林新英曲意奉承，说前几天公务不顺，心情不好，希望林新英原谅。他还说已在南京租赁了一座小楼，今天晚上他俩先到上海添置一点衣服，再同去南京。目前先把儿子留在嘉兴，托陈叔川夫妇照料，待日后再来接他回去。林新英以为丈夫回心转意，也就不计前嫌，满心欢喜地整理了行装，与陈希吾来到嘉兴火车站。陈希吾的弟弟陈叔川及弟媳也一起到车站送行。

火车到达上海新龙华站后，陈希吾和林新英随部分旅客下车。车站的月台上，一位穿了军服的年轻人热情地向陈希吾和林新英打招呼，并帮助他们提行李。陈希吾向林新英介绍，这是他过去的学生谭裕民，特地来接他们。当时上海的新龙华车站，地方比较偏僻，上下车的旅客并不多，四周的道路也不好，灯光昏暗。陈希吾挽着林新英走在前面，谭裕民跟在后面，三人形成一个倒写的"品"字形。当他们走到离车站大约有半里路的一条小河边时，陈希吾按照事前的约定，突然咳嗽一声，发出了动手的暗号。谭裕民故意先把陈希吾推倒在路旁，然后把林新英抱起按倒在草地上。待陈希吾走远几步路，谭裕民拔出事先准备的尖刀，对准林新英的右胸部刺去，再向左胸刺去。林新英痛得昏死过去，不由发出痛苦的呻吟。陈希吾既不忍目睹发妻的惨状，同时也要为谭裕民杀人行凶望风，所以一听到妻子的惨叫声，他便急忙朝前走去，警惕地向四周观望，以免被人撞见，带来意外。

小河边，谭裕民先后对林新英刺了十几刀，直到咽气，然后把林新英的尸体扔进河里。他小跑赶上了前面的陈希吾,一起走到路边,叫了一辆三轮车,驶往虹口江湾路 116 号陈希吾的岳母家,即周莉文在上海的住地。一路上,谭裕民轻轻地告诉陈希吾他杀害林新英的过程。

1948 年 5 月 16 日午夜 12 点,陈希吾来到了岳母家里。谭裕民发觉自己的小腿上被擦破了一点皮,便向陈的岳母要了一点红药水涂抹了一下。当晚,谭裕民和陈希吾就住在江湾路。第二天,谭裕民又在陈希吾的陪同下,在上海尽情地游玩了一番,然后离沪回粤。临行前,两人还约定了在广东韶关见面的具体日子。第二天,陈希吾回到嘉兴,把儿子接到苏州家里,谎称是自己的侄子,让周莉文好好照顾。陈希吾自以为这一切做得天衣无缝,待一切安定后,他就返回南京。可是,就在 1948 年 5 月 18 日,上海《申报》刊发了在上海西郊漕河泾的一条小河中发现女尸的新闻。林新英被害案的第一凶手谭裕民获悉后,马上更名换姓,匿迹远遁,以后一直不知下落。

九、陈希吾最终被判无期

1948 年 7 月 29 日,上海浙江北路 191 号的上海地方法院,这一桩骇人听闻的杀妻案,将在这里开审。许多媒体记者早已到达这里,纷纷抢占最佳位置,追踪报道新闻。

法庭由刑庭庭长黄光钰担任主审官。开庭后,法庭首先对林新英一案的旁证人,一一询问。周莉文也以证人身份受询。她身着格子绸旗袍和白色皮鞋,站在证人栏中。她哭着说自己也是被害人,并交代了与陈希吾相识的经过。她说现在才知道所谓的"侄子",是陈希吾的亲骨肉。周莉文的母亲贺氏也到庭,她坦言:"有天晚上,陈希吾带了一个穿军服的男子到我家里,说不慎把脚撞伤,我还拿红药水给他涂的。他们是不是杀人,我丝毫不知。"

周莉文的姐夫王俊对陈希吾杀妻一案十分关注,连连向上海地方法院打招呼,希望法院"枪下留人"。陈希吾的父亲向上海地方法院写来忏悔书信,表示自己教子无方,向死者林新英深表悔意。但此案影响很大,诸多媒体纷纷要求法院作出公正判决,对社会有个交代。

1948 年 8 月 3 日下午,上海地方法院再次开庭,由黄光钰庭长二度审理,并作出判决:对在逃的第一被告谭裕民发出通缉令,待追捕归案再审。但由于当时形势紧张,国民政府风雨飘摇,通缉令等于一纸空文。第二被告陈希吾被法院以共同杀人罪,判处无期徒刑,褫夺公权终身。该判决书称:陈希吾之有共同杀害林新英之行为,灼然可见,应依《刑法》第 28 条、第 271 条第一项处断,残忍谋杀配偶,原拟处以极刑,但考虑到林新英性情泼辣,陈希吾之父陈志鹏来函深表悔意,酌处无期徒刑,褫夺公权终身,以示惩处。①

少将杀妻案审结(剪报)(《申报》1948年7月30日)

审判结果公布后,不少市民纷纷表示不满,认为被害人林新英是一个弱女子,而法庭判决不公,让"陈世美式"的高官死里逃生。

十、高墙内服刑二十七载

1948年8月15日,陈希吾从上海地方法院看守所移押提篮桥监狱服刑。

当时监狱内设有"忠、孝、仁、爱、信、义、和、平"8座监楼,及一所"感化院"。铁窗铁锁,戒备森严,押犯众多。后来形势紧张,解放大军南下,国民党司法系统为了减轻监狱管理经费的压力,通过假释、保外释放了大批犯人。到1949年5月上海解放前夕,曾经押有六七千多犯人的大监狱,仅剩650人。由于陈希吾案情重大,又是无期徒刑,社会影响大,所以他没有获得假释或保外的机会。上海解放以后,陈希吾仍然在提篮桥监狱服刑,周莉文后来与其离婚。

笔者于1972年到提篮桥监狱参加司法工作,陈希吾当时仍在提篮桥监狱服刑,也曾经看到过陈希吾。他个子不高,身体硬朗,嘴上功夫不错,能说会道。在书写这篇文章的过程中,我特地仔细查阅了陈希吾的"改造案卷"。他先后在监狱的印刷、被服、机器等车间劳动过,服刑期间曾得到过几次物质嘉奖,受到表扬、记功等行政奖励,1956年、1957年被评为"劳动改造积极分子",先后4次让

---

① 《少将杀老婆 判无期徒刑》,《正言报》1948年8月4日;《少将杀妻 终身监禁》,《申报》1948年8月4日。

他到社会上参观市容建设新貌,接受教育。陈希吾在狱中曾多次反省自己杀妻的动机,写过多份认罪、悔罪材料,可他仍说,林新英向他索要高价离婚补偿金,才导致他铤而走险,杀妻灭口。

上海解放后,司法机关对陈希吾一直维持原判,他从 1948 年一直关押到 1975 年,整整 27 年。1975 年 9 月,上海政法系统根据有关指示精神,决定对年已花甲的陈希吾宽大处理,释放出狱,并发给衣服、生活用品和生活补助费,安置养老。

家暴引发的酱园弄杀夫案

新昌路是上海国际饭店附近的一条马路,马路内有一条名叫"酱园弄"的普通弄堂(门牌编为新昌路432弄),弄内曾因有清光绪年间一家特色老店张振新酱园而得名。1945年这条弄堂发生了一桩杀夫血案,让酱园弄这条安静的小弄堂一度闻名上海滩。

事情发生在1945年3月20日清晨,酱园弄85号2楼后楼的女人詹周氏,用菜刀把被人称为"詹大块头"的丈夫詹云影砍死,并碎尸16块装在皮箱内。当血水顺着地板滴到1楼的王瞎子家里。王瞎子其实眼睛不瞎,不过视力较差,鼻头蛮灵,一闻到血腥气,便喊老婆上楼去看,只见詹周氏浑身鲜血披头散发坐在地上,说"詹大块头已经被我杀了,斩成十六块装在皮箱里……"。经人报案后,詹周氏迅疾被警察戴上手铐带走。但蹊跷的是2楼前楼的贺惠贤也失踪了。当时上海的大小报纸铺天盖地予以报道,传播着骇人听闻的消息,把詹周氏说成荡妇淫女,背后还有奸夫帮忙。

杀人者詹周氏,江苏丹阳人,时年30岁。自小是个孤儿,原姓杜,后由周姓人家抚养,名叫周春兰,9岁被养父带到上海,后被人卖到上海一家典当行做丫头。她细眉细眼,五官端正,淳朴厚道,性格温和。后由老板娘作主将21岁周春兰许配给该典当行的伙计詹云影为妻。按照中国传统的旧习惯,婚后妻从夫姓,周春兰改称詹周氏。典当的伙计,时称"朝奉",在民国期间是一个体面的职业。詹云影体格健壮,方面大耳,大家都称他"詹大块头"。婚后,他们租住在酱园弄85号2楼的后楼。新婚初期詹云影还算本分,但后来就沉湎于赌博,常常夜不归家。最让詹周氏不可思议的是,婚后两个月丈夫就有外遇。某一天,该女子找上门来,哭哭啼啼,原来她替人家做丫头的,说她与詹云影的关系被东家发现,被赶了出来没处安家,只好来到这里。詹周氏面对突如其来、令人难堪之事,茫然不知所措。詹周氏以宽宏及同情之心,收留该女子临时居住,待她出嫁另行组建家庭后才完了。詹云影脾气极坏,经常在外吃喝嫖赌,不顾家庭。他在外面遇到不顺心的事情,往往在家里发泄,所以詹周氏常常遭受家庭暴力,让她痛苦万分。为了维持家中生计,她经邻居介绍去香烟厂工作,早出晚归,赚一点血汗钱。但是詹云影却认为自己的妻子在外面勾搭男人,自己戴了"绿帽子",坚决不让詹周氏外出打工。家里值钱的东西该当的当了,该卖的卖了,家中一贫如洗。詹云影与詹周氏同床异梦,婚后多年没有一子半女。长期的精神摧残,使詹周氏不堪承受心理压力,曾经想服毒自杀。

3月20日凌晨,酒足饭饱后的詹云影回到家里,詹周氏对他说起家里的境况,准备变卖家中仅有的大衣柜,拟摆一小摊维持生计。但詹云影一顿臭骂后倒头就睡,鼻声哼起。此时,詹周氏一股怨气心中涌起,9年来结婚后的恶幕一一出现在眼前。她无法安睡,她拿起厨房间的菜刀,首先对准詹云影脖子处狠命砍去,顿时鲜血四溅,她一不做二不休,又对他的胸部、大腿、小腿进行分割,共碎尸16块,并把尸块放入已经空无物品的皮箱内。由于该楼房简陋,地板单薄,皮箱内的鲜血沿着地板缝隙滴入下去,被楼下的王瞎子发现而案发。

法庭及社会各界,以女子自古"无奸不成杀"的思维,推断"案"中有"案"。一个弱女子怎能杀死一个大男人?背后是奸夫淫妇共同作案,他们是当代的潘金莲与西门庆。鉴于詹周氏住2楼的后楼,那么前楼的住户黄包车夫、人称"贺大麻子"的贺惠贤,以及詹云影的酒肉朋友人称"小宁波"的何宝玉极有作案的可能,是共同作案的嫌疑人。平日贺惠贤也接济帮助过詹周氏,詹周氏却常常有借无还。她供认,有一年春节,贺惠贤的妻子带了儿女回娘家,她半是还情、半是还债和他发生过多次肉体关系。"小宁波"过去也常到家中喝酒,煽动詹云影去赌场。贺惠贤与何宝玉为嫌疑犯,曾一度关押审讯,但查无实据后被释放。原来詹周氏杀人碎尸那天,经多方证明他们两人都在他处,没有作案可能。同年5月3日,上海地方法院一审判处詹周氏死刑,轰动一时的杀夫分尸案原认为可告一段落,但事情还没有完结。

当时社会上对詹周氏杀夫分尸案议论纷纷,主要形成两种看法:一种意见认为詹周氏凶残无比,罪大恶极,死有余辜,杀人偿命,自古公道;另一种意见认为

詹周氏受审(剪报)

詹周氏值得同情,詹云影劣迹斑斑,杀夫案事出有因,不过处理方法不妥。该案反映了当时社会深层次的家庭暴力问题,受害者无处申冤雪恨。社会舆论上,开始前一种意见占上风,随着詹周氏家庭情况的揭露,社会舆论慢慢地倾向于后一种意见。在一批寻求妇女解放的同情声中,詹周氏一改等待执行死刑的想法,开始上诉。上海的知名女作家苏青为此还写了《为杀人者辩的文章》刊登在一份很有影响的杂志上,呼吁同情詹周氏的遭遇;女作家关露也发表了《詹周氏与潘金莲》的文章,对"淫妇可杀"的论调进行反驳。

正巧这时候社会动荡,法院法官心思不稳。8月,日本宣布投降,汪伪政府随之垮台,詹周氏杀夫案处在上诉期间,死刑判决没有执行。国民政府接管政权以后,又把酱园弄碎尸案提上司法审理的日程,詹周氏在律师及热心人的帮助下继续上诉。同时,该案受到妇女界的高度关注,要求法院体恤民情,从宽处理。① 当时有一位天主教的嬷嬷出庭作证,说詹周氏目前怀有身孕,肚子中的孩子是无辜的,等待孩子生下以后,再处死刑也不晚(其实詹周氏并未怀孕)。经过社会各界的努力,1948年4月,法院终于把詹周氏由死刑改判为有期徒刑15年。最高法院的主要理由是詹周氏犯罪在民国35年(1946年)12月31日以前。② 结案后,詹周氏关押提篮桥监狱女监服刑。当时女监中设有绣花、缝纫、糊盒等劳作,詹周氏被安置在绣花组,她的手很巧,绣花又好又快,为女犯中的佼佼者。

1949年5月上海解放,詹周氏在提篮桥监狱女监经过多年服刑,被移送到了江苏大丰的上海农场服刑。詹周氏刑满释放后安置在上海农场川东分场就业,改名周某某(恕我隐去其名字),开始她在大田劳动,后来长期在托儿所工作(一直做到1981年退休)。1959年经人介绍,与一位严姓炊事员结婚成家,农场为他们分配了住房,过上和睦幸福的生活。

70多年前的"酱园弄杀夫案"是上海审判史上一个不可遗忘的史实,詹周氏曲折离奇的一生轨迹也长期受到人们的关注。早在1945年案发到1948年结案,不少细节就有众多版本,扑朔迷离,让人难识真伪。多年前,台湾地区某作家曾以此案为原型创作了小说《杀夫》,经人改编拍成电影,曾是台湾地区电影史上一部较有影响的影片。同时,随着上海市政的建设,新昌路酱园弄一带尽管经过动迁改造如今已旧貌换新颜,但是案件中所反映出的文化内涵仍然值得后人思考。

---

① 《求生不得 刀劈亲夫分尸案重判》,《申报》1946年9月17日。
② 《詹周氏杀夫案减处刑十五年》,《申报》1948年4月20日;《詹周氏减刑复判已送达》,《大公报》1948年4月20日。

于双戈杀人抢劫银行案

于双戈杀人、抢劫银行,这桩当年曾轰动上海滩、被各大新闻媒体重量级报道的案件,已过去了20多年。今天当我们重新翻开这久已尘封的案卷,回眸案发经过仍感到震动。

一、银行里传出枪声

本市大连西路562号、中国工商银行西体育会路储蓄所(简称储蓄所),地方很小,总面积不到30平方米,前后有两扇门,除去银行工作人员办公之外,留给顾客的空间小得可怜。当时储蓄所也没有监控、探头等现代化的技防设施。1987年11月16日,三女一男4名工作人员像往常一样有条不紊地忙碌着。上午10时许,储蓄所来了个20多岁的青年男子,在营业柜台前东张西望,但他既不存款,也不取款,似乎在关注各年限的存款利率,又似乎在关注储蓄所的布局和周围的环境。中午时分,按当时的作息时间,银行要关门午休,有关工作人员轮流外出用餐。12时许,储蓄所内只剩下一名女工作人员朱亚娣,她正给一位朋友打电话。突然,储蓄所的后门响起了一阵敲门声,朱亚娣以为储蓄所的同事用餐回来了,搁下电话,就去开门。只见门口站着一个陌生的男青年,一双凶险的眼睛,一支黑洞洞的枪口正对着她。朱亚娣出于银行工作的敏感,拉起了紧急报警系统,并大声呼叫起来,"有人抢银行了,有人抢银行了"!几乎在同一时刻,门口一歹徒扣下了手枪的扳机,"砰!砰!"响了两下,射中朱亚娣头部,当即身亡,倒在了血泊中。随后,该人听到背后有人赶来,他来不及抢劫储蓄所的钱款,便仓皇逃窜。

随之,呼啸的警车紧急驶来。现场除了未挂断的电话之外,后门内侧地上有一摊血浆。朱亚娣躺在地上,已停止了呼吸。银行内全部箱柜完好无损,柜面上的钱分文未动。

市公安局高度重视,警方迅速成立了专案组,由刑侦处老侦探端木宏峪领衔,全力以赴展开侦查。他们通过现场走访、现场勘查,又对储蓄所附近的单位和住户作了大范围的排摸工作;公安人员逐一找到目击证人,认真询问相关情况,反复进行现场模拟;专案组刻画了作案人的外貌特征:20多岁的青年男子,

1.70米左右,上海口音,偏瘦,上身着一件米色拉链夹克衫,下身穿一条海蓝色长裤;嫌疑人作案前有"打样"的过程。再综合其他调查情况,被害人朱亚娣工作踏实、作风正派,与他人并无情感上的瓜葛,排除了凶手报复杀人、情杀的因素。专案组初步判断:这是一起精心策划的抢劫、杀人案,凶手为财而来!根据现场留下的弹头和膛线划痕,技术人员通过科学鉴定,认定被害人朱亚娣头部的子弹系五四式手枪所射击。专案组认为该案与几天前发生在"茂新轮"上的盗枪案有密切联系,很有可能系同一人所为,因此,两案"并案侦查"。在复杂、纷繁的情况下,专案组迅速理清了刑侦思路。

"茂新轮"是上海海运局一艘客轮,1987年11月13日下午,茂新轮乘警室内的保险箱被人撬开,两支五四式、一支六四式手枪、268发子弹、6只弹夹及1副手铐等物品被盗。茂新轮乘警室枪支被盗,不是一般的盗窃案件,它具有明确的目的性和重大的危害性,是为大连西路银行抢劫、杀人案的犯罪"前奏"。也许有人觉得,现在我们只要查看一下银行的监控录像,就能锁定犯罪人的容貌。但是,当时银行技防、物防能力较差,无监控设施,警方掌握的破案资源也十分有限,要在茫茫人海中找出个无名无姓、只有个大概轮廓的凶手,无异于大海捞针,困难重重。

二、从丢弃的一辆自行车上发现重要线索

自行车是城乡居民极其普通的交通工具,目前,地铁、公交车站、大超市附近过夜的自行车随时可见,也许不足为奇;可是在20世纪80年代,一辆自行车乃是家庭的"三大件"之一,是一般青年职工要用几个月甚至半年的工资的总和才能购买"凭票供应"的紧俏物品,主人大多十分珍爱。1987年11月16日晚上,距离案发现场附近上海外国语学院(今上海外国语大学)的一位同志,注意到在储蓄所附近有一辆七八成新、黑色的永久牌自行车。17日上午,细心的他发现那辆车还在原地,他上前摸了摸车垫是湿的。昨天晚上,刚下过一场雨。看来主人一夜没来骑车,谁会那么随意地将车子弃于室外呢?到了中午,那辆自行车还在原地。他想起了储蓄所的杀人案,这辆自行车是不是凶手留下的?它与杀人案是否有直接或者间接的联系呢?世界上哪有这样蹊跷的事情?他凭着对社会的责任感,毅然向公安局部门报告。

群众对路边一辆自行车的举报,拨动了公安人员警惕的神经,打开了专案组破案的思路。公安人员根据车牌号很快找到了他的主人——一位退休工人单师傅,又从他那里得知该自行车是在11月16日(案发当天)上午8点多钟,被其儿子单志龙的同学借走。单师傅说自己当日下午1时半要骑车外出,务必速借速

还，借车人答应了。可是一天过去了，为什么还不见他归还自行车。单师傅还为此事生气。公安人员立刻让单师傅现场确认，果然是那辆自行车。

于是，退休工人单师傅和他儿子单志龙，首先进入了刑侦队的视线。经多方调查，单师傅老实巴交，与世无争；其儿子单志龙，案发那天经多人证实，他在别处，没有作案的可能。经过顺藤摸瓜，单志龙的同学、自行车的借用人一个叫于双戈的人，冒出了"水面"，迅速被警方锁定。于双戈，1963年8月22日生，时年24岁，中等个，偏瘦，祖籍山东莱阳。从小被伯父母领养，而且是家中唯一的一个儿子，家庭和睦温馨。于双戈1981年高中毕业，在家一年后，分配到上海海运管理局当乘警，随船走南闯北，他曾在"长更""长立""长绣""长锦""长柳"等轮船工作，对茂新轮的情况也比较熟悉。后因赌博、贩卖外烟等不法行为，1987年9月被海运局调出，来到上海公交公司第二分公司75路车队当售票员。16日那天，他上穿米色茄克衫、下着海蓝色长裤，正好没有上班。还据有人反映，于双戈平时交际较广、生活挥霍无度，负债数千元；他还有一个在东海船厂工作的女朋友叫蒋佩玲，两人关系很好，正处于谈婚论嫁的地步，很有作案的可能。

尽管犯罪分子可以通过各种方法隐蔽自己的踪影，但是在人世间，总会留下自己的痕迹。在科技高度发展的今天，痕迹提取的方法日益高超，破案的手段越发神奇。公安人员不仅在大连西路储蓄所案发现场获取到一枚犯罪人在门锁处留下的指纹，同时还提取到11月13日在"茂新"轮盗枪案中歹徒留下的指纹，同时还在于双戈填写的档案材料中找到了一枚指纹。3枚指纹经过反复比较，发现指纹的纹线形和细节特征都相吻合，系一人所留。指纹，这是生命的符号、破案的密码，再一次成功地锁定在于双戈身上。另一组公安人员还将于双戈的照片与其他人的照片相混合，让目击者辨认，结果目击证人都指向了于双戈。于双戈具有重大作案嫌疑。

公安部门马上派出人员抓捕于双戈归案。但是，于双戈已经抢先一步，逃之夭夭。公安部门迅速在上海的车站、码头、机场和道口，布置警力缉查于双戈，并向各地发出了通缉令，一张无形的法网快速撒向全国各地。

三、于双戈宁波落网

11月16日中午，行凶杀人后的于双戈，慌不择路，一路绕行。他来到了东海船厂，叫上了其女友蒋佩玲。从下午3点起一直到深夜12点，他俩一起去了咖啡馆，去了歌舞厅尽情地潇洒了一番。尽管于双戈表面上洒脱自如，实际上他内心十分空虚，神情异样，有时说话也前后颠倒。陪伴在旁的蒋佩玲也有察觉，总认为于双戈工作不顺心，心情不好，依然对他含情脉脉、体贴温柔。当晚于双戈没有回到自己的家里,就住在虹镇老街天宝路蒋佩玲的家里。

第二天,在蒋佩玲家里,于双戈若有所思,突然间对蒋佩玲说:"玲玲,你马上帮我去弄些钱来。"蒋佩玲一愣,问道"派啥用场?""我抢了银行,杀了人。赶快逃跑。"蒋佩玲简直不敢相信自己的耳朵,她睁大双眼,认为于双戈在胡言乱语,拉住他的双臂,连连说道:"不,不,不可能!"

"真的,全是真的。"于双戈简要地说出了作案经过。蒋佩玲脸色一阵苍白,好久说不出话来,在沉思中,她回想自己15岁失去父亲,21岁又失去母亲,后来一直与其姐姐共同生活;1986年12月,经人介绍,自己同于双戈相识,原准备明年"五一"或"十一"结婚,现在情况将发生根本性的变化,于双戈生死未卜,命运对我如此不公。隔了一会,蒋佩玲说:"我已是你的人了。我们要死活在一起,我陪你一起逃。"接着,蒋佩玲走出家门,弄来了200元,交给了于双戈,让他作些准备,早早行动。正在这时,有人敲门,于双戈和蒋佩玲十分吃惊,开门一看,原来是于双戈的父母。原来案发当天(11月16日)早上,于双戈的父母感到儿子神情有点异常,白天他们曾打电话到儿子的工作单位,获悉于双戈没有上班,后来无意中还在于双戈的抽屉里发现了手枪和子弹,深感问题的严重性。当天晚上于双戈又没有回家,由于当时电话不普及,也没有手机,一时又联系不到儿子,第二天就匆匆赶到蒋佩玲的家里,问起儿子昨天的行踪,为什么不去上班?开始,于双戈还想欺骗父母,说自己身体有病,没有上班,也没有回家。但是,当于双戈的父亲问起家中的手枪和子弹从何而来时,于双戈知道自己无法隐瞒,只好吐露真相,他跪在地上苦苦哀求父母放他一条生路,让他远走高飞。蒋佩玲明知道于双戈犯下滔天大罪,但是被感情所惑,也跪在于双戈身旁,一起求情,表示与他同生共死。于双戈的母亲经不起儿子的苦苦哀求,有所动心,也想给儿子逃命。但是,于双戈的父亲态度明朗、思想坚决,他一定要儿子向公安部门自首。于双戈见无法打动父亲,就使了一个花招,一面敷衍父亲,允许他冷静考虑一下。两人站起来,以带点衣物准备坐牢为由,回到房间,拿了一个小包,乘父母不注意,两人夺门而逃,于双戈在前,蒋佩玲在后。父亲跟出门大声叫喊:"捉牢伊!捉牢伊!"蒋佩玲慌了手脚,皮鞋扭了一下,重重地摔了一跤。她爬起身子,要去追赶于双戈。但是,于双戈却早已不见踪影,消失在茫茫人海之中。蒋佩玲一时茫然,没有了方向,被闻讯赶来的群众扭送到公安派出所。

鉴于双戈已经逃跑,根据于双戈的社会关系,专案组除了在上海布控力量外,迅速有重点地向外地派出3支队伍:一支扑向于双戈的原籍山东莱阳;一支飞至广东于双戈的一个亲属处;另一支开往浙江宁波蒋佩玲的奶奶家。

狡猾的于双戈,过去曾当过多年的乘警工作,熟悉一些公安业务,他尽量避开一些人多的地方,步步为营,不敢接近自己的亲戚朋友,知道这是公安部门的重点布控区域。一路上,他如惊弓之鸟,风餐露宿,好不容易在外混迹了一个星期。于双戈知道蒋佩玲有个奶奶住在宁波。11月23日,于双戈匆匆来到甬江之畔,但是他又不敢踏进其家中。他又想起上海蒋佩玲,来到宁波市中心一家邮局的电话亭内,准备打个长途电话到上海探听"风声"。当他的电话还没有拨通的时候,在浙江警方大力支持下,于双戈被宁波市公安局海曙分局苍水街派出所干警陈永康和严京铨抓获,当场在其身上缴获茂新轮失窃的两支手枪和子弹等。①

四、案发经过及判决前后

到案后,于双戈交代了案发经过。由于自己挥霍无度,债主上门频繁,为偿还债款,总数在1万元左右(这在20世纪80年代,是一笔大数字),遂起意作案。11月13日下午,他携带作案工具在茂新轮盗枪。当他从黄浦公园乘上交通艇,靠上停泊在黄浦江中的茂新轮时,上船下船,却无人问津;轮船乘警室的门尽管锁着,于双戈用旋凿、榔头敲门砸锁,也无人察觉,如入无人之地,航警值班室形同虚设。后在银行持枪杀人,负案逃跑,最后在宁波被公安人员抓获。与此同时,于双戈也供出了该案所涉及的小兄弟徐根宝和女朋友蒋佩玲的事情。

1987年12月4日下午2时,上海市中级人民法院刑事审判第一庭公开审理于双戈盗窃枪支弹药、抢劫、杀人一案。法庭审理有条不紊,检察官公诉于双戈所犯的罪行,证人到庭作证,法官对被告人的犯罪事实一一讯问。于双戈对自己所犯的罪行供认不讳。上海中级人民法院对于双戈作出判决:判处死刑,剥夺政治权利终身。当天下午,于双戈由法警押入提篮桥监狱。

依法判处于双戈死刑

按照法律规定,我国实行两审终审制,被告人不服一审判决具有上诉权利。

---

① 《解放日报》1987年11月26日。

当时,于双戈向上海市高级法院提起了上诉。12月8日傍晚,上海高级法院驳回了于双戈的上诉,维持一审原判。提篮桥监狱的管教干警及时找于双戈谈话教育,同时为他提供钢笔、纸张让其写遗书。那天晚上,于双戈百感交集、哭哭停停、停停哭哭,给自己的父母、给女友蒋佩玲等写了遗书,其中对蒋佩玲的遗书长达30多页纸,向她倾吐自己的感情、表达人生的看法。于双戈一直写到次日凌晨2点,监狱的管教干警出于人道主义精神,特地为他送来了一份夜宵;尽管是一盒普通的方便面,但是死到临头的于双戈显得十分激动,想不到监狱里的干警考虑得如此周到。法律是公正、无情的,法律更是严肃的。人生没有后悔药,任何犯罪都必须得到严惩。

于双戈在提篮桥监狱内度过了人生中最后的8天。12月11日下午2时,于双戈被法警提出监狱,押赴刑场;随着一颗正义的子弹,一个24岁的罪恶的躯体,在人间消失了。

五、案外之案:徐根宝和蒋佩玲受到追诉

于双戈一案同时还涉及两个人,他们虽然不是同案犯,但是在案发过程中,有不少的牵连,很有必要把他们的情况作一交代。1987年11月13日,于双戈从茂新轮上盗到枪支弹药等物品以后,当天晚上的10点多钟,他去了朋友徐根宝的家里。一进门,于双戈压低声音说:"根宝,我干了一件惊人的大事……"说着,他从帆布包里取出了手枪和子弹给徐根宝看,还讲述了上茂新轮盗枪的经过。徐根宝不由心惊肉跳,声音颤抖地说道:"你闯大祸了。"于双戈说,"我已经把枪偷出来了,你再怎么说也无用。""办法还是有的,要么你马上去自首,要么把枪还到轮船上,要么赶快把枪扔到黄浦江里……"平静下来的徐根宝劝说着于双戈。

于双戈不吱声,这时他不敢得罪徐根宝,如果他告发,马上就要坐牢,成为阶下囚。于双戈央求地说:"根宝,我们都是好朋友;朋友就要有福同享,有难同当。手枪和子弹,暂时在你这里临时放几天。还有一件事情求你,你帮我把帆布包里的羊角榔头、旋凿等东西全部丢掉。"徐根宝点了点头,出于江湖义气,为朋友于双戈保存了枪支弹药;丢弃了作案工具,毁灭了作案罪证。事后,徐根宝万万没有想到,他的所作所为已构成了窝藏罪。

再说,11月16日,于双戈仓皇逃跑到了女朋友蒋佩玲住处,得到蒋佩玲的资助,于双戈和蒋佩玲还一起谋划了共同逃跑,由于突发的原因,蒋佩玲同于双戈分离,于双戈逃出上海,流窜在社会。蒋佩玲的行为构成包庇罪。

1987年11月25日,蒋佩玲、徐根宝被拘留。①同年12月9日,蒋佩玲包庇

---

① 《解放日报》1987年11月26日。

案和徐根宝窝藏案相继开庭审理，上海媒体也进行了现场直播，这是中国大陆第一次通过电视直播庭审，并引起了轰动。那天，上海万人空巷，许多人都在电视机前观看这场审判。蒋佩玲在庭审中呈现着一副弱者姿态，并称："自己终归是于双戈的人了，案发后才为于双戈的潜逃出钱出力。"蒋佩玲的行为，引起了一些人的同情和惋惜，每逢元旦、春节，有人甚至丧失是非观念会为服刑中的蒋佩玲寄来贺年卡（这类贺卡，狱方均予退回）；徐根宝在庭审中也是一副老实人模样，称自己为于双戈窝藏枪支弹药是为了讲哥们义气。此后，"娶妻要娶蒋佩玲，交友要交徐根宝"的流言一度在上海出现。主流媒体对此流言进行了批评，认为他们两人缺乏法律意识，不应当是群众效仿和追求的对象。当于双戈处在犯法犯罪道路上，如果徐根宝和蒋佩玲能够冷静地对他进行有力的规劝和阻止，也许于双戈也不至于最终走到刑场。

1988年1月8日，上海人民法院对徐根宝以窝藏罪判刑5年；以包庇罪对蒋佩玲判刑3年。不久，他们都被关押提篮桥监狱服刑。经过干警的教育，思想上有所提高，后来蒋佩玲被安排在提篮桥监狱内的"新岸艺术团"服刑，为她提供了良好的改造环境。在狱内，蒋佩玲也充分发挥了她的艺术专长，在有关人员的指导下，她登台放歌，曾为狱中服刑人员和社会各界的人员演唱了不少歌曲。[①]最后获法院减刑，重新回归社会，低调为人，组成新的家庭。徐根宝经过多年的改造也刑满出狱，走向新生。

---

① 《蒋佩玲在重塑自我》，《上海法制报》1988年5月16日。

上海监狱亲历者访谈录

租界时期上海的司法机关
——李恬耕访谈录

时间：1991年3月、4月，共计3次　　地点：提篮桥监狱办公楼
李恬耕口述　　徐家俊记录整理

我是浙江宁波人，现住松潘路。1937年起在提篮桥监狱工作，主要任翻译，曾任二等刑务官。先后在英国人、日本人和汪伪时期中国人下面谋事，1945年时离开监狱去海关工作。1949年5月以后很长一段时间一直在安徽生活、工作。1979年以后回上海，先在市档案馆搞外文翻译，后在上海一所高校教外语。

一、公共租界工部局及巡捕房

1943年8月以前，上海一座城市内有3块行政区域、3套管理机构，除了老城厢和闸北地区属中国人管理外，还建有公共租界和法租界。公共租界的最高管理机构叫工部局，法租界的最高管理机构叫公董局。工部局、公董局相当于中国地区的市政府。S.M.P.是上海公共租界工部局巡捕房的英国缩写，S为上海英文首字，M为工部局英文首字，P为巡捕房英文首字。工部局下面有几个处，即总办处、警务处、消防处、卫生处、财务处、学务处、工务处、火政处、法律处、华文处等（到1943年汪伪时期"处"改为"局"）。工部局警务处，相当于现在的公安总局，警务处下面有10多个巡捕房，如总巡捕房、老闸、新闸、汇山、虹口、戈登、新城、榆林、格兰等巡捕房（各巡捕房建立时间有先后）。巡捕房相当于现在的公安分局。4个巡捕房上有一个督察长。租界时期提篮桥监狱

上海公共租界工部局局徽

典狱长的职位比巡捕房高半级,比督察长高,相当于现公安总局的副局长。S.M.G.是上海工部局监狱的英语缩写,其中 S 为上海英文首字,M 为工部局英文首字,G 是监狱英文首字。目前提篮桥监狱地上还能看到各种窨井盖,盖子上面铸有 S.M.P.、S.M.G.的英文字母,这是当年旧监狱留下的遗物。

社会上巡捕(警察)在马路上,每人管一个区域,他们手里有两件物品:一是警笛,发生问题则吹警笛;二是一把钥匙,用它开启电话。当时马路上的电线杆上均装有电话机,巡捕如有情况就可以用钥匙打开,向巡捕房里通电话。

1899 年的公共租界总巡捕房

二、公共租界时期的监狱

提篮桥监狱行政负责人,公共租界英国人时期,典狱长一度叫"狱务监督",副职叫"副狱务监督",次之叫"助理狱务监督";日本人管理时,典狱长叫"刑务所长",副职叫"刑务补监"(日本人的监狱叫刑务所);汪伪、国民政府时期,叫典狱长、副典狱长。旧监狱的行政组织体系基本上为三大科:第一科,主要负责监狱文书、职员看守等人事工作,犯人收监、出监、假释,财务预算、伙食、炊场等内容涉及面较广。工部局英国人时叫监狱登记处(译名);日本人统治时叫庶务课;汪伪、国民政府时叫总务科。该科工作人员不穿制服。第二科的职能主要管理监狱的警卫、安全及其他各项事情,工作人员穿制服。日本人叫戒护课,汪伪时称"戒务科",国民党时叫"警卫科"。第三科,管理犯人的生产劳动。日本人叫"作业课",其他时均称"作业科"。租界时期科室人员分一等刑务官、二等刑务官,三等刑务官,下面叫一等看守长、二等看守长、助理看守长(英国人叫法)、见习看守长(日本人叫法)、候补看守长(汪伪时叫法)。看守人员俗称分一道头、三道头、三道头(三道头最大)。提篮桥在工部局时期,职员中各国人员都有,如英国、白俄、挪威、印度、菲律宾、葡萄牙等,上层人员为英国人,看守人员大多是印度人。旧上海监狱印度看守不少,印度人具体按宗教信仰不同,分为两类:一是信奉佛教,他们留有胡须;二是信奉伊斯兰教,是剃光胡须的。提篮桥监狱看守人员中,这两类都有。

监狱管理人员的伙食,是包给一个叫"汪协记"包饭作承办的,该包饭作也承包杨浦发电厂、上海跑马厅的伙食。犯人伙食是由监狱向社会公开招标的,刊登在《申报》上,各承包商在限定的时间内,把标书密封送到工部局(今江西路汉口路口),在指定时间再由工部局开标揭标。"汪协记"中标这看起来很公正,其实其中也有手脚。招标时样本很好,后来达不到此水平。另外,"汪协记"老板还向监狱头头送礼,头头得到不少好处。工部局、汪伪时,看守进入监区要搜身,主要由看守长对看守搜身;出门也要搜身,检查他们是否为犯人带东西。

三、日伪时期的监狱

1941年12月太平洋战争爆发后,英美上层人士进了集中营,监狱的英国头头也进了集中营,上海公共租界警务处派了两个日本人接管监狱。两人分别叫菅井喜三郎、井村明。不久,日本以外务省(外交部)的名义,从日本监狱官中抽了10个人到提篮桥监狱。其中,本田清一为领事级,菊田池为副领事级,冈庭荣等8人为外务书记生,后来,本田清一为刑务所长,菊田池为刑务补监,冈庭荣为总务课长,还有7人均作为中层一级干部。本田清一原是法学界人士,办事较认真,比较注重文化程度。他就抽了3个人,有严景耀助理典狱长(雷洁琼丈夫)、我(李恬耕)、冈庭荣和他(本田清一)在榆林路巡捕房公开招考监狱工作人员,范围是在中国的日本侨民,考文化、面试。考试较认真,不搞什么关系,速度也较快,一天就解决。条件是文化高中毕业,年龄要轻,身体好。共录用了四五十人,录用后还对他们进行训练,地点在榆林巡捕房,我还在感化院(今9监)为他们上文化课。这些日本人后来大多是看守长。此外,本田清一还公开招考一部分中国人当看守。日本人掌权后,英美人大多出走了。日本人掌权时,制度仍照旧,还属公共租界工部局管辖。日本人走后,汪伪接管后,严景耀离开监狱去银行。1943年7月底8月初,日本人向汪伪政府接收人员的移交仪式在监狱大院举行。日本人(本田清一)事先写了一篇日文材料,比较短,其内容无非是鼓励监狱管理继任者好好工作,好好服务一类客套话。他让我译成英文,并宣读。新任典狱长邢源堂用中文作了一个发言,形式较简单。本田清一只交了一串办公室钥匙给邢源堂，什么账册、资料均没有。过去提篮桥监狱行政上属公共租界警务处管辖，接管后改归汪伪司法行政部领导。移交时有一个记者采访过，事后写了篇特写发表在报上，介绍了接管情况。接管日期为1943年8月1日。从1943年8月1日起，提篮桥监狱名义上由中国人管理，但是其背后仍然是日本人当家。

提篮桥监狱第一任华人典狱长邢源堂，是江苏江阴人，背有点驼，年龄比我大二三十岁，当时约四五十岁，邢源堂原是浙江第一监狱典狱长。有次汪伪司法行政部长罗君强到杭州视察，认为浙江第一监狱管理较好，就把邢从杭州调任上海提篮桥监狱典狱长。罗君强与邢源堂没有什么私人关系，这实事求是。罗在当时还较正派，处理过一些事情。例如，上海华美药房姓徐的杀人案件，上海社会影响很大，有些人为之说情舞弊，包括重要人员，罗发现后严肃处理；上海法院检察官陈冰君，被罗君强下令关押提篮桥监狱内。陈曾任杭州法院的检察官，与邢源堂熟悉，陈后来关在监狱办公楼2楼的一间房内。邢从杭州到上海后只带来一个人（总务科长）叫沈泰平，监狱的班子都是原来的。另外他聘用了朱刚（原上海的老监狱官，苏州人）为副典狱长，陈光钊（二等刑务官，负责中文秘书工作），英文秘书由我搞。陈是上海的，有学问，文字上较好。邢来监后，把监狱司法文书西文（英文）改为中文，改掉原来AB、CD监等8个用英文名称的监房，为忠、孝、仁、义、信、爱、和、平8个监房，原感化院仍称为感化院（今9监）。"感化院"一词实为日本人词语，中国人叫法是"改良所"，还有像"炊场"也是日本人叫法，中国法律词汇中有不少是借用日本人的叫法。邢本人对中国监狱管理较熟，但不识外文，对外国监狱的制度不熟悉，杭州带来了一个人也不熟悉，所以提篮桥监狱工作较难开展。下面一些外籍人员不卖邢的账。邢在监狱工作七八个月后，调任南京司法行政部报务司司长一职。报务司，主要管理犯人刑满释放后的出路问题，是一个虚职。国民政府官员任命官员，分"简任、荐任、委任"三档，前者级别最高，实职，后次之，肥缺往往是对关系人委任的，虚职、闲职委任他人，看起来级别相同，实际利益油水相距较大。邢源堂任报务司长后，以后又历任浙江监狱典狱长、上海法租界地方检察院看守所所长，最后又到提篮桥监狱任副典狱长（当时典狱长为沈关泉），邢仅仅挂个名而已，不来工作的。邢源堂家住在上海山海关路育才中学对面的一个里弄内，其儿子邢宝珊在南通学农业。

汪伪时的典狱长沈关泉（上海人）是通过日本人野扣的门路进来的。沈关泉的堂弟叫沈关荣，原先在监狱工作，沈关泉从其堂弟处了解监狱油水很大。他通过野扣的关系进了监狱，沈原在工部局总办间任职。沈关泉本人素质不好，他到监狱后，把监狱工作弄得很差，又克扣犯人囚粮，倒卖监狱物质，大捞个人油水。而本田清一、邢源堂等人倒没捞什么。

汪伪时期，提篮桥一个职员还偷改犯人执行书而提前放走犯人一事。狱内总写字间,又名庶务科(日本人叫法),国民党叫总务课、秘书课。犯人的执行通知书上有犯人刑期,始止日期、罪名等内容。当时有一工作人员厉某,营私舞弊,私自更改犯人执行通知书上的刑满释放日期。后来该犯人没到正式刑满日期就被释放。庶务科有全监狱犯人档案及卡片资料,它按年、月、日排列,凡刑满犯人按日期排好。这个犯人放走后,由于另有一份材料厉某没有改过来(厉也不知道监狱还有一套资料),被科室人员柏其林发现,监狱的犯人数字对不起来,发生误差。两份材料核对后,暴露了问题(犯人释放时,执行书要交刑事执行部门存档),提篮桥巡捕房把厉某带走,后以"渎职罪"判处厉1年或2年徒刑。厉关了6个月后,被假释出狱(当时的典狱长是本田清一)。厉某后来到他处谋生,1949年后住在长阳路大连路;柏其林1949年后在上海一所中学当教师。

四、旧监狱的犯人管理

提篮桥监狱收押犯人范围是:公共租界(上海第一特区)法院判决的犯人,中国人、外国人都有。华界(中国地界)的犯人由国民政府监狱收押,如漕河泾监狱收押;法租界(上海第二特区)的犯人收押在法租界的马斯南路监狱。在工部局时,监狱实行过保外服役的制度(犯人的具体条件为有期徒刑3年以下,服刑3个月以上)可以保外就医,假释。提篮桥监狱开始没有外国女犯,1935年起收外国籍女犯,但是人数很少。3名看守人员,其中有一名是中国籍女看守,女看守长是外国人,关押地点在西人监。公共租界(上海第一特区)华籍女犯判刑送往浙江北路监狱,1943年8月邢源堂任典狱长后,提篮桥监狱才收华籍女犯,地点在"平监"(今8号监)。

提篮桥监狱犯人很早从事生产作业。生产项目有:(一)印刷,当时监狱的印刷技术较高,在上海是第一流的。《申报》馆是一流的,提篮桥监狱的印刷厂也是一流的。印刷机器都是外国进口设备,工部局的一切材料、办公纸张均在监狱印的;此外还承接社会上各公司商家的一些印刷物品。(二)木工间,制造各种家具,样式很新式。(三)缝纫间,做西装。(四)洗衣作,用洗衣机洗的,设备较好,在社会上属第一流的。职员衣服一般都由洗衣机洗,10分钟后可烫平取出;犯人衣服也由洗衣机洗的。监狱生产以印刷为主。印刷间有一个美国人(技术人员管生产,没有制服的)。三大门内的其他人员,除感化院(少年犯监)外均有制服。监狱各监楼内除门口一张凳子外,其他地方是没凳子的,也就是说看守上班是没有凳子坐的,工作条件很差。

工部局监狱规定,看守的枪支是不准带入三大门的,以防意外,如果被犯人抢去就会造成大事故。过去曾发生过,系死刑犯抢印度看守的枪,印度人被打死,犯人也险些逃走。所以才这样规定。还有监狱各扇大门是不准同时打开的,要第一道门关闭后,才可以打开第二道门,以免让外面的人从三扇门看到底,主要为安全。在工部局时期,由英国人、印度人管钥匙间。监狱四周岗楼由万国商团负责警卫,后来由印度看守管理,再后来岗楼没人看管(主要行政办公经费缺额)。监狱警卫制度很严,科室人员不准随便进入监舍内,看守也不准随便进入科室。各监房内,每层楼面的中间有一钢表(更表),看守每巡楼一周,要用钥匙在更表上开动一下,监狱钥匙间总控制室的自控钟上则会打字,第二天则检查看守人员是否勤巡查或打瞌睡。

五、监狱犯人的生活待遇

监狱犯人伙食与工作人员伙食是分开的,两笔账。那时犯人每天两餐。每天上午10点左右第一顿,下午4点左右为第二顿。参加劳动的、不参加劳动的均两餐。但参加劳动的犯人比不参加劳动的犯人伙食质量要好。炊场是由外国人为主管。炊场只负责烧菜、烧饭,不管买菜;小菜每天早上由"包饭作"送来,由犯人烧的。犯人伙食是监狱与外面订合同,一般半年左右签订一次。

外国籍男犯人关在"西人区",或称"外人监"(今十字楼),每人一间房子8平方米,内有一只台子、一只凳子、一张床,均固定在地上,不能移动。中国犯人关在其他监楼内,3个人一间或一个人一间,不关两个人,每间面积3个多平方米。大多是水泥地。每人一双筷子、一条毯子。囚室内没有其他东西。大便用的草纸每天发的,犯人身边没有任何纸头,小间内只有一只洋铁皮马桶。犯人进入监狱后要全身检查,衣服全部消毒,入监后穿囚服。犯人有时让看守"跑条子",就写在大便用的草纸上,由看守凭此条去犯人家中取物、取款,看守从中获取好处,叫做"跑大黄"(即"跑条子")。看守主要带入板烟。板烟是狱内犯人的"硬通货",可以调换任何物品。抽烟火种是很方便的,如用棉花蘸点高锰酸钾在水泥在上摩擦就发热起火。

工部局时提篮桥监狱犯人有两类:一是未决犯,一度他们每周可以由家属接见一次,已决犯每月接见一次。每次时间很短,地点均在长阳路前门接见室,每批5名犯人,犯人与家属相隔铁丝网。接见时监狱还搞区别对待,即家属同犯人的距离有远近不同,分为三档,相隔近,见面、讲话效果好;反之,则差。中间由看守来回走动,并进行监听。接见过程是:由犯人发信,接见单附入信封内,家属凭接见单到监狱,向看守换铜牌,进入接见处,接见毕铜牌交回,人离开监狱。总之,在旧提篮桥监狱家属的接见规定(次数),各个期间变化较大,各有不同。

六、监狱医院

监狱内的医院,规模较大,8层楼楼房。工作人员均为男性,男医生、男护士。医院内的医生、护士属工部局卫生处管辖,医院内的看守属监狱管辖。巡捕医院(今虹口区中心医院),行政上属工部局警务处管辖,医务人员属卫生处管辖。卫生处每月或双月或不定期到监狱内检查工作,来的时候,监狱大院内就有门卫在悬挂的一块铁块上敲三下,声音较响,全监均能听到;每当警务处长到监狱检查工作,则在铁块上敲两下,起到报信作用。

我所知道的厦门路监狱、华德路监狱
——沈关荣访谈录

时间:1999年7月21日全天　　地点:杭州市采荷新村沈关荣家
沈关荣口述　　徐家俊、胡士伟记录整理

我是上海人,1915年出生。1932年12月15日我18岁时经考试被录用,到厦门路监狱任三等抄写书记(考试的内容是将中文的判决书译成英文)。1935年调至华德路监狱(即提篮桥监狱)戒务科,负责犯人的进出人账以及犯人的出监手续,后来也做过作业科副科长。一直工作到1945年抗战胜利后,国民政府派姓徐的专员接收监狱后,我辞职离开。解放前夕,我来到杭州在各处做临时工,解放后我没有固定职业,无退休金,靠子女补贴。

一、厦门路监狱

厦门路监狱前门是厦门路,后面是苏州河。狱区分有两块,前面部分当中是一条路,两边各建有5幢木头盖的房屋,质量很好,住万国商团(主要是俄国人),担任监狱警戒工作;后面部分是监舍,主要是一幢2层楼建筑。厦门路监狱大门由老闸巡捕房派巡捕来看守(监狱位于老闸巡捕房管辖的范围内)。厦门路监狱也称厦门路西牢,主要关押外国人,有英国、美国、西班牙、葡萄牙等国的犯人,但没有法国人和日本人。法国人犯罪由法租界马斯南路监狱关押,日本人犯罪则关押在江湾路。厦门路监狱关押的外国人具体分两类:一类是居住在上海租界的外国侨民(有领事裁判权者,法国人、日本人除外),这些犯人的审判、关押、接见、通信、释放均由各国领事馆决定,但狱方须向各领事馆收取犯人的生活费,每人每天2两银子;另一类是无领事裁判权者,如白俄、希腊,拉脱维亚等流民,均由上海司法机关裁决,生活开支由工部局负担。接见,已决犯每月一次。

厦门路监狱不设典狱长,最高长官称监狱官,相当于现在的分局长。厦门路监狱的监狱官肩章三粒星。我在厦门路监狱从最低三等抄写书记做起,王慕贤比我年龄大,比我先到厦门路监狱工作,他是一等抄写书记,监狱还有一名印度看守长叫康伯达。厦门路监狱犯人不多,保持在 100 人左右。女监女犯人只有 10 个人左右,有时抓一批十五六个人,大多是白俄妓女,关 24 小时就放了。犯人每天放风 2 小时,上午 1 小时、下午 1 小时,限制在院子里走动,不可以交谈。厦门路监狱 1935 年 9 月撤销,犯人全部移押华德路监狱(提篮桥监狱)。

厦门路监狱

二、华德路监狱

我是 1935 年 9 月厦门路监狱撤销后调到提篮桥监狱的。提篮桥监狱设三科两所,即总务科、戒务科、作业科,教诲所、医务所。监狱里 8 幢监楼,加上西人监(外人监)和感化院,监房共计 10 幢大楼,除了其中的两幢大楼外,大多每层 92 间,按每间关押 3 人计算,全部关满可达 1.2 万人。全监狱各幢监楼的小监室全部走马观花式地巡逻一遍要 2 小时 45 分钟(当时我曾试验过)。我在提篮桥作业科、戒务科工作过,其中戒务科时间最长,将近 7 年。旧提篮桥监狱这碗饭不好吃,管理人员的人际关系很复杂,钩心斗角。旧上海华籍警察中山东人最多,主要有两大帮,即泰安帮、威海帮;其他还有扬州、宁波和上海的。旧上海信奉锡克教的印度巡捕很多,又称"红头阿三"。另外还有信奉伊斯兰教的印度警察,由于两种宗教习惯不同,印度警察(看守)经常发生冲突打架。一度提篮桥监狱印度看守约有 200—300 名、中国籍看守 300—400 人左右,其他国家如英国、美国、白俄约百把人。不过,该数字也不固定,各年份经常有变动。

旧社会,对我们吃监狱饭的人有三忌:火烛;犯人逃跑;犯人自杀死亡。提篮桥监狱监房每层4个角都有警铃,楼面巡走时,发生情况可按警铃,值班室有指示灯可以及时了解情况。监房内有更表(又称钢表),钥匙间有一座钟,在钟的滚筒上附有一圈记录纸,监房的更表用专用的钥匙开一下,记录纸就记录下当时巡查监舍的时间。在监狱四周围墙等处各个点都装有更表,这种更表与监狱房内的相反,钥匙头是装在墙上的,而巡逻的看守是身上挂一个更表,看守须用身上带的更表去转动固定的钥匙。其管理方法相当新潮,又实用、科学、有效。看守每天要向主管科室报两次犯人人账,中午、傍晚各一次,再由各值班汇到总钥匙间。看守上午6点30分上班到中午11点30分,分两批吃饭,下午4点30分值晚班前来接班。监房的门锁是英国制造的,监房门锁分三档,头上有白漆,全部关上后是一条白线,否则就有监房没有关上。犯人囚服主要有白、蓝两种颜色,白色是已决犯,蓝色是未决犯。死刑犯的囚服上有特殊的标记。提篮桥监狱最多时关8 000多人,一般犯人3个月接见一次。

监狱的戒务科主要负责犯人的进出入账以及办理释放手续。监狱管理很严,犯人进出管理最有效的办法就是打手印,即按捺指纹,核对手印。工部局巡捕房有手印间(指纹室),犯人10个指纹、两个掌纹,入监时有关资料齐全。出监时要核对手印(指纹),犯人临时外出,如打扫卫生、搞生产劳动也要留下手印,回监后要核对;一般是左手的拇指,由手印间核对手印敲章后才能放行(主要防止犯人调包)。犯人入监时财产由专人登记,像戒指、手表等贵重物装入口袋,用火漆印封口,等到犯人释放时再启封发给他们。犯人中牢头狱霸称"毛布头",犯人关禁闭室饿饭,叫"扛冷水"(即犯人吃饭的数量大大减少,饥饿难熬,只能用冷水充饥)。

提篮桥监狱有鞭刑,犯人趴在一个特制方形的凳子上。这种凳子一头高、一

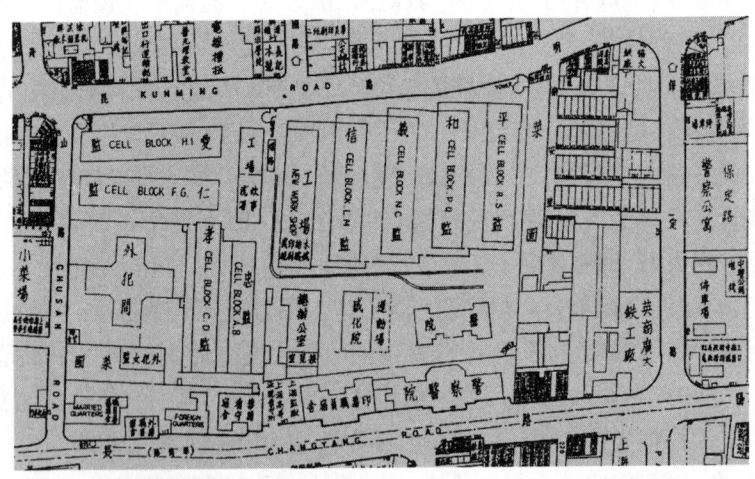

扩建后的提篮桥监狱各监楼分布图

头低,当时俗称"老虎凳"(这不是影视片中所看到人绑好陆续加砖块的那种的老虎凳,两者是两回事)。行刑时把犯人左右两只手各绑(铐)在一个凳脚上,两脚也绑住,由印度看守抽打犯人的臀部(要脱掉裤子)。每鞭打下去非常厉害,就有伤痕,所以行刑前派监狱医生对将受鞭刑的犯人作身体检查,主要验看这犯人是否有心脏病等,是否经得起用刑。实施鞭刑时医生也在场,一般分为3、6、9、12鞭几个等级。橡皮监(正规的称防暴监),主要关押者系情绪不稳、暴躁的犯人。还有禁闭室(又称暗室,即后来所说的"风波亭";当时没有该叫法)。旧监狱有体罚虐待情况,如看守动手打犯人耳光等(但这是土政策)。

犯人外出劳动用小链条(其实不小,链条比手指略细,2米长)两个人一组,分别用2把锁锁于腰间,而且这小链条有一定重量,当犯人戴小链条走路时,要用一只手提起该链条。使用该办法主要目的是为了防止犯人逃跑。旧监狱犯人死亡,两种情况最多:一是盲肠炎(阑尾炎);二是肺结核。犯人死亡后由管理人员负责打死亡犯人的手印,核对身份(对死亡犯人按手印还需要一定技巧和方法,操作上与一般犯人不同);死尸送普善山庄,然后通知家属。这类事情我做得最多。

1945年左右,我堂兄沈关泉出任提篮桥监狱代理典狱长,以前他在工部局工作。汪伪时期,监狱名义上是中国人管理,但实权在日本人手里。日本人指派监狱征调500名犯人去舟山建筑军事设施,犯人均由日本人挑选的,要年轻、身强力壮。中国看守董夫尘等几十人押带犯人,也去了几个日本看守,由日本人带队。后来不少犯人双目失明,主要是营养不良,体力消耗很大,并死了不少人。这件事发生在我堂兄沈关泉任典狱长时,当时是在日本人的威逼下进行的,账算在沈关泉身上。抗战胜利后,沈关泉被国民政府判刑关押提篮桥监狱,1949年后沈关泉又被判刑,后来死在提篮桥狱中。

三、华德路监狱对看守职员的管理及待遇情况

旧上海公共租界工部局警务处设10多个巡捕房,分属东、南、西、北4个区。监狱由警务处马丁上尉任狱务监督(典狱长)具体负责。英国人的管理监狱有一套办法,监狱设有一本签到本,职员看守上班都要签到。等上班钟打过后2分钟,有一名考勤用红笔画条线拦断,以后迟到的只能在红线下签到。华德路监狱看守上下班有抄身制度,目的是防止看守为犯人夹带东西。看守上班时身上只有一支笔和一本记录本,身上不许有钱,身上带钱进出监狱牢房是犯忌的。看守上班时不准抽烟。平时制服是黑色麦尔登呢,黑皮鞋,夏天是黄咔叽、黄皮鞋、羊毛袜子。着装要求整洁、风纪扣要扣好,皮鞋擦亮,胡子刮清爽,站有站相,坐有

坐相。看守到监区值勤上班,先在监狱大院里排好队伍,点名到队,英国人要检查看守的仪表、着装情况,如果看到某看守皮鞋比较脏,他会掏出白手绢帮你擦皮鞋。英国上司的本意是用比较温和的办法教育你,被擦皮鞋的看守当然心里不好过,甚至比骂他一顿还难受,今后一定注意仪表和警容。不过1943年8月起汪伪政权管理时,这套办法不起作用,工作人员懒懒散散,纪律较差。

工部局警种用肩章上的字母区分,如 S.M.G. 表示上海工部局监狱,S.M.P 表示上海工部局巡捕房。警察(看守)制服的袖子有一道、二道、三道条子,表示职别高低;三道级别最高,二道次之,一道最低。按规定,警察穿制服不准在街上抽烟,警察身上如果扎有黑白带子表示在执行任务。英国人管理监狱时,科室职员最低三等抄写书记3元银圆一个月,5年不犯错误可加6圆,最高可加到59圆;二等抄写书记每年可加8圆,最高92圆;一等抄写书记每年可加10圆,最高225圆,再上去每年可加到350圆。但是,工作人员每月实际拿不到这个数字,因为当局要从每人每月的工资中抽出5圆,公家另外拿出10圆,共15圆存入银行,作为一笔基金(这在1930年代是一笔不小的数字),常年利息6厘,等警察退休一次性发给;如犯错误被辞退,5圆还你,10圆就不给了。作为一种制度,鼓励公职人员努力工作,同时也从制度上鼓励看守人员勤政廉洁。如果看守一时贪图一点小利和油水,一旦被查到,大的收益将被取消,让人感到平时不值得去犯错误。我1945年辞职时租界撤销,拿到400万元老法币。英国人管理的特点是有奖有罚,赏罚分明。自从汪伪政府管理后不行了,当官的吃喝嫖赌,裙带风盛行,管理人员的素质越来越差,甚至有的看守没有文化,不识字。

20世纪30年代末,戈登路巡捕房有一个印度巡捕叫阿特玛辛,在巡捕房厨房工作,他带有家眷在上海(当时印度巡捕带家眷的不多);他的一个同事也是印度巡捕,调戏其妻子,事发后就把该同事杀死;阿特玛辛因此被判处死刑,在提篮桥监狱绞刑房执行绞刑。执行人和绳索都是从香港来的,结果执行绞刑时,绳子断掉,人被摔伤送到医院。因为死刑只能执行一次,所以工部局曾怀疑该死刑犯向执行人行贿,但是死刑犯哪有这么多钱?执行人又来自香港,他们之间怎么认识的?这两个香港派来的执行者作为怀疑对象,也吃了苦头,被关起来。后来查清楚是一起意外情况,不是舞弊行为。该死刑犯后来改为无期徒刑,送到印度服刑。当时提篮桥监狱有个姓厉的工作人员,同我在一起,承担监狱新收犯人及出监释放事务,他拿了人家2 000元,在一个犯人出监日期上做手脚,改动刑满释放日期,结果犯人被放走,这个犯人又不识相,到处露面活动被人发现举报。经调查,厉某贪赃枉法,后来被判刑。

租界时期的提篮桥监狱管理
——邓志君访谈录

时间：1991年6月、7月（共两次）　　地点：长阳路邓志君家
邓志君口述　　徐家俊记录整理

我父亲叫邓愚卿，在公共租界工部局干事，后来到提篮桥监狱任职，1942年去世；我伯父和堂兄也在提篮桥监狱工作过。1932年我由父辈介绍到提篮桥监狱，后曾任监狱总务科科长，1944年离开监狱，1949年后，我在通北路一所小学当教师。

工部局英国人管理时期，提篮桥监狱行政机构下设戒护科、作业科、总务科等。总务科，是英文按中国的意译法翻译过来的名称，该科名称还有个英文译法称"大写字间"。总务科涉及范围很广，负责工作人员管理、统计、收发、档案管理、犯人进出登记、刑满释放，犯人物品保管等。总务科下有一个翻译室，有时为外国人翻译，为外国典狱长讲话做翻译（口译）。监狱内看守职员是不准把枪带入监房的。过去曾发生过犯人抢夺管理人员枪支的事情，所以后来规定，凡管理人员进入监舍只允许带警棍，不准带入枪支。监狱内设有一个枪库，有长枪、短枪。监狱科长、看守长以上每人均有一支手枪。要经打靶练习合格，才能使用。用枪时可从钥匙间领取，每人有固定号码，借用要登记、签名，归还则注销。如果个人长期保管也可以，放入办公室内保险箱或办公桌内，每人两格12颗子弹。

监狱四周有不少岗亭，一般下午4:15左右上岗，一早下岗，看守均带长枪，由看守长锁住岗亭铁门，并由看守长查岗。岗亭值勤印度人、中国人都有。监狱当局为了控制监舍值夜班看守（看守每人一层），怕他们在监房里打睡或偷懒，不按时巡查，开始让值夜班时看守每人挂一个圆形的小钟（又称钢表，更表），人走钟也走，人停钟也停，后来看守也采取对策，把该钟交给犯人摇动，自己休息或打瞌睡；有的看守还故意把圆钟弄坏，看守则可偷懒。监狱里有一个老铜匠专门修理圆钟。后来监狱作了进一步改进，在监楼的外走廊中心位置安装一个更表（钢表），该表上有一小孔，看守到此要用钥匙开动一下，总钥匙间的控制室内就打下记录，第二天就通过这记录纸，检查看守的工作职责，是否偷懒，是否尽职工作。

监狱管理人员的伙食与犯人的伙食分开,为两笔账。旧上海有饭店承包监狱管理人员的伙食管理,监狱职员看守饭厅在今劳改局机关干部食堂,外国人与中国人均在此用餐;该处楼下还有酒吧。犯人伙食供应方法实行公开招标方式进行的。一般是半年或一年一次,吃饭的大米与小菜是分开招标的,每次招标由监狱的上级管理机构工部局提出具体标准要求,社会上的供货商根据招标要求,在规定的期限内把标书及样品投送到位于江西路汉口路上的工部局财务处。工部局开标时,监狱也派人参加。如果某供货商中标后就按照"标的"要求,每月向监狱送若干粮食、若干小菜。监狱收到实物以后写收条,收到多少物品,另外结账送工部局财务处。在工部局英国人管理监狱时,犯人伙食一天两餐,第一餐上午10点左右;第二餐下午3点左右,两餐均为干饭,如有医生开的病单,可吃软食(如稀饭、面条);小菜是轮流调换的,分别为牛肉、咸鱼、猪肉、黄豆,初听起来很好,但是数量较少,质量较差,没有蔬菜吃,缺少维生素,饭里锅内用油水拌过。坐在小监室内不劳动的,与参加生产劳动的犯人都是两餐,但参加劳动的夜里加二两点心,后来数量有增加。两餐制每餐约4两米(一斤16两制)。如果犯人违反纪律受到处罚,则饭量减少,有的还要关黑牢(后人称的"风波亭"),甚至用皮鞭抽打。

提篮桥监狱一度在安国路近唐山路有一感化院,专押少年犯,工作人员均穿便服。安国路边上8层高位于唐山路口的大楼是后来造的,系提篮桥监狱外国管理者带着家眷的公寓楼。以后监狱经扩建,新监房T形楼造好后,作为感化院,安国路上的感化院则撤出。

犯人刑满释放前一天,管理人员要把他调离原先关押的监室,让其睡在另一幢监楼。对其按捺指纹,并把该犯人指纹送到警务处进行验证,主要与原指纹校对,犯人入监打指纹,出监也要打指纹。当时出入监的犯人很多,不少人刑期很短,几十天、几个月,一二年,为防止人员搞错或者犯人间故意调包(一方出钱,一方多坐牢),校对犯人的指纹办法很科学。旧监狱名籍股一个姓厉的管理人员收受私人的好处费后,违反执法规程,私改犯人资料卡片,更改该人刑满释放的日期(把该犯人刑满日期提前),使犯人非法提前释放。后来从总务科另一套底卡资料上发现问题,东窗事发,厉某后来被判刑投入监狱。厉比我早到监狱工作,判刑释放后去上海救济公署工作,厉的年龄比我大。他家住长阳路中药店一弄堂内,人还健在。

有关绞刑架情况。在工部局英国人统治时,上海有个印度人杀人后,被判处死刑(印度为英联邦成员国,按照英国法律处理),执行者是香港专门派过来的,绳索也是从香港带来的,执行时发生意外,由于绳索被拉断,犯人摔在地板上没有死去。按照英国法律,一个犯人只能执行一次死刑,后来该犯人改判无期徒刑,押往印度服刑。这事情发生在太平洋战争爆发前,大约在1938年、1939年,当时报纸上曾经有过报道,我也看到过。

1941年太平洋战争爆发后,日本人占领公共租界,把英国人、美国人关进集中营,也关入提篮桥监狱。过去曾有一个叫盖·恩的美国飞行员,在外面人接引下,从西人监(十字大楼)监房里越狱出逃。他是用钢锯锯断铁栏后,从舟山路处脱逃出,钢锯是外国看守人员带入的,那时系日本人统治监狱。美国人越狱事情发生后,日本人马上封锁马路,但仍然没有捉到。据分析可能美国人一出狱即去浦东(浦东是游击队区,日本人控制不住,然后乘船从白泖港逃出去)。当时日本看守仅一层楼面,共押的俄国人较多。上海某报,曾刊登了一篇记者写的文章讲逃出多人,据我知道是一个人。哪种情况符合事实,你们可以进一步调查核准。

提篮桥监狱绞刑房

工部局时监狱曾押犯人外出做工。犯人去过上港三区汇山码头、定海桥黄浦江码头(或近一点),是监狱犯人参与修建的。那时犯人每天早出晚归,白天在江边干活,或敲三合土,或干杂活,晚上收监睡觉。1941年日本人统治时,带犯人去江湾修飞机场,可能住江湾。犯人外出每两个犯人腰间要用小链条套住。

(1) 据李守宪所写《上海西牢回忆》(载《上海文史资料选辑》1981年第1辑)一文所述,在狱中,"吃饭简直没有菜,英国人说,菜不是给你们下饭的,是给你们记日子的。原来吃两片牛肉就是初一,吃几颗黄豆就是初二,吃一点咸猪肉就是初三,……吃咸臭鱼是初九。月月如此,这样就可以计算日子了。"邓志君的访谈与李守宪的回忆是相对应的。

(2) 通过李恬耕、邓志君的访谈,笔者在本市泗塘新村和长阳路,找到柏其林和厉某,分别对他们作过采访,对当时发生的营私舞弊案了解到不少细节。

提篮桥监狱外人监的二三事
——卢瑞峰访谈录

时间:1992年6月6日上午　　地点:舟山路卢瑞峰家
卢瑞峰口述　　徐家俊记录整理

我是天津人,在上海青年会高中毕业后考入公共租界工部局,1941年来到提篮桥监狱工作,在监狱外人监,又称西人监(关押外籍犯监区),是文职人员,不穿制服(戒护科人员、看守人员穿制服)。我具体负责外籍犯人进出、登记、档案管理等事务,平时不接触犯人。1945年离开监狱,去上海怡和洋行工作,1948年洋行解散,1949年初在提篮桥附近的舟山路开一小店至今。

提篮桥监狱外人监(十字楼)

当时外人监(现称十字楼)关押外国籍男犯,以白俄为主,其次还有西班牙、葡萄牙、印度人等,均是普通刑事犯,还有一些是"老运动员",摸皮夹、斗殴,常进常出。后来日本人独占租界后,外人监关押的犯人层次较高,有美国人、战俘等。外人监外籍犯均剃光头,穿中国犯人一样的囚服,每人有一张床,床上还有床垫,定期洗澡,每天到楼下放风。一幢6层楼的监楼,150间牢房,当时仅有几十个犯人,许多牢房均空着。外籍犯每天三餐,均是西餐,伙食条件较好。犯人伙食是由"汪协记"专门承包的,西人监的头头是外国人,我进去时是英国人当头头,看守人员主要是印度人。日本人独占公共租界时,日本人是头头,印度看守陆续撤走,进入不少华籍看守。日本人采取"以华治华"的策略,汪伪时期邢源堂为第一任典狱长。我进外人监是接王慕贤的班(王慕贤,上海人,后任提篮桥助理典狱长),当时外人监只有我一个中国人雇员。

在外人监绞刑房,我知道执行过两名印度籍犯人,其中一名印度人,执行时由于绳索断裂,没有死去,后来改为无期徒刑;还有一名印度犯人被绞刑绞死。约1943—1944年时,发生过美国犯人在外人监脱逃的事情,大约是在接见时被人带入一根锯条,美国犯人把铁栏锯断,8个美国人一起下楼,把犯人床单撕成条块,搓成绳索,约在今昆明路、舟山路围墙处,采用叠罗汉的形式,翻越围墙脱逃(当时围墙处的岗楼没有人值勤),逃跑后日本当局问也没问过我,因为事故责任在日本人身上。当时西人监关美国人时,看守人员只有一名日本人,当局不相信中国人、印度人,就用日本人看美国人,看守力量实在太薄弱,一幢大楼这么大的地方,5 000平方米的建筑面积,6层高如何看得过来呢? 所以事后也没有谁向我追究过责任。

在工部局时监狱职员工资收入较高,到汪伪时工资收入比较低。汪伪以后监狱工作人员里派系斗争较厉害,搞小圈子,结党营私。一名典狱长到任就带来一套班子,科长甚至勤杂工也全部带来;一批人来了以后,另一批人就离开,像走马灯似的调动。

我的岳父叫齐云阁,河北高阳人,大学学历,他毕业于南京海军测量学院,先在国民政府司法部任职,后来到上海思南路监狱任会计室主任。齐云阁1942年后被日本人抓去,关押在上海大桥大楼(今四川北路、崇明路口),释放后多年没有工作。抗战胜利后,经司法行政部推荐进入提篮桥监狱工作,在江公亮当典狱长时任总务科长,后来又到上海高等法院(当时在安国路唐山路口)工作。齐云阁的毛笔字写得很好,大到榜书,小到蝇头小楷,各种字体都能写。民国时期,上海监狱和上海高等法院门牌上的大字都是他所写。1949年后,他去台湾,约3年后死在台湾。

关于邓志君、卢瑞峰所述美国人从十字大楼越狱出逃一事。据上海师范大学李健、苏智良的论文《侵华日军在沪集中营考论》(《上海抗战研究》第1辑)记述,从1938年起,侵华日军在上海先后建立多所集中营,其中就有设在华德路监狱(提篮桥监狱)十字楼内。

500名犯人去浙江嵊泗为日军服劳役
——宋绍长访谈录

时间:2006年11月　　地点:真如八村宋绍长家
宋绍长口述　　徐家俊记录整理

我生于1924年3月,山东泰安人,1944年11月到提篮桥监狱任看守,1945年9月由赵英盛介绍加入中国共产党。上海解放后留在提篮桥监狱工作,后调上海第一劳动改造管教队,1965年调往青海西宁劳改队,1985年离休后回上海定居。

1945年1月1日,提篮桥监狱有500名犯人根据典狱长沈关泉的指令,去浙江嵊泗泗礁山为日本军队修筑军事设施。出发那天上海天气很冷,还下着雪,这批犯人身体比较好,年轻,刑期大多在10年以下,个别超过10年。他们4人一列,自己拿了行李,排着队,步行到监狱不远处的高阳路码头,乘轮船去浙江嵊泗列岛。该轮船较旧,没有房间,全部是统铺。犯人押解时戴手铐,但没有上脚铐,他们睡在最下层,我们看守也睡统铺。提篮桥监狱的中国籍带队的看守长是江锡山、孙秀山、董夫尘,还有看守长范继贞、张某等,我是作为一名普通看守一起去的,还有看守陈某(解放后曾在上海市公安局虹口分局工作)等几个人。日本籍看守有3人,为首者三浦增荣。日本籍看守每人有一支小手枪,中国看守没有枪。

押解犯人的轮船开了一天一夜,到达嵊泗岛泗礁山。轮船不是直接靠岸的,是用小木船做摆渡,即犯人下轮船后,再转小木船靠岸,他们住的地方事先已准备好,住在山岙,关押的地方有电灯,是岛上的日本人自己用机器发电的。住处是用毛竹搭的房子,睡大统铺,一间大房子,大约可睡近200人左右,犯人生活的地方外面有竹篱笆与外隔绝。海边有七八户人家,里面也有几户人家,主要是捕鱼的。当时犯人在嵊泗的劳役主要是挖土方、挑黄沙、抬石头,工作量较大,早上出工到工地,中午午饭一般在工地上吃;下午四五点钟收工,吃饭。由于重体力劳动,犯人一般饭能吃饱,但是小菜很差,每天大多是蚕豆,浸在盐水里煮的,偶尔也有荤菜,主要是咸肉。由于长期没有蔬菜吃,缺少维生素,导致看守和犯人晚上眼睛看不见东西，看守人员就购买羊肝一类补充营养，犯人就没有吃了。有时我们看守还向渔民购买一点蟹吃。当时嵊泗一带水域由美国的水上飞机控制，我记得有次美军飞机飞来，我还带领犯人躲在山岩下面防空袭。日本人的船有时还遭到美国飞机的轰炸，所以嵊泗的东西很难运进来，伙食较差，当时驻在嵊泗的日本军队也吃不饱饭，甚至有的日本兵用香烟与犯人换饭吃（犯人没有香烟抽，有些犯人烟瘾重，宁愿饿肚子也要吸烟）。

1945年上海去嵊泗500名犯人，虽然随队派出1名医生，姓张，但是药很少，所以犯人生病后，只能躺下休息，岛上药品缺少，花钱也很难买到。加上劳动强度很大，所以，先后造成几十名犯人死亡。那时我在岛上身体不好，生病，大约在1945年7月，经批准，我与另外两名生病的看守提前返回上海；乘的是渔民驾驶的木帆船，靠帆作动力行驶，速度较慢。回来时还带了多名生重病的犯人一起回来，犯人睡在船的下舱，结果其中有3名犯人经不起大海波涛的折腾，船上又没有药品救治，最后病重死在船上，大家就按渔民的习俗把3名死者的尸体扔在大海里，实施海葬。这艘帆船从浙江嵊泗启航，在海上行驶了两天一夜到达上海。帆船靠岸后，我们把病犯送到提篮桥监狱医院医疗。日本人投降后，嵊泗泗礁山的犯人全部返回上海，当时我不在场，具体细节不清楚。

提篮桥监狱犯人参与修建的军事设施　　　　部分死亡犯人名单

我随末代典狱长王慕曾到监狱
——钱仲华访谈录

时间:2000年5月11日　　地点:上海市监狱管理局史志办
钱仲华口述　　徐家俊记录整理

我是浙江嵊县人。1946年12月29日从原籍到上海,后由我姐夫介绍到天津市的塘沽去工作,后来那里打仗,我就回到上海,暂无工作。我姐夫与王慕旦(现改名王林)同是浙江大学毕业生,平时关系较好。约在1949年春节以后,王慕旦与我姐夫讲起,王的哥哥王慕曾原在浙江新登县乡下,经司法行政部次长赵琛介绍推荐,将到上海提篮桥监狱出任典狱长。他想组织一些人,目前缺一个出纳去管管钞票,姐夫就推荐我去。我讲我不懂财会,姐夫说这不难,我来教你。这样我于1949年4月25日,同王慕曾从浙江一起来到提篮桥监狱工作。

当时王慕曾一共带了10多人。其中有王的妹夫赵伯勋(浙江人,医生),后来当监狱卫生课课长(解放初留用,后来离开),还有王凤悟(女,1949年后去苏北农场),史宝凡(曾在国民党军队干过,解放初期留用,后来离开),应立鹏等。1949年4月25日,当时南京已经解放,不少国民党高官纷纷离开政界,在此形势下,为什么王慕曾到提篮桥出任典狱长? 其中的真正原因是什么? 我也不清楚。我到监狱后,被任命为出纳股股长,一个股只有我一个人,出纳股仅是一个空编制。王云龙是预算股股长。出纳股、预算股都隶属总务课下面。陆崇坚为会计室主任(解放后他考入新闻学院去山东读书,毕业后回到上海)。我接管出纳工作时,提篮桥监狱很穷,一共只有几百块银圆。

王慕曾刚上任时临时住在旅馆内,上任后上级分给王一套住宅。监狱有一辆小汽车供王慕曾使用,司机叫都小林(他的弟弟叫都小云,解放后留用在警卫队,小名小八子)。上海解放后,我在姐夫的陪同下,到王慕曾家里去过一次,他家住中华新村。关于监狱地下党武装护监斗争具体情况我不清楚。只记得上海解放前夕,监狱工作人员一律不准回家,我那时晚上就睡在监狱工房内。上海解放后,市军管会派人接管监狱,原来的管理人员中被清理、整顿。我由于年轻,仍留在监狱继续工作,并一直做到退休;王慕曾后在上海市人民法院任公设辩护人

（公职律师）。

"镇反"开始后，王由于历史旧账，被判死刑，枪决。王死后，家中有5个小孩，最小的女儿仅3个月。王原住的房子中华新村被收回，另调配在康定路一间街面房子。王的老婆原在一家杂货店当营业员，王处死刑后被开除公职。家中困难重重，她两次跳苏州河自杀，被人救起。王慕曾的子女很早就外出工作，长子现在西安，系大学教授；次子在江西，为工程师；小女儿在上海。王慕曾的弟弟王慕旦在江西景德镇工作，"文化大革命"中，监狱派人去江西揪斗王慕旦。1979年后上海市高级人民法院对王慕曾复查平反，对王作为起义人员对待，在浦东分了一间9个多平方米的房子给他们家里，但家属、子女的工作问题暂未解决。①

解放前监狱科室人员不准去监舍区域，纪律很严，严禁给犯人"跑条子"。1949年5月，上海解放以前，我虽然在监狱工作了一个月多一点，但监舍区三道大门以内，我只去过一次，还是刚参加工作时，带我们入内参观的。上海解放后，武老（武中奇）为第一任典狱长，在他的主持下，在现监狱局5、6、7号工房处开设了自新理发店、酱油店等，工作人员主要是犯人（轻刑犯），"三反"时这些做法被批判而关门停业。董作霖在旧监狱工作过，搞财务，解放后留用，1954年去劳动印刷厂，1958年调闽北农场，1962年从闽北整体迁到安徽军天湖。家住天山二村，现健在，有85岁。

---

① 钱仲华所谈到的此情况，与我曾经采访过的王慕曾的次子王世宏和女儿王勉所谈的情况基本相同。可相互佐证。

回忆提篮桥监狱的囚禁生活
——杨光明访谈录

时间:1992年9月　　地点:牛庄路杨光明家
杨光明口述　　采访人徐家俊、谈秉言　　徐家俊记录整理

　　我是江苏扬州人,生于1926年11月2日,1947年加入中国共产党。曾任中共上海申新九厂(现称上棉22厂)男工党支部委员。1948年初厂里发动罢工,后来形势变化,党组织决定停止罢工,后因为失去联系,厂里继续罢工,上海市警察局局长宣铁吾等给予镇压。同年2月2日,我与一批工人被捕,关在市警察局卢家湾分局。随后部分人被释放,到最后剩下连我在内的8个人,同年9月10日,我以"戡乱民国罪",被判处无期徒刑。解放后,我任申新九厂工会主席,1950年任上海纺织工会干部,后又回申新九厂任党总支书记。1956年调任上海铜材厂厂长,1965年起任江西冶炼厂筹建处主任、副厂长(工厂在江西省德兴县山沟里)。"文化大革命"时,上海的造反派把我揪回,成立504专案,讲我是大叛徒,遭到毒打,1980年调任上棉22厂副厂长,1985年离休。

　　1948年我被国民党反动派关押,同年年底,大约在天津解放的前一二天,我从隆昌路特刑庭看守所被押到提篮桥监狱"平"字监底楼。我当时作为政治犯关押,一个监号关2个人(普通犯关押3个人),政治犯是不参加劳动的,有时可以看看书,监狱里有个图书馆,有些进步书籍和杂志。那时我曾看过俄国屠格涅夫的《处女地》等书。狱中犯人伙食是两餐制,春节时,添加一块猪肉。我关押的牢房,主要有两个看守,号称小山东,20多岁;还有一个老山东,40多岁,每天给我们弄张报纸(后来才知道他们是地下党员,不过当时没有暴露身份,以同情政治犯的面貌出现)。当时在押的政治犯中,主要有中共上海工委委员王中一(1949年后曾任华东电管局副局长)、华德芳、佘敬成(佘以刑事犯判的)。在监狱内,我们曾经编过《牢讯》。王明远用练习薄纸写的,放在肥皂盒里互相传递。狱中王中一提醒我们要作最坏打算,提防敌人作最后的挣扎。解放前夕,我们一批政治犯从"平"字监调到"T"字形的感化院(即今9监)的2楼,关押条件有所提高。罗君强(汪伪政府上海市秘书长)、江亢虎(汪伪政府考试院院长)等一批汉奸犯

关在 3 楼或 4 楼，他们一个人一个房间，有钢丝床，外面的小间是不关铁门的，监室内还有电灶头（电炉）和收音机。

狱中，我们有时到感化院的院子里放风，有时到屋顶的平台上放风。临解放前二三天，牢里没人管，政治犯可以从这一间牢房串门到另一间牢房。在屋顶的平台上，我们看到外面有的地方连续烧了好几天，晚上进监后，又听到沉闷的炮声、枪声。罗君强曾对我说：你可以出去了，看来我们出不去了。5 月 27 日上海解放后，市总工会领导张祺同志来到狱中，让我们这些政治犯在狱内填表格接受组织审查。5 月 28 日下午，申新九厂来了两辆卡车，一辆停在外面，一辆停在里面，我一个人先出狱的，申新九厂厂里开大会欢迎我。所以我没有参加 5 月 29 日监狱召开的欢送政治犯出狱大会。后来，监狱补拍政治犯出狱电影我没有参加，那时我已在天津。

"敌人虽然摧残我的身体,但摧残不了我的心"
——王兰亭访谈录

时间:2000年4月6日　　地点:无锡市曹张新村王兰亭家
王兰亭口述　　徐家俊记录整理

我是江苏武进人,1922年9月生,高中毕业后曾任常州东桥小学的校长,1945年担任无锡抗日联盟宣传员,次年到上海专职从事抗日工作,同年6月加入农工民主党(简称农工党),后任农工党上海南区、中区支部主任委员、农工党中央联络员等。1948年12月被反动派逮捕,上海解放后出狱,后去位于苏州的华东革命大学学习,历任无锡市司法局副局长,农工党无锡市委副主任委员、代理主任委员,无锡市政协常委、副秘书长等职。1985年离休。

1948年我住在上海普陀区的潘家湾,我的上级许士林住在潭子湾。当年12月,由于"利群书报案"使农工党组织遭到破坏,不少成员被捕。12月14日那天,我与妻子叶爱英(群众)、弟弟王芳亭(中共党员,工人,上海解放后曾任一个丝绸厂的党总支书记,前几年去世)3个人一起到许士林家里去报信。在此之前,许士林已被敌人抓走,同时敌人又留下几个人来"钩鱼"。当我们3人来到许士林家里正中圈套,被敌人抓走,先关押在威海卫路军统特务的看守所内。牢房非常拥挤,9平方米的面积关了11个犯人,屋内还要放一只粪桶。在威海卫路,我先后多次被敌人严刑拷打,三次上老虎凳,两条腿被绑在长凳上,一块块加砖头,我额上一粒粒像黄豆大的汗珠滴落下来,一次次昏死过去,敌人还用扁担打得我皮开肉绽,脱光我的上衣,用枪的子弹死命地刮我的肋骨,俗称"数排骨",还有各种形式的体罚虐待,比如把我双臂拉开,用几百瓦的大灯泡照射我的眼睛。敌人还十分阴险地采用心理战术,当我在用刑时,让我妻子和弟弟在场观看;对许士林用刑时,让我在场观看,企图以此来软化、分化我们。敌人虽然摧残了我的身体,还是摧残不了我的革命意志。在审讯中,我坚贞不屈,始终没有暴露组织机密。我当时化名叫王友君(以后关押在提篮桥监狱,也一直使用该名字),后来我被敌人押解到位于北四川路底的上海警备司令部看守所关押。我妻子叶爱英装成没文化的乡下人,弟弟王芳亭也装成乡下人,对敌人装聋作哑,最后敌人对他们不感兴趣,认为榨不出油水,于1949年1月被释放。

中共常熟县县委书记任天石被敌人逮捕,原先关押在镇江监狱,1949年1月移押到上海警备司令部看守所。在看守所内,任身上藏了一双筷子,看守以私藏筷子为由,对任天石进行毒打,并对任上脚镣手铐。看守所内还有一个犯人在读郭沫若写的《十批判书》,被看守发现后,也遭到毒打。看守所广大难友,抓住这两件事,在看守所开展斗争,当即开展集体绝食斗争。一天后我们胜利了。看守所当局承认看守处理不当,向犯人当面赔礼。在警备司令部看守所我们还动员政治犯家属集体向上海市政府请愿,要求释放政治犯;并通过各种社会关系,在《大公报》等媒体上公布所关押的政治犯名单,加强社会舆论监督,以防止敌人对政治犯进行秘密迫害和暗杀。

1949年3月,我从四川路底移押到南市蓬莱路看守所。李白(电影《永不消失的电波》中的李侠的原型)、黄浦、徐郎静等同志与我关押在一起。不久,我被敌人以危害民国安全罪,判刑5年,同年5月3日,我被移押到提篮桥监狱,关押在"和"字监。相比之下蓬莱路看守所、提篮桥监狱对政治犯管理上较宽松一些,不像威海卫路特务机关对我们刑讯逼供。在提篮桥监狱,我们政治犯穿的是普通衣服,不是监狱内的囚服;每天吃两餐,每个星期家属可以探监和送菜1—3次。我妻子探监时,每次都送来许多饭菜,带到监室内,与政治犯一起共同享用。探监时,家属和犯人距离较远。有时候趁看守不注意,也塞进几张报纸。当时我有一个亲戚在监狱工作,有时也送报纸给我看。当时我们两个人关一间监室,监室较小,水泥地上一半地方铺有地板,每天放风,上午、下午各一个小时,放风场地在房顶平台上。我们政治犯一到放风场,看守就不管我们,我们可以在顶楼上唱歌、扭秧歌舞。王中一等同志还向我们讲解社会上的形势。我们在狱内还听说,敌人准备把狱中政治犯押移到浙江舟山,在押送途中把我们杀害,听说后来由于车辆、轮船等交通工具没有落实,所以这事情就拖延下来。上海解放前夕,我在狱中还看到一些看守(事后知道他们是监狱的地下党成员),他们臂膀上扎上红布条,在狱内值勤上岗,开展武装护监斗争。我们关在监狱内,监室不上锁,可以自由活动。事后我知道提篮桥监狱的典狱长已被共产党策反,所以对政治犯实行宽松管理。当时我走到大汉奸汪伪考试院院长江亢虎的监室内,看到他一个人关在一个房间,他房内有电炉、烧锅,锅里还有一条黄鱼,他们在狱中生活十分优越。

1949年5月27日上海解放。次日,市军管会派人接管监狱,狱中政治犯王中一等40多人5月29日被欢送出狱。许士林、曹彬(巢斌)、周金兆、俞得富和我5个人,由于农工党组织关系没有及时接上,所以晚出狱两天。5月31日,我们5个人到了5楼或6楼的大房间内,监狱接管组为我们开了个简短的欢送会,通知我们出狱。我们走出监狱大门,门口有汽车等候在外边。汽车把我们5人送到位于南京路附近的东方旅社(市军管会的办公地),让我们每人填写了一张表格,并发给每人5枚大头(银圆)的慰问金,让我们理发、洗澡后回家。第二天,即6月1日,我就到农工党上海市委机关报到上班。大约在同年九十月份时,我们接到有关部门通知,把当时在押狱中的政治犯(革命同志)请回监狱,要补拍政治犯出狱的镜头。记得当时在监狱感化院(今9监)门口,拍了有关领导欢迎我们出狱的镜头,当监狱大门一开,王中一等人挥手出狱,还有政治犯与群众亲切相见等镜头。这些电影由中苏两国共同摄制。这些镜头后来收录在彩色影片《锦绣河山》中,在国内公开放映,我也看过。那天,我们出狱的镜头补拍后,还组织我们到监狱各车间、工场等处参观。在女监,我看到了服刑中大汉奸汪精卫之妻陈璧君。

(本文整理后,经王兰亭校阅修订)

不屈的王孝和
——忻玉英访谈录

时间：2009年10月16日　　地点：上海市提篮桥监狱
忻玉英（女）口述　　徐家俊记录整理

王孝和与我都是浙江宁波人，我们是邻居，他大我4岁，生在上海；我生在乡下，我当时没有文化，不识字。王孝和在上海读书时已加入中国共产党，毕业于上海励志学校，他英文很好。我与王孝和建立婚姻关系，由其外婆作主，我俩从小攀亲的，那时我9岁，王孝和13岁。王孝和的父亲是一船员，王孝和的兄弟大约有9人，确切几个人，我也说不清楚，其中有一人被"拐子"（人口贩子）拐走，目前在世的还有一人。王孝和学校毕业以后，其母亲要他去邮电局（当时系"铁饭碗"），父亲要他去海关（当时属"金饭碗"），组织上要他去上海的发电厂，最后他服从组织安排去了杨树浦发电厂（我们简称杨厂）。

1947年年初，我到上海与王孝和结婚，他23岁，我19岁（都是虚岁），到1948年9月30日他牺牲，我与他共同生活了1年9个月；家在杨浦区隆昌路振声里5号2楼，一间大约13—14平方米的房子。结婚时家中没有什么东西，其中1张方桌、4把椅子是杨树浦发电厂里的同事凑钱送的。后来我们振声里的家也成了王孝和他们开展革命活动的地方。他们开会时，就在方桌上放一副麻将牌，我就在外面放哨，如有情况我就发信号；如果听到我的信号，他们就装成打麻将的样子。那时我还为王孝和送递纸条。杨厂是美国人开的，开办于1905年，有职工2800多人，在当时属于一个大型工厂企业，在上海很有影响。王孝和在发电厂的控制室工作，常与美国人打交道。王孝和积极为工人服务，在发电厂工会选举时，厂里的特务做小动作，希望工人、职员不要选王孝和，如果选其他人，可以获得一些小礼品，如肥皂粉等东西，但是王孝和最后仍被选为厂工会常务理事。当时，上海的特务头子陆京士为拉拢王孝和，派手下人常到我家里，说陆主任（陆京士）非常看重你，欣赏你的工作能力，你只要跟陆主任走，就可以住洋房、得高工资，你为什么给工人办事？王孝和说我是厂里2800名工人选出来的，就应该为他们办事。

1948年王孝和被敌人抓走的前夕,形势很紧张,家里周围有一些人在监视我们;我一直催促王孝和赶快暂时离开一下这个地方。但是王孝和却十分镇静,处处为党的事业考虑,他把放在家中的部分文件和材料烧掉;把另一部分材料藏在墙壁里,并嘱咐我,如果他被抓后,有人问我什么情况,你都一概推说不知道、不认识。这样对你、对我都有好处,千万要记牢。后来不出王孝和所料。王孝和被抓走后,敌人到我家中,甚至让我到发电厂里去指认所谓他们需要的人。我推说我是乡下人,没文化,什么都不知道。

1948年9月30日就义前的王孝和

王孝和最初被关押在威海卫路看守所17天,后来关押在北四川路警备司令部看守所两个多月,他与上海工委委员王中一曾关在一起,最后关押在隆昌路,现上海市公安局杨浦分局内,敌人把王孝和押到位于提篮桥监狱内的"特刑庭",即上海高等法院特别刑事法庭审判。最初,敌人准备在1948年9月27日把王孝和杀害(上海的《新闻报》上还刊登了一条消息《王孝和今日枪决》)。那天,提篮桥监狱门口围了许多人,我大肚子了(已怀孕),抱了大女儿(王佩琴),向特刑庭要人。特刑庭的人员气势汹汹地问我:"你这样做,是什么人指使的?"我说:"我没有人指使,我自己到这里来的"。后来特刑庭的这些警察就打我,把我打得青一块、紫一块,引起过路人同情,并予以围观。反动当局怕事情闹大,对他们不利,就延期3天,在9月30日把王孝和杀害在提篮桥监狱刑场。王孝和的遗体由王的婶外婆领去,先放在唐山路公平路口的国华殡仪馆里,第二天再移送到收殓宁波人的四明公所。解放后,王孝和的遗体安放在虹桥公墓,1966年初迁葬在龙华革命烈士陵园。迁葬时,王佩民(王孝和的遗腹女)只看到王孝和的遗骨。

1949年5月上海解放,11月上海隆重举行王孝和烈士追悼大会,各界2万多人参加。但是在"文化大革命"中,黑白颠倒,许多老干部受冲击、被打倒,王孝和也被说成是"假烈士、真叛徒"。粉碎"四人帮"以后,王孝和被恢复名誉;1988年9月,当王孝和牺牲40周年的时候,上海市委书记江泽民还为他题词。

1992年年初,由笔者提议并经领导同意,在提篮桥监狱内设立"王孝和烈士就义处";同年8月,"王孝和烈士就义处"被列为上海市虹口区革命纪念地。1994年9月30日,上海市电力工业局、虹口区政府和提篮桥监狱联合在提篮桥监狱举行"王孝和烈士就义处暨塑像揭幕仪式",150余人出席。1999年,位于提篮桥监狱内的上海监狱陈列馆设立王孝和展览室,忻玉英还捐赠了王孝和生前使用过的桌椅及书橱等。

1998年笔者与王孝和妻子、女儿在位于提篮桥监狱内的王孝和塑像前合影

提篮桥监狱女监的管理
——李雪梅访谈录

时间:1992年10月28日下午　　地点:溧阳路李雪梅家
李雪梅(女)口述　　徐家俊记录整理

我是广东人,生于1923年。解放前由我姐姐李雪珍介绍进入提篮桥监狱女监工作。当时监狱女监监长是狄润君,后来是李梅魂,总务科长是林晓明(她们两人都信奉基督教),生产科科长马映波。1949年5月上海解放后,我仍在提篮桥监狱女监工作,1953年调上海第六劳改队(劳动针织厂),1966年战高温下放工厂4年半,1973年回到上海第四劳改队(华东电焊机厂),直到退休。

解放前女监是一独立单位,称上海监狱第一分监,系一幢4层高的大楼,地方不大,1楼为传达室、办公室、教诲室、接见室(探监处);2楼是医务室、病房,女病犯有床可睡,还有一间橡皮牢监,主要关押精神病犯;3楼都是监舍;4楼是工场间,女犯白天劳动,晚上睡觉。楼顶是平台,可以晒衣服、供女犯放风。由于场地有限,人员拥挤,女犯有的睡床,有的睡地铺。女犯中文盲较多,有的还带小孩,女监配备助产士,孕妇还在狱中生小孩。女犯每天供应两餐伙食,每月可发一封信;家属来信不受限制,但是来信均需管理人员检查后再交给她们。女犯每月可允许亲属探监一次,亲属可以带入点心、小菜(如大头菜、豆瓣酱等不容易霉变的食品)。

女监管理人员全部是女性。当时对管理人员管理较严格,女看守进出女监,由监长抄身、抄口袋、抄袜子;有壳的瓜子都不可带入监房。旧监狱管理人员等级观念重,看守一般不准进入科室,科室人员一般也不准进入监舍。女看守是4个小时一班。上午8点—12点,下午12点—4点,晚上8点—12点,工作时间一天为8小时,晚上另有夜班。女监工作人员分两类:女看守,要做夜班;科室人员不做夜班。女看守穿着统一的制服,夏装米黄色裙子,冬装麻袋呢裙子,深藏青色,没有皮鞋。当时张仪明(原名张玉根)在女监工作,由提篮桥监狱的赵英盛(监狱地下党支部书记)介绍进入女监。张仪明是中共地下党员,当时我不清楚(后来才知道),张在狱内工作时,经常看书,我与冯玉英在工作上曾帮助过她。

张仪明后来去苏北解放区工作;解放后她又回到女监,参加接管旧监狱工作,后来去苏北大丰上海农场。当时女监看守长戴甫婷很坏,解放前已离开女监。

女犯穿囚服,胸口有块灰色标记(穿大襟衣服),夏天浅灰色,冬天深灰色、布鞋。她们的劳动项目有打毛衣、绣花、糊火柴盒、缝纫。当时上海新昌路酱园弄的詹周氏,她砍死丈夫 16 刀,该案子曾经轰动一时,她也关押在女监,绣花绣得相当好。还有汪伪 76 号特工总部胡世宝的妻子佘爱珍也关押在女监。据说女犯中也有少数政治犯(革命人士)。女犯平时放风到院子里或楼顶上,20—30 分钟一次。宗教界的嬷嬷常到女监布道,她们一般不去楼上,大多安排在 1 楼,女犯则集中到 1 楼。遇到节日,嬷嬷还带点小礼物、小点心给女犯。女监没有犯人浴室,冬天,由管理人员带女犯进提篮桥监狱洗澡。

柯俊杰解放前当过女监监长,解放初期留用,也当过监长,后来调到上海市人民法院,后来在北京工作生活。解放后,大汉奸汪精卫之妻陈璧君曾关入女监,陈璧君在服刑期间家中带入许多罐头,她还买了许多书籍。旧提篮桥监狱看守人员中,北方人居多,回族也不少,如李龙庭、庞兴仁、宋绍长等都是回族。

提篮桥女监工作的点滴回忆
——袁赛英访谈录

时间:1992年10月28日　　地点:海伦西路袁赛英家
袁赛英(女)口述　　徐家俊记录整理

我是1949年1月经人介绍进入提篮桥监监狱女监工作的,监长柯俊杰,大学毕业生。当时女监管理人员共计30多人,全部是女性,大部分都很年轻,纪律要求很严格。解放前,女监李梅魄(讲普通话的),对女看守很严格,进出女监要抄身。对办公室的人员不抄身(但办公室工作人员不准进入监房),男看守、男犯人一律不准入内。女监是一幢4层高的楼房,1楼是办公室、接见室、会议室等;2楼以上为监舍及工场、炊场等;楼顶是平台,可供女犯放风;女监外面有一道围墙,与提篮桥男监舍隔开,但可以有走道连通。女监只有一个男勤杂工,叫朱锦康,是买菜的,买好菜以后把菜送入女监门口。女犯的伙食由女监自己烧的,与男监分开,伙食独立。我入女监时,6个月内只能拿一半工资,半年后才能转正。女监1949年5月上海解放后,原来的柯俊杰仍然任监长,后来调到法院工作。我仍留在监狱,1964年调转到教育部门。目前,我还保存了几张当年女监工作时的照片,包括个人照与集体照。

提篮桥监狱十字楼设施较好,6层高,有电梯。十字楼内中间是一圆形的从上到下的广庭,以利于通风及采光;各平面分为东南西北四翼;每翼中间是铁丝网(便于上下通风),铁丝网两边各有两个走道,走道两边才是牢房。每间牢房8平方米,光线明亮,牢房内有固定的铁床、凳子、桌子和抽水马桶,1949年前是专押外籍男犯的地方,比关押中国犯人的地方条件要好。大汉奸汪精卫妻子陈璧君,1949年后主要关押在4楼靠舟山路的一翼(两人关一间,陈璧君年龄大睡铁床,另一女犯晚上打地铺,睡地下)。她2楼、3楼也关押过。陈璧君平时架子蛮大的,但是她非常爱看书报,她不但要亲戚朋友经常寄送书籍到监狱,而且她自己也个人自费出钱订报纸,如果哪天报纸没有拿到,她要吵闹的。陈璧君十分怕热,平时她常要洗澡擦身,经常向我们管理人员要热水。解放初期,她的一位亲戚经常来女监接见她,送些小菜进来。陈璧君平时单独放风,与其他女犯也不搭话,她平时一般不参加劳动,最多只是糊糊火柴盒子。我记得,当时章乃器的妹妹章某(非法打胎,判7年)也关押在女监。

1949年前,女监允许女犯带小孩入监服刑,女监也接收判刑后怀孕的女犯,女犯还可以在监狱分娩生小孩。上海解放初期女监配备助产士,还对女犯接生,婴儿留在女监哺乳。这样做,对女犯的管理以及对婴儿、幼儿的教育都不利,所以后来监狱就停止,不接收孕妇,小孩全部清理出狱,管理更正规了。

陈璧君在提篮桥监狱中

——欧远兰访谈录

时间:1992年3月14日　　地点:舟山路欧远兰家中
欧远兰(女)口述　　徐家俊记录整理

我是湖北汉口人,生于1925年。上海解放前经熟人介绍进入提篮桥监狱女监工作的,1947年时我任女监统计员。我婆婆叫韦佩琳(广东中山人),曾在旧提篮桥监狱会计室服务。上海解放后我仍在女监工作;当时刘健惠负责管教,我负责生产(一度女犯曾做牙刷加工)。后来我调离监狱系统,去外单位工作。

解放前女监管理较严格,管理人员大多很年轻。女监的看守长、看守发制服,上班要穿制服;科室里的科长、科员、监长穿便服。看守进入或离开监舍,看守长要对看守严格抄身。当时看守中有等级,分为主任看守、一级看守、二级看守、三级看守。那时女犯穿灰色囚衣,背上有菱形号码。女监监舍是一幢4层高的大楼,外面有一个院子,楼顶平台可供女犯放风。上海解放初,该楼曾作为上海市人民法院的临时法庭,审理各类案件,女监就搬迁入原来关押外国籍男犯的十字楼内。

大汉奸汪精卫的妻子陈璧君,解放后从苏州监狱押到提篮桥监狱女监,其番号是304;日本女犯中岛成子番号305,她们两人一起从苏州押到上海来的。中岛成子在女监从早到晚一直写申诉材料,我们上楼面,中岛成子常向我们要纸头供写材料用,其他活动她蛮规矩的,生活上没有提出特殊要求。中岛成子认为她为共产党做过事情(在苏北),她还见过饶漱石。一度,汪伪特工总部李士群的妻子佘爱珍曾与中岛成子关押在一起。佘在狱中说起,今后还准备把中岛的女儿带到香港去(是否成功不清楚,或者是随便讲讲而已)。佘爱珍释放后还向中岛成子寄过佘自己的个人照片。

陈璧君关押女监后,她向干部提出两点要求:一、要写点东西;二、牢门不要锁。对于第一点要求写东西,我们允许,并提供方便;第二点,不锁牢门,我们予以拒绝,犯人每日的作息制度,何时上锁、开锁大家一样对待,对任何人不搞特殊化。解放初期各界人员一批一批地参观监狱,人很多,许多人都想看看服刑中的陈璧君。为此,陈璧君很反感,她说:我成了动物园里的动物。女监大部分女犯没有文化,一般是不看报纸的,但陈璧君在狱中非常喜欢看书看报,我们同意并鼓励让她看报,接受各种教育,还为她提供方便。当时公家订的报纸主要是《解放日报》。《解放日报》一到监舍,总让陈璧君先看。陈璧君在女监,我们对她单独放风,不让其他犯人接触,在生活管理上对陈璧君相对宽松一些。她还多次表示,共产党有能力、青年人有能力,监长、先生(后来犯人对干部统称队长)都很年轻,大多20多岁;但是她也经常吹嘘自己所谓不平常的经历,还讲自己过去在社会上是赫赫有名的。

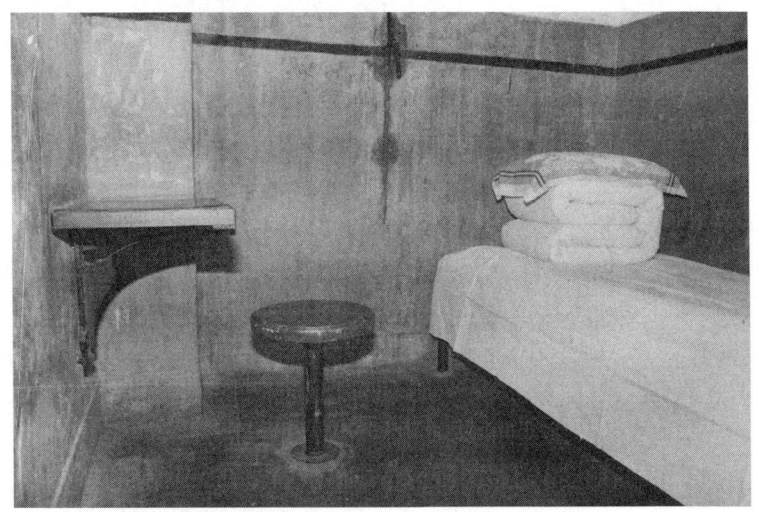

陈璧君的囚室一角,监室内有固定的小桌、凳子、铁床和抽水马桶

上海解放后的第二天，
我率连队进驻提篮桥监狱
——梁政魁访谈录

时间:1992年10月28日　　　地点:海伦西路梁政魁家

梁政魁口述　　徐家俊记录整理

我生于1917年12月,江苏省盱眙县人,1941年1月参加革命,同年5月加入中国共产党,历任新四军战士、排长、连长。上海解放后进驻提篮桥监狱,1952年调市公安局,经党校学习后,分配去本市天一织布厂,任副科长、公方厂长,1960年起历任上海市徐汇区行业党总支书记,虹口区交通局、劳动局副局长,虹口区防空办、知青办副主任,虹口区劳动局副局长等。1979年离休。

上海解放前夕,我任人民解放军华东警卫旅三营七连连长。奉命到达上海前,我们首先在江苏丹阳集训。1949年5月27日上海解放,5月28到达上海后,就在火车站露天睡了一觉,第二天(29日)我率一部分部队战士进驻提篮桥监狱,担任监狱的警卫工作。当时我们部队一个连配备共3个排的兵力,具体进驻情况是:一个排驻浙江北路原国民政府上海高等法院所在地;不足一个排的人进驻思南路看守所;一个排多一点人及连部,驻提篮桥监狱。上海军管会由毛荣光以接管专员的身份带了一批人接管提篮桥监狱,接管时,犯人很少,仅600多人,原来上海解放前许多人被放掉。同年八九月,我们的连队撤掉,即警卫监狱的解放军军人全部复员,编为提篮桥监狱的警卫队队员,大家一起参加学习班,学习有关党的方针政策,了解提篮桥监狱的历史与现状。张爽、袁炳文等3个人也参加,学习班办到国庆以后结束,进行分配。其中20多人分配到法院系统,30—40人分配到提篮桥监狱。国庆前,大约9月份,上海市人民法院监狱正式成立,并对外挂牌(解放初期监狱属于法院建制)。我到监狱后,监狱又办学习班。以后我任监狱管教科副科长、管教股股长。1951年1月监狱设总务科,我任副科长。同年9月,提篮桥取消各监房的旧名,忠、孝、仁、爱、信、义、和、平监分别改称一、二、三、四、五、六、七、八监,感化院改称九监。

解放初期,有一部分解放军部队住在监狱医院和感化院。我在监狱后,钱铭、周更生等负责警卫队。周更生后去朝鲜战场,参加抗美援朝活动,后来又回到监狱。1950年初,第一批犯人遣送苏北大丰上海农场,大部分犯人表现较好,对调往外地农场积极性较高,其中一部分人关押在8号监1层楼里,某一天,部分犯人不肯进监房,把玻璃窗也打坏。遣送时犯人排好队,4人一排成四路纵队,从长阳路147号监狱大门口步行,一直走到高阳路招商局码头(今上港五区)上轮船去苏北的,途中抵达长江岸边的码头后,还要换乘小船几天后到达目的地兴化县中堡镇,后来才陆续抵达大丰。

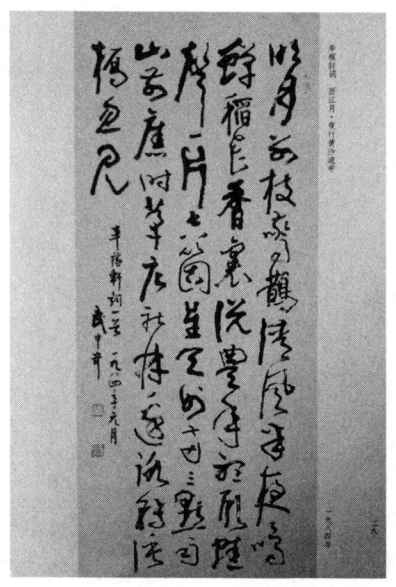

武中奇书法作品

解放初期,提篮桥监狱经常组织犯人开展文娱活动,犯人还受邀请外出演戏。1949年后第一任典狱长叫武仲奇,当时他的妻子冯玉华也在提篮桥女监工作。后来武仲奇率大批犯人调任安徽治理淮河,在"三反五反"时,武仲奇曾被关了7年审查问题,解除审查后,安排他到江苏省劳改局任一般工作人员,后任南京紫金山钟表厂厂长,现为著名书法家,听说是"文化大革命"中武仲奇遭批斗后改名武中奇。1952年6月,我与时任监狱党总支书记的亚丁调市公安局工作,亚丁现住延长路160弄,目前已经有70多岁了。监狱警卫连成员还有庞年、丁文山、李银、赵宝宽、沈阿春等人,他们都是老同志。庞年是连指导员,是第一批带犯人去苏北大丰的,现在苏北上海农场川东分场。监狱电工叶士捷的父亲叫叶柳喜,在旧监狱工作过的。

武装护监斗争及解放初期的监狱管理工作
——翟云龙访谈录

时间:1999 年 12 月 17 日　　地点:东安路翟云龙家
翟云龙口述　　徐家俊、张黔林采访　　徐家俊记录整理

  我是江苏句容人,生于 1926 年,1947 年从原籍来到上海,进提篮桥监狱做看守工作。先后在监狱的监房、工场(木工间)和总务课名籍股工作。1948 年 12 月,经魏金城同志介绍加入中国共产党。由魏金城与我单独联系工作。上海解放后我曾任提篮桥监狱副监狱长,上海市公安局劳改处管教科、生活卫生科副科长等职。

  提篮桥监狱在 1949 年前有一台电话总机,系人工接线,属监狱总务课管理。总机房位于现监狱办公楼 2 楼朝西的方向,可以看到监狱二、三道大门。电话总机号码 5233,各监房和办公室课室都有电话分机。晚上工作人员下班后,电话总机、分机都不使用,电话总机线就接到监狱钥匙间,电话由钥匙间掌管,钥匙间就是监狱向外联系的重要部门。电话间原有个女接线员,平时娇滴滴的,1949 年 5 月上海解放前夕,形势十分紧张,这个女接线员就不告而别,不来上班工作了。

  上海解放前夕,监狱地下党员根据党支部书记赵英盛的布置,每人发了一块红布,绑在左臂上,每人还发了枪,枪是从监狱枪库取出的。当时我拿了马牌小手枪,有 10 发子弹。赵英盛根据监狱实际情况,对岗哨、大门、钥匙间等要害部门作了布置安排,都有地下党成员控制。我被赵英盛分配在电话总机间,掌握监狱的对外联系。当时监狱只有这一部电话总机,没有其他电话,没有地下党领导人赵英盛的批准,监狱内的人一律不准向外打电话。从 5 月 23 日晚上到 27 日,我一个人一直守在电话间里,直到毛荣光等率领市军管会接管监狱。毛荣光等同志接管监狱时,具体的联络和接待工作,均由赵英盛出面负责,我没有参加。包括以后欢送政治犯(革命同志)出狱,开欢送会,我由于在值勤,也没有参加。但政治犯出狱时的情况,我记得十分清楚,他们 3 个或 4 个人排成队,举起自己用被单、席子制作的标语、横幅以及小的三角旗,走出监狱大门;与大门外欢迎的

革命群众见面会合,场面十分动人。

上海解放初期,我在提篮桥监狱名籍股工作。社会上镇压反革命运动开展以后,监狱关押犯人很多,有时候一个晚上要新收关押上千人,所以名籍股工作人员最多时达60多人,下面分几个小组进行流水作业。犯人执行死刑也通过名籍股办手续。有一次,有几十个犯人拉出去执行枪决,在验明正身时,有个即将拉出去,并已经被五花大绑的犯人,在核对其身份的过程中,我发现该人的姓名、年龄、籍贯、职业、住址的路名,与应该执行死刑的犯人相同,但里弄及门牌号码有出入。当问起该人的案由及罪行时,被绑的犯人死不认账。我仔细核对情况才发觉押错了一个犯人,后来就把被绑的犯人松绑,放回原来的监舍,把真正要执行死刑的犯人押解到场。好危险,稍不仔细那犯人要押解刑场枪决。如果人头落地,将是无法挽回一个人的生命。该事情发生在1952年,几十年来让我久久不能忘记。该事情发生后,经查监狱内与该犯人同名同姓的竟有20多人。

上海解放初期,扒窃、盗窃案很多,但不少犯罪者关押的时间很短,2个月、3个月。犯人入狱时要按捺指纹,出狱时要验对指纹,即出狱时的指纹,要与入狱时留下的指纹相吻合,监狱有干部专门负责核对指纹。当时有些犯人在狱内搞名堂,故意互换姓名,冒名顶替,我们名籍股通过核对指纹就能发现问题。解放初期,监狱犯人流动量、进出量极大,管理人员不可能认识这么多犯人。被个别犯人互换姓名,冒名释放的实例也存在,但后来马上被发现。①所以,为了加强责任心,对犯人指纹的审核,干部要在指纹卡上签名,目的是加强工作责任心。审核不认真,发生问题当事人要负责;我记得王良遂是当时监狱负责指纹的。

---

① 犯人互换姓名冒名顶替而提前出狱的实例可参见本书《两起冒名顶替的出狱案》一文。

上海籍犯人在治淮及其他水利工程中
——宁模访谈录

时间:1999年12月3—4日　　　地点:安徽合肥市曙光路宁模家中
宁模口述　　徐家俊记录整理

我是山东蓬莱人,1922年生,1938年春参加革命,经历了解放济南及解放上海接管监狱工作。1951年12月,调华东公安部劳改总队参加治淮工程,历任支队政委、总队秘书长、财供处长、花凉亭水库工程局副局长,安徽省水利厅综合计划处处长、厅办公室主任、政治部主任,安徽省气象局副局长等职。

一、解放初期,接管上海监狱的情况

1949年3月,我与毛荣光同志相识在华东党校驻地山东临城。来党校前,毛荣光任团政治部主任,我任济南市警备区政治部机关协理员。为了解放江南,组织上抽调了我们一批干部到党校学习,准备南下,主要任务是为接管京(南京)、沪(上海)、杭(杭州)一带做准备。形势发展很快,出人意外,部队很快打过长江,比预计的时间要快。京、沪两大城市很快解放了,上海急需大批干部,我们一部分干部调入上海。我是分配到上海法院,再由法院分配到监狱(当时监狱属法院领导),参加接收监狱工作的。接管干部来自四面八方,都是短时期内抽调的,有部队的、地方的、党校的、华大的,来自各个系统。因此正式报到的时间略有先后几天。毛荣光任命为接收专员,5月28日到提篮桥监狱。与他同一天到监狱的有亚丁、陈彬(女)、张仪明(女)等,还有毛荣光的警卫员于元清。我比他晚一两天到监狱,与我一起来的有张爽、吴清华、李制等3个华大学生,我的警卫员乔正国,还有万善桐、徐平源、李增田、王品三等同志。我们接管监狱后,第一项任务就是释放、欢送50名"政治犯"(被关押旧监狱的革命同志)出狱;第二项任务是接收旧监狱的留用人员、其他押犯和档案、枪械及物资财产等。我与张爽、吴清华等4位同志到监狱是负责总务课的接管工作。总务课的工作涉及犯人的名籍、收押、释放,犯人的伙食、炊具、档案等。赵英盛(监狱地下党支部书记)、盛稼夫(解放区来的地方干部)负责警卫课的接管工作。当时监狱旧工作人员思想不稳定,他们工作是为了干事情,我们干工作是为了干革命,两者出发点不同。他们普遍存在"一朝天下一朝臣"的想法(过去旧监狱,一个典狱长上任,带来一批人,撤换一批人,这是习以为常的)。我还清楚地记得,政治犯出狱后不久,组织上又补拍了各界群众欢迎政治犯出狱的电影纪录片。原女监监长柯俊杰,约30多岁,女监科长林晓明,约40多岁,1949年后工作过一段时间,后来都离开监狱。接管监狱不久,在女监(十字楼)外面搭了一个舞台,组织犯人演戏,开展文娱活动,日本女犯中岛成子还一个人在台上用一把传统的雨伞表演日本舞蹈。当时陈璧君也关押在女监,我记得她经常向干部要维生素药片吃。这药片当时较昂贵,现在就不稀奇了。

二、关于犯人参加治淮及其他水利工程情况

1951年春天,毛主席发出了"一定要把淮河治好"的号召。中央成立了治淮委员会,曾山任主任,淮河流域的河南、安徽、江苏、山东4个省的省委书记分别任副主任,吴觉任秘书长,张祚荫任副秘书长,日常工作由秘书长协调。治淮委员会的总部设在蚌埠。皖北地区先后有300万民工和数万名水利工程技术人员参加治淮。1951年6月,由华东公安部牵头,成立了治淮工程总队,司令员彭光福、副司令员兼参谋长武仲奇(后来改名为武中奇,原上海人民法院监狱典狱长)。治淮总队人数最多时有3万多犯人,6个支队。一个支队下设5个大队,一个大队下设5个中队。一个中队约200名左右,一个大队约1 000人,一个支队约5 000人左右。干部配备上,中队设中队长、指导员;大队,除大队长、教导员外,还设文书、司务长;支队设科,总队设处;总队有管教处、财务处、秘书处、卫生处(下有医院)。治淮总队6个支队中,第一、第二支队全是上海调去的犯人,干部也是上海抽调配备的,调犯人时,同时抽调干部。一支队支队长叫储道民,

一定要把淮河修好(邮票)

后是王清源,政委臧升斋(山东人);二支队支队长李松山,政委宁模;三支队是南京犯人;四、五支队是安徽犯人。到1954年以安徽犯人组成的六支队与其他支队合并将河南省调来的支队编为六支队。治淮总队的总部最初设在泗洪县九王庄。1952年7月以后,总部设在嘉山县泊岗镇,犯人增加至5万人。1954年7月以后,泊岗工程结束,总部迁设到蚌埠市。

1956年华东公安部撤销,治淮总队划归治淮委员会(简称淮委)领导,到1958年下半年淮委撤销并入安徽省建筑厅,后又转属安徽省水利厅领导。在水利厅下面设一个处,叫管教处。后来中央公安部发文,劳改单位不能属地方行政机关管理和领导,约在1962年前后划归安徽省公安厅领导,又成立了劳改工程总队,原治淮司令彭光富任总指挥,刘涤生任副总指挥。泗洪、盱眙两县在洪泽湖周围,最初均属安徽省。因为在治淮中,涉及淮河、洪泽湖的开发利用、蓄水和排洪,淮河下游和洪泽湖周围几个县涉及各自的利害关系,工作中存在一定的矛盾,而且涉及安徽和江苏两个省,协调起来比较麻烦,所以盱眙、泗洪县分别在1954年、1955年从安徽省划归江苏省。

我是1951年由组织调我去治淮的,后来我生病住院二个月,年底,典狱长刘大庸同我谈话,他说,你如果身体不好不去治淮也可以。我说组织上既然已决定,我就服从分配。从1951年年底到安徽,一干就是几十年。1951年下半年随武仲奇同去安徽的还有盛稼夫(曾任上海人民法院监狱教育科科长、管教科科长)和孙家富等同志。在"三反"运动时,武仲奇被免职,并弄回上海关押审查。上海先后向安徽调了七八万犯人参加了治淮工程和其他水利工程。

治淮工程总队的第一个任务,是位于泗洪县下草湾引河工程,即把淮河干流截弯曲改直流入洪泽湖。工程全长8公里,要挖300米宽,7—8米深的人工河道。1952年下半年,又搞了泊岗引河工程。1950年代初期,大部分犯人是从上海通过火车押解到淮北临淮关下车,转乘木船,顺淮河东行到泗洪县的下草湾,再步行一段路到水利工地。在治淮和其他水利工程中,首先大量需要的是一般劳动力,他们主要是挖土、挑土,用小车推土;其次,还有少量的技术工种,如木工、机械维修、钢筋工、混凝土工等。当时干部和犯人的生活条件比较艰苦,大家都住在工棚里,睡的是地铺。这些工棚很简陋,用高粱秆、芦苇当墙,外糊泥土,用毛竹当梁柱起支架作用。工棚是"人"字形的,或马鞍形的,遇到下雨下雪,工棚里更为艰苦。犯人住房周围有部队警戒。伙食上犯人吃的是大米、蔬菜,一周两次荤菜。犯人穿灰色囚服,衣服不用纽扣,用带子系的。在犯人改造和生产中,也开展各种教育、评比活动。立功分一、二、三等功奖励,表现突出可以获减刑。犯人刑满后,家住农村的回原籍,家在上海、南京等大城市的留队就业,发工资,可以自由活动。

上海支队参加的工程还有花凉亭水库，它位于大别山南麓，下距太湖县城5公里，是一座具有防洪、灌溉、发电综合性能的大型水库。很多技术犯人是上海、南京来的。此外，1955年一支队由水利部调到青岛月子口水库干到1958年，该水库主要是供青岛市用水的。犯人还去过辽宁省抚顺附近修过大伙房水库。犯人又参加了梅山水库、佛子岭水库、裕溪口闸、巢湖闸，还搞过长江干流的治理，参加过长江南岸的马鞍山大堤、长

花凉亭水库

江北岸的无为大堤的加固工程。1958年、1959年时，花凉亭水库也调过一批犯人。该处近长江边上，犯人从上海乘船从长江航道押解到安徽。当时仅有一台小发电机供工地照明用，干部、犯人住的地方均用煤油灯。治淮和其他水利工程中，也有少数犯人因病死亡，干部也有死亡的。那时，犯人参加治淮和其他水利工程，劳动量比较大，但是干部也组织犯人开展一定的文娱活动。1952年组织过一个几十个犯人组成的京剧团，演出京剧"白蛇传"等。这些有一定文艺专长的犯人，以"技术犯"的名义从上海、南京调来的，当时有个女犯叫张亚斌（或张亚彬），原是个女特务，京剧票友，京剧唱得很好，在治淮工地有一定知名度。

安徽在1949年前工业基础薄弱，1946年前省会在安庆，芜湖、蚌埠城市大一点，合肥仅是一个小县城，但地理位置好，处于全省中心，又有一条铁路通淮南。1946年改为省城。合肥没有工业基础，1959年合肥的江淮汽车厂和肥河汽车厂基本上都是由上海、南京来的犯人或刑释留厂人员，组成的技术力量较强，形成一定规模后，划归省机械厅。还有一个巢湖铸造厂，原是治淮总队一支队的底子，修完青岛月子口水库后，一部分人到巢湖闸工程；一部分人员去建巢湖铸造厂。原一支队支队长张升斋任厂长。该厂在安徽省有点名气，先是搞铁道配件，是个盈利单位。犯人从上海调押安徽后，犯人刑释后大多数留厂就业，为安徽增加了不少技术力量。这些人员分布在省水利厅、建筑厅、机械厅、农垦厅、公安厅等所属的各单位，为安徽省的工农业发展和各项事业的建设起了积极作用。

（本文成稿后，经宁模审阅）

服刑犯人也可以为社会主义大厦添砖加瓦
——蒋惠霖访谈录

时间:2001年12月7日上午　　地点:上海市监狱管理局史志办
蒋惠霖口述　　徐家俊整理记录

我生于1921年生,江苏无锡人,1939年参加新四军,次年加入中国共产党。曾在新四军政治部《抗战报》印刷所工作。1941年皖南事变时在安徽泾县突围,后在苏北盐城新四军政治部第四师从事《拂晓报》印刷工作。1949年6月参与接管旧提篮桥监狱,历任新生建筑公司经理、劳改四队、劳改一队队长,市公安局劳改处生产工业科科长,基建办主任,劳改一支队党委副书记等。1986年离休。

1952年夏,上海市通过镇压反革命运动及"三反""五反"运动,提篮桥监狱内关押了大批犯人,约1万多人。由于监房条件及劳动生产设备的限制,不少犯人没有劳动,坐吃闲饭。当时监狱长刘大庸对我说:上海民政局成批收容游民修路营造,通过市政建设来养活自己,我们是否可以组织犯人来搞营造工程?我说:我们有不少有利条件,犯人中技术力量比他们强,可以试试。不久,我们组织干部挑选技术骨干和劳动力,于1952年6月成立"上海市监狱劳改营造厂"。建厂初期,参加监外建筑劳动的犯人,除刑期在5年以下的,还必须由犯人亲属办理具保手续,实行"交保监外劳动"。当时犯人晚上关押在监狱4号监,白天外出劳动,如果工程量大,就住在工地上。

我们最早第一个试点工程,位于横浜路(今称同心路)第三劳动教养所的房屋修建任务。该处原是旧上海一处放棺材的场所,房屋破旧,通过犯人的修建,取得了预期的目标。而且通过首次营造劳动,初步摸清了犯人的技术力量。接着又承建了位于鸭绿江路的卫生局洗衣所及位于虹口三角地一带的妇幼保健站的扩建任务,还有青云路等公安派出所的工程,后来又承建了位于大场的真如公安分局的新建工程。但是上述工程都系内部任务,正式对外承包较大的工程,必须持有市政府工务局的建筑营业执照,否则不能承包工程。为了能够承建更多的工程,我和崔兆丰同志(建工专业的大学生)直接到福州路市政府工务局申请营造执照,但是工务局营造管理处处长、工程师连连摇头说,从来没有听说犯人可以造房子,这不是开玩笑的事啊!房子塌了性命交关。我们俩反复说明我们有一套严格管理的办法,而且已经修建和新建完成一批工程,如果不相信你们可以到现场去看看。虽然我们多次登门交涉,但是工务局始终不肯核发"建筑营业执照"。

怎么办?难道由于建筑营业执照的事情而让犯人坐吃闲饭吗?不!我党我军有一个优良传统,下面有困难可直接反映给领导,请领导解决。我们组织犯人为社会主义建设添砖加瓦绝没错,因此有必要向新四军老首长反映。我和崔兆丰合计,由崔执笔,给上海市市长陈毅写信。不久,市政府杜干全副秘书长书面通知我们去市政府办公厅一趟。到了市政府后,杜副秘书长告诉我们来信已收到,你们的积极性很好,市领导已经同意发给你们建筑执照。市政府办公厅为此专门召开了会议,由办公厅包主任主持,参加的有工务局张競成处长,市公安局秘书科张科长,我们也应邀参加了会议。在市领导的亲切关怀和支持下,我们劳改营造厂领到了"建筑营业执照",成为国营的企业单位。营造厂的办公楼在现监狱局机关新大楼的东部,一、二楼为设计室办公室,三、四楼为犯人监舍。在今天长阳路111号大门正式挂了牌。1953年4月开始,为便于业务归口对外营业,经市建工局同意,上海监狱劳改营造厂对外使用"上海市建筑工程局新生建筑工程公司"的名称,向外承接建筑工程项目。1955年1月,监狱劳改营造厂改名为上海市新生建筑公司,内称上海市第九劳改管教队。

多年来劳改营造厂(劳改九队)承建的主要工程:

(1) 武宁路上普陀区中心工程,一大片办公区域和建筑群。该块土地在旧上海时称作"荒人滩",即堆放死人棺材的野坟地,十分荒凉。20世纪50年代初期,我们组织犯人在那里建造了普陀区政府的办公楼,包括普陀区委、区人委、人民法院、公安分局、税务分局等办公楼,总建筑面积12 300多平方米,工程于1952年4月开始,到次年7月竣工。目前已成为上海普陀区的商业中心之一。

(2) 劳改一队、劳改二队的建筑群。1954年年底,上海劳改一队、劳改二队从长阳路147号迁往位于军工路五权路(今民星路)口,该处原是上海一家生产赛璐璐的私人工厂。赛璐璐属易燃品,该厂经常发生火灾,所以孤零零地建在市郊。上海市公安局劳改处第一任处长李新,原是市公安局消防处负责人(海南岛人,马来西亚归侨,1930年代参加革命),由其通过置换的办法,让赛璐璐厂搬家,在该厂的原址并扩展了一些土地。我们就自己设计建造机械厂、板箱厂两个劳改单位。为便于管理,我们先把围墙造好,再造其他建筑。这两个劳改队,都在五权路的北面,是一扇大门进出,内分设两个厂,板箱厂要堆放木材、木板,占的地方大一点;机械厂占的地方小一点(后来板箱厂撤销,并入机械厂)。1958年以后,该处又扩建,在五权路南面又扩建了一个厂区。

（3）上海邮电设备器材厂，位于今徐汇区宜山路，该处原是农田，占地达几百亩。1966年左右，我们在那里建造了办公楼、礼堂、厂房等。我们还利用施工时间中的间隙，在厂区内土地上，种大麦，饲养了200—300头猪。当年中央正在上海召开工作会议，市公安局副局长兼劳改处处长杜蔚然给工作会议送去了100多头大肥猪，支援他们的伙食，受到有关领导的表扬。

（4）位于漕宝路上的上海市少年犯管教所，建造时间为1957—1958年。该处原是民国期间漕河泾监狱的遗址，上海解放初为提篮桥监狱附属的漕河泾农场。后来该处与民政局置换土地时交出，1957年前后又划归劳改处。当时我们设计建造了少管所的房屋。不久还把上海新生营造厂的总部，从长阳路搬到那里。

（5）其他工程。劳改营造厂还先后承建了上海汽车运输公司大会堂、上海市体育学院田径房和球类房（位于今杨浦区恒仁路）、上海水产公司复兴岛黄浦江边的滑道工程等。其中承建的上海汽车运输二场停车场的圆形无柱屋顶结构工程，其建筑技术为当时国内首创。1955年5月，上海新生建筑公司被公安部列为全国大型和重点劳改生产单位，1955—1965年10年间，公司累计工程竣工面积达20万平方米，是上海劳改系统的创利大户。

3年自然灾害以后，国民经济调整，上海也调整劳改企业布局，1965年4月，第九劳改队建制撤销，新生建筑工程公司所属新生机电厂并入上海劳动电焊机厂。

（本文整理后，经蒋惠霖校阅修订）

附录

民国时期监狱及监舍的命名特点

民国时期,1912年全国共有监狱1 700多座,大多数设于省会及县城。除清末所建的京师模范监狱及奉天、湖北等省所建的模范监狱外,绝大多数是旧式监狱。1918年,全国建成新式监狱13座。截至1926年,全国新式监狱共有63座。本文主要对新监及新监监舍的命名情况作一探讨。

一、监狱的命名

(一)按监狱所在地的地名命名

民国时期曾经有3次。第一次,1913年7月,司法部颁布了《划分监狱、看守所名称办法令》,提出划一监狱、看守所名称的8项办法,规定:将清末设立的罪犯习艺所一律改为监狱;依前清法部筹备清单建筑成立,名为某省模范监狱者,一律以该狱所在地之县名名之;各地方旧监狱一律名为某县旧监狱;同一县城内有模范监狱,复有罪犯习艺所或旧监狱者,一律作为该监之分监,名为某县分监。第二次,系汪伪时期统治区域,于1943年起将各省之第一、第二监狱等名称予以取消,改用所在地地名命名,如:江苏第三监狱改为江苏苏州监狱、江苏第四监狱改为江苏南通监狱、江苏第五监狱改为江苏无锡监狱、江苏第六监狱改为江苏镇江监狱;浙江第一监狱改为浙江杭州监狱,安徽第三监狱改为安徽芜湖监狱,湖北第一监狱改为湖北汉口监狱,湖北第一监狱分监改为湖北汉口监狱分监,江西第二监狱改为江西九江监狱。①第三次,系1947年司法行政部下文,制定全国各省监狱名称,把原来各省按数字序号命名的监狱改为按监狱所在地的地名命名,如:山西第一、第二、第三、第四、第五、第六监狱分别改为山西太原、运城、大同、太谷、汾阳、监汾监狱;甘肃第一、第二、第三、第四监狱分别改为皋兰、武威、平凉、天水监狱。

(二)按照数字编号命名

1916年12月,司法部下令"将省会之新监狱改良某省第一监狱,其他推广

---

① 《各省监狱改冠地方名称》,《申报》1943年2月3日。

北京功德林监狱

之新监狱按照成立之次序名为某省第二第三第四监狱,其未经改良者均仍旧称,以示区别而资振作"。根据以上规定地处省城(省会)的监狱为第一监狱,其后一般按照省内监狱启用的先后为序,如江苏省,位于南京的监狱称为江苏第一监狱,位于上海、苏州、南通的监狱称为江苏第二、第三、第四监狱。民国期间每座城市只存在带有编号的监狱,如果有第二座监狱,则编为某监狱的分监,如:上海除了江苏第二监狱外,还有江苏第二监狱分监;苏州除了江苏第三监狱外,还有第三监狱分监。再如,浙江省的监狱,位于省会的杭州编为浙江省第一监狱,位于宁波、嘉兴、永嘉(温州)、金华的监狱分别编为浙江省第二、第三、第四监狱;陕西省第一监狱位于省会西安,陕西省第二、第三、第四、第五、第六监狱分别位于陕西省的南郑、榆林、安康、凤翔、乾县;广西省的第一、第二、第三监狱分别位于广西桂林、南宁、苍梧。

辽宁大连旅顺日俄监狱旧址

（三）按照司法行政部直辖监狱的序号或地名等命名

国民政府司法行政部针对当时国内监狱设施普遍陈旧简陋等现状，拟更新监狱设施，于20世纪30年代提出把全国现存监狱分年度分批进行改良，并在通商要埠模仿欧美形式创办最新监狱，计划新建司法行政部直辖监狱6座，分别建于南京、上海、西安、北平、汉口和广州，其中首先建造动工的是位于上海北新泾的一座监狱，后来该监狱就命名为"司法行政部直辖第二监狱"，而其他5座监狱由于种种原因都没有正式建成。此外，从1943年8月起，上海的提篮桥监狱正式命名为"司法行政部直辖上海监狱"，抗战胜利后，南京老虎桥监狱（俗称）正式命名为"司法行政部直辖首都监狱"。

（四）按照监狱的实际功能命名

这主要为各地的军人监狱等，如位于沈阳的奉天陆军监狱、位于南京的中央军人监狱、苏州的江苏军人监狱、位于杭州的浙江陆军监狱（又名浙江军人监狱）等，还有1947年8月—1949年2月位于上海江湾高境庙的"国防部战犯监狱"。

实际上，民国时期各地监狱的命名很混乱，再加上战争等原因，有的监狱已经撤销或炸毁，因而空有其名，如1937年8月以后的上海漕河泾的江苏第二监狱；有的则多次更改监狱序号，如位于苏州的江苏第三监狱，1935年11月改称江苏第一监狱，1937年2月更名为苏州监狱，1945年8月又恢复为江苏第三监狱，1948年又改称苏州监狱。民国时期由于监狱名称命名的不统一，造成同名异狱及异名同狱。前者如江苏第二监狱就有两座，一座在上海；一座在镇江。江苏第五监狱就有两座，一座在无锡；一座在徐州。后者如位于汉口的一座监狱，1918年启用到1949年5月先后称为夏口监狱、湖北第二监狱、湖北第三监狱、湖北第一监狱、汉口监狱、湖北汉口监狱等。民国时期，监狱的命名方式几度变化，再加上各地统治机构的更替，所以有的监狱几十年来，其正式名称几经变化，如北京陶然亭附近的北京监狱，从1912年至1949年1月先后称为京师模范监狱、北京监狱、京师第一监狱、北平第一监狱、河北第一监狱、北平河北第一监狱等。这为后来的研究人员带来极大麻烦。

此外，在日本统治期间，按照日本人的习惯把监狱称为"刑务所"，如：1941年12月—1943年8月，上海提篮桥监狱称为"华德路刑务所"，1937年12—1945年年初，南京老虎桥监狱称为"南京刑务所"。

二、监狱各监舍的命名

民国时期的新式监狱（新监）的各监舍采用十字形、丁字形、扇面形、一字形、星光形(放射形)、八卦形等建筑构形,对这些监舍各地监狱采用了多种的命名,主要有下列 10 多种。

(1) 用天干中"甲乙丙丁,戊己庚辛"等命名,如:位于北京的京师第一监狱,监舍分为 5 部分,北监为有甲、乙、丙、丁、戊命名,南监以己、庚、辛、壬、癸命名;位于上海的江苏第二监狱(漕河泾监狱),也用甲乙丙丁命名,设有甲字监、乙字监、丙字监、丁字监等。1933 年该监扩建后,又增设了监舍,对新监舍命名新甲监、新乙监、新丙监、新丁监等。

(2) 引用千字文中的句子命名,如:位于北京的京师第二监狱,按"天地玄黄,宇宙洪荒,日月盈昃,辰宿列张"依次编号,分别称天字监、地字监、玄字监等;位于安庆饮马塘的安庆监狱、位于苏州的江苏第三监狱的 4 个监舍,都取用千字文中"知过必改"4 字,称知字监、过字监、必字监、改字监;位于天津的直隶第一监狱的两座监舍均为扇面形,分别以"知过必改、得能莫忘"命名;位于上海老城厢蓬莱路的江苏第二监狱分监(男监),引用千字文中的"知过必改、得能莫忘、罔谈彼短、靡恃己长,信使可覆"20 个字,分别称知字监、过字监、必字监、改字监等。

苏州司前街监狱

(3) 按古籍《大学》中的一段句子命名,如位于河南开封的河南第一监狱的"八卦楼监狱",就用《大学》中:"知止而后能定,定而后能静,静而后能安,安而后能虑,虑而后能得"一段名言,取其知、止、定、静、安、虑、得 7 个字排写在各筒(监舍)铁门口的上头,作为各筒(监舍)的名字,分别称为:止字筒(或叫止字号)、定字筒、静字筒、安字筒等。

(4) 运用《易经》乾卦卦辞"元亨利贞"命名。古人释此 4 字,认为代表了乾卦的 4 种基本性质,往往引申为四季、四德等,如京师第一监狱的女监,监房呈四翼十字形排列,分别标依"元亨利贞"排列,称元字监、亨字监、利字监、贞字监。

(5) 运用"八卦"的 8 个"卦名"乾、坤、坎、离、艮、兑、巽、震而命名,如:1917

年以后的南京老虎桥监狱的东、西监为双翼形各四翼,分别以乾、坤、坎、离、艮、兑、巽、震八卦命名来区别;陕西省第一监狱的监舍呈放射状分布,其监舍使用坤、兑、乾、坎、艮、震、巽、离而命名排列。

(6) 运用中国传统的"五行"学说"金木水火土"而命名排列,如陕西省第三、第四监狱以"金木水火土"而命名排列,分别称金字监、木字监、水字监等。

(7) 运用中国传统的"五音",即"宫、商、角、徵、羽"而命名排列,如位于天津的河北省第三监狱改建后的第二监房中的五翼就用"宫、商、角、徵、羽"而命名排列。

(8) 运用《论语》中的有关词语"温、良、恭、俭、让"来命名。该5个词出自《论语·学而》:"夫子温良恭俭让以得之。"如南京老虎桥监狱1946—1947年,把南监的扇形五翼原来的"仁、义、礼、智、信"改为"温、良、恭、俭、让"命名。

(9) 运用古人的"四维""八德"传统的社会道德和行为规范来命名。"四维"即礼义廉耻,"八德"即忠孝仁爱信义和平。古人认为"礼"定贵贱尊卑,"义"为行动准绳,"廉"为廉洁方正,"耻"为有知耻之心,是社会的道德标准。例如,位于上海北浙江路的江苏第二监狱(女监),取"礼义廉耻"四字,分别命名为礼字监、义字监、廉字监、耻字监;位于南通的江苏第四监狱四条监舍,也取用"礼义廉耻"四字,分别命名为礼字弄(监)、义字弄(监)等。"八德",即忠、孝、仁、义、信、爱、和、平命名,汪伪司法行政部直辖上海监狱(提篮桥监狱)1943年8月以后把狱中的8幢监舍,命名为忠字监、孝字监、仁字监、义字监等;京师模范监狱、南京老虎桥监狱等也用此8个字排列命名。

(10) 用古代的"三纲五常"中的"仁义礼智信"命名。"三纲五常"是儒家维护封建统治秩序的重要伦理原则和道德规范。"三纲",即"君为臣纲""父为子纲""夫为妻纲",是指封建社会的3种主要道德关系。"五常",即"仁、义、礼、智、信",是封建社会调整伦常关系的基本原则,西汉董仲舒首次将其系统化为"三纲五常"。例如,哈尔滨的道外监狱、1935年以后位于青岛的原欧人监狱5座监房等也运用"五常"即仁义礼智信来命名,分别称仁字监、义字监、礼字监、智字监、信字监;还有奉天第一监狱、京师模范监狱、浙江第五监狱等都用"仁义礼智信"命名,都设有仁字监、义字监、礼字监、智字监、信字监。

(11) 取用佛教用语"戒定慧"(出自《楞严经》)命名,如位于上海的江苏第二监狱(漕河泾监狱)女牢的戒字监、定字监、慧字监。

(12) 取用流传最广的"官箴·清慎勤"来命名。"清、慎、勤",意思是清廉、谨慎、勤勉。如河北第三监狱的第一监房三翼,就用"清、慎、勤"来命名。

(13) 运用一些日常用语,如:山西第一监狱有多处监舍,其中一处采用"安静守法"4个字,分别命名为安字监、静字监、作字监、事字监等;苏州陆军监狱的

4座牢房,用"改过自新"四字命名,称改字监、过字监、自字监、新字监;位于安庆的鹭鸶桥监狱,监房按扇面形分为四翼,取用"劝善改过"一词,分别称劝字监、善字监、改字监、过字监;位于上海的国防部战犯监狱,使用的4幢监舍,取用"博爱和平"一词,分别称为"博"字监、"爱"字监、"和"字监、"平"字监。

(14)根据监狱各监舍关押犯人的情况而命名,如上海第二特区监狱有4个监舍,分别关押男犯、女犯、病犯及外国籍犯,就分别称为男监、女监、病监、外犯监。

(15)根据各监舍在监狱中所处的地理方位而称之,如1930年代初期的提篮桥监狱有4座监楼,分别俗称为东监、南监、西监、北监。

(16)用英文字母命名,主要是由外国管理的监狱,如1903—1943年的华德路(提篮桥监狱),A.B监、C.D监、E监、F.G监、H.I监、N.O监等。

青岛欧人监狱

上述各监狱监舍的命名不是固定不变的,有时候是在某一时间段内使用,随着监狱的扩建、监舍的增多,或者主要管理人调动时有变化,所以有的监狱几十年来各监舍就有多种称呼,还有同一座监狱、不同时段也有两种不同的叫法。例如,提篮桥监狱初期用英文字母来命名各监楼,后来改用忠、孝、仁、爱、信、义、和、平8个字来命名。还有一种情况是某一座监狱内有多幢监舍,每幢监舍采用多种文句(词语)来命名排列,如:位于天津的河北第三监狱,第一监房用"清、慎、勤"(三翼);第二监房用"宫、商、角、徵、羽"(五翼);第三监房用"温、良、恭、俭、让"(五翼),女监用"礼、义、廉、耻"(四翼)。

新中国监狱名称特点初探

《监狱法》1994年12月公布施行后,自1995年起,各地监狱名称绝大多数是以监狱所在地的地名来命名的,但是以什么地名、什么行政区域级别的地名来命名呢? 具体说来,大致有下列10多种情况。

(1) 以监狱所在地的直辖市市名来命名,如北京市监狱、天津市监狱。

(2) 以监狱所在地的城市(包括省会或自治区的首府或其他城市)的地名来命名,如江苏省南京监狱、河北省承德监狱、宁夏回族自治区银川监狱等。以城市的市名来命名监狱名称,在中国各监狱中占了一定比例。

(3) 以监狱所在地的县名来命名的,如山西省潞城监狱、福建省清流监狱、四川省布拖监狱等。潞城、清流和布拖分别是山西、福建和四川的一个县县名。以县名来命名监狱名称,这在中国各监狱中占了较大比例。

(4) 以监狱所在地城市中一个区的区名来命名,如上海市宝山监狱、天津市港北监狱等。其中,宝山、港北分别是上海、天津市下属的一个区。

(5) 以监狱所在地的城市中一个县或区所属的一个镇的镇名来命名,如上海市周浦监狱、天津市杨柳青监狱、湖南省网岭监狱。其中,周浦、杨柳青、网岭分别是上海市南汇区(现划归浦东新区)、天津市西郊区和湖南省攸县的一个镇。

(6) 以监狱所在地城市的别称或古称来命名,如位于福州的福建省榕城监狱、位于金华的浙江省婺城监狱、位于南昌的江西省豫章监狱、位于南昌的江西省洪城监狱等。其中,榕城、婺城分别是福州和金华的别称,而豫章和洪城则是南昌的古称。

(7) 以监狱所在地处在一个省或地区的地理方位来命名,如:地处唐山市以南、渤海沿岸的河北冀东监狱,因为地处河北省(简称冀)的东部而命名;地处微山县的山东省鲁南监狱,因为在山东省(简称鲁)的南部而命名;地处洛阳的河南省豫西监狱,因为地处河南省(简称豫)的西部而命名;地处祁县的山西省晋中监狱,因为在山西省(简称晋)的中部而命名;地位山东省潍坊市北部渤海莱州湾畔的山东省潍北监狱,因为地处潍坊北部而命名;湖南省的雁南监狱、雁北监狱因分别位于南岳衡山七十二峰之一的回雁峰的南面和北面而命名。

（8）以监狱所在地区的地级市的市名来命名，如：广西壮族自治区贵港监狱，位于广西南丹县境内，南丹属贵港市管辖；四川省涪陵监狱，位于四川省垫江、大竹、梁平三县交界处，属涪陵市管辖。

（9）以监狱所在地区有重大影响的地理标志名称来命名，如：重庆市三峡监狱，位于重庆市奉节县，因它地处长江三峡（瞿塘峡、巫峡、西陵峡）范围内；如河北省的太行监狱，位太行山范围内。

（10）以监狱所在地所处的村而命名，如天津市梨园监狱，因该监狱位于天津市西郊区梨园头村附近。

（11）以监狱所在地的一带的河流、山脉而命名，如：内蒙古自治区小黑河监狱，因该监狱地处呼和浩特市附近有一条河叫小黑河；位于河北省磁县的漳河监狱，因为著名的漳河流经磁县境内；山东省的运河监狱因位于京杭大运河一带，故名运河监狱；四川省金华监狱地处四川省忠县、梁平、垫江县三县交界的金华山上，故名。

（12）以监狱所在地的地名加上序号而命名，这种情况大多是同一座城市，或同一地区拥有多座监狱，如：位于辽宁省沈阳市，有辽宁省沈阳市第一监狱、第二监狱、第三监狱等；山西省大原第一监狱、第二监狱、第三监狱等。

（13）以监狱所在地城市中的路名来命名，如：西藏自治区的扎基监狱，位于拉萨市扎基路上，命名为扎基监狱；青海省的南山监狱，位于西宁市南山路上，命名为南山监狱。

（14）以原来农场或茶场、果场的场名来命名监狱名称。这类监狱一般原是劳改农场，后来统称监狱后，就以原农场名称来命名监狱名称，如：位于安徽省郎溪、广德两县境内的上海市白茅岭监狱，原是白茅岭农场；位于云南省玉溪地区的元江监狱，原称元江农场；位于四川省沐州县的五马坪监狱，原称五马坪茶场；位于四川省凉山彝族自治州的盐源监狱，原称盐源果场；位于广西壮族自治区的百色监狱，原称百色茶场。

（15）取用监狱所在地县名的首字而取名，如四川省的雷马屏监狱位于四川省的雷波、马边、屏山3个县的结合部，取自这3个县县名的首字，取名为雷马屏监狱。（后来该监狱虽然搬迁，但仍然使用原名）

（16）以监狱关押对象及承担的具体职能来命名，如：海南省女子监狱、贵州省未成年犯管教所等。一看名称就知悉前者关押女犯，后者教育改造少年犯；上海市新收犯监狱，表明该监狱主要是收押新收犯（新人监犯）的监狱。

上海市新收犯监狱

上海市未成年犯管教所

(17) 其他。

用地名来命名监狱的名称,其优点显而易见,人们一看监狱名称,大体能知道监狱所处的区域范围,这不仅给社会上各部门工作带来便利,而且也给内部的管理带来便利,如招聘、引进管理人员,聘请社会各界人士开展帮教活动、综合治理及对外宣传带来便利。但是目前个别监狱的命名,还显得不够规范和统一。具体表现在:一是用地名和数字序号命名并存,带来监狱名称读音相同或相近的问题,如某地有几座监狱,一座称某某省第四监狱,简写成"四监";还有一座称某某市监狱,简写成"市监"。但是"四监"和"市监"读音几乎相同,这两座监狱经常被人混淆。二是监狱名称十分接近,有的仅仅是一字之差。有的监狱管理体制分为省属监狱和市属监狱两种体制,这两种体制下的监狱都处在同一城市,监狱名称又都用地名命名,两者间仅仅多了一个"市",或少了一个"市",如"某某监狱"和"某某市监狱",这对工作带来很大不便,甚至延误时机。三是监狱名称的重名,如:浙江省有一座"金华监狱"(因金华市而得名),贵州省也有一座"金华监狱",原系金华果树蔬菜场;重庆市也有一座"金华监狱",位于重庆市忠县金华山,因山而名,又名金华园艺场,2003年4月监狱搬迁到南川,故更名为"南川监狱"。);上海市有一座宝山监狱(因宝山区而得名),辽宁省也有一座宝山监狱(因山名而得名)。四是监狱名称带来的歧义,如天津市有一座监狱称梨园监狱(因监狱地处"梨园村"而得名),但是"梨园"又是一个特定的名词,旧指戏子、文艺界人士的聚集地。如果望文生义,容易产生歧义,也可以看成专押文艺界人员的监狱。

上海市宝山监狱

　　监狱的名称,是一个单位的文化资源和历史"品牌"。监狱的命名应该遵循几条原则:避免重名、避免同音、避免字形相近、避免字面发生歧义,带来负面效应。从一定意义上讲,特别在当前处于改革开放的大形势下,大力倡导实行和谐社会,更应改注重监狱的命名,使其规范化、科学化。另外,建议司法部对各地监狱的名称作一统筹认定,凡是发现存在重名,或者容易产生歧义的名称的监狱予以妥善处理,对于新建的监狱更要考核验收,甚至还可以出台《监狱名称命名及使用条例》。

　　地名,从一定意义上说,也是一种无形资产。中国历史悠久、地域辽阔,中国省、市、区、县、镇、乡、村及山川、河流各类地名异彩纷呈。地名中蕴涵了丰富的人文资源,反映了历史、地理、风土民情、人物典故。地名学还是一门独特的边缘科学。所以,如何做好监狱名称的命名,其实也是一门学问,值得大家重视。

百年提篮桥监狱纵横谈
——监狱史研究专家徐家俊接受《东方早报》专访

民初革命党人章太炎、邹容,老一辈无产阶级革命家任弼时,汪精卫妻子陈璧君,侵华日军战犯冈部直三郎大将、安藤利吉大将,"文化大革命"时期上海写作组成员朱永嘉,上海"首富"周正毅……这些不同时代、不同身份的人物之间有何联系?答案是他们都进过上海提篮桥监狱。

提篮桥监狱建造于1901年,在当时号称"远东第一大监狱",是中国仍在使用的历史最悠久的监狱。在上海人的心目中,"提篮桥"就是监狱的代名词,但如果我们把目光放在更为广阔的时空中,提篮桥的意义要远远超越监狱本身,仅从上面那些名字,我们就能看到一部微缩版的百年中国史。但因为仍在使用,我们又不能将提篮桥监狱视为历史遗存。

福柯将监狱的功能总结为"规训"与"惩罚"。惩罚自不待言,而规训,在中国主要表现为改造,在欧美国家主要是感化,方式不同,目的实一。惩罚与规训的实践变化,实际上深刻反映着一个国家的司法进程和社会的文明程度。和中国其他监狱一样,提篮桥监狱也一直在追寻"现代"与"文明"。

正是看到提篮桥监狱可以作为过去和现在之间绝好的桥梁,上海监狱管理局原史志办主任徐家俊从20世纪80年代末就开始关注提篮桥监狱的史志研究,后又扩大到整个上海乃至全国的监狱研究(他曾兼任中国监狱工作协会监狱史学专业委员会秘书长,中国政法大学监狱史学研究中心研究员、副主任。也参与了《新中国监狱工作五十年》的编撰)。2015年4月,他的《上海监狱的前世今生》(上海社会科学院出版社)正式出版。全书46.5万字,系国内第一本全面叙述上海监狱的往事与现状的专著。

现年66岁的徐家俊于1972年10月进入提篮桥监狱工作,先是在第一线管理犯人,后转入机关,继而"半路出家"进行监狱史志的研究。这本《上海监狱的前世今生》汇集了他20余年的研究成果,内容涉及上海近现代各个监狱的介绍、重要历史人物和重大历史事件的梳理,以及各时期监狱典狱长生平和部分监狱史实的考辨。

6月30日,《东方早报》记者对徐家俊进行了专访。虽然年过六旬,但徐家俊思路清晰,精力旺盛,心中存着一部提篮桥监狱史,对历史上的厦门路监狱、漕河泾监狱、思南路监狱、北新泾监狱等上海其他监狱的情况如数家珍。他提出的"提篮桥监狱是抗战胜利后中国境内第一个审判日本战犯的场所"的论断,已为社会所接受。

徐家俊认为,长期以来社会对于监狱情况比较陌生,往往途听道说,真假参半,监狱研究和反映其生态的文学、影视作品也较少。相比于拘捕、审判,徐家俊认为:"犯人在监狱服刑改造可不是一天两天,这是司法体系中最后一个关口,也是检验司法公正的一个重要部门。"

近些年,各地监狱及看守所的职务犯罪、管理不善等情况时见报章,比如"喝水死""睡觉死",以及今年年初的黑龙江讷河监狱"犯人猎艳事件"。徐家俊认为这是公安、监狱系统的个别特例。目前监狱系统越来越重视狱务管理的透明、公开。"监狱干警都有严格的纪律,对职务犯罪的防范有着更加严密的机制,像工作人员、来访人员进入监狱区都是不能带手机的。"徐家俊介绍说。

一、中国的海牙

东方早报:你最初是在监狱一线做狱警,后来是如何开始进行监狱史志研究的?

徐家俊:我是1974年上半年从基层第一线调入监狱机关的(1983年3月至1985年又去一个有1 500多名犯人的大队主持工作)。1988年年底,我从监狱政治处副主任的岗位调到新设立的史志办工作。监狱史志研究有个大的背景,当时各地都开始地方志、行业志的编撰。我们通过史志工作也拓宽了视野,平反了冤假错案。我感到提篮桥监狱历史比较长,文化底蕴丰厚,就以提篮桥监狱为起点开始研究。

印象比较深的是,我们年轻时就听到过王孝和的事迹,他是杨树浦发电厂的工人,领导工人和厂方斗争,在1948年被反动派枪杀在提篮桥监狱。电影《铁窗烈火》就是根据他的事迹改编的。但是当时有本书中说王孝和被枪决的地方是江湾。我感觉不太对,就查了些资料进行研究,后来向虹口区政府申报在提篮桥监狱设立"王孝和烈士就义处",并列为虹口区革命纪念地。

东方早报:你写的《上海监狱的前世今生》一书中介绍提篮桥监狱是对日本战犯关押、审判与执行的重要场所,其中对日本侵华战犯的审判是中国境内的第一次?

徐家俊:从1945年12月起,位于提篮桥监狱内的上海战犯拘留所陆续关押日本战犯。不少日本战犯通过飞机、火车、轮船等,从国外及国内陆续移押过来,像侵华日军第34军参谋长镝木正隆少将等10多人和第13军军团长泽田茂中将是从东京押抵狱中,侵华日军驻台湾总督、司令官安藤利吉大将等人是从台湾押过来,侵华日军第六方面军司令官冈部直三郎大将等人是从汉口押送过来。到1947年年初,提篮桥监狱共关押了180余名日本战犯。在关押期间,有的战犯就在狱中自杀或病亡了,比如安藤利吉在1946年4月19夜里,吞服了秘藏在衣缝中的剧毒自杀,自杀前还给侵华日军总头目冈村宁次写了一封信。

至于在中国境内对日本战犯的审判,则要分两部分。一是1946年年初,盟军中国战区参谋长兼驻华美军司令魏德迈将军奉命在上海组建美军军事法庭,地点就设在提篮桥监狱。1946年1月24日上午,美军军事法庭正式开庭审判18名日本战犯,审判过程向全球广播。经过几次庭审,2月28日法庭对18名日本战犯作出宣判,判处镝木正隆等5人死刑,除一人无罪释放外,其余从1年6个月徒刑到无期徒刑不等。除了这一批外,此后又对30名日本战犯进行过多次审判。二是国民政府也设立了军事法庭。从1946年3月起,先后在北平、沈阳、南京、上海、广州、台北等10个城市设立了专门审判日本战犯的军事法庭。在10个城市中,最早开展审判工作的是上海和北平,都是在1946年4月。上海审判日本战犯的军事法庭设在虹口江湾路1号。而美军军事法庭则于1946年1月24日在提篮桥审判日本战犯,所以说上海提篮桥监狱是中国境内第一个审判日本战犯的地方。美军军事法庭在提篮桥内共审判了9批48名日本战犯,6人在提篮桥监狱被执行了绞刑。当年的绞刑房完好如初,目前是上海监狱陈列馆的亮点之一。

上海军事法庭共审判183名日本战犯,是全国10个法庭中审判日本战犯人数最多、存在时间最长的一个法庭,约占全国审判日本战犯总数的1/5以上,判处死刑13人,其中2人在闸北刑场枪决,11人是在提篮桥监狱刑场被枪决的。另外由于广州军事法庭审判结束后就被撤销,还有3名日本战犯从广州移送到提篮桥监狱执行。总之,提篮桥监狱共执行了20名日本战犯死刑,其中处绞刑6人,枪决14人。鉴于提篮桥监狱在对日本战犯关押、审判和执行上的重要性,在1997年8月,提篮桥监狱被市政府列为上海市抗日纪念地点。一年后,上海市监狱管理局还与上海市邮电局共同制作发行了以此为内容的一套两枚的专题明信片。2015年春节期间,央视的法制频道播放的7集纪录片《远东第一监狱》中,其中一集的题目就是《中国的海牙》。

二、在监狱举行的婚礼

东方早报:书里提到旧监狱系统有很多陋规、陋习,比如体罚犯人、牢头狱霸等，今日的提篮桥是如何管理的？

徐家俊：1949年5月底以后监狱干部亲临管教第一线，坚持思想政治教育、文化教育、技术教育，组织犯人参加劳动生产。干部经常与犯人谈话，掌握他们的思想动态，询问家中情况，比如家属离婚、父母去世，甚至家中发生什么变故，像之前汶川地震时，监狱就组织对四川籍犯人进行重点访谈，对有亲属遇难者还给以抚恤补助。

东方早报：《人民文学》曾发表过一篇报告文学，叫《中国有座鲁西监狱》，里面介绍了新时期现代化管理模式下，监狱管理人员和服刑人员之间发生了很多动人的事迹，甚至有的服刑人员在刑满释放后，因为长时间脱离社会，无法融入再要求回到监狱的。在你看来，这里是否存在夸大，类似的事情在提篮桥监狱或上海的其他监狱出现过吗？

徐家俊：山东的鲁西监狱我也去参观考察过，文中的内容是真实的。该文的作者我也认识。20世纪80年代中期，提篮桥监狱一个叫金城的犯人，他入狱之后，通过干部的教育，在狱中忏悔自己罪行，学习文化。刑满释放后，找了个对象，金城主动提出在提篮桥监狱的小礼堂举行婚礼，说明他对监狱的感情还是蛮深的。当时好多媒体都登过这个新闻，婚礼照片及报道甚至还登上了《人民画报》和《上海画报》。

金城觉得监狱让他获得了新生。当时狱方也觉得他这个事情蛮好，对其他犯人具有教育意义。后来他在上海浦江轮渡上工作。金城在监狱举行婚礼在社会各界产生了很大影响。多年来，监狱不断完善管理模式。具体实践上，一个特点就是分类管理、分类教育，注重细节。对老年犯，专门给他们烧煮软一点的伙食；对犯人开展心理咨询。还有近些年，新收犯监狱专门设有艾滋病犯管理监区，主管干部胡水清还被评为上海市劳动模范。总体上讲，监狱工作分工越来越细，越来越专业化，针对新情况采取新措施，在创新革新中发展。

再有就是改造形式的多样化。比如上海市"平安英雄"严大地是提篮桥监狱"习美"主管警官，他组织犯人学习绘画，通过艺术熏陶、教育犯人。监狱还组织犯人写诗歌，提篮桥监狱有《新荷》诗歌刊物，犯人的优秀作品可以发表，不定期举办诗会。2004年11月，监狱将整理的部分作品，由文汇出版社出版了诗集《罪魂与诗神》。

东方早报：鲁西监狱的例子，一方面说明监狱管理思路的转变；另一方面也可以看到某些不足，如没有处理好刑期较长犯人对社会认知的更新。

徐家俊：所以我们特别注意让犯人了解社会发展，提前适应社会变化，比如提篮桥监狱成立了全国第一个大墙里的消费者保护协会，上海各监狱设有超市，组织犯人学文化、学技术。运用社会力量，邀请各界人员组织各类专题讲座，鼓励犯人订阅报刊，了解社会时政，跟上时代步伐。

三、监狱是一个国家的特殊窗口

东方早报：档案资料显示，60年来，提篮桥监狱先后接待各国来访人员500多批、5 000余人次。你在书里提到，很多外宾反映，犯人在这里受到了良好的对待，是人道主义的。

徐家俊：监狱对外开放，很有意义。俗话说得好，"百闻不如一见"。监狱是一个国家的特殊窗口，监狱的管理情况其实是和城市的发展、文明程度相关的。我们重视犯人的基本权利和义务，现在犯人的维权意识也比较强，整个社会对犯人的基本权利与义务更为关注。比如说，提篮桥监狱在1990年设立了"监狱长信箱"。15年来，共收到服刑人员来信3 000多封。它有一套完整严密的程序，从开箱收信、拆阅登记到办理答复，监狱长不仅要亲自阅批信件，重要问题还须亲自处理。犯人进入监狱，干警就会告诉他们有"写给监狱上级机关和司法机关的信件，不受检查"的权利。

我们还实行狱务公开，有的监狱还曾组织犯人家属不定期的参观监室、伙房等，对于预防监狱系统的职务犯罪，我们也有越来越严密的一套制度。举例来说，监狱工作人员的手机不能带到监狱狱区里面去。

东方早报：你说手机，我想起来今年年初黑龙江讷河监狱"犯人猎艳事件"，就与对手机的管理有关。

徐家俊：对，那个是比较典型的事件。提篮桥监狱的干警在行政区可以使用手机，但是进入狱区，就是关押犯人的地方，手机是不能带进去的，包括外来参观人员都是要在进门处专门地方放置手机的。监狱对于犯人的减刑、假释、保外就医更加规范，越来越透明、公开、公正，国家讲求依法治国，我们监狱就是依法治监。

（原载《东方早报》2015年7月6日，记者徐潇
收入本书时标题有改动）

提篮桥历史的"活字典"
——访上海市监狱管理局史志办原主任徐家俊

作为中国政法大学监狱史学研究中心研究员兼副主任、中国监狱工作协会监狱史学专业委员会秘书长的徐家俊与新中国同岁，他与提篮桥监狱有着深远的渊源。多年来，徐家俊一直注意收集、整理提篮桥监狱的历史发展资料，其中就包括第二次世界大战后美国主导在提篮桥监狱审判日本战犯的历史。

徐家俊曾担任提篮桥监狱大队长、政治处副主任，上海监狱管理局史志办主任等，还曾参与上海监狱陈列馆和上海公安博物馆的筹建，并著有《提篮桥监狱》《上海监狱的前世今生》等书籍和多篇论文。

徐家俊在向记者口述提篮桥审判日本战犯的历史时，仍可以清晰地记得具体的审判案例。他在研究过程中，一直不断地更新最新发现的史料事实，更正以往的舛误。徐家俊介绍自己最早已出版的书籍中提到提篮桥审判处以绞刑的日本战犯是镝木正隆少将等5人，"事实上应该是6人，后来我在收集史料过程中又发现，之前的5人于1946年4月22日在提篮桥监狱被处以绞刑，到了1947年2月1日，又有一名大尉桑岛恕一被处以绞刑"。

徐家俊的研究成果多来源于档案资料和当时的报刊报道，如《申报》《中央日报》《民国日报》《新闻报》《大公报》《华美晚报》《和平日报》等。其中每一个信息点均清晰地标注了来源出处，力求准确、严谨。徐家俊从相册集中拿出自己收集的旧报纸复印件介绍："这些都是我早些年去图书馆、档案馆查找的资料。"

徐家俊不仅收集了美军主导的提篮桥监狱审判资料，还注意收集国民政府在上海开设的审判日本战犯的军事法庭资料。徐家俊拿出国民政府国防部对日本战犯审判的提票复印件说："当时国民政府的上海军事法庭是最早的，地址在江湾路1号（现四川北路2121号）4楼。许多在青岛、南京、厦门等地的日本战犯被押解到上海审判。"

徐家俊介绍说，当时审判的日本战犯随后从提篮桥监狱押解到殷高路15号的国防部战犯监狱，但现在监狱的原建筑已被拆除，原址仍保留，改为某戒毒所。

上海军事法庭的所在地江湾路旧址的建筑物仍然存在,不过改为他用。唯一保留完好的提篮桥监狱目前仍在使用中,发挥其应有的功能。

(原载《人民法院报》2015年9月8日,记者王珊珊)

后　记

中华民族是一个最看重历史的民族,几千年的文明史能被历代官书私乘记载,一脉相承而不中断缺失,这是世界唯一的民族文化奇迹。出自对文化与民族的热爱,出自对历史及法制史的关注,1988年年底,我接受组织的调动,离开提篮桥监狱政治处副主任的岗位,1989年年初来到新成立的监狱史志办,1994年8月调往上海市劳改局(监狱管理局)史志办,先后任副主任、主任,从事监狱史志编撰工作。2000年起兼任中国监狱工作协会监狱史学专业委员会秘书长。想不到监狱史志工作一直干到我2009年10月退休为止,退休后还返聘到2016年6月底。同时,我的研究范围从最初的提篮桥监狱,扩展到上海及全国的监狱。从20世纪90年代起,我参与了《新中国监狱工作五十年》的编写工作。多年来,在各级领导的支持及广大干警的协助配合下,我主持了《上海监狱志》《旧监狱寻踪》及五册《上海监狱年鉴》的编纂出版工作,主持编印了四册《我所知道的新中国监狱工作》以及《新中国监狱工作若干问题研讨会论文集》《媒体与监狱工作理论研讨会优秀论文集》等,参与了上海监狱陈列馆及上海公安博物馆的筹建,执笔提篮桥监狱抗日纪念地及全国重点文物保护单位的申报工作。与此同时,退休后我先后出版了《提篮桥监狱》《上海监狱的前世今生》《审判从这里开始,日本战犯在上海的审判》;本书是我个人出版的第四本书,也是《上海监狱的前世今生》一书的姐妹篇。书中除"上海监狱亲历者访谈录"外,大部分文章都分别在《中国监狱学刊》《犯罪与改造研究》《监狱理论研究》《上海滩》《钟山风雨》《世纪》《钱塘论坛》《档案春秋》《都市遗踪》《上海地方志》《上海志鉴》《上海老干部工作》《银行文博》《宝山文博》《法治周末》《上海法制报》《上海法治报》《上海老年报》《上海警苑》《湖北监狱》《安徽监狱》《江苏警视》《监所法苑》《知心》等报刊上发表过,收入本书时,有的作了一定的删节或修改补充,并补上引用资料的出处;还有一些文章,是我利用新冠疫情期间,"宅"在家中,敲击键盘而成。凡是已经编入《提篮桥监狱》《上海监狱的前世今生》书中的文章,本书中不再重复出现。书中"案件追踪"一辑,有的系案件发生在监狱,有的系案件的作案人曾经关押或执行在上海监狱,所以把几篇材料收录于此。

前些年见到一套关于上海的书系,著名画家戴敦邦先生在书上题了这么一句话:"品不完的上海五味四全,说不完的故事七情六欲。"觉得很有启发与感触,尽管戴先生针对整个上海而说,但是我借此移植过来,放在上海监狱系统中也是适合的。自1843年上海开埠后,"一市三治",在一座城市内同时有公共租界、法租界和华界三套行政和司法机构,情况复杂纷纭,历年来形成了大量中文、外文版的各类资料,由于种种原因我们很难穷尽,也许只看到其中的一鳞半爪,本书中我也运用了许多档案及报刊、书籍资料,大多注明了出处。

口述资料是历史研究中的一个重要途径与内容。多年前,我曾在上海及外地采访过诸多熟悉监狱情况的人员,本书编入其中的部分口述访谈录,这些口述者目前几乎都在九泉之下,在此我要特别感谢他们为后人留下的珍贵材料。书中附录收录了几篇有关中国监狱史的文章;还收录《东方早报》记者徐潇、《人民法院报》记者王珊珊所写的文章,在此一并表示感谢。我特别要感谢上海社会科学院出版社周河老师的支持,感谢各级领导和同事的支持,感谢从事医务工作的妻子张文兰的支持,感谢从事广告工作的儿子徐旻为本书设计了封面。

监狱是国家的刑罚执行机构,几千年来历史悠长,监狱的建筑、设施及管理也是反映一个国家或一个地区政治、经济、文化、科技水平的特殊标尺。而且监狱的管理本身是一门实践性很强的综合性学科,特别是上海监狱史的内容非常丰富,如新中国成立前志士仁人及监狱地下党的狱中斗争、汪伪汉奸的关押执行、日本战犯的关押审判执行以及新中国建立后的对各类犯人的教育改造等,不少内容涉及到中共党史、中国革命史、中国抗战史、上海租界史、上海现代史的研究领域,值得我们深入研究,不断挖掘、不断探索。结合当前开展的"四史"教育,本书也尽力为之提供一些素材与资料。

上海监狱史的内容博大精深,资料浩如烟海,由于自己水平所限,书中难免存在差错和遗漏之处,恳请各位读者不吝赐正。

2021年9月

图书在版编目(CIP)数据

上海监狱的旧闻往事 / 徐家俊著 .— 上海 : 上海社会科学院出版社,2021
ISBN 978-7-5520-3698-5

Ⅰ. ①上… Ⅱ. ①徐… Ⅲ. ①监狱—历史—上海 Ⅳ. ①D929

中国版本图书馆 CIP 数据核字(2021)第 200031 号

上海监狱的旧闻往事

著　　者：徐家俊
责任编辑：周　河
封面设计：徐　旻
出版发行：上海社会科学院出版社
　　　　　上海顺昌路 622 号　邮编 200025
　　　　　电话总机 021-63315947　销售热线 021-53063735
　　　　　http://www.sassp.cn　E-mail:sassp@sassp.cn
照　　排：南京理工出版信息技术有限公司
印　　刷：上海新文印刷厂有限公司
开　　本：710 毫米×1010 毫米　1/16
印　　张：22
字　　数：406 千
版　　次：2021 年 12 月第 1 版　2021 年 12 月第 1 次印刷

ISBN 978-7-5520-3698-5/D·632　　　　　　　　　　定价:88.00 元

版权所有　翻印必究